정토삼부경 역해

아미타불 접인도

정토삼부경 역해

무한한 행복, 영원한 삶의 길

서주 태원 西舟太元

운주사

발간사

먼저, 필자를 정토의 길로 인도해 주신 자운대율사 노스님과 학문의 길로 들어서게 해 주신 지관대종사 은사스님 두 분의 영전에 이 책을 바칩니다.

사실 필자가 다시 책을 출판하리라고는 생각하지도 못했다. 왜냐하면 2006년에 림프종 암 판정을 받고 수술한 후 네 차례에 걸친 재발과 수술을 하면서 병마에 시달리다 보니 책을 저술하여 출판한다는 것은 엄두도 낼 수 없었기 때문이다. 그런데 어느 사찰로부터 우리말 정토삼부경 발간사 원고 청탁을 받고 몇십 년간 정토교학을 연구한 사람으로서 거절할 수 없었고, 발간사를 쓰면서 그나마 기력이 좀 있을 때 정토사상의 선양에 조금이라도 도움이 되도록 「법회용 정토삼부경」을 한번 정리해 보자는 의욕이 생겨 힘들게 탈고를 했으나 미진한 부분이 많은 듯하다. 왜냐하면 몸이 예전과 같지 않아 이 책을 집필하는 데 기력이 딸려 넓고 깊이 들어가지 못한 아쉬움이 남기 때문이다. 이 점 깊이 머리 숙이며, 부족한 부분은 앞으로 선각자들이 나와 보완해 주시면 감사하겠다.

이 책은 될 수 있으면 학문적으로 접근하지 않고 신앙적인 면으로 접근해 번역, 해설하려고 노력했으나, 평생 정토교학을 하다 보니 나도 모르게 학문적으로 치우친 부분이 있다면 많은 양해 부탁드린다. 이 책을 쓰는 데 일본 정토종 종정을 역임한 쓰보이 순에이 박사의 『정토삼부경 개설』을 참고하였는데, 이는 필자가 일본에 유학할 당시 번역하여 출판한 책으로, 그의 은덕에 다시 한번 감사함을 표한다.

정토삼부경에 대한 책은 운허스님의 『무량수경』과 자운대율사 스님이 법정 큰스님에게 의뢰해 번역한 『정토삼부경』, 청화 큰스님의 『정토삼부경』, 사단법인 한국불교교화원의 『미타정토삼부경』, 필자가 번역한 『정토삼부경 개설』 등 다수가 출간되어 세간에 유포됨으로써 정토행자들의 지침서가 되고 있다.

불교의 궁극적인 목적은 자기가 가지고 있는 근본자리인 진여세계를 깨닫고 부처가 되어 많은 중생을 구원하는 것으로, 위로는 깨달음을 구하고 아래로는 중생을 교화(上求菩提 下化衆生)하는 것이다. 석가모니 부처님은 이천육백여 년 전 이 세상에 출현하시어 세상 사람들 누구나 누리고 싶어하는 권력과 명예, 그리고 재력과 아름다운 여인 등 모든 것을 버리고 설산으로 출가하여 6년의 수행 끝에 성불하셨고, 이후 45년 동안 설파하신 것을 흔히들 팔만사천법문이라 한다. 이 수많은 법문의 궁극적인 목적은 고통으로부터 벗어나 즐거움을 얻게 하는 것이고, 자기의 참된 성품을 깨달아 성불에 이르게 하는 것이다. 이 길은 부파불교를 거쳐 대승불교로 접어들면서 다양한 수행법으로 개발되어 남방불교에서는 위파사나 수행이 주를 이루고 있고, 북방불교에서는 유식종의 유식관, 선종의 참선, 밀교의 주력, 정토교의 염불과 이 외에 참회, 사경 등 많은 수행법이 실천되었다.

이생에서 자력으로 완전한 즐거움을 얻는 사람이 몇이나 되며, 성품을 깨달아 생사의 길을 초월한 사람이 몇이나 되는가? 아마도 찾아보기 힘들지 않을까 생각한다. 금생에 인간으로 태어나 부처님 법을 만나 생사의 윤회를 벗어나지 못하면 끊임없는 생사의 고통 속에서 언제 다시 불법을 만날지 모르는 기약 없는 생을 살아야 하는 것이 우리네 중생살이다.

우리의 생이 백 년이라 할지라도 흘러 지나가는 것은 하나의 꿈과 같아 순간에 불과하며, 인생사는 고통의 연속이다. 이러한 세계에서 다행히 부처님 법을 만나고 이 속에서 정토법문을 만난 것은 행운이라 하지 않을 수 없다. 왜냐하면 '아미타불'의 명호를 부르기만 해도 완전한 즐거움을 얻고 생사를 벗어나 무생법인을 얻을 수 있기 때문이다.

정토법의 장점을 몇 가지로 말하면, 첫째는 수행하기 쉽다는 점이다. 선종에서는 상근기를 요구하고, 밀교에서는 복잡한 의식을 필요로 하며, 천태교에서는 일심삼관一心三觀 같은 어려운 법을 행해야 하고, 교종에서는 많은 학식을 요구한다. 그런데 염불은 수행의 능력이 높고 낮음, 죄가 있고 없음, 남자와 여자, 빈부귀천을 가리지 않을 뿐만 아니라, 어렵고 복잡하고 많은 학식을 필요로 하지 않고 오르지 '아미타불'의 명호만 부르면 된다. 이에 대해 후대 대승불교의 팔종八宗의 종주라고 불리는 용수보살은 『십주비바사론』에서 어려운 자력수행을 난행문難行門으로, 부처님의 본원력에 의해 수행하기 쉬운 타력수행을 이행문易行門으로 분류하면서 정토법은 완전한 이행문이라고 하였다. 그리고 정토법은 아무리 나약한 중생이라도 부처님의 본원력에 의지해 무생법인을 성취할 수 있는 길이라고 역설하였다. 즉 넓은 강을 힘들게 헤엄쳐 건너려고 애쓰지 말고 아미타불의 본원력인 배를 타고 간다면 잔잔한 물결 위를 쉽게 건너 깨달음을 얻을 수 있다는 것이다. 이 시대는 근기가 하열하여 물질문명에 쉽게 빠져들고 윤리와 도덕을 등한시하여 각종 범죄가 성행하는 말법시대다. 이러한 시대에서는 수행하기 어렵고 깨닫기도 어려운 자력보다 수행하기 쉬운 타력에 의지하는 것이 현명한 선택일 것이다.

둘째는 아미타불의 본원에 의해 평등하게 구원된다는 점이다. 아미타불의 본원은 남녀노소, 학식이 많고 적음, 죄의 유무를 가리지 않고 오직 염불하는 수행자는 다 구제한다. 아미타불께서는 상근기보다 하근기를 위해, 선인보다 악인을 불쌍히 여겨 본원을 세우셨기 때문이다. 그래서 "착한 사람도 구원을 받는데 하물며 악한 사람이랴!"라는 말이 있지 않는가.

셋째는 생사를 단번에 끊을 수 있다는 점이다. 생명이 있는 모든 존재는 무릇 죽기를 싫어한다. 모든 종교는 죽음의 문제를 해결하기 위해 생겼다고 보아도 과언이 아니다. 기독교의 영생永生, 도교의 불로장수不老長壽, 불교의 무량수無量壽 등을 지향하는 것은 죽음과 관계가 있다. 그런데 염불하는 사람은 생사가 끊어진 세계에 태어나기 때문에 단번에 생사의 윤회에서 벗어날 수 있다.

넷째는 뒤로 물러나지 않고 앞으로 나아간다는 점이다. 예를 들어 학문적으로는 열심히 노력하여 10을 알고 있다가도 며칠 지나면 그중 일곱은 잊어버리는가 하면, 수행에도 어느 정도 진척이 있다가도 조금만 방심하면 퇴전할 뿐만 아니라 수행 중에는 마장의 방해를 받아 언제 성불할지 기약이 없지만, 염불하여 정토에 태어나면 불퇴전의 지위에 올라 뒤로 물러나지 않기 때문에 성불이 언제나 눈앞에 있다.

다섯째는 수행하기 좋은 도량이 주어진다는 점이다. 이 세계에서는 음주가무, 이성 등 많은 향락에 쉽게 현혹되어 미혹에 빠지게 되고, 주위환경이 육체나 정신에 주는 고통이 이루 말할 수 없으며, 무상은 신속하여 몸은 늙고 병들어 간다. 이런 것들에 의해 수행하는 데 많은 장애를 받지만, 정토세계는 아미타불의 본원력으로 건설된 수행공간으로 이러한 장애가 없을 뿐만 아니라 여기에 장엄된 모든 것들은 법음을 울려 수행을 독려하여 무생법인을 얻게 한다.

여섯째는 모든 부처님과 보살님들이 염불하는 수행자를 호념護念한다는 점이다. 어린아이가 어머니의 보살핌에 의해 사고 없이 성장할 수 있듯이, 염불하는 사람은 아미타불과 관세음보살, 대세지보살 등 많은 성현들이 애민히 여겨 항상 보호하신다. 즉 금생에는 모든 장애를 제거하여 행복한 삶을 영위하게 하고, 이생이 다하여 임종할 때는 아미타불께서 여러 보살들을 데리고 와 나쁜 갈래로 이끌려가지 않도록 인도해 정토에 왕생하게 할 뿐만 아니라 직접 법을 설하여 참된 성품을 깨닫게 한다.

일곱째는 염불은 간단하고 짧은 시간에 많은 공덕을 얻을 수 있다는 점이다. '아미타불'이라는 말은 공간에 충만한 무량광無量光과 시간에 충만한 무량수無量壽의 불가사의한 실다운 공덕이 내포되어 있는 명호다. 『아미타경』에서는 "적은 선근공덕 인연으로는 왕생할 수 없고, 하루에서 칠 일 동안 아미타불의 명호를 지니면 왕생할 수 있다"고 하여 일반적인 선행은 공덕이 적은 선근이고, 아미타불을 염하는 염불은 공덕이 많은 선근이라 하였다. 원효대사가 『유심안락도』에서 "다만 한 생각만이라도 부처님 명호를 생각하면 그 일념 가운데 만 가지 덕을 총괄하여 곧 죄업을 소멸시킨다"고 하였듯이 염불은 실천하기 간단할 뿐만 아니라 짧은 시간에 큰 공덕을 얻을 수 있다. 오늘날과 같이 사회적으로는 수많은 정보가 넘쳐 복잡다단하고, 개인적으로는 수행의 근기가 나약한 시대에는 염불만이 정신을 안정시키며 구제받을 수 있는 길이 된다.

이 외에도 여러 장점이 있지만 자세한 것은 본론의 해설에서 열거하였다. 앉은 자리에서 화두를 타파하는 것은 참선하는 사람의 몫이고, 지혜의 배를 탈 수 있는 것은 염불하는 사람의 몫이다. 앉아서 자력으로 화두를 타파할 수 없으면 염불하여 타력으로 지혜의 배를 타야 한다. 이 정토의 가르침은 지혜에 의해 깨달음의 언덕에 도달할 수 있는 것으로 이 시대에 꼭 필요한 지침이다. 이를 통하여 많은 분들이 마음으로는 극락세계에 장엄된 아름다운 모습과 불보살의 상호를 관하고, 입으로는 열심히 아미타불의 명호를 불러 현세에서는 모든 재앙을 제거하여 큰 복락을 누리며, 내세에는 극락정토에 왕생하는 길이 되기를 간절히 발원한다.

끝으로 그동안 물심양면으로 도움을 주신 세민 원로스님과 보국사 신도님들께 감사드리며, 출판에 도움을 주신 도서출판 운주사 김시열 거사님, 염불암에서 도움을 주신 고보현행, 김대원성, 강분남 불자님께도 감사드린다.

불기 2516년 2월 15일

해인사 염불암 백련실에서 정토행자 서주 태원 서書

정토삼부경의 이본들

무량수경 이본異本

무량수경의 중국 번역에 대해서는 5존7결五存七缺이라 하여 총 열두 가지 번역이 있다. 이 가운데 다섯 가지는 현존하고, 일곱 가지는 산실되어 전해지지 않는다. 이 열두 가지 번역을 열거하면 다음과 같다.

1. 무량수경無量壽經 2권, 후한後漢 건화建和 2년(148) 안세고安世高 역譯 (현존하지 않음)
2. 무량청정평등각경無量淸淨平等覺經 2권, 후한 지루가참支婁迦讖(147~186) 역 (현존)
3. 불설아미타삼야삼불살루불단과도인도경佛說阿彌陀三耶三佛薩樓佛檀過度人道經 2권, 오吳 황무년중黃武年中(223~228) 지겸支謙 역 (현존)
4. 무량수경無量壽經 2권, 조위曹魏 가평嘉平 4년(252) 강승개康僧鎧 역 (현존)
5. 무량청정평등각경無量淸淨平等覺經 2권, 조위 감로甘露 3년(258) 백연白延 역 (현존하지 않음)
6. 무량수경無量壽經 2권, 서진西晉 영가永嘉 2년(308) 축법호竺法護

역 (현존하지 않음)

7. 무량수지진등정각경無量壽至眞等正覺經 2권, 동진東晋 원희원년元熙元年(419) 축법력竺法力 역 (현존하지 않음)
8. 신무량수경新無量壽經 2권, 동진 영초永初 2년(421) 각현覺賢 역 (현존하지 않음)
9. 신무량수경新無量壽經 2권, 동진 영초 2년(421) 보운寶雲 역 (현존하지 않음)
10. 신무량수경新無量壽經 2권, 유송劉宋 담마밀다(曇摩密多, 424~441) 역 (현존하지 않음)
11. 무량수여래회無量壽如來會 2권, 당唐 보리유지(菩提流支, 706~713) 역 (현존)
12. 대승무량수장엄경大乘無量壽莊嚴經 3권, 조송趙宋 순화淳化 2년(991) 법현法賢 역 (현존)

이 밖에 산스크리트본, 티베트본, 영문본 등이 있다.

관무량수경 이본

1. 관무량수경觀無量壽經 1권, 유송劉宋 강량야사畺良耶舍 역 (현존)
2. 관무량수경 1권, 유송 담마밀다曇摩密多 역 (미상)
3. 위그르어 역 관무량수경 (일부분 현존)

관무량수경 번역에 위 세 가지가 있다고 하지만 여기에 이론이 많다. 현존하고 있는 것은 강량야사가 번역한 것으로 지금 우리가 독송하고 있는 것이다. 그런데 담마밀다가 번역한 것이 강량야사가 번역한 것과 같다고 하는 기록이 있는가 하면, 「담마밀다전」에는 아예 관무량수경을 번역하였다는 말 자체가 없어 번역한 것인지 안 한 것인지 가부를 판가름하기가 어렵다. 그리고 위그르어 역 관무량수경은 트루판 지역에서 한 조각 종이가 발견되었지만 전체가 없어 어떻게 되었는지 알 수 없고, 일부 학설에는 한문 관무량수경을 위그르어로 다시 번역하였다고 주장하기도 한다.

아미타경 이본

1. 불설아미타경佛說阿彌陀經 1권, 요진姚秦 구마라집鳩摩羅什 역 (현존)
2. 불설소무량수경佛說小無量壽經 1권, 유송劉宋 구나발타라求那跋陀羅 역 (현존하지 않음)
3. 칭찬정토불섭수경稱讚淨土佛攝受經 1권, 당唐 현장玄奘 역 (현존)

이 외 산스크리트본, 티베트본, 영문본이 있다.

불설무량수경 佛說無量壽經

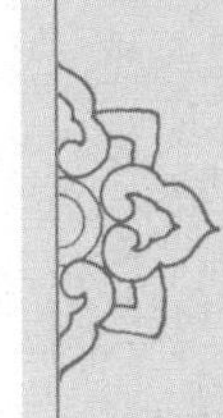

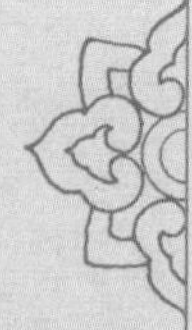

불설무량수경 권하

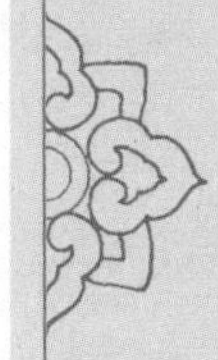

불설관무량수경 佛說觀無量壽經

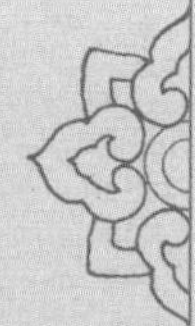

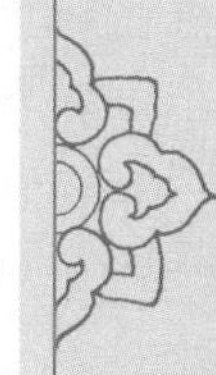

불설아미타경 佛說阿彌陀經

아미타 팔대보살 내영도 (고려불화)

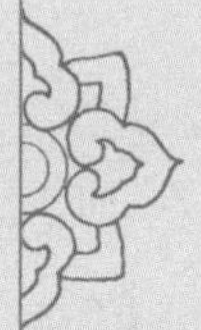

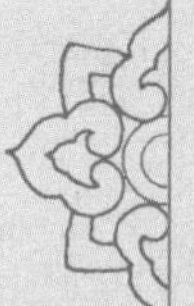

불설무량수경

佛說無量壽經

한문: 조위 천축삼장 강승개 역
曹魏 天竺三藏 康僧鎧 譯

우리말 번역 및 해설: 서주 태원

무량수경 분과표

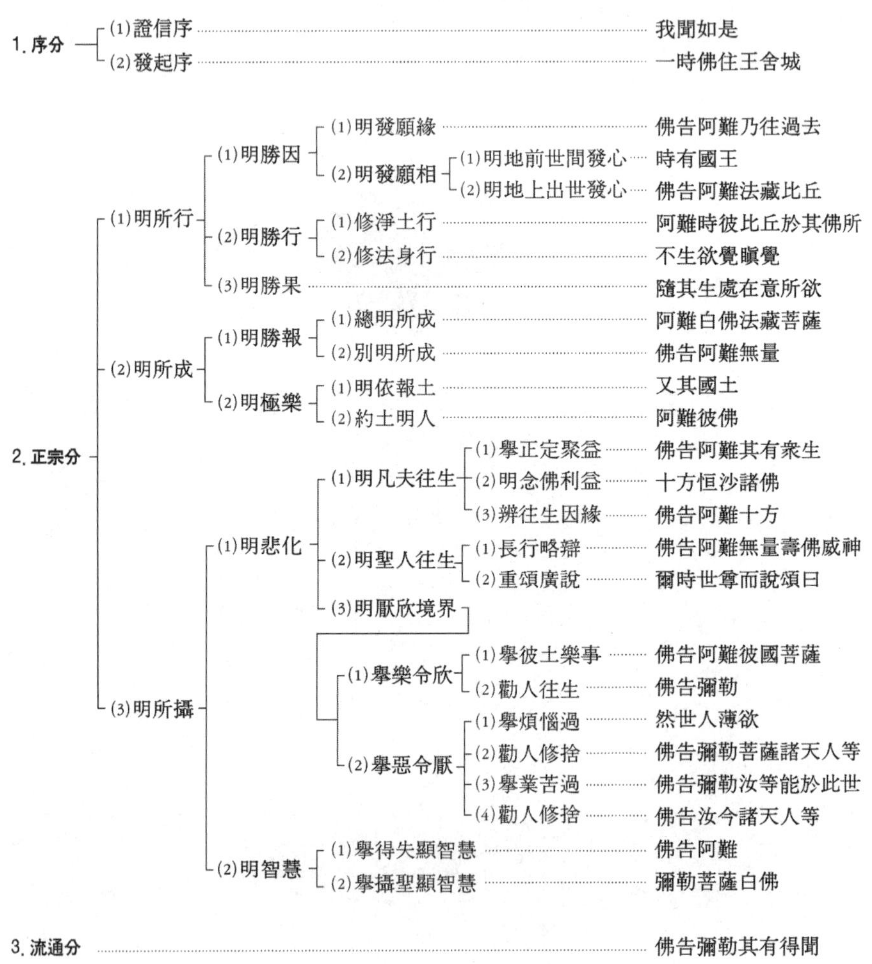
1. 序分
(1)證信序
我聞如是
(2)發起序
一時佛住王舍城
2. 正宗分
(1)明所行
(1)明勝因
(1)明發願緣
佛告阿難乃往過去
(2)明發願相
(1)明地前世間發心
時有國王
(2)明地上出世發心
佛告阿難法藏比丘
(2)明勝行
(1)修淨土行
阿難時彼比丘於其佛所
(2)修法身行
不生欲覺瞋覺
(3)明勝果
隨其生處在意所欲
(2)明所成
(1)明勝報
(1)總明所成
阿難白佛法藏菩薩
(2)別明所成
佛告阿難無量
(2)明極樂
(1)明依報土
又其國土
(2)約土明人
阿難彼佛
(3)明所攝
(1)明悲化
(1)明凡夫往生
(1)擧正定聚益
佛告阿難其有衆生
(2)明念佛利益
十方恒沙諸佛
(3)辨往生因緣
佛告阿難十方
(2)明聖人往生
(1)長行略辯
佛告阿難無量壽佛威神
(2)重頌廣說
爾時世尊而說頌曰
(3)明厭欣境界
(1)擧樂令欣
(1)擧彼土樂事
佛告阿難彼國菩薩
(2)勸人往生
佛告彌勒
(2)擧惡令厭
(1)擧煩惱過
然世人薄欲
(2)勸人修捨
佛告彌勒菩薩諸天人等
(3)擧業苦過
佛告彌勒汝等能於此世
(4)勸人修捨
佛告汝今諸天人等
(2)明智慧
(1)擧得失顯智慧
佛告阿難
(2)擧攝聖顯智慧
彌勒菩薩白佛
3. 流通分
佛告彌勒其有得聞

불설무량수경 권상

제1편 서설

제1절 통서(通序: 證信序)

我聞如是
아 문 여 시

이와 같이 내가 들었다.

【해설】

중국 고대부터 경전을 분류하여 해석하는 데 있어서 서분(序分, 序說)과 정종분(正宗分, 本論), 그리고 유통분(流通分, 結論) 등 세 부분으로 나누었다. 서분이란 한 경전을 설하게 된 인연을 서술한 것으로, 증신서證信序와 발기서發起序로 나눈다. 증신서란 이 경이 석가모니 부처님이 직접 설법하신 것이기 때문에 추호도 틀림이 없고 진실하다고 증명하여 후대에 이 경전을 접하는 사람들에게 신심을 일으켜 굳게 믿으라고 하는 것으로 서분의 일부분이다. 이것은 모든 경전에 공통적으로 있는 서분이기 때문에 이를 통서通序라고도 한다.

이 서분의 "아문여시我聞如是"의 네 자 가운데 '아문我聞'의 '아我'는 석가모니 부처님의 십대제자 가운데 제일 많은 법문을 들었다고 하는 아난존자이고, '문聞'은 아난존자 자신의 말이 아니라 석가모니 부처님으로부터 직접 들었다는 것을 나타내는 것으로 이것을 육성취六成就 가운데 문성취聞成就라 한다.

다음 '여시如是'란 경전의 정종분(본론)에서 설한 내용들은 부처님의 말씀을 아난존자가 직접 들은 것으로서 진실된 진리로 조금도 그릇됨이 없다는 확신을 나타낸 것으로, 이를 육성취 가운데 신성취信成就라 한다. 그래서 위 문장을 풀이하면 '나 아난은 다음과 같은 가르침을 석가모니 부처님으로부터 직접 들었습니다'라고 할 수 있다.

사회에서 일반적으로 하나의 사건을 다루는 데 필요한 조건이 있는데 이것을 육과원칙六果原則, 또는 육하원칙六何原則이라 한다. 즉 무엇을, 누가, 언제, 어디서, 누구에게, 누구와 함께 등 이러한 것의 구비 여부에 따라 사건의 진위와 경중을 가리는 것이 통례다. 이와 마찬가지로 불교경전도 진실을 증명하기 위해 ①믿음을 갖게 하는 신성취信成就(이와 같이), ②들은 것이 추호도 틀림이 없다는 문성취聞成就(내가 들었다), ③시간을 나타내는 시성취時成就(어느 때), ④주인공인 누구로부터 들었느냐는 주성취主成就(부처님으로부터), ⑤장소는 어디냐는 처성취處成就(이 경에서는 기사굴산), ⑥설법을 듣는 대상인 중성취衆成就(이 경에서는 보살과 일만 이천 인의 비구) 등 여섯 가지가 구비되어 경전이 이루어졌다. 이것은 후대에 경을 보거나 듣는 사람들로 하여금 부처님이 직접 설하셨다는 믿음을 갖게 하기 위한 것이다.

조위曹魏: 조조曹操가 세운 국호, 후위에 대해 조위라 한다. 이 경은 가평嘉平 4년(252)에 번역되었다.

삼장三藏: 경經·율律·론論을 말하지만, 인도로부터 중국에 법을 전하러 온 사람을 존중해서 삼장법사라는 칭호를 붙이기도 한다. 여기서는 후자의 경우이다.

강승개康僧鎧: 강康은 강거국康居國 출신임을 가리키고, 승개僧鎧는 범어로 상가바르만(Saṃgha varman)의 음역이다. 그는 252년에 낙양에 와서 백마사에서 『불설무량수경』을 비롯하여 불경 3부 4권을 번역하였다. 그의 전기는 혜교가 지은 양梁 『고승전』에 나와 있다.

제2절 별서(別序: 發起序)

제1항 영취산의 대중

1. 부처님 제자

一時佛住 王舍城耆闍崛山中 與大比丘衆萬二千人俱
일시불주 왕사성기사굴산중 여대비구중만이천인구

一切大聖神通已達 其名曰 尊者了本際 尊者正願 尊
일체대성신통이달 기명왈 존자요본제 존자정원 존

者正語 尊者大號 尊者仁賢 尊者離垢 尊者名聞 尊者
자정어 존자대호 존자인현 존자이구 존자명문 존자

善實 尊者具足 尊者牛王 尊者優樓頻贏迦葉 尊者伽
선실 존자구족 존자우왕 존자우루빈나가섭 존자가

耶迦葉 尊者那提迦葉 尊者摩訶迦葉 尊者舍利弗 尊
야가섭 존자나제가섭 존자마하가섭 존자사리불 존

者大目犍連 尊者劫賓那 尊者大住 尊者大淨志 尊者
자대목건련 존자겁빈나 존자대주 존자대정지 존자

摩訶周那 尊者滿願子 尊者離障 尊者流灌 尊者堅伏
마하주나 존자만원자 존자이장 존자유관 존자견복

尊者面王 尊者果乘 尊者仁性 尊者嘉樂 尊者善來 尊
존자면왕 존자과승 존자인성 존자가락 존자선래 존

者羅云 尊者阿難 皆如斯等上首者也
자나운 존자아난 개여사등상수자야

어느 때 부처님께서는 왕사성의 기사굴산에 덕망 높은 비구 일만 이천 인들과 함께 계시었다. 그들은 이미 신통과 지혜를

통달한 대성인으로 그 이름은 요본제존자, 정원존자, 정어존자, 대호존자, 인현존자, 이구존자, 명문존자, 선실존자, 구족존자, 우왕존자, 우루빈라가섭존자, 가야가섭존자, 나제가섭존자, 마하가섭존자, 사리불존자, 대목건련존자, 겁빈나존자, 대주존자, 대정지존자, 마하주나존자, 만원자존자, 이장존자, 유관존자, 견복존자, 면왕존자, 이승존자, 인성존자, 가락존자, 선래존자, 나운존자, 아난존자 등이 중심이 되는 제자들이었다.

【해설】

여기서부터 발기서인데 별서라고도 한다. 이 경을 설하고 보이기까지 직접 인연을 밝힌 서문으로, 여기에 두 가지 내용이 밝혀져 있다. 하나는 「영취산의 대중」이고, 또 하나는 「아난이 묻게 된 인연」이다. 「영취산의 대중」 부분은 석가모니 부처님이 법을 설하신 장소 및 거기에 모인 청중을 서술한 곳이다. 다음 「아난이 묻게 된 인연」 부분은 이 '모임'에 있었던 아난존자가 부처님의 얼굴이 특히 빛나고 있는 것을 보고 그 이유를 물은 것이 계기가 되어 이 경전을 설하게 된 인연을 서술한 곳이다.

어느 때(一時) 중인도 마가다Magadha 국의 수도인 왕사성(Rājagṛha)의 동북쪽에 있는 영취산에서 석가모니 부처님은 일만 이천 인의 제자들을 앞에 두고 이 경전을 설하시게 되었는데, 그때 모인 제자들은 모두 육신통을 통달한 성자들로 그 가운데 교단의 중심인물(上首)이 된 사람들은 요본제, 정원, 정어, 대호, 인현, 이구, 명문, 선실, 구족, 우왕, 우루빈라가섭, 가야가섭, 나제가섭, 마하가섭, 사리불, 대목건련, 겁빈나, 대주, 대정지, 마하주나, 만원자, 이장, 유관, 견복, 면왕, 이승, 인성, 가락, 선래, 나운, 아난 등 31명이다. 이 가운데 요본제는 아약교진여(Ājñāta-Kauṇḍinya), 정원은 야설시(Aśvajit), 정어는 바사파 Vāshpa, 대호는 마하남Mahānāma, 인현은 발제(Bhadrika)로, 이 다섯 명은 부처님이 처음 녹야원에서 법을 설하실 때 들은 5비구다.

이구(Vimala)는 야사존자가 출가했다는 소식을 듣고 출가한 친구로 사원을 청소하고 마음의 때를 없앨 것을 염하여 아라한과를 증득한 사람이고, 명문은 야사Yaśas로 불법승 삼보가 성립된 후 최초로 삼귀의 구족계를 받은 장자의 아들이다. 선실은 장자 범기凡耆라 하며 유위불의 탑에 공양한 공덕으로 인천에 태어났다가 아라한과를 얻었다. 구족(Purna)은 만족이라고도 하는데 야사의 친구이고, 우왕은 교범바제(Gavāmpati)로 『아미타경』에 나오는 16제자 가운데 한 사람이다.

우루빈라가섭Uruvilvā-kāśyapa과 가야가섭Gaya-kāśyapa, 그리고 나제가섭Nadi-kāśyapa은 니련선하 강가에서 천 명의 제자를 거느리고 불을 섬겼는데, 부처님의 교화에 의해 제자 천 명을 데리고 부처님의 제자가 되었다. 마하가섭Mahā-kāśyapa은 대가섭인데 부처님의 십대제자 가운데 한 사람으로 두타제일이며, 사리불(Sāriputra)은 십대제자 가운데 지혜제일이고, 대목건련(Mahā-Maudgalyāyana)은 십대제자 가운데 신통제일이다. 겁빈나(Kapphinṇa)는 천문과 역수에 능통한 교살라국 사람으로 『아미타경』의 16제자 가운데 한 사람이고, 대주는 마하가다연나 Mahā-kātyāyana 혹은 나라타Nalada라고도 하는데 십대제자 가운데 논의제일이며, 대정지는 구루유나라 장자의 아들이고, 마하주나(Maha-kunda)는 사리불의 형제 가운데 셋째다. 만원자는 부루나존자(Pūrna-maitrayāniptra)로 십대제자 가운데 설법제일이고, 이장은 아누루타Aniruddha 또는 아나율로 십대제자 가운데 천안제일이며, 유관은 손달라난다Sundara-nanda로 부처님의 배다른 동생이며 부처님의 제자 가운데 용모가 단정하고 32상 가운데 30상을 갖추었다고 한다.

견복은 정확히 누구인지 확실하지 않으며, 면왕은 박구라 Vakkula인데 부처님 제자 가운데 병 없이 정진하는 데 제일이며 『아미타경』의 16제자 가운데 한 사람이다. 이승은 누구인지 확실하지 않으며, 인성은 수보리(Subhūti)로 사위국 장자의 아들로 태어나 출가 후 공空을 증득해 해공제일이다. 가락은 난타 Nanda로 원래 소를 기르는 사람이었는데 부처님께 소를 기르는 11가지 일을 묻는 인연에 의해 부처님이 일체 지혜를 갖추게 해주심을 알고 부처님 제자가 되어 아라한과를 증득하였다.

선래는 사게다Svāgata로 부처님께 귀의해 많은 이익을 얻었으며, 나운은 라후라Rahula로 부처님의 아들이며 십대제자 가운데 밀행제일이고, 아난Ānanda은 부처님의 종형제로 20여 년 동안 부처님을 모시며 설법을 들었기 때문에 십대제자 가운데 다문제일이며 제1결집 때 경을 송출한 사람으로 『아미타경』의 16제자 가운데 한 사람이다.

일시一時: 경이 설하여진 때를 가리키는 말. 어떤 때라는 의미. 육성취六成就 가운데 제3 시時성취를 말한다.

왕사성王舍城: 범어 라자그리하Rājagṛha의 번역. 중인도 마갈타국의 수도. 지금의 벵갈주 파트나시의 남방에 위치한다.

기사굴산(耆闍崛山, Gṛdhrakūṭa): 왕사성의 북동쪽에 우뚝 솟은 산인 영축산(영취산). 또는 취봉산, 영산이라고도 한다.

비구(比丘, Bhikṣu): 필추苾蒭라고도 하는데, 원래는 구걸하는 사람이라는 뜻이다. 부지런히 정진하는 사람으로 번역하며, 출가한 남자를 말한다.

만이천인萬二千人: 이역異譯 경전, 곧 법현 역의 『대승무량수장엄경』에는 3만 2천 인으로 되어 있고, 지루가참 역의 『무량청정평등각경』에는 상수중常隨衆 1,250인 외에 1억 명이 넘는 대중이 모였다고 나오고, 보리유지 역의 『무량수여래회』에는 1만 2천 명으로 나온다. 이에 대해 경흥은 『무량수경연의술문찬』에서 '총괄적인 것과 개별적인 면에서 비록 차이가 있을지라도 그 의미는 동일하다'고 해석했다.

상수上首: 승단의 원로 또는 윗자리에 앉은 사람. 여기서는 교단의 중심인물인 31명의 성제자聖弟子를 가리킨다.

2. 보살들

又與大乘衆菩薩俱 普賢菩薩 妙德菩薩 慈氏菩薩等
우여대승중보살구 보현보살 묘덕보살 자씨보살등

此賢劫中一切菩薩 又賢護等十六正士 善思議菩薩 信
차현겁중일체보살 우현호등십육정사 선사의보살 신

慧菩薩 空無菩薩 神通華菩薩 光英菩薩 慧上菩薩 智
혜보살 공무보살 신통화보살 광영보살 혜상보살 지

幢菩薩 寂根菩薩 願慧菩薩 香象菩薩 寶英菩薩 中住
당보살 적근보살 원혜보살 향상보살 보영보살 중주

菩薩 制行菩薩 解脫菩薩 皆遵普賢大士之德
보살 제행보살 해탈보살 개준보현대사지덕

또한 대승의 여러 보살들도 함께 계시었는데 보현보살, 묘덕보살, 자씨보살 등 이 현겁(賢劫: 현재의 대겁)의 모든 보살도 함께 계시고, 또 현호보살 등 열여섯 보살(正士)이 계시었다. 선사의보살, 신혜보살, 공무보살, 신통화보살, 광영보살, 혜상보살, 지당보살, 적근보살, 원혜보살, 향상보살, 보영보살, 중주보살, 제행보살, 해탈보살 등 모두가 보현보살의 덕을 따르는 이들이다.

【해설】

이 단원에서는 영취산에 모인 대승보살을 밝혔다. 즉 첫째 부처님을 양쪽에서 모시는 협시脇侍 보살, 둘째 현재겁 보살, 셋째 재가 보살, 넷째 출가 보살 등 네 종류의 보살들이 등장하고 있다.

이 밖에 대승보살도 모여 계셨다. 다시 말하면 부처님의 양쪽에서 모시는 보현보살과 문수보살, 미륵보살과 같은 현재겁의 대보살들과 현호보살 등 16인의 재가보살과 선사의보살, 신혜보살, 공무보살, 신통화보살, 광영보살, 혜상보살, 지당보살, 적근보살, 원혜보살, 향상보살, 보영보살, 중주보살, 제행보살, 해탈보살 등 14인의 출가 보살들이다. 이들 보살은 모두 보현보살과 같이 열 가지 큰 원을 행하는 보살들이라고 하였다.

보현(普賢, Samantabhadra): 석존을 오른쪽에서 모시며 자비를 담당하는 보살이다.

묘덕(妙德, Majuśri): 문수보살. 석존을 왼쪽에서 모시며 지혜를 담당하는 보살이다.

자씨(慈氏, Maitreya): 미륵보살. 미래에 성불해서 석존에 이어서 교화하신다는 보살이다.

3. 보살의 수승한 덕을 찬탄

具諸菩薩無量行願 安住一切功德之法 遊步十方 行
구 제 보 살 무 량 행 원 안 주 일 체 공 덕 지 법 유 보 시 방 행

權方便 入佛法藏 究竟彼岸 於無量世界 現成等覺 處
권 방 편 입 불 법 장 구 경 피 안 어 무 량 세 계 현 성 등 각 처

兜率天 弘宣正法 捨彼天宮 降神母胎 從右脇生 現行
도 솔 천 홍 선 정 법 사 피 천 궁 강 신 모 태 종 우 협 생 현 행

七步 光明顯曜普照十方 無量佛土 六種震動 擧聲自
칠 보 광 명 현 요 보 조 시 방 무 량 불 토 육 종 진 동 거 성 자

稱 吾當於世爲無上尊 釋梵奉侍 天人歸仰 示現算計
칭 오 당 어 세 위 무 상 존 석 범 봉 시 천 인 귀 앙 시 현 산 계

文藝射御 博綜道術 貫練群籍 遊於後園 講武試藝 現
문 예 사 어 박 종 도 술 관 련 군 적 유 어 후 원 강 무 시 예 현

處宮中色味之間 見老病死 悟世非常 棄國財位 入山
처 궁 중 색 미 지 간 견 노 병 사 오 세 비 상 기 국 재 위 입 산

學道 服乘白馬寶冠瓔珞 遣之令還 捨珍妙衣 而著法
학 도 복 승 백 마 보 관 영 락 견 지 영 환 사 진 묘 의 이 착 법

服 剃除鬚髮 端坐樹下 勤苦六年 行如所應
복 체 제 수 발 단 좌 수 하 근 고 육 년 행 여 소 응

모든 보살은 한량없는 수행과 서원을 갖추어 모든 공덕의 법에 머물러 시방세계에 다니면서 방편을 행하여, 불법의 품안에 들어와 피안을 궁구하고 한량없는 세계에서 등각을 성취한 것을 나타내시었다. 등각을 성취한 인연을 밝히면, 도솔천에 계시면서 정법을 널리 베푸시다가 저 하늘의 궁전을 버리고 영혼이

어머니 태속에 강림하시어 오른쪽 옆구리로 탄생하시고, 사방으로 일곱 걸음을 걸으실 때 광명이 찬란하게 널리 시방세계를 비추니 한량없는 불국토가 여섯 가지로 진동한다. 그때 스스로 소리를 높여 "나는 반드시 세상에서 위없는 성인이 되리라"고 외치시니 하늘의 제석천과 범천이 받들어 모시고 천인들이 귀의하여 우러러 받들었다. 장성함에 따라 산수, 문예, 활 쏘는 법을 배우고, 도술을 배우며, 모든 학문에 통달하신다. 또 왕궁 뒤 정원에서 무술을 수련하며 예술을 배우시고 궁중에서 부인을 얻어 사는 것을 보이신다.

누구나 늙고, 병들고, 죽는 것을 보고 세상의 무상함을 깨달아 나라와 재산을 버리고 산에 들어가 도를 배우기로 하고, 타고 온 백마와 입고 온 옷과 보배로운 관과 영락 등은 모두 되돌려 보낸다. 즉 보배로운 옷을 버리고 법복을 입고 머리를 깎고 나무 아래 단정히 앉아 고통을 참으며 육 년 동안의 법다운 고행을 하신다.

【해설】

이 단원에서는 모든 대승보살들은 석가모니 부처님의 일생과 같이 팔상성도八相成道를 설하였다. 즉 도솔천에 강림하신 것, 어머니 태 속에 들어간 것, 태 속에서 나온 것, 출가하는 것, 마군을 항복시키는 것, 성도하는 것, 법륜을 굴리는 것, 열반에

드시는 것이 그것이다. 이러한 행위는 자기도 이롭게 하는 상구보리上求菩提, 남도 이롭게 하는 하화중생下化衆生, 즉 자행타화自行化他의 덕을 칭찬하는 대목이다.

이 보살들은 무상보리심을 발해서 육바라밀을 수행하고(無量行願), 광대한 공덕이 있는 부처님의 가르침에 몸과 마음이 머물러 모든 공덕이 들어 있는 진여眞如의 묘리妙理를 깨닫는다. 그리고 방황의 세계를 넘어서 '깨달음'의 피안에 이르러서는 자리自利의 수행을 완성하여 시방세계에 모습을 나타내어 사람들의 근기에 따라서 권權으로 여러 가지 방편을 사용하여 사람들을 인도하는 이들이다. 즉 석존과 마찬가지로 팔상성도의 성스러운 모습으로 많은 사람들을 제도하시는 분들이다.

행원行願: 보살이 일으키는 육바라밀과 사섭법의 행行과 원願.

피안彼岸: 차안此岸에 대해서 부처님이 깨달은 경계를 말한다.

도솔(兜率, Tuṣita): 욕계의 6천 가운데 하나. 수미산 정상에서 12만 유순 떨어진 곳으로 미륵보살이 머무르는 곳을 말한다.

육종진동六種震動: 대지가 여섯 가지로 진동하는 것. 동動, 기起, 용涌, 진震, 후吼, 격擊 등의 움직임을 말한다.

석범釋梵: 제석천과 범천. 제석천은 도리천의 주인이고, 범천은 색계 초선천의 주인이다.

법복法服: 출가해서 입는 가사.

수발鬚髮: 수염과 머리털을 말한다.

現五濁刹 隨順群生 示有塵垢沐浴金流 天按樹枝 得
현 오 탁 찰 수 순 군 생 시 유 진 구 목 욕 금 류 천 안 수 지 득

攀出池 靈禽翼從 往詣道場 吉祥感徵 表章功祚 哀受
반 출 지 영 금 익 종 왕 예 도 량 길 상 감 징 표 장 공 조 애 수

施草 敷佛樹下 跏趺而坐 奮大光明 使魔知之 魔率官
시 초 부 불 수 하 가 부 이 좌 분 대 광 명 사 마 지 지 마 솔 관

屬 而來逼試 制以智力 皆令降伏 得微妙法 成最正覺
속 이 래 핍 시 제 이 지 력 개 령 강 복 득 미 묘 법 성 최 정 각

오탁 세계에 나타나셔서 중생의 그릇에 따라 더러운 때가 있는 것을 보이시며 시냇물에 목욕하고 천인이 드리운 나뭇가지를 잡고 강 언덕에 오르니 아름다운 새들이 도량(보리수 아래)에까지 따라온다. 길상동자가 길상초를 바치니 불쌍히 여겨 보시한 풀을 받아 보리수 밑에 깔고 가부좌를 하신 후 대광명을 놓으니 마왕이 이를 알고 권속을 거느리고 와서 핍박하고 시험한다. 그러나 지혜의 힘으로 모두 항복시키고 깊고 미묘한 법을 얻고 부처님이 되신다.

【해설】

이 단원에서는 자리自利인 상구보리上求菩提를 행하신 것을 밝혔다. 어떤 목적을 정하여 달성하기까지 순조롭게 이루어지는 것은 없다. 많은 역경과 고난을 참아가면서 견디어야 하고 부단히

정진해야 한다. 그러기 때문에 이 대목에서 이야기한 '마군들을 항복시킨다'는 것은 수행자들이 해쳐나가야 하는 장애인 것이다.

이 단원을 쉽게 풀이하면 다음과 같다. 사바세계(五濁利)에 태어난 몸이기 때문에 더러움(塵垢)을 가지고 있어 이것을 씻어 내려고 강에 들어가 목욕을 하셨으나 육 년에 걸친 괴로운 수행에 의해서 몸은 완전히 쇠약해져 강에서 올라올 수가 없었다. 하늘의 신이 이것을 보고 방죽에 있는 나뭇가지를 드리워서 언덕에 오를 수 있게 하셨다.

보살은 육 년에 걸친 고행도 진실한 도를 얻을 수 없음을 알고, 고행을 버리고 한 소녀가 바친 우유를 받아 잡수시고 원기를 되찾아 깨달음의 금강좌(道場)로 향하셨다. 많은 무리의 아름다운 새가 에워싸서 깨달음의 금강좌까지 따르고, 제석천은 모습을 바꿔 풀을 깎는 길상이 되어 보살이 성불하실 징후를 축복하고, 앉으실 깨끗한 풀을 바쳤다. 보살은 이 깨끗한 풀을 보리수(佛樹) 밑에 깔고 결가부좌結跏趺坐하여 깊은 명상에 들어가셨다.

그리고 몸에서 광명을 놓으니 도를 깨달을 시기가 가까움을 마구니들이 알고 권속을 이끌고 보살이 성불하는 것을 방해했지만, 보살의 마음은 조금도 흔들리는 일이 없고 지혜의 힘으로 이를 항복받고(降魔) 새벽녘 샛별이 빛나는 때에 미묘한 법을 깨달아 부처님이 되셨다(成道相).

오탁五濁: 첫째 겁탁劫濁은 시대적인 것으로 사회에 기근과 질병이 많고, 지진이나 전쟁 등 여러 가지 좋지 못한 일들이 일어나는 것이고, 둘째 견탁見濁은 부처님의 진리를 바로 보지 못한 사악한 사상이나 견해를 일으키는 것을 말한다. 셋째 번뇌탁煩惱濁이란 인간들의 심성이 악하여 남의 물건을 탐하고, 남에 대해 질투하고 화내는 정신적인 나쁜 작용을 말하며, 넷째 명탁命濁이란 사람들의 몸과 마음의 자질이 저하되는 것이고, 다섯째 중생탁衆生濁은 인간의 수명이 점차 짧아지며 비명횡사하는 사람이 많은 등 세상이 다섯 가지로 흐린 것을 말한다.

길상(吉祥, Svastika): 길상의 원어인 스바스티카Svastika는 불교의 만자卍字로 표현되며, SU(길상)와 ASATI(있다)의 합성어이다. 여기서는 풀을 깎는 사람으로, 제석천이 변화한 것이다.

釋梵祈勸 請轉法輪 以佛遊步 佛吼而吼 扣法鼓 吹法
석범기권 청전법륜 이불유보 불후이후 구법고 취법

螺 執法劍 建法幢 震法雷 曜法電 澍法雨 演法施 常
라 집법검 건법당 진법뢰 요법전 주법우 연법시 상

以法音覺諸世間 光明普照無量佛土 一切世界 六種
이법음각제세간 광명보조무량불토 일체세계 육종

震動 總攝魔界 動魔宮殿 衆魔慴怖 莫不歸伏 摑裂邪
진동 총섭마계 동마궁전 중마습포 막불귀복 괵렬사

網 消滅諸見 散諸塵勞 壞諸欲塹 嚴護法城 開闡法門
망 소멸제견 산제진로 괴제욕참 엄호법성 개천법문

洗濯垢污 顯明清白 光融佛法 宣流正化 入國分衛
세탁구오 현명청백 광융불법 선류정화 입국분위

獲諸豐饍 貯功德 示福田 欲宣法 現欣笑 以諸法藥
획제풍선 저공덕 시복전 욕선법 현흔소 이제법약

救療三苦 顯現道意無量功德 授菩薩記 成等正覺 示
구료삼고 현현도의무량공덕 수보살기 성등정각 시

現滅度 拯濟無極 消除諸漏 植衆德本 具足功德 微
현멸도 증제무극 소제제루 식중덕본 구족공덕 미

妙難量
묘난량

제석천과 범천이 와서 법륜法輪을 굴리기를 청하니 부처님은 모든 곳을 다니시면서 사자후의 법을 설하신다. 법의 북을 치고, 법라法螺를 불며, 법의 칼을 휘두르며, 법의 깃발을 세우고, 법의 우레를 떨치고, 법의 번개를 번뜩이며, 법의 비를 내리고, 법을 베푸는 등 항상 법음으로 모든 세계를 깨닫게 하신다. 광명은 널리 한량없는 세계를 비추니 모든 세계가 여섯 가지로 진동하며 모든 마군의 세계에 미쳐 마군의 궁전이 움직이니, 모든 마군이 두려워하여 복종하지 않을 수 없었다. 삿된 그물을 찢어 없애고 나쁜 생각을 소멸하여 모든 번뇌의 티끌을 털어 버리고, 모든 탐욕의 구덩이를 무너뜨려 법의 성(法城)을 엄중히 보호하여 법문을 여신다. 더러움을 씻어 깨끗하게 하고 빛나는 불법으로 바른 교화를 베푸신다. 그리하여 여러 나라에 들어가서 걸식하실 때 여러 가지 풍요로운 공양을 받으시어 그들이 공덕을 쌓아 복을 받도록 하시며, 법을 베풀고자 하실 때는 인자한 미소를 나투시어 모든 법의 약으로 삼고三苦를 치료하여 구제하신다. 한량없는 도의 공덕을 나투시고 보살에게는 수기를 주어 장차 성불하게 하신다. 또 멸도를 나투어 보이시나 중생을 제도하시는 것은 멈추지 않으시고, 모든 번뇌를 소멸시켜 모든 덕의 근본을 심게 하신 구족한 공덕은 미묘하여 헤아리기 어렵다.

【해설】

이 단원은 이타利他인 하화중생下化衆生의 행을 밝힌 것이다. 부처님이나 보살들이 깨달음을 추구하여 목적을 달성한 이유는 고통 속에 헤매는 중생들을 구원하기 위한 것이다. 우리 사회도 자기를 위하여 재산을 모으고, 권력을 가진 이들이 남을 위한 이타의 행을 한다면 사회가 한층 밝아질 것이며 평화롭고 화목한 세계가 될 것이다. 사실 재산을 모으는 데는 사회와 국가가 있어야 가능하고, 권력이란 일반 민중이 있어야 한다. 그렇다고 보면 나의 재산과 권력은 남이 있어서 이루어진 것이므로 이것을 남에게 베푸는 것은 당연한 일이라고 본다. 부처님께서 성불하기 위해서는 중생이 있어야 한다고 하신 것은, 성불하기 위해서는 중생에게 복을 지어야 하는 것을 뜻한다. 그러기 때문에 이타행이란 좀 더 나은 나로 발전시키기 위한 실천이라고 보면 된다.

이 대목을 쉽게 풀이하면 다음과 같다. 부처님은 도를 깨달았지만, 그것은 미묘하고 깊은 법이기 때문에 사람들에게 설해 들려주어도 쉽게 믿을 수가 없을 것이라고 생각하셨다. 제석천과 범천이 이것을 알고 하늘로부터 내려와 부처님께 '깨달음'의 법을 설하실 것을 간청했다. 그래서 부처님은 그 청을 받아들여 모든 곳을 향하여 발을 옮기면서 법을 설하셨다. 그 모습은 마치 북을 쳐서 군대를 나가게 하고 법라패法螺貝를 불어 명령을 내리고 칼을 잡아 적을 쓰러뜨리고 깃발을 세워 전승을 축하하는 것과 같았다. 또한 천둥 번개가 치고 비가 내려 수목을 윤택하게 하는 것처럼 모든 사람들에게 자비의 마음을 드리우는 법을 항상 설하여 널리 세간 사람들을 깨달음의 길로 인도하셨다.

이렇게 해서 부처님의 위엄스런 광명은 모든 시방세계를 비추었고 세계는 여섯 가지로 진동하고 감동했다. 이 위엄스런 광명이 악마의 세계에 미치어 마왕의 궁전까지 흔들어 움직이게 했다. 그 때문에 모든 악마는 두려워서 부처님의 웅장한 덕에 항복하고 귀의하였다. 또한 삿된 교를 깨뜨리고 외도의 나쁜 견해를 멸하고 번뇌의 티끌을 불어 버리며 애욕의 욕망을 묻어 버리고 정법을 지키는 사람들을 위해서 넓게 법의 문을 열어 인도하셨다. 또한 번뇌의 더러움을 씻어 깨끗하게 하고 널리 부처님의 교법을 펴신 사람들을 바른 길로 인도하시기 위해서 여러 나라로 탁발을 다니시면서 국왕이나 장자로부터 훌륭한 공양을 받아 그 베푸는 것에 대해 수십 배의 복을 주시고, 또한 기뻐하는 사람들에게 진리의 묘한 약을 주어 몸과 마음에 고통이 있어 번민하는 사람들을 제도하셨다.

더욱이 보살들에게는 무량의 공덕이 있는 보리심을 발하게 해서 장래에 성불하리라는 예언을 하여 깨달을 수 있게 인도하셨다. 이처럼 이 세상에 태어나신 보살은 성도해서 부처님이 되어 인연이 있는 사람들을 모두 구제하시고 육체를 멸해서 열반의 구름으로 들어갔다. 그러나 부처님의 교법은 영원히 머물러 멸하지 않고, 번뇌의 고통을 제거하고 선근의 씨앗을 심고 공덕을 베푸는 것이 끊임없는 것이다.

전법륜轉法輪: 부처님이 교법을 넓히는 것, 곧 부처님의 설법. 부처님이 법을 설해서 능히 삿된 견해를 깨뜨리고 정도를 여는 것으로, 전륜성왕의 보배로운 바퀴가 번뇌와 삿된 견해를 부수는 것과 같기 때문에 전법륜이라 한다.

제견諸見: 외도外道의 나쁜 견해. 또 견혹見惑이라 한다.

욕참欲塹: 애욕이 깊은 것을 구덩이에 비유했다.

삼고三苦: 사바세계의 세 가지 괴로움을 말한다. 첫째는 고고苦苦로 아플 때의 고통, 둘째는 괴고壞苦로 파괴되는 괴로움, 셋째는 행고行苦로 무상하여 유전하는 괴로움이다.

제루諸漏: 모든 번뇌를 말한다.

遊諸佛國 普現道教 其所修行 清淨無穢 譬如幻師現
유제불국 보현도교 기소수행 청정무예 비여환사현

衆異像 爲男爲女 無所不變 本學明了 在意所爲 此諸
중이상 위남위녀 무소불변 본학명료 재의소위 차제

菩薩 亦復如是 學一切法 貫綜縷練 所住安諦 靡不致
보살 역부여시 학일체법 관종누련 소주안제 미불치

化 無數佛土 皆悉普現 未曾慢恣 愍傷衆生 如是之法
화 무수불토 개실보현 미증만자 민상중생 여시지법

一切具足
일체구족

모든 불국토에 다니시면서 두루 진리를 보이시나 그 닦으신 행은 청정해서 더럽혀지지 않는다. 비유하면 환술사가 여러 가지 다른 형상으로 나타남에 남자가 되기도 하고 여자가 되기도 하여 변하지 못하는 것이 없는 것은, 본학本學이 명료해 자유자재로이 함과 같다. 이 모든 보살도 이와 같이 모든 법을 배워 통달하여 머무르는 곳이 평온하고, 무수한 불국토에 모두 널리 나투어 교화하되 교만하고 방자하지 않았으며 중생들을 가엾고 불쌍히 여기셨다. 보살은 이와 같은 법을 모두 구족하셨다.

【해설】

이 단원은 보살이 모든 부처님의 나라에 다니면서 그 나라 사람들을 제도하시는 덕으로 '자신도 위하고 남도 위하는' 덕인 자리이타 自利利他의 덕 가운데 첫 번째 덕을 말씀하신 것이다.

팔상성도의 길을 행하신 보살은 모든 법을 두루 알고 계시기 때문에 여러 부처님의 나라에 다니시면서 여러 가지 방편으로 부처님 법을 설하고 사람들을 제도하신다.

환사幻師: 환술사幻術師를 말하며, 여러 가지로 변할 수 있는 재주를 가진 사람이다.

본학本學: 환술사의 학문.

관종누련貫綜樓練: 모든 것을 통달하여 아는 것.

소주안제所住安諦: 열반의 가르침에 마음이 편안하게 자리 잡는 것.

수상愁傷: 불쌍히 여기는 것.

菩薩經典 究暢要妙 名稱普至 導御十方 無量諸佛 咸
보살경전 구창요묘 명칭보지 도어시방 무량제불 함

共護念 佛所住者 皆已得住 大聖所立 而皆已立 如來
공호념 불소주자 개이득주 대성소립 이개이립 여래

導化 各能宣布 爲諸菩薩 而作大師 以甚深禪慧 開導
도화 각능선포 위제보살 이작대사 이심심선혜 개도

衆人 通諸法性 達衆生相 明了諸國
중인 통제법성 달중생상 명료제국

이리하여 보살은 대승경전의 깊고 오묘한 뜻을 궁구하여 이해하니 그의 이름은 널리 알려지고, 시방세계의 중생을 인도하여 제도하시니 한량없는 모든 부처님은 이 보살을 보호하여 주신다. 또 보살은 부처님이 갖고 계신 것을 모두 갖추고, 부처님이 행한 것을 모두 행하였으며, 부처님의 교화를 능히 선양하여 다른 모든 보살을 위해 큰 스승이 되고, 깊은 선정과 지혜로써 중생을 인도하여 모든 법의 체성을 통달하여 중생의 사정을 잘 알 뿐 아니라 모든 국토의 형세를 분명히 알고 계신다.

【해설】

이 단원은 보살이 부처님이 설하신 대승경전의 깊은 의미를 잘 이해하여, 그 위대한 이름이 널리 시방세계에 울려 펴져 모든 사람들을 제도하시는 덕으로, '자신도 위하고 남도 위하는' 덕인 자리이타의 덕 가운데 두 번째 덕을 설하신 것이다.

보살은 부처님이 가지고 계신 공덕을 모두 갖추고 부처님이 세우신 깨달음의 경계에서 부처님과 같이 법을 설하고 다른 보살을 위해서 대도사大導師가 되어서 미묘하고 깊은 선정과 지혜를 가지고 사람들을 교화할 뿐만 아니라, 진속이제眞俗二諦의 진리(諸法性)와 속제俗諦인 세간의 모습(衆生相)을 알아 모든 세계를 더러움이 없는 깨끗한 나라로 만드시는 것이다.

보살경전菩薩經典: 대승경전을 말한다.

제법성諸法性: 진眞, 속俗 이제二諦의 진리를 말한다.

중생상衆生相: 속제俗諦인 중생의 세계와 기세간器世間의 모든 모습.

供養諸佛 化現其身 猶如電光 善學無畏之網曉了幻
공양제불 화현기신 유여전광 선학무외지망효료환

化之法 壞裂魔網 解諸纏縛 超越聲聞緣覺之地 得空
화지법 괴렬마망 해제전박 초월성문연각지지 득공

無相無願三昧 善立方便 顯示三乘 於此中下 而現滅
무상무원삼매 선립방편 현시삼승 어차중하 이현멸

度 亦無所作 亦無所有 不起不滅 得平等法 具足成就
도 역무소작 역무소유 불기불멸 득평등법 구족성취

無量總持 百千三昧 諸根智慧 廣普寂定 深入菩薩法
무량총지 백천삼매 제근지혜 광보적정 심입보살법

藏 得佛華嚴三昧 宣暢演說一切經典 住深定門 悉覩
장 득불화엄삼매 선창연설일체경전 주심정문 실도

現在無量諸佛 一念之頃 無不周徧 濟諸劇難諸閑不
현재무량제불 일념지경 무불주변 제제극난제한불

閑 分別顯示眞實之際 得諸如來辯才之智
한 분별현시진실지제 득제여래변재지지

그리고 모든 부처님을 공양하실 때 그 몸을 나투기를 번개와 같이 하고, 능히 두려움이 없는 일체 지혜를 배워서 인연의 법을 깨달아 마군의 그물을 찢어 무너뜨리고 모든 번뇌의 속박을 풀어 성문, 연각의 지위를 넘어서 공空, 무상無常, 무원삼매無願

三昧를 성취하셔서 능히 방편을 세워 대상의 근기에 따라 성문, 연각, 보살 등 삼승의 법을 보이시고, 이 성문, 연각의 경계에 따라 멸도를 보이신다. 그러나 보살은 본래 수행한 바도 없고, 얻은 바도 없으며, 생기지도 않고, 멸하지도 않는 평등의 진리를 얻을 뿐만 아니라, 한량없는 신통 지혜와 백천 가지 삼매와 중생의 근기를 다 아는 지혜를 구족하여 성취하시고, 넓고 두루 하는 선정으로 깊은 보살의 법에 머물러 부처님의 화엄삼매를 얻어 모든 경전을 선양하고 연설하신다.

깊은 선정에 머물러 현재의 한량없는 모든 부처님을 친견함이 다만 한 생각 사이에 두루하지 않음이 없다. 삼악도 중생의 여러 가지 고통과 수행할 틈이 있는 이나 틈이 없는 이의 근기에 따라 구제하여 진실한 도리를 분별하여 보이시는 부처님의 여러 가지 지혜를 얻는다.

【해설】

이 단원은 보살이 번개처럼 빨리 시방세계 모든 불국토에 그 몸을 나투어서 부처님께 공양하는 덕으로 '자신도 위하고 남도 위하는' 덕인 자리이타의 덕 가운데 세 번째 덕을 설한 것이다.

이 대목을 풀이하면 다음과 같다. 보살은 모든 부처님께서 중생들에게 법을 설함에 두려움이 없는 네 가지 모습인 사무외四無畏, 즉 첫째 일체지무외一切智無畏, 둘째 누진무외漏盡無畏,

셋째 설장도무외說障道無畏, 넷째 설진고도무외說盡苦道無畏의 무외지망無畏之網를 배워가지고 이 세상 모든 것은 인연이 모인 것이어서 환상처럼 본래의 성품이 없다고 하는(幻化之法) 뜻의 이치를 깨달아 정도를 방해하는 악마의 그물을 부수고 번뇌의 속박纏縛을 풀고, 성문이나 연각의 소승교를 넘어서 대승에서 이야기한 모든 법은 실체가 없다고 관하여 얻는 공삼매空三昧와 실로 실체가 없으면 실지로 형상이 없다고 관하여 얻는 무상삼매無相三昧, 그리고 실체와 형상이 없다면 나의 마음도 없다고 관하여 얻는 무원삼매無願三昧를 깨달으신 것이다.

그러나 사람들을 제도하기 위해서 방편을 사용하시어 보살과 연각과 성문 등 삼승의 차별을 나타내시어 임시로 연각이나 성문 같은 열반을 보이신다. 그러나 실은 인因으로 해야 할 것도 없고(無所作), 과果로 있어야 할 것도 없으며(無所有), '번뇌가 곧 보리'이기 때문에 구해야 할 보리도 없고(不起), 멸해야 할 번뇌도 없고(不滅), 일체는 공空이고 모두 평등하다는 '지혜'를 깨달으셨으며, 더욱이 보살은 많은 총지總持의 지혜와 무수한 삼매와 모든 선법을 아는 지혜(諸根智慧)를 얻어 설법의 시기에는 두루 삼매에 들고 깊게 대승의 법문을 깨달아 세계는 오직 마음으로부터 일어나는 것이라는 화엄삼매를 증득하시었다. 또한 대자비의 마음을 가지고 일체 경전을 설해 깊은 선정 삼매에 들어가 마음을 깨끗이 하는데, 그 삼매 중에서 모든 부처님을 친견하기도 한다. 또 극히 짧은 시간(一念)에 모든 부처님의 여러 나라를 두루 돌아다니고 삼악도에서 고통받는 중생(諸劇難)이나 불도 수행을 견디는 사람과 견디지 못하는 사람(諸閑不閑)을 제도하는데, 부처님과 같은 사무애변의 지혜를 가지고 진여의 도리를 분명히 설해 나타내신다. 원문의 마지막에 말한 변재지(辯才之智)는 부처님의 네 가지 무애변지無碍辯智를 말한다. 즉 법무애法無碍는 법을 막힘없이 잘 아는 것이고, 의무애義無碍는 뜻의 이치를 잘 아는 것이며, 사무애辭無得는 모든 곳의 말을 다 통하는 것이며, 낙설무애樂說無碍는 중생을 위해서 설법이 자유자재한 것 등 모든 것을 다 아는 지혜를 말한다.

사실 상대를 설득시키고 제도한다는 것은 그리 쉬운 일이 아니다. 상대를 제도하기 위해서는 몇 가지를 갖추지 않으면 안 된다고 본다. 첫째는 실력을 갖추어야 한다. 유능한 선생님은 실력을 갖추어야만 학생들에게 좋은 교육을 시킬 수 있듯이, 또 불자가 일반인을 제도하기 위해서는 수행력과 교학을 두루 섭렵해야만 하듯이 이 단원에서 이야기한 보살들은 공삼매, 무상삼매, 무원삼매, 화엄삼매 등 모든 선정을 증득하고 평등한 진리를 깨달은 힘을 갖추었다. 둘째는 상대의 근기나 능력, 그리고 상대의 이해력이 어떤지 알아야 거기에 맞추어 잘 제도할 수 있을 것이다. 셋째는 앞에서 이야기한 실력과 상대의 능력을 잘 파악했더라도 언변이 좋지 않아 표현력이 없다면 제도가 쉽지 않을 것이기 때문에 변재를 갖추어야 한다. 그래서 이 단원에서 말한 보살들은 네 가지 변재를 모두 갖춘 것이다.

入衆言音 開化一切 超過世間諸所有法 心常諦住度
입중언음 개화일체 초과세간제소유법 심상제주도

世之道 於一切萬物 而隨意自在 爲諸庶類 作不請之
세지도 어일체만물 이수의자재 위제서류 작불청지

友 荷負群生 爲之重擔 受持如來 甚深法藏 護佛種性
우 하부군생 위지중담 수지여래 심심법장 호불종성

常使不絶 興大悲 愍衆生 演慈辯 授法眼 杜三趣 開
상사부절 홍대비 민중생 연자변 수법안 두삼취 개

善門 以不請之法 施諸黎庶 如純孝之子愛敬父母 於
선문 이불청지법 시제여서 여순효지자애경부모 어

諸衆生 視若自己 一切善本 皆度彼岸 悉獲諸佛無量
제중생 시약자기 일체선본 개도피안 실획제불무량

功德 智慧聖明不可思議 如是之等菩薩大士 不可稱
공덕 지혜성명불가사의 여시지등보살대사 불가칭

計 一時來會
계 일시래회

보살은 모든 언어에 통달하여 모든 중생을 제도하며, 세간의 모든 법을 초월하고, 마음은 항상 진리에 안주하여 일체 만사에 자유자재하며, 모든 중생을 위하여 청하지 않아도 진실한 벗이 되어 중생을 제도할 의무를 짊어지신다. 그래서 부처님의 깊고 깊은 법을 받아 실천하며, 중생이 부처님이 될 종자(佛種性)를 보호하여 항상 끊어지지 않게 하신다. 큰 자비심을 일으켜 중생을 불쌍히 생각하며, 자비한 변재로 법의 눈을 뜨게 하며, 삼악도의 길을 막고, 좋은 문을 열어 주며, 중생이 법을 청하지 않아도 불법으로 모든 중생에게 베푸시는 것이 지극한 효자가 부모를 사랑하고 공경하는 것과 같다.

모든 중생 보기를 자기와 같이 하고, 모든 선근을 심어 피안에 이르게 하신다. 이렇듯 모든 부처님은 무량공덕을 갖추어 지혜는 거룩하고 밝아 이루 헤아릴 수 없다. 이와 같이 헤아릴 수 없는 보살들이 일시에 와서 모였다.

【해설】

이 단원은 보살이 사람들을 위해서 청하지 않아도 친구가 되어 제도하며 이익을 주시는, 남을 위한(利他) 덕으로 '자신도 위하고 남도 위하는' 덕인 자리이타의 덕 가운데 네 번째 덕을 설한 것이다.

진정한 친구란 상대가 말하지 않아도 뭐가 필요한지 알아 도움을 주는 사람일 것이다. 이 영축산에 모인 보살들도 중생을 구원하는 데 있어서 마치 친구처럼 중생의 부족한 점을 잘 알아 해결해 준다는 것이다.

또한 영축산에는 팔상성도와 '자신도 위하고 남도 위함(自利利

他)'의 덕상을 가지고 있는 보살과 성중들이 헤아릴 수 없을 정도로 많이 모여 있다는 것을 강조하고 있다.

도세지도度世之道: 미혹의 세계를 건너는 길을 의미하며, 열반을 가리킨다.

서류庶類: 중생을 말한다.

불청지우不請之友: 청하지 않아도 대자비로 벗이 되는 사람.

불종성佛種性: 중생의 불성이라는 뜻으로, 불성을 지닌 중생을 가리킨다.

삼취三趣: 지옥, 아귀, 축생 등 삼악도.

여서黎庶: 중생을 말한다.

선본善本: 육도만행六度萬行을 가리킨다.

대사大士: 보살을 말한다.

제2항 아난이 법을 묻는 인연

爾時世尊 諸根悅豫 姿色淸淨 光顔巍巍 尊者阿難 承
이 시 세 존 제 근 열 예 자 색 청 정 광 안 외 외 존 자 아 난 승

佛聖旨 卽從座起 偏袒右肩 長跪合掌而白佛言 今日
불 성 지 즉 종 좌 기 편 단 우 견 장 궤 합 장 이 백 불 언 금 일

世尊 諸根悅豫 姿色淸淨 光顔巍巍 如明淨鏡影暢表
세 존 제 근 열 예 자 색 청 정 광 안 외 외 여 명 정 경 영 창 표

裏 威容顯曜超絶無量 未曾瞻覩殊妙如今 唯然大聖
리 위 용 현 요 초 절 무 량 미 증 첨 도 수 묘 여 금 유 연 대 성

我心念言 今日世尊住奇特法 今日世雄住諸佛所住 今
아 심 념 언 금 일 세 존 주 기 특 법 금 일 세 웅 주 제 불 소 주 금

日世眼住導師行 今日世英住最勝道 今日天尊行如來
일세안주도사행 금일세영주최승도 금일천존행여래

德 去來現佛 佛佛相念 得無今佛念諸佛耶 何故威神
덕 거래현불 불불상념 득무금불염제불야 하고위신

光光乃爾 於是世尊 告阿難曰 云何阿難 諸天教汝 來
광광내이 어시세존 고아난왈 운하아난 제천교여 내

問佛耶 自以慧見 問威顔乎 阿難白佛 無有諸天來教
문불야 자이혜견 문위안호 아난백불 무유제천내교

我者 自以所見 問斯義耳
아자 자이소견 문사의이

그때 부처님께서는 온몸에 기쁨이 넘치고 기색은 청정하시며 얼굴의 모습은 거룩하고 엄숙하셨다. 아난존자는 부처님의 성스러운 뜻을 알고 곧 자리에서 일어나 오른쪽 어깨를 벗고 무릎을 꿇고 합장하여 부처님께 여쭈었다.

"오늘 부처님께서는 온몸에 기쁨이 넘치고 기색은 청정하시며 얼굴의 모습은 거룩하고 엄숙하심이 마치 밝고 깨끗한 거울 앞의 모든 것을 비춤과 같고, 얼굴의 빛이 뛰어남이 한량없사온데 저는 일찍이 지금과 같이 수승하고 묘한 것을 뵈온 적이 없사옵니다.

부처님이시여, 저의 마음으로 생각하옵건대 오늘 부처님은 위없는 법에 머무르시고, 오늘 부처님은 모든 부처님의 경계에 머무르시고, 오늘 부처님은 사람들을 인도한 행에 머무르시고,

오늘 부처님은 가장 수승한 도에 머무르시고, 오늘 부처님은 부처님의 덕을 행하십니다. 과거, 현재, 미래의 부처님은 부처님과 부처님이 서로 통하시어 중생을 제도하시는데 오늘 부처님께서도 그러하시는지요? 왜냐하면 부처님께선 위엄이 넘치고 신비스런 광명이 빛나고 있기 때문입니다."

이에 부처님께서 아난에게 말씀하셨다.

"어찌된 연유인가, 아난아. 모든 천신들이 너에게 가르쳐서 묻는 것이냐, 아니면 스스로 너의 지혜로 나의 장엄한 기색을 묻는 것이냐?"

아난이 부처님께 아뢰기를,

"모든 천신이 와서 저에게 가르쳐 준 것이 아니고 저 스스로 소견을 가지고 이 뜻을 여쭐 뿐입니다."

【해설】

이 단원은 석존 앞에서 아난존자가 부처님의 모습이 특별히 기쁨에 넘쳐 있는 것을 보고 그 이유를 묻는 인연을 서술한 것으로 별서別序의 제2다. 사실 아난존자가 석가모니 부처님의 특별한 모습을 보고 묻지 않았다면 법장비구가 48원을 세워 아미타불이 되어 극락정토를 건설하고, 극락정토가 왜 우리에게 필요한지를 몰랐을 것이다. 그러므로 아난존자가 부처님께 묻는 것에 대해 감사해야 한다.

제근諸根: 오근五根으로 눈, 코, 귀, 혀, 몸의 다섯 감각기관을 말하며, 신체의 전부를 나타내는 말.

기특법奇特法: 부처님이 머무르시는 열반의 법은 인위因位의 수행자가 머무르는 법을 초월한 것이기 때문에 기특법이라 한다.

세웅世雄: 부처님을 말한다.

세안世眼: 세상의 안목이 되는 사람. 부처님을 말한다.

세영世英: 세상에서 훌륭한 지혜가 있는 사람. 부처님을 말한다.

천존天尊: 하늘 가운데 가장 존귀한 사람. 부처님을 말한다.

佛言 善哉阿難 所問甚快 發深智慧 眞妙辯才 愍念衆
불언 선재아난 소문심쾌 발심지혜 진묘변재 민념중

生 問斯慧義 如來以無盡大悲矜哀三界 所以出興於
생 문사혜의 여래이무진대비긍애삼계 소이출흥어

世 光闡道教 欲拯濟群萌惠以眞實之利 無量億劫難
세 광천도교 욕증제군맹혜이진실지리 무량억겁난

値難見 猶靈瑞華時時乃出 今所問者多所饒益 開化
치난견 유령서화시시내출 금소문자다소요익 개화

一切諸天人民 阿難當知 如來正覺其智難量 多所導
일체제천인민 아난당지 여래정각기지난량 다소도

御 慧見無礙 無能遏絶 以一湌之力能住壽命億百千
어 혜견무애 무능알절 이일손지력능주수명억백천

劫無數無量 復過於此 諸根悅豫 不以毁損 姿色不變
겁무수무량 부과어차 제근열예 불이훼손 자색불변

光顔無異 所以者何 如來定慧究暢無極 於一切法而
광안무이 소이자하 여래정혜구창무극 어일체법이

得自在 阿難諦聽 今爲汝說 對曰 唯然 願樂欲聞
득자재 아난제청 금위여설 대왈 유연 원요욕문

부처님께서 말씀하셨다.

"착하다, 아난아. 참으로 기특한 질문이다. 깊은 지혜를 내고 묘한 변재로 중생을 불쌍히 여겨 이 지혜로운 질문을 하는구나. 부처님은 끝없는 대자비로 욕계, 색계, 무색계를 가엾게 여기는 까닭에 세상에 출현해서 광명의 진리를 널리 펴서 중생을 건지고 진실한 이익을 베풀고자 하신다. 한량없는 세월에도 부처님을 뵙기 어렵고 만나기 어려움이 마치 우담발화가 피는 것과 같다. 이제 묻는 것은 모든 천상과 중생들을 크게 이익 되게 할 것이며, 길을 열어 교화할 것이다. 아난아, 반드시 알아라. 여래의 정각은 그 지혜를 헤아릴 수 없고 중생을 제도함이 많으며, 걸림없는 신통지혜는 능히 막아 끊을 수 없느니라. 한 끼니의 밥으로 백억천 겁의 한량없는 수명을 머물게 한다. 그리고 온몸이 기쁨에 넘쳐서 훼손되지 않으며, 모습의 빛은 변하지 않고 빛나는 얼굴은 다르게 변하지 않나니, 그 까닭은 여래는 선정과 지혜가 지극하여 다함이 없고 일체 법에 자유자재함을 얻었기 때문이다. 아난아, 명심하여 들어라. 이제 그대를 위하여 설하리라."

아난이 대답해 여쭈었다.

"그러하옵니다. 듣기를 원하옵니다."

【해설】

아난존자의 물음이 지금 영축산에 모인 대중에게도 큰 이익이 되는 일이고, 미래세의 모든 중생들에게도 좋은 일이기 때문에 석가모니 부처님이 "아난아, 정말로 좋은 일이다. 네가 물은 것을 매우 기쁘게 생각한다. 진실로 묘한 말을 가지고 사람들을 불쌍히 여겨 여래의 오덕(慧義)을 물은 것이다. 모든 부처님은 한없는 대자비심으로 미혹한 세계에서 괴로워하고 있는 사람들을 불쌍히 여기셔서 이 사바세계에 출현하여 널리 부처님의 도를 설하고, 진실한 이익을 주고 모든 사람들을 제도하려고 하신다. 이 같은 대자비의 부처님은 무량억겁이라는 오랜 세월을 지나도 만나 뵙는 일은 극히 어려운 것이다. 예를 들면, 삼천 년에 한 번 꽃을 피우는 우담발화를 만나는 것과 같은 것이다. 지금 네가 물은 것은 사람들을 이익 되게 하고 모든 천인이나 인간을 아미타불의 가르침으로 인도하게 될 것이다"라고 칭찬하시었다. 이처럼 아난존자의 물음에 의해 우리들은 만나기 어려운 정토법을 들을 수 있고 알 수 있으며, 이를 수행하여 왕생할 수 있는 기틀이 마련된 것이다.

진묘변재眞妙辯才: 진실해서 묘한 언설.

혜의慧義: 지혜로 생각하는 뜻의 이치로, 여래의 오덕五德을 말한다.

도교道教: 부처님 일대一代의 교. 모든 법문.

영서화靈瑞華: 우담발화. 삼천 년에 꽃이 한 번 핀다고 함.

군맹群萌: 일체 중생.

원요願樂: 원하고 원하는 것.

제2편 본론

제1장 48원을 세운 인연

제1절 과거 53불

佛告阿難 乃往過去久遠無量不可思議無央數劫 錠光
불고아난 내왕과거구원무량불가사의무앙수겁 정광

如來 興出於世 教化度脫無量衆生 皆令得道 乃取滅
여래 홍출어세 교화도탈무량중생 개령득도 내취멸

度 次有如來 名曰光遠 次名月光 次名栴檀香 次名善
도 차유여래 명왈광원 차명월광 차명전단향 차명선

山王 次名須彌天冠 次名須彌等曜 次名月色 次名正
산왕 차명수미천관 차명수미등요 차명월색 차명정

念 次名離垢 次名無著 次名龍天 次名夜光 次名安明
념 차명이구 차명무착 차명용천 차명야광 차명안명

頂 次名不動地 次名瑠璃妙華 次名瑠璃金色 次名金
정 차명부동지 차명유리묘화 차명유리금색 차명금

藏 次名炎光 次名炎根 次名地動 次名月像 次名日音
장 차명염광 차명염근 차명지동 차명월상 차명일음

次名解脫華 次名莊嚴光明 次名海覺神通 次名水光
차명해탈화 차명장엄광명 차명해각신통 차명수광

次名大香 次名離塵垢 次名捨厭意 次名寶炎 次名妙
차명대향 차명이진구 차명사염의 차명보염 차명묘

頂 次名勇立 次名功德持慧 次名蔽日月光 次名日月
정 차명용립 차명공덕지혜 차명폐일월광 차명일월

瑠璃光 次名無上瑠璃光 次名最上首 次名菩提華 次
유리광 차명무상유리광 차명최상수 차명보리화 차

名月明 次名日光 次名華色王 次名水月光 次名除癡
명월명 차명일광 차명화색왕 차명수월광 차명제치

冥 次名度蓋行 次名淨信 次名善宿 次名威神 次名法
명 차명도개행 차명정신 차명선숙 차명위신 차명법

慧 次名鸞音 次名師子音 次名龍音 次名處世 如此諸
혜 차명난음 차명사자음 차명용음 차명처세 여차제

佛皆悉已過
불개실이과

爾時 次有佛名世自在王如來 應供 等正覺 明行足 善
이시 차유불명세자재왕여래 응공 등정각 명행족 선

逝 世間解 無上士 調御丈夫 天人師 佛 世尊
서 세간해 무상사 조어장부 천인사 불 세존

부처님께서 아난존자에게 말씀하셨다.

"일찍이 헤아릴 수 없는 과거 아득히 먼 옛날에 정광여래가 출현하셔서 한량없는 중생을 교화하고 제도하시어 모두 도를 얻게 하시고 열반에 드셨느니라. 그리고 그 다음을 이어서 부처님이 계셨는데 그 이름은 광원불, 월광불, 전단향불, 선산왕불, 수미천관불, 수미등요불, 월색불, 정념불, 이구불, 무착불, 용천불, 야광불, 안면정불, 부동지불, 유리묘화불, 유리금색불, 금장불, 염광불, 염근불, 지동불, 월상불, 일음불, 해탈화불, 장엄광명불, 해각신통불, 수광불, 대향불, 이진구불, 사염의불, 보염불, 묘정불, 용립불, 공덕지혜불, 폐일월광불, 일월유리광불, 무상유리광불, 최상수불, 보리화불, 월명불, 일광불, 화색왕불, 수월광불, 제치명불, 도개행불, 정신불, 선숙불, 위신불, 법혜불, 난음불, 사자음불, 용음불, 처세불 등이신데, 이와 같은 모든 부처님들이 이미 지나가셨느니라.

그 다음에 부처님이 계셨는데 세자재왕여래, 응공, 등정각, 명행족, 선서, 세간해, 무상사, 조어장부, 천인사, 불, 세존이라 하느니라."

【해설】

이 단원부터 본론에 해당된다. 제1장 「48원을 세운 인연」에서는 아미타불께서 성불하기 전 법장비구로 계실 때 중생 제도를 위해서 일으키신, 48원을 발기한 인연과 그 수업修業을 설하고 있다. 앞 부분에서는 법장비구가 세상에 나오시기까지 나타난 과거 53분의 부처님을 설하고, 다음 세자재왕 부처님 시대에 법장비구가 발심해 출가해서 발원하였던 48원을 서술하고, 이어서 법장비구가 수행하셨던 보살행의 전말을 설한다.

이 단원은 석가모니 부처님께서 아미타불의 전신인 법장비구가 세자재왕 부처님 앞에 등장하기까지 먼 옛날 셀 수 없는 무수겁 전에 세상에 출현하여 많은 사람들을 교화해서 "깨달음"으로 인도하신 53여래를 언급하고 있다.

법장비구가 세자재왕 부처님을 만나 48원을 세우기까지 수많은 세월 동안 많은 부처님을 친견하였다고 한 것은, 첫째로 하나의 좋은 결과를 가져오기 위해서는 단시간에 이루려는 조바심을 갖지 말고 꾸준히 정진해야 한다는 것이고, 둘째로 좋은 인연을 만나기 위해 선근을 지어야 한다는 것이다. 부처님 한 분을 친견하기 위해서도 많은 선근이 있어야 하는데, 하물며 53부처님을 친견한 것은 얼마나 많은 선근을 지었는지 알 수 있다.

내왕乃往: 옛날을 말한다.

무앙수겁無央數劫: 산스크리트 아승지겁(Asaṃkya Kalpa)과 같은 말로 셀 수 없이 긴 시간.

세자재왕여래世自在王如來: 세간자재왕世間自在王 여래라고도 한다.

부처님의 십호:

1. 응공(應供, Arhat): 인천人天으로부터 공양을 받을 자격이 있는 사람.
2. 등정각(等正覺, Samyak-Sambuddha): 평등하고 바른 진리를 깨달은

사람.

3. 명행족(明行足, Vidya-Caraṇa-Saṁpanna): 지혜나 수행을 구족한 사람.
4. 선서(善逝, Sugata): 능히 인因에서 과果로 가서 다시 돌아오지 않는다는 뜻. 다시 미혹되지 않는 사람.
5. 세간해(世間解, Loka-Vita): 세간의 일에 통달한 사람.
6. 무상사(無上士, Anuttara): 위가 없이 높은 사람.
7. 조어장부(調御丈夫, Puruṣadamya-Sarathi): 중생을 제압하여 조복시키는 사람.
8. 천인사(天人師, dēva-manuṣyānām): 하늘과 사람이 우러러보는 사람.
9. 불(佛, Buddha): 최상의 진리를 깨달은 사람.
10. 세존(世尊, Bhagavān): 세상 사람이 존경한다는 뜻.

제2절 법장비구의 발심

제1항 국왕의 출가

時有國王 聞佛說法 心懷悅豫 尋發無上正眞道意 棄
시유국왕 문불설법 심회열예 심발무상정진도의 기

國捐王 行作沙門 號曰法藏 高才勇哲 與世超異 詣
국연왕 행작사문 호왈법장 고재용철 여세초이 예

世自在王如來所 稽首佛足 右遶三匝 長跪合掌 以頌
세자재왕여래소 계수불족 우요삼잡 장궤합장 이송

讚曰
찬왈

光顔巍巍 威神無極 如是炎明 無與等者
광안외외 위신무극 여시염명 무여등자

日月摩尼 珠光炎耀 皆悉隱蔽 猶若聚墨
일월마니 주광염요 개실은폐 유약취묵

如來容顔 超世無倫 正覺大音 響流十方
여래용안 초세무륜 정각대음 향류시방

戒聞精進 三昧智慧 威德無侶 殊勝希有
계문정진 삼매지혜 위덕무려 수승희유

深諦善念 諸佛法海 窮深盡奧 究其涯底
심제선념 제불법해 궁심진오 구기애저

無明欲怒 世尊永無 人雄師子 神德無量
무명욕노 세존영무 인웅사자 신덕무량

功勳廣大 智慧深妙 光明威相 震動大千
공훈광대 지혜심묘 광명위상 진동대천

"그 무렵 국왕이 있었는데, 부처님의 설법을 듣고는 마음에 기쁨을 품고 바로 위없는 바르고 참된 도의 뜻을 내어 나라와 왕위를 버리고 출가하여 사문이 되어 법장이라 했다. 그의 재주와 용맹은 세상에서 뛰어났다. 세자재왕 부처님 처소에 가서 부처님 발에 머리를 조아리고 오른쪽으로 세 번 돌고 나서 무릎을 꿇고 합장하여 노래로써 부처님의 공덕을 찬탄하였다."

빛나신 상호 우뚝하시고
위엄과 신통 그지없으니
이처럼 밝고 빛나는 광명
뉘라서 감히 따르리이까.

햇빛과 달빛 여의주 빛
맑은 진주 빛 눈부시지만
여기에 온통 가리워져서
검은 먹덩이 되고 맙니다.

여래의 상호 뛰어나시사
이 세상에는 짝할 이 없고
바르게 깨달은 이의 크신 소리
시방세계에 두루 들리네.

청정한 계율 다문과 정진
삼매의 큰 힘 지혜의 맑음
거룩한 위덕 짝할 이 없어
수승한 거동 처음 뵈옵네.

여러 부처님의 많은 법을
자세히 보고 깊이 생각해
끝까지 알고 속까지 뚫어
바닥과 주위에 두루 비치네.

캄캄한 무명, 탐욕과 분심

우리 부처님 다 끊으시니
사자와 같이 영험한 어른
거룩한 도덕 어떠하신가.

크신 도덕과 넓은 공덕
밝은 지혜 깊고 묘하여
끝없는 광명 거룩한 상호
대천세계에 널리 떨치시네.

무상정진도의無上正眞道意: 위없는 깨달음을 구하려는 마음. 즉 대보리심.

사문沙門: 산스크리트 śramaṇa의 번역으로 출가해서 불도를 닦는 사람.

마니摩尼: 산스크리트 maṇi의 번역으로 무구주無垢珠라 하는데, 보주寶珠를 말한다.

개문戒聞: 보살이 행하는 육바라밀의 하나. 계戒를 지키면 이름이 모든 곳에 알려지기 때문에 계문이라 한다.

인웅사자人雄師子: 부처님을 말한다.

願我作佛 齊聖法王 過度生死 靡不解脫
원 아 작 불 제 성 법 왕 과 도 생 사 미 불 해 탈

布施調意 戒忍精進 如是三昧 智慧爲上
보 시 조 의 계 인 정 진 여 시 삼 매 지 혜 위 상

吾誓得佛 普行此願 一切恐懼 爲作大安
오서득불 보행차원 일체공구 위작대안

假使有佛 百千億萬 無量大聖 數如恒沙
가사유불 백천억만 무량대성 수여항사

供養一切 斯等諸佛 不如求道 堅正不却
공양일체 사등제불 불여구도 견정불각

譬如恒沙 諸佛世界 復不可計 無數剎土
비여항사 제불세계 부불가계 무수찰토

光明悉照 徧此諸國 如是精進 威神難量
광명실조 변차제국 여시정진 위신난량

令我作佛 國土第一 其衆奇妙 道場超絕
영아작불 국토제일 기중기묘 도량초절

國如泥洹 而無等雙 我當哀愍 度脫一切
국여니원 이무등쌍 아당애민 도탈일체

十方來生 心悅清淨 已到我國 快樂安穩
시방래생 심열청정 이도아국 쾌락안온

幸佛信明 是我眞證 發願於彼 力精所欲
행불신명 시아진증 발원어피 역정소욕

十方世尊 智慧無礙 常令此尊 知我心行
시방세존 지혜무애 상령차존 지아심행

假令身止 諸苦毒中 我行精進 忍終不悔
가령신지 제고독중 아행정진 인종불회

원컨대 나도 부처님 되어

거룩한 공덕 저 법왕처럼

끝없는 생사 모두 건지고

온갖 번뇌에서 벗어지이다.

보시를 닦아 뜻을 고르고
계행을 지니어 분한 일 참아
멀고 아득한 길 가고 또 가고
이러한 삼매 지혜가 으뜸일세.

나도 맹세코 부처님 되어
이러한 원을 모두 행하고
두려움 많은 중생 위하여
의지할 자리 되어지고져.

저곳에 계신 여러 부처님
백인가, 천인가, 몇억만인가
그 수효 이루 다 셀 수 없어
항하의 모래보다 많을지라도.

저렇듯 많은 부처님들을
받들어 섬겨 공양한다 해도
보리의 도를 굳게 구하여
물러서지 않는 것만 못하리.

항하의 모래 수효와 같이
많고 많은 부처님 세계
그보다 더 많아 셀 수도 없는
그처럼 많은 세계 국토를

부처님 광명 널리 비치어
모든 국토에 두루하거늘
이러한 정진과 신통을
무슨 지혜로 세어 볼 것인가.

만약에 내가 부처님이 되면
그 국토 장엄 으뜸가게 하리
중생들은 모두 훌륭하게 되고
도량은 가장 뛰어나게 되리.

이 나라 땅은 그지없이 고요해
세상에 다시 짝이 없거늘
온갖 중생들 가엾이 여겨
내가 마땅히 제도하리라.

시방세계에서 오는 중생들

마음 즐겁고 청정하여서
이 나라에 와서 나게 되면
즐겁고 또한 편안하리라.

원컨대 부처님 굽어 살피사
저의 이 뜻을 증명하소서.
저 국토에서 원력을 세워
하려는 일들을 힘써 하리라.

시방세계에 계신 부처님들
밝으신 지혜 걸림 없으시니
저의 마음과 저의 수행을
부처님들께서 살펴 주옵소서.

이 몸이 만약 어떻게 하다
고난의 경계에 들어간다 한들
제가 행하는 이 정진을
참지 못하면 후회하리라.

【해설】

이 단원은 아미타불께서 전생에 국왕으로 있을 때에 세자재왕 부처님의 가르침을 듣고 발심하여 출가하는 인연을 게송으로써 서술한 것이다. "원컨대 저는 성불해서 세자재왕 부처님과 같이 되어 육도생사의 세계를 넘어서 해탈하기를 염원합니다"라고 하고는 게송으로 부처님을 찬탄하면서 서원한 것이다.

국왕의 자리를 버리고 비구가 되어 세자재왕 부처님을 친견하고 부처님의 외면에 나타난 상호와 내면의 세계에 대해 찬탄한다는 것은 법장비구가 이에 대해 보고 알 수 있는 능력을 갖추었다는 것이다. 예를 들면 상호에서 빛나는 광명이 위엄과 신통이 있다는 것과 청정한 계율, 다문과 정진, 삼매의 큰 힘 등을 갖추신 것을 찬탄하는 것은 이를 알 수 있는 능력이 있기 때문이다. 이러한 능력을 갖춘 법장비구이기에 부처님을 친견하고 감동받아 "원컨대 나도 부처님 되어 거룩한 공덕 저 법왕처럼 끝없는 생사 모두 건지고 온갖 번뇌에서 벗어지이다!"라고 서원한 것이다. 아무리 좋은 법을 듣더라도 실천하지 않으면 우리에게 도움이 되지 않는다. 그렇기 때문에 우리는 법장비구처럼 좋은 법을 듣고 이해하려고 노력해야 하며, 이 법을 듣고 실천하려는 굳은 의지를 가져야 한다.

성법왕聖法王: 세자재왕불.

조의調意: 탐하는 마음을 조복하는 것.

대안大安: 성불.

니원泥洹: 열반.

신명信明: 신信은 진실한 믿음이고, 명明은 증명을 말한다.

차존此尊: 시방세계에 계신 세존.

제2항 대원大願을 부처님께 여쭙는 인연

佛告阿難 法藏比丘 說此頌已 而白佛言 唯然世尊 我
불고아난 법장비구 설차송이 이백불언 유연세존 아

發無上正覺之心 願佛爲我廣宣經法 我當修行攝取佛
발무상정각지심 원불위아광선경법 아당수행섭취불

國清淨莊嚴無量妙土 令我於世 速成正覺 拔諸生死
국청정장엄무량묘토 영아어세 속성정각 발제생사

勤苦之本 佛語阿難 時世饒王佛 告法藏比丘 汝所修
근고지본 불어아난 시세요왕불 고법장비구 여소수

行莊嚴佛土 汝自當知
행장엄불토 여자당지

부처님께서 아난에게 말씀하셨다.

"법장비구는 게송(노래)으로 찬탄해 마치고 세자재왕 부처님께 사뢰어 여쭙기를 '그러하옵니다. 세존이시여! 저는 위없는 정각의 마음을 일으켰습니다. 원컨대 부처님께서는 저를 위해 경법經法을 말씀하여 주십시오. 저는 마땅히 수행해서 청정한 불국토와 장엄이 한량없는 묘한 국토를 건설하겠사오니 저로 하여금 금생에 빨리 정각을 이루어 모든 생사의 고통의 근원을 없애게 하여 주옵소서.'"

부처님이 아난에게 말씀하셨다.

"그때 세자재왕 부처님께서 법장비구에게 말씀하셨느니라. '네가 수행하고자 하는 바와 불국토를 장엄한 일은 그대 스스로 마땅히 알고 있는가?'"

【해설】

이 단원은 법장비구가 48대원을 세우기 위해 세자재왕 부처님께 묻는 인연을 설한 것이다.

본원(本願, pūrva-praṇidhāna)이란 보살이나 부처가 되기 이전 인행시因行時에 세우신 서원, 숙원을 말하는데, 여기에 총원總願이 있고 별원別願이 있다. 총원이란 사홍서원四弘誓願을 말한다. 사홍서원은 '첫째, 중생이 한량없지만 맹세코 다 제도하겠습니다. 둘째, 번뇌가 한없지만 맹세코 다 끊겠습니다. 셋째, 법문이 끝없이 많지만 맹세코 다 배우겠습니다. 넷째, 무상보리를 맹세코 이루겠습니다'라고 하는 것으로, 이것은 모든 보살이나 부처, 또는 부처님 제자가 마땅히 가져야 할 원이다.

다음 별원이란 지금 이 단원에서 말한 48원 같이 각 부처나 보살이 제각기 세운 원으로 내용과 원의 수가 다 다르다. 이 별원에 의해 아미타불의 극락정토, 약사여래불의 동방유리왕세계, 아촉불의 정토가 성립되고 장엄된 것이다.

용수보살은 『십주비바사론』에서 “깨끗한 국토는 마땅히 알라. 모든 보살의 본원인연本願因緣에 따라 이루어진다”고 하였고, 또 “단 모든 부처님의 본원인연에 따라 혹은 수명이 한량없어 보는 사람은 반드시 선정을 얻고, 이름을 듣는 사람도 선정을 얻으며, 여인이 친견하거나 이름을 들을 땐 남자의 몸을 이루고, 이름을 듣는 자는 왕생한다. 또 광명이 한량없어 중생이 광명을 입으면 모든 장애를 여의고 혹은 선정에 들어간다”고 하였다. 이는 부처님의 본원에 의해 이루어진 것이 정토이고, 이 본원은 대자비심에서 비롯된 것이기 때문에 이 본원을 입은 사람은 왕생할 수 있으며 선정을 얻게 된다는 것이다. 아미타불의 본원은 아我에 집착하여 육도생사에 윤회하며 해탈할 수 없는 어리석은 범부를 구제하려 하는 대자비심의 발로이다. 다시 말하면 이 대자비심을 구체화한 것이 본원이다.

이 본원에 의해 위로는 수명무량과 광명무량을 성취하고 아래로는 유정들로 하여금 이를 보거나 듣고 한량없는 이익을 얻도록 하기 위하여 장엄된 정토가 건립되었다고 할 수 있다. 이것을 한마디로 원심장엄願心莊嚴이라 표현한다. 이 원심, 즉 본원에 의해 공덕을 쌓을 수 있고, 이 공덕에 의해 장엄된 정토를 건설하신 것이다.

아미타 부처님의 별원을 보면 무량수경의 다른 이역異譯들이 각기 달리 설하여져 있음을 알 수 있다. 즉 『평등각경』과 『대아미타경』은 24원이고, 『무량수경』과 『무량수여래회』, 그리고 산스크리트본 무량수경은 48원이며, 『무량수장엄경』은 36원, 티베트본 무량수경은 49원이다. 이 원들을 자세히 검토해 보면 두 가지 원이 하나로 합해진 것도 있고 빠진 것도 있는데, 이것은 경전이 서역에서 전승되어 편찬되면서 서로 다르게 된 것이 아닌가 생각된다. 자세한 것은 필자가 번역한 『정토삼부경개설』의 본원이란 단원을 참고하기 바란다.

무상정각지심無上正覺之心: 위없는 깨달음을 구하는 마음. 즉 대보리심.

세요왕불世饒王佛: 세자재왕 부처님.

比丘白佛 斯義弘深 非我境界 唯願世尊 廣爲敷演諸
비구백불 사의홍심 비아경계 유원세존 광위부연제

佛如來淨土之行 我聞此已 當如說修行成滿所願 爾
불여래정토지행 아문차이 당여설수행성만소원 이

時世自在王佛 知其高明志願深廣 即爲法藏比丘 而
시세자재왕불 지기고명지원심광 즉위법장비구 이

說經言 譬如大海 一人升量 經歷劫數 尚可窮底得其
설경언 비여대해 일인승량 경력겁수 상가궁저득기

妙寶 人有至心精進求道不止 會當剋果 何願不得 於
묘보 인유지심정진구도부지 회당극과 하원부득 어

是世自在王佛 即爲廣說二百一十億諸佛刹土天人之
시세자재왕불 즉위광설이백일십억제불찰토천인지

善惡 國土之麤妙 應其心願悉現與之 時彼比丘 聞佛
선악 국토지추묘 응기심원실현여지 시피비구 문불

所說 嚴淨國土 皆悉覩見 超發無上殊勝之願 其心寂
소설 엄정국토 개실도견 초발무상수승지원 기심적

靜 志無所著 一切世間無能及者 具足五劫 思惟攝取
정 지무소착 일체세간무능급자 구족오겁 사유섭취

莊嚴佛國清淨之行 阿難白佛 彼佛國土壽量幾何 佛
장엄불국청정지행 아난백불 피불국토수량기하 불

言 其佛壽命四十二劫 時法藏比丘 攝取二百一十億
언 기불수명사십이겁 시법장비구 섭취이백일십억

諸佛妙土清淨之行
제불묘토청정지행

"법장비구가 부처님께 사뢰기를 '이 뜻은 넓고 깊어 제가 알 수 있는 경계가 아니옵니다. 원하옵건대 세존이시여, 널리 모든 부처님들이 정토를 이룩한 수행을 자세히 말씀하여 주십시오. 저는 그것을 듣고 나서 마땅히 말씀하신 바와 같이 수행해서 소원을 원만히 이루겠습니다.' 그때 세자재왕 부처님은 그 뜻이 고결하며 소원이 심오하고 광대함을 아시고 곧 법장비구를 위하여 법을 설하시기를 '비유컨대 큰 바닷물이 아무리 깊더라도 한 사람이 되로 퍼서 헤아리기를 한량없는 세월을 지나면 바닥이 드러나 그 묘한 보배를 얻을 수 있듯이, 사람이 지극한 마음으로 도를 구하는 데 쉬지 않으면 마땅히 이루는 것이니, 어떤 소원인들 얻지 못하겠는가?'라고 하시고, 이에 세자재왕 부처님께서는 곧 법장비구를 위하여 이백십억의 여러 불국토와 천인의 선과 악, 국토가 거칠고 묘함을 말씀하시어 법장비구의 마음에 원하는 대로 낱낱이 모두 나타내 보여주셨느니라."

"때에 법장비구는 부처님이 말씀하신 엄숙하고 깨끗한 국토를 모두 다 듣고, 보고 나서 가장 뛰어나고 수승한 원을 세웠느니라. 그의 마음은 고요하고 맑을 뿐 아니라 뜻은 집착하는 바가 없으니, 일체 세간의 누구도 미치지 못하였느니라. 그리하여 5겁 동안 구족해서 불국토를 장엄하고 청정하게 할 행을 생각해서 선택하셨다."

아난이 부처님께 여쭈었다.

"저 세자재왕 부처님의 수명은 얼마나 되나이까?"

부처님께서 말씀하시기를,

"그 부처님(세자재왕)의 수명은 42겁이 된다. 그때 법장비구는 이백십억 불국토의 청정한 행을 선택하셨다."

【해설】

이 단원에서 아미타불의 본원이 단순한 것이 아님을 알 수가 있다. 왜냐하면 법장비구는 210억이나 되는 많은 불국토를 보고 거기에 있는 장단점을 분석하여 미래세의 근기가 열등한 중생들을 위하여 수행도량을 건립하고, 여기에 가기 위해서 쉽게 할 수 있는 수행방법이 무엇이 있는가를 5겁 동안 생각하여 청사진을 만들어 놓은 것이 48원이고, 이 48원을 근간으로 수행하여 부처가 된 분이 아미타불이며, 이때 건립한 정토가 극락세계다. 그렇기 때문에 극락세계는 다른 어떤 정토보다 수승하여 거기에 왕생하기만 하면 무생법인을 증득하고 법신의 세계에 들어가는 것은 틀림이 없다. 그리고 이 세계에 가기 위한 수행은 아무리 죄악이 많고 나약한 사람이라도 할 수 있는 '염불'을 수행법으로 하였다.

한 가지 목적을 설정하는 데는 얼마나 많은 정보를 가지고 얼마간의 시간 동안에 얼마나 면밀하게 생각하여 결론을 내렸는지에 의해 성공 여부가 달려 있다고 본다. 즉 자기의 기술적인 능력과 경제적인 자본, 그리고 아이템과 시장성 등 다양한 정보를 가지고 긴 시간 동안 생각하여 실행한다면 성공의 확률은 높을 것이다. 그런 면에서 보면, 법장비구가 210억 불국토를 보고 이 정보를 가지고 5겁이라는 긴 세월 동안 생각을 하였다는 것에서 극락세계가 얼마나 중생들을 위해 대단한 정토인지 알 수 있다.

경계境界: 신분의 정도.

승량升量: 1되로 세는 것.

극과剋果: 극剋은 반드시 이르는 것. 과果는 완수한 것. 극과는 바라는 과보를 반드시 얻는 것을 말한다.

이백십억二百一十億: 일설에는 『80화엄경』에서 설한 연화장 세계의 내용으로, 전 우주를 통틀어 말한다고 하였다.

제3항 48대원

如是修已 詣彼佛所 稽首禮足 遶佛三匝 合掌而住 白
여시수이 예피불소 계수례족 요불삼잡 합장이주 백

佛言 世尊 我已攝取莊嚴佛土清淨之行 佛告比丘 汝
불언 세존 아이섭취장엄불토청정지행 불고비구 여

今可說 宜知是時 發起悅可一切大衆 菩薩聞已 修行
금가설 의지시시 발기열가일체대중 보살문이 수행

此法 緣致滿足無量大願 比丘白佛 唯垂聽察 如我所
차법 연치만족무량대원 비구백불 유수청찰 여아소

願 當具說之
원 당구설지

"이와 같이 수행하고 나서 저 부처님(세자재왕)의 처소에 나아가 머리를 조아려 부처님의 발에 절하고 부처님을 세 번 돌고 합장하여 부처님께 사뢰었다.

'세존이시여, 저는 이미 불국토를 장엄할 청정한 행을 선택하였습니다.'

세자재왕 부처님께서 법장비구에게 이르시기를,

'그대가 지금 생각하는 바를 모든 대중들에게 알려서 보리심을 일으켜 기쁘게 할 때이니라. 보살들은 듣고 나서 이 법에 의해

수행해서 한량없는 큰 원을 원만히 성취하는 데에 이를 것이다.'

법장비구는 부처님께 사뢰기를,

'꼭 들어 주십시오. 제가 원한 바를 자세히 아뢰어 말씀드리겠습니다.'"

【해설】

이 단원은 법장비구가 5겁이라는 긴 세월 동안에 걸쳐서 사유해 정토 건립의 행과 원을 골라서 세자재왕 여래 앞에서 48원을 선택하고, 이 원을 성취하지 못하면 결코 성불하지 않겠다고 맹세하면서 원 하나하나를 말씀드린 것이다.

이시是時: 좋은 때

청찰聽察: 설한 바를 듣고 생각하는 바를 살피는 것.

設我得佛 國有地獄餓鬼畜生者 不取正覺
설아득불 국유지옥아귀축생자 불취정각

만약에 제가 부처가 되어서도 그 나라에 지옥, 아귀, 축생이 있다면 저는 부처가 되지 않겠습니다.

【해설】

제1 무삼악취無三惡趣원으로, 이 원을 세우신 뜻은 지옥, 아귀, 축생, 아수라, 인간, 천상 등 육도 세계 중에서 지옥, 아귀, 축생 등 삼악도의 고통이 가장 심하기 때문에 삼악도에서 고통받는 사람을 구원하기 위해서 법장비구는 첫 번째로 이 원을 세우셨다.

이 세상에 교도소가 있다는 것은 죄를 지은 사람이 있어 그 사람을 관리하기 위해서다. 그런 의미에서 보면 극락정토에 삼악도가 없다고 한 것은 극락정토에 있는 사람 모두가 그릇된 생각을 갖고 그릇된 행을 하지 않기 때문에 당연히 악업을 짓지 않는다는 것이다. 즉 나쁜 업을 짓지 않기 때문에 당연히 삼악도가 있을 필요가 없는 것이다. 만약 지옥, 아귀, 축생 등이 있어 윤회하면서 생사의 고통을 받게 된다면 무량한 수명을 가진 극락이라 할 수 없다. 육도란 삼계 안에 있는 세계이고 우리는 이 안에서 생사를 윤회하면서 고통을 받지만, 아미타불께서 세운 극락정토는 삼계 밖에 있는 세계이며, 윤회가 없는 세계이기 때문에 당연히 생사의 고통이 없다.

設我得佛 國中人天 壽終之後 復更三惡道者 不取正覺
설아득불 국중인천 수종지후 부갱삼악도자 불취정각

만약 제가 부처가 되어서도 그 나라의 중생들이 수명이 다한 뒤에 다시 삼악도에 떨어진다면 저는 부처가 되지 않겠습니다.

【해설】

제2 불갱악취不更惡趣원으로, 이 원을 세우신 뜻은 어떤 국토는 무너지는 시기(壞劫)가 있고, 그 나라 사람들은 악업의 힘에 끌려서 삼악도에 떨어질 수 있기 때문이다. 법장비구는 극락세계에 태어난 사람들은 나쁜 악도에 끌려가는 일이 없게 하기 위해 이 원을 세우신 것이다.

주위환경이 나쁘면 이에 이끌려 갈 수 있기 때문에 환경이 중요하다. 중국의 현인 중 한 사람인 맹자를 키우기 위해 맹자의 어머니는 이사를 세 번 갔다고 하여 맹모삼천지교孟母三遷之教라 한다. 처음 장의사 근처에 사니 맹자가 죽은 사람을 치우는 장의사 하는 흉내를 내서, 다시 시장 근처로 이사를 하니 장사하는 흉내를 내었고, 다시 글방 옆으로 이사를 하니 글공부를 하였다고 한다. 그러듯이 우리가 성장하는 데는 주위환경을 무시할 수 없는데 하물며 진리를 깨닫는 도량의 주위환경은 얼마나 중요하겠는가. 그래서 극락정토에는 지옥, 아귀, 축생 등 삼악도가 없게 하고, 이에 이끌려 가는 자체를 아예 없앤 것이다.

設我得佛 國中人天 不悉眞金色者 不取正覺
설 아 득 불 국 중 인 천 불 실 진 금 색 자 불 취 정 각

만약 제가 부처가 되어서도 그 나라 중생들이 진금색眞金色이 되지 않으면 저는 부처가 되지 않겠습니다.

【해설】

제3 실개금색悉皆金色원으로, 이 원을 세우신 뜻은 어떤 나라 사람들은 황색이나 백색이나 흑색의 차별이 있어 우열의 생각을 일으키기 때문이다. 즉 백인, 황색인, 흑인 등 사이에 갈등이 생겨 근심하고 번뇌한다. 그래서 법장비구는 이와 같은 차별이 있는 사람들을 불쌍히 여겨 극락세계에 태어난 사람들은 누구나 부처님과 같은 진금색의 몸을 갖도록 이 원을 세우신 것이다.

設我得佛 國中人天 形色不同 有好醜者 不取正覺
설 아 득 불 국 중 인 천 형 색 부 동 유 호 추 자 불 취 정 각

만약 제가 부처가 되어서도 그 나라 중생들의 모양이 같지 않아 잘나고 못난이가 있다면 저는 부처가 되지 않겠습니다.

【해설】

제4 무유호추無有好醜원으로, 이 원을 세우신 뜻은 어떤 나라의 사람들은 좋은 모습과 추한 모습으로 모습에 차별이 있어 교만한 마음, 질투하는 마음을 일으켜 괴로워하기 때문이다. 예를 들면 이목구비가 못생겨 성형을 하려고 한다든가 키가 작아 크게 하려고 하는 등 이 외 여러 가지 번거로운 일이 생겨 번민한다. 법장비구는 이러한 사람들을 가엾이 여겨 나의 정토에 있는 사람들의 모습이나 형태에 잘나고 못난 차별이 없도록 하고 싶다고 원을 세우신 것이다.

이 세상은 잘 생긴 사람이 있고 못생긴 사람이 있는가 하면 부자가 있고 가난한 사람이 있으며, 권력을 가진 자가 있고 권력이 없는 사람이 있는 등 여러 가지 차별이 있다. 이 차별로 인해 자기보다 못한 사람을 천시하고, 반면에 자기보다 나은 사람에게 대해 질투하는 마음이 일어나 항상 시비가 생긴다. 이 시비로 인해 다툼이 있고, 이 다툼으로 인해 분쟁과 싸움이 생겨 인명 피해의 불상사가 일어나는 것을 우리는 흔히 본다. 그래서 극락정토는 평등을 원칙으로 하여 이러한 폐단을 차단한 것이고 이는 법장비구의 본원이다.

設我得佛　國中人天　不識宿命　下至不知百千億那由
설 아 득 불　국 중 인 천　불 식 숙 명　하 지 부 지 백 천 억 나 유

他諸劫事者　不取正覺
타 제 겁 사 자　불 취 정 각

만약 제가 부처가 되어서도 그 나라 중생들이 숙명통을 얻지 못해 천백억 나유타의 옛 일을 알지 못한다면 저는 부처가 되지 않겠습니다.

【해설】

제5 숙명지통宿命智通원으로, 이 원을 세우신 뜻은 어떤 나라 사람들은 자기 전생의 일을 모르고 현재의 일에만 집착해서 여러 가지 악을 짓기 때문이다. 지금의 결과는 지난 시간에 내가 지은 행위에 의한 것인데 우리 주위에는 지금의 불행을 남에게 돌려, 남의 탓만 하는 사람이 있다. 우리가 과거세의 일을 알 수 있다면 나쁜 일을 하지 않을 뿐만 아니라 나태하지 않고 부지런히 정진하고 좋은 일을 하는 데 앞장서서 좋은 결과를 기다릴 것인데, 과거의 일을 모르기 때문에 나태하고 남을 비방하며 시기하면서 많은 악업을 짓게 된다. 법장비구는 이와 같은 사람들을 불쌍히 여겨 극락세계에 태어난 사람들이 전생의 일을 아는 지혜(宿命通)를 얻어 생각할 수 없을 정도의 먼 옛날 일을

다 알 수 있도록 하는 원을 세우신 것이다.

숙명宿命: 전세의 수명이라는 뜻. 육신통의 하나로 자기나 남을 막론하고 과거 세상의 수명과 일을 아는 신비한 지혜의 힘을 말한다.

設我得佛 國中人天 不得天眼 下至不見百千億那由
설아득불 국중인천 부득천안 하지불견백천억나유

他諸佛國者 不取正覺
타제불국자 불취정각

만약 제가 부처가 되어서도 그 나라 중생들이 천안통을 얻지 못해 백천 나유타 모든 세계를 볼 수 없다면 저는 부처가 되지 않겠습니다.

【해설】

제6 천안지통天眼智通원으로, 이 원을 세우신 뜻은 어떤 나라 사람들은 괴롭고 즐거운 인과의 도리를 알지 못해서 고통의 원인을 두려워하지 않고 선근 공덕을 행하지 않는데, 이런 사람들을 불쌍히 여겨 법장비구는 극락세계 태어난 사람들을 자유롭게 모든 것을 보는 지혜(天眼通)를 얻어 생각할 수 없을 정도로 많은 여러 부처님의 나라를 볼 수 있도록 하고자 이 원을 세우신 것이다.

여기서 이야기한 천안통天眼通이란 육신통의 하나로 자유자재로 모든 것을 보는 지혜의 힘인데, 이는 멀리 있는 것을 볼 수도 있지만 제행무상諸行無常, 연기법 같은 진리를 아는 것도 포함된다.

設我得佛 國中人天 不得天耳 下至聞百千億那由他
설아득불 국중인천 부득천이 하지문백천억나유타

諸佛所說 不悉受持者 不取正覺
제불소설 불실수지자 불취정각

만약 제가 부처가 되어서도 그 나라 중생들이 천이통을 얻지 못해 백천 나유타의 여러 부처님들이 말씀하신 바를 모두 듣고 지니고 실천할 수 없다면 저는 부처가 되지 않겠습니다.

【해설】

제7 천이지통天耳智通원으로, 이 원을 세우신 뜻은 어떤 나라의 사람들은 부처님이 계신 세상에 태어나도 멀리 떨어져 있기 때문에 부처님의 설법을 들을 수 없어 고통 속에 빠져 괴로워하기 때문이다. 법장비구는 이런 사람들을 불쌍히 여겨 극락세계에 태어난 사람들이 앉아서 자유롭게 모든 언어 음성을 들을 수 있는 지혜(天耳通)를 얻어 셀 수 없을 정도로 많은 부처님의 설법을 듣고, 모두 이것을 마음에 두어 기억하도록 하고 싶어 이 원을 세우신 것이다.

여기서 말한 천이통天耳通란 육신통의 하나로, 자유자재로 일체 언어 음성을 들을 수 있는 지혜의 힘이다. 상대의 의중은 모습을 보고도 알 수 있지만 이보다 더 중요한 것은 상대가 자기 마음속에 간직한 생각을 말로 표현한 것을 잘 알아듣는 것이다. 그런데 이 말을 알아들을 수 없고 이해할 수 없다면 아무리 좋은 법을 설하더라도 소용이 없기 때문에, 극락정토에 있는 사람들은 모두 천이통을 얻어 아미타 부처님의 설법과 장엄에서 흘러나오는 법음을 듣고 이해하여 실천할 수 있게 한 것이다.

設我得佛　國中人天　不得見他心智　下至不知百千億
설아득불　국중인천　부득견타심지　하지부지백천억

那由他諸佛國中　衆生心念者　不取正覺
나유타제불국중　중생심념자　불취정각

만약 제가 부처가 되어서도 그 나라의 중생들이 견타심지통(他心通)을 얻지 못해 백천억 나유타 모든 부처님 국토 가운데 중생들의 마음을 알지 못한다면 저는 부처가 되지 않겠습니다.

【해설】

제8 타심지통他心智通원으로, 이 원을 세우신 뜻은 어떤 나라 사람들은 다른 사람의 마음속을 간파할 수 없어 쓸데없는 공포심을 품어 악을 선이라 하고, 선을 악이라 하여 괴로워하며 번뇌하기 때문이다. 법장비구는 이런 사람들을 불쌍히 여겨 이 원을 세우신 것이다. 예를 들면 어린아이가 울면 어머니는 아이에게 무엇이 필요한지 알아 거기에 맞게 처방하듯이, 극락세계에 태어난 사람들은 다른 사람들의 마음을 아는 지혜를 얻어 사람들이 원하는 것을 들어주는 보살행을 할 수 있게 하기 위해 이 원을 세웠다.

이 견타심지見他心智는 육신통의 하나로, 자유자재로 다른 사람의 마음을 꿰뚫어볼 수 있는 지혜를 말한다. 상대의 마음을 잘 안다면 오해가 생기지 않을 것이고, 상대에게 필요한 것에 대해 방편을 사용할 수 있기 때문에 남을 구원하는 데 아주 필요하며, 상대의 마음을 알고 방편을 사용할 때 효과가 크다고 보아 극락정토의 사람들에게 타심통을 얻게 한 원을 세운 것이다.

設我得佛 國中人天 不得神足 於一念頃 下至不能超
설아득불 국중인천 부득신족 어일념경 하지불능초

過百千億那由他諸佛國者 不取正覺
과백천억나유타제불국자 불취정각

만약 제가 부처가 되어서도 그 나라 가운데 중생들이 신족통을 얻지 못해 일념 사이에 백천억 나유타의 모든 불국토를 지나가지 못한다면 저는 부처가 되지 않겠습니다.

【해설】

제9 신경지통神境智通원으로, 이는 육신통의 하나로서 자유자재로 여기저기를 일념 사이에 날아다닐 수 있는 불가사의한 지혜의 힘이다. 이 원을 세우신 뜻은 어떤 나라 사람들(人天)은 땅을 발로 밟고 걸어야 하고, 바다는 배를 타고 파도를 헤치며 가야 하며, 혹은 기차나 비행기 등을 이용하여 목적지에 가야 하는 번거로움이 있기 때문이다. 이 부자유한 사람들을 불쌍히 여겨 법장비구는 극락세계에 태어난 사람들은 자유자재로 가고 올 수 있는 불가사의한 지혜(神足)를 얻어 극히 짧은 일념 사이에 셀 수 없이 많은 모든 불국토를 자유자재로 왕래할 수 있도록 하고 싶어 이 원을 세우신 것이다.

設我得佛 國中人天 若起想念 貪計身者 不取正覺
설아득불 국중인천 약기상념 탐계신자 불취정각

만약 제가 부처가 되어서도 그 나라 중생들이 자신의 몸에 집착하

는 생각을 낸다면 저는 부처가 되지 않겠습니다.

【해설】

제10 속득누진速得漏盡원으로, 이 원을 세우신 뜻은 어떤 나라 사람들은 잘못된 업에 의해 이루어진 무상한 자신의 몸에 집착해서 방황하고 괴로워하기 때문이다. 이 세상의 많은 사람들이 자기 몸에 대해 집착하여 몸에 좋다고 하는 것은 먹으려고 하고, 오래 사는 법이 있다면 이를 행하려고 한다. 그러나 이 몸은 생자필멸生者必滅의 원칙에 의해 언젠가는 없어질 것인데, 이를 알지 못하고 이 몸에 집착하여 번민하고 괴로워한다. 법장비구는 이러한 사람들을 불쌍히 여겨 극락세계에 태어난 사람들이 여러 가지 망령된 생각(想念)을 일으켜 인연에 의해서 생긴 자기 몸에 집착하는 일이 없도록 하고 이 망령된 생각을 끊는 지혜(漏盡智)를 얻게 하기 위해 이 원을 세우신 것이다.

탐계貪計: 5온이 거짓으로 이루어진 이 몸을 '나'라 하여 탐하여 좋아하고 집착하는 것.

設我得佛 國中人天 不住定聚 必至滅度者 不取正覺
설아득불 국중인천 부주정취 필지멸도자 불취정각

만약 제가 부처가 되어서도 그 나라 가운데 중생들이 정정취正定聚에 머물지 못해 열반에 이르지 못한다면 저는 부처가 되지 않겠습니다.

【해설】

제11 주정정취住正定聚원으로, 이 원을 세우신 뜻은 어떤 나라의 사람들은 불도를 수행해도 사도邪道에 떨어지고, 어떤 나라의 사람은 깨닫기도 하기 때문이다. 이 세상에서 수행하여 어느 정도 진전이 있는 것 같아 좀 등한시하면 다시 미혹해지는 것은 일반적인 일이다. 그래서 법장비구는 악도와 사도에 떨어지는 사람을 불쌍히 여겨 극락세계에 태어난 사람들(人天)이 반드시 미래에는 부처가 되는 결정된 위치(正定聚)에 들어가, 이윽고 '깨달음'의 세계(滅道)에 이르도록 하고 싶어 이 원을 세우신 것이다. 여기서 이야기한 정정취正定聚란 바로 부처님이 되기로 정해진 사람이기 때문에 극락정토에 태어나기만 하면 성불하는 것이 결정된 사람이다.

設我得佛 光明有能限量 下至不照百千億那由他諸佛
설아득불 광명유능한량 하지부조백천억나유타제불

國者 不取正覺
국자 불취정각

만약 제가 부처가 되어서도 한없는 광명으로 백천 나유타의 모든 불국토를 비출 수 없다면 저는 부처가 되지 않겠습니다.

【해설】

제12 광명무량光明無量원으로, 이 원을 세우신 뜻은 어느 부처님의 광명은 제한이 있어 한 국토밖에 비출 수 없고, 어느 부처님은 한없는 광명으로 시방을 골고루 비추기 때문이다. 즉 법장비구는 시방세계에서 염불하는 사람들을 구하기 위하여 한없는 광명을 가지고 수없이 많은 나라들을 비추도록 하고 싶어 이 원을 세우신 것이다. 이로 인해 아미타불의 명호가 아미타바Amitābha가 된 것이니, 이는 무량한 광명이며 여기에 태어난 사람들도 무량한 광명을 입게 하였다.

광명이 없다면 눈으로 아무것도 볼 수 없고 구별할 수 없을 것이다. 그래서 광명은 지혜를 상징한 것으로 이 지혜에 의해 정도正道와 사도邪道를 구분할 수 있으며, 부처가 되는 길이 어떤 길인지 알 수 있으므로 많은 수행자들이 지혜를 얻기 위해 정진하는 것이다. 즉 극락정토의 사람들에게 아미타불의 무량한 지혜광명을 입어 정진하게 한 것이 이 원이다.

나유타那由他: 산스크리트 nayuta의 음역으로 인도 수량의 한 단위.

設我得佛 壽命有能限量 下至百千億那由他劫者 不
설아득불 수명유능한량 하지백천억나유타겁자 불

取正覺
취정각

만약 제가 부처가 되어서도 수명에 한계가 있어 백천억 나유타 겁에 이른다면 저는 부처가 되지 않겠습니다.

【해설】

제13 수명무량壽命無量원으로, 이 원을 세우신 뜻은 어느 나라의 부처님은 수명이 짧아서 영원히 가르침을 널리 펼 수 없고, 어느 부처님은 무한의 수명을 가지고 영원히 사람들을 구하시기 때문이다. 법장비구는 길고 한없는 수명을 가지고 사람들을 구원하시기 위하서 이 원을 세워 아미타불이 되었기에 명호가 아미타유스Amitāyus이며, 여기에 태어난 사람들도 무량한 수명을 얻게 하시었다. 사실 수명에 한계가 있다면 죽음이 있다는 것이고, 죽음이 있다면 다시 태어나는 것으로 이는 윤회를 의미한다. 극락정토는 윤회가 끊어진 세계이기 때문에 죽음이 없어 수명에 한계가 있을 수 없다. 그래서 아미타 부처님도 무량수지만 여기에 태어난 사람도 무량수다.

設我得佛 國中聲聞 有能計量 乃至三千大千世界聲
설아득불 국중성문 유능계량 내지삼천대천세계성

聞緣覺 於百千劫悉共計挍 知其數者 不取正覺
문연각 어백천겁실공계교 지기수자 불취정각

만약 제가 부처가 되어서도 그 나라 가운데 성문들의 수효에 한량이 있어서 삼천대천세계의 성문, 연각들이 백천 겁 동안 세어서 그 수효를 알 수 있다면 저는 부처가 되지 않겠습니다.

【해설】

제14 성문무수聲聞無數원으로, 이 원을 세우신 뜻은 어떤 나라에서는 보살만이 살고 성문은 없고, 어떤 나라는 소승의 사람만이 교화의 이익을 받고 대승의 사람에게는 조금의 이익도 주어지지 않기 때문이다. 아미타불께서는 대승과 소승을 다 섭수하시지만 여기서는 특히 성문을 맞이하여 성불시키기 위해서 이 원을 세우신 것이다. 여기에 등장한 성문에 대해 이론이 많지만 필자가 생각하는 것은, 극락정토의 성문은 이 세계에서 지칭한 성문으로 이 성문들이 정토에 왕생하기 위한 수행을 하여 극락정토에 태어났기 때문에 이 세계의 이름을 따 성문이라고 부른 것이지, 극락세계에 실지로 성문이 있다는 것이 아니다. 왜냐하면 극락정토는 불퇴전의 지위에 오른 보살들만이 있기 때문이다.

성문聲聞: 산스크리트 śrāvaka의 음역으로 부처님의 설법을 듣고 깨달은 사람인데, 이를 소승의 수행자라고도 한다.

設我得佛 國中人天 壽命無能限量 除其本願脩短自在 若不爾者 不取正覺
설아득불 국중인천 수명무능한량 제기본원수단자재 약불이자 불취정각

만약 제가 부처가 된다면 그 나라 중생들의 수명이 능히 한량이 없되, 다만 중생을 제도하기 위한 서원에 따라 수명을 길거나 짧게 자유로이 함은 제외합니다. 만약 이렇게 되지 않는다면 저는 부처가 되지 않겠습니다.

【해설】

제15 권속장수眷屬長壽원으로, 이 원을 세우신 뜻은 어느 나라 사람들은 수명이 짧아 요절하고, 어느 나라 사람들은 장수를 누리고 부처님의 가르침을 열심히 실천하기 때문이다. 즉 법장비구는 수명이 짧은 사람들을 불쌍히 여겨 무한한 수명을 누리게 하기 위해 이 원을 세우신 것이다. 다만 극락세계에 태어난 사람은 누구나 수명이 무량하지만, 타방세계의 중생들을 제도하기 위해 수명을 단축하려고 원을 세운 사람은 제외시켰다.

수단脩短: 길고 짧음.

設我得佛 國中人天 乃至聞有不善名者 不取正覺
설 아 득 불 국 중 인 천 내 지 문 유 불 선 명 자 불 취 정 각

만약 제가 부처가 되어서도 그 나라의 중생들이 나쁜 이름을 듣는다면 저는 부처가 되지 않겠습니다.

【해설】

제16 무제불선無諸不善원으로, 이 원을 세우신 뜻은 어느 나라에는 자신을 위해서만 수행하는 소승의 성문이나 연각이 있는가 하면, 불구자나 악인이나 여인이 많이 있어 독선적이거나 남을 현혹하여 그릇된 길로 빠지게 하는 경우가 있고, 어느 나라에는 이와 같은 악인이 살지 않기 때문이다. 즉 법장비구는 이들 악인을 불쌍히 여겨 극락세계에는 불구자나 악인 또는 이와 같은 이름조차도 없는 나라로 하고, 현인만 살게 하고 싶어 이 원을 세우신 것이다. 이는 극락세계에 악인이나 불구자가 왕생할 수 없다는 것이 아니라, 이 사람들이 선근공덕을 지어 왕생을 발원하여 태어나면 악인이나 불구자로 태어나지 않고 정상인으로 태어나 극락정토의 모든 대중과 평등한 몸을 갖는다는 의미이다.

設我得佛 十方世界無量諸佛 不悉諮嗟稱我名者 不
설아득불 시방세계무량제불 불실자차칭아명자 불

取正覺
취정각

만약 제가 부처가 되어서도 시방세계에 헤아릴 수 없는 모든 부처님들이 저의 이름을 찬탄하지 않는다면 저는 부처가 되지 않겠습니다.

【해설】

제17 제불칭양諸佛稱揚원으로, 이 원을 세우신 뜻은 어느 나라의 부처님은 시방의 모든 부처님께 찬탄을 받고, 어느 나라의 부처님은 찬탄을 받지 않기 때문이다. 즉 법장비구는 성불할 때에 자신의 명호(아미타불)와 만든 정토(서방극락)를 시방의 모든 국토에 알려서 여러 부처님이 찬탄하도록 하기 위해서 이 원을 세우신 것이다. 이 경과 뒤에 나오는『아미타경』에 시방의 모든 부처님과 육방의 모든 부처님이 아미타불과 극락정토를 칭찬한다는 글이 많이 나오는 것은 이를 입증한다고 볼 수 있다.

자차咨嗟: 찬탄하는 뜻.

設我得佛 十方衆生 至心信樂 欲生我國 乃至十念 若
설아득불 시방중생 지심신요 욕생아국 내지십념 약

不生者 不取正覺 唯除五逆誹謗正法
불생자 불취정각 유제오역비방정법

만약 제가 부처가 되어서도 시방의 중생들이 지극한 마음으로 믿고 원해 저의 나라에 태어나고자 내지 십념을 해도 태어날 수 없다면 저는 부처가 되지 않겠습니다. 오직 오역죄를 지은 이나 정법을 비방하는 사람들은 제외합니다.

【해설】

제18 염불왕생念佛往生원으로, 이 원을 세우신 뜻은 어느 부처님의 나라는 보시나 지계 등의 여러 가지 행을 가지고 왕생의 행이라 하고, 어떤 불국토의 부처님은 명호를 외우는 것으로 왕생의 행이라 하기 때문이다. 법장비구는 방황하는 어리석은 범부와 나약한 범부를 구하기 위한 평등의 대자비로 칭명염불을 정토에 왕생하는 행으로 골라서 이 원을 세우신 것이다.

다시 말하면 시방세계에 있는 모든 선인이든 악인이든 어떤 사람이라도 진실한 마음을 기울이고(至心) 깊은 신심(深心)을 일으켜 극락세계에 왕생하고 싶다고(欲生我國) 원하여, 나무아미타불의 명호를 부르면서 부처님에 대한 생각을 계속한다면(乃

至十念) 반드시 왕생하도록 하는 원이다. 이 18원은 48원 가운데 가장 중요시되는 것으로 정토행자의 근간이라고 할 수 있다. 이 원 가운데 있는 지심至心은 지극하고 간절한 마음의 지성심至誠心이고, 신요信樂는 아미타불과 극락정토를 깊이 믿는 마음의 심심深心이며, 욕생아국欲生我國은 지금까지 수행한 공덕을 극락세계에 왕생하기를 원해 회향하는 것으로 회향발원심回向發願心이다. 이 세 가지 마음(三心)은 염불행자가 반드시 갖추어야 할 덕목이다. 그리고 내지십념乃至十念은 많음으로부터 적은 것으로 향하는 의미로 위로는 한평생 동안 하는 염불이고, 아래로는 십념十念과 일념一念의 염불이다.

염불念佛이란 부처(Buddha)를 마음속으로 생각한다는 의미다. 부처란 '깨달은 사람' 또는 '지혜를 소유한 사람'이라는 뜻을 가지고 있다. 대승불교에서는 모든 중생이 다 불성佛性을 가지고 있다고 하며, 또 이 불성의 근본자리를 실상實相으로 보기도 한다. 이 실상은 마음 안과 밖에도 있지 않고, 그 중간에 있지도 않으며, 과거와 현재, 미래에 있는 것도 아니고, 색깔은 희지도 않고 검지도 않으며, 푸르지도 않고 누렇지도 않으며, 모양은 둥글지도 않고 모나지도 않으며, 향기도 아니고 맛도 아니며, 만져지는 것도 아니고, 있다고 할 수도 없고 없다고 할 수도 없다. 이는 모든 생각, 분별, 언어와 문자로 나타낼 수 있는 것도 아니다. 그러나 문자와 언어로 표현하지 않으면 안 되고,

이 불성을 생각하지 않으면 영원히 모르고 지내기 때문에 언어와 문자를 빌려 방편으로 중생을 인도하는 것이다.

불교의 모든 종파의 수행은 이 불성을 밝히는 데 있다고 보아도 과언은 아니다. 우리가 부처를 마음속으로 염하는 행위는 우리가 본래 가지고 있는 청정한 지혜와 번뇌와 욕심이 끊어진 자비의 능력이 무한히 있는 참된 본성을 기억하는 것이라고 할 수 있다. 이런 맥락에서 볼 때 염불은 자신을 바로 되찾게 되는 것으로 볼 수 있다. 다시 말하면 염불이란 이러한 불성을 마음속에 간직하여 본래의 실상을 밝히는 것이다. 아미타불의 본원은 미혹한 중생이 사바세계에서 이를 깨닫기 어렵기 때문에 염불의 방편으로 정토로 인도하여 깨닫게 한 것이다.

다음으로 염에는 일념과 십념이 있는데 이에 대해 간단히 살펴보자. 염念의 원어는 스므리티(smṛti, 억념憶念), 아누스므리티(anusmṛti, 작의作意), 칫타(citta, 상념想念)로, 부처님에 대한 생각을 간직하고 지어간다는 의미이며, 생각이 끊어지지 않게 지속하여 하나의 대상을 생각하는 것이고, 객관의 대상에 따라 생각하는 수념隨念의 의미도 있다. 그래서 여기서 일념은 아미타 부처님에 대한 간절한 생각으로 염하는 것을 끊어지지 않게 한다는 뜻이지만, 선도대사는 염念을 칭稱으로 해석하기 때문에 간절히 부처님의 명호를 부르는 것으로 보았다.

이 경전 하권에 나오는 '내지일념乃至一念'이란 아미타 부처님에 대한 이야기를 듣고 환희심으로 믿는 정신淨信, 부처님을 염하는 수념隨念의 의미가 있고, 다른 한편으로 '내지'는 평생 동안 하는 염불이고, 일념은 임종 시에 간절히 하는 염불이다. 내지십념乃至十念은 이 18원과 하배단에 나와 있는데, 18원의 내지십념은 산스크리트 본에는 "가령 마음을 일으키는 것이 열 번에 지나지 않더라도"(antaśa daśbhis cittotpāda parivartaih)인데 cittotpāda parivartaih는 '오로지 염한다'고 하는 의미이기 때문에 대상을 향하여 마음을 염한다든가 마음을 일으키는 것이다. 그렇기 때문에 여기서는 아미타불에 대한 생각을 열 번 일으켜 염하는 것으로 볼 수 있다. 이런 의미에서 십념은 아마타불에 대해 열 번 염하는 것이고, 일념은 한 번 염하는 것이다. 선도대사의 견해로 보면 아미타불의 명호를 열 번 부르는 것이 십념이고, 한 번 부르는 것이 일념이다.(자세한 것은 필자의 저서 『염불의 원류와 전개사』 가운데 '일념과 십념'의 항목을 참조하기 바란다.)

오역五逆: 무간지옥에 떨어질 만 한 다섯 가지 죄악으로 아버지를 죽이는 것, 어머니를 죽이는 것, 아라한을 죽이는 것, 부처님 몸에 피를 내는 것, 화합된 승단을 파괴하는 것을 말한다.

設我得佛 十方衆生 發菩提心 修諸功德 至心發願 欲
설아득불 시방중생 발보리심 수제공덕 지심발원 욕

生我國 臨壽終時 假令不與大衆圍遶現其人前者 不
생아국 임수종시 가령불여대중위요현기인전자 불

取正覺
취정각

만약 제가 부처가 되어서도 시방세계 중생이 보리심을 일으켜서 모든 공덕을 닦고, 지극한 마음으로 발원해서 임종 시에 저의 국토에 태어나고자 원할 때, 대중에게 둘러싸여 그 사람 앞에 나타나지 못한다면 저는 부처가 되지 않겠습니다.

【해설】

제19 내영인접來迎引接원으로, 이 원을 세우신 뜻은 어느 나라는 부처님의 영접을 받아서 왕생하고 어느 나라는 스스로 왕생하는데, 부처님의 영접을 받지 못하여 잘못되면 사악한 업에 끌려서 악도에 떨어지기도 하기 때문이다. 법장비구는 임종 시 장애에 의해서 악도에 떨어지는 것을 불쌍히 여겨 시방세계에 있는 사람들이 정토에 왕생하고자 마음을 일으켜(發菩提心) 많은 공덕이 있는 염불을 하고, 그 외의 여러 가지 수행을 하여 지극한 마음으로 극락세계에 왕생을 원한다면, 그 사람이 목숨을 마치려 할 때에 아미타불께서는 극락세계 보살과 성중에 둘러싸여 그 앞에 몸을 나타내서 맞이하여 왕생하도록 원을 세운 것이다.

어린아이는 앞에 있는 화로가 화상을 입을 수 있는지 몰라 손으로 화로를 만지거나 화로 안에 손을 집어넣는 경우가 있을 수 있기에, 엄마는 항상 아이를 보살피며 아이가 위험에 처하면 안아서 안전한 곳으로 옮기듯이, 아미타 부처님도 임종한 사람 앞에 나타나 안전하게 극락세계로 인도하는 것이 이 원이다.

선도대사는 이 19원 가운데 '보리심을 일으켜 모든 공덕을 닦는다(發菩提心 修諸功德)'는 것은 '기행起行'으로서 정토에 왕생하려고 발원하며 여러 가지 공덕을 닦는 것이고, '지극한 마음으로 발원하여 내 국토에 태어나고자 한다(至心發願 欲生我國)'는 내용 속에는 앞의 제18원에서 이야기한 지성심, 심심, 회향발원심 등 삼심이 포함되어 있는데, 이를 '안심安心'이라 하여 정토행자에게는 가장 중요한 것이라고 강조하였다.

設我得佛 十方衆生 聞我名號 係念我國植諸德本 至
설아득불 시방중생 문아명호 계념아국식제덕본 지

心廻向 欲生我國 不果遂者 不取正覺
심회향 욕생아국 불과수자 불취정각

만약 제가 부처가 되어서도 시방세계 중생들이 저의 이름을 듣고 저의 국토를 생각하며 모든 공덕의 근본을 심고, 지극한 마음으로 회향해서 저의 국토에 태어나려고 하나 성취하지 못한다면 저는 부처가 되지 않겠습니다.

【해설】

제20 계념정생係念定生원으로, 이 원을 세우신 뜻은 어느 나라는 인연이 있는 사람들을 받아들여 왕생의 목적을 다 이루지만, 그렇지 못한 나라도 있기 때문이다. 법장비구는 인연 있는 사람들이 방황의 세계에서 한없이 윤회하는 것을 불쌍히 여기셔서 이 원을 선택하셨다. 즉 시방세계에 있는 사람들이 나무아미타불의 명호를 듣고 극락정토를 마음으로 연모해서 헤아릴 수 없이 많은 공덕이 있는 염불과 이 밖의 모든 것을 수행하고, 지극한 마음으로 지금까지 쌓은 공덕을 회향하여 정토에 왕생하고 싶다고 원한다면 다 왕생하도록 하기 위해 이 원을 세우신 것이다.

위 원문 가운데 '계념係念'이란 아미타불의 명호를 듣거나 극락이 가장 수승한 국토임을 듣고 극락세계에 태어나려고 기쁜 마음으로 간절히 마음을 일으키는 것이고, 식제덕본植諸德本은 염불 및 다른 여러 가지를 수행하여 공덕을 이루는 것을 말한다.

과수果遂: 목적을 이루는 것.

設我得佛 國中人天 不悉成滿三十二大人相者 不取正覺
설아득불 국중인천 불실성만삼십이대인상자 불취정각

만약 제가 부처가 되어서도 그 나라 중생들이 다 32상을 원만히 이루지 못한다면 저는 부처가 되지 않겠습니다.

【해설】

제21 삼십이상三十二相원으로, 이 원을 세우신 뜻은 어느 나라의 사람들은 부처님이 갖추신 32상을 갖추고, 어느 나라 사람들은 이것을 갖추고 있지 않아 불평등하기 때문이다. 법장비구는 32상을 갖추고 있지 않은 추악한 사람들을 가엾이 생각해 이 원을 세우신 것이다.

삼십이대인상三十二大人相: 부처님이 갖추신 32가지 성스러운 상호.

設我得佛 他方佛土諸菩薩衆 來生我國 究竟必至一
설아득불 타방불토제보살중 내생아국 구경필지일

生補處 除其本願自在所化 爲衆生故 被弘誓鎧 積累
생보처 제기본원자재소화 위중생고 피홍서개 적루

德本 度脫一切 遊諸佛國 修菩薩行 供養十方諸佛如
덕본 도탈일체 유제불국 수보살행 공양시방제불여

來 開化恒沙無量衆生 使立無上正眞之道 超出常倫
래 개화항사무량중생 사립무상정진지도 초출상륜

諸地之行現前 修習普賢之德 若不爾者 不取正覺
제지지행현전 수습보현지덕 약불이자 불취정각

만약 제가 부처가 되어서도 다른 불국토의 모든 보살들이 저의 국토에 태어나면 반드시 일생보처에 이르게 될 것입니다. 그들이 서원을 따라 자유로이 변하여 중생을 위해서 큰 서원을 세워 공덕을 쌓아 모든 중생을 제도하고, 모든 불국토에 다니면서 보살의 행을 닦으며, 시방세계의 모든 부처님께 공양하고, 항하의 모래와 같이 무량한 중생을 제도하며 위없이 바르고 참된 도를 세우게 하려는 이를 제외합니다. 차례 차례의 모든 지위의 행을 초월해 바로 보현보살의 덕을 닦게 할 것입니다. 만약 그렇게 하지 못한다면 저는 부처가 되지 않겠습니다.

【해설】

제22 필지보처必至補處원으로, 이 원을 세우신 뜻은 어느 나라의 보살은 십지十地의 위치를 차례차례로 나아가고, 어느 나라의 보살은 십지를 밟지 않고 곧 일생보처의 자리에 이르기 때문이다. 즉 법장비구는 한없는 세월 동안 차례차례로 밟는 사람을 가엾게 생각해 "다른 세계 불국토에 있는 보살들이 저의 정토에 태어난다면 반드시 보살의 최고의 자리인 일생보처의 위치에 들어가도록 하겠습니다. 그러나 이들 보살 가운데 특별히 견고한 서원을 세우고 많은 공덕을 쌓아 모든 사람들을 제도해서 '깨달음'에 들게 하며, 모든 부처님의 나라에 다니면서 보살의 수행을 쌓고, 시방세계에 계신 모든 부처님께 공양하며, 수많은 사람들을 교화해서 더할 나위 없고 위없는 보리를 구하는 마음을 일으키게 하려고 하는 사람은 제외합니다. 그 이외의 사람은 점차로 수행해 나아가는 세간, 십지의 보살행을 초월해 바로 보현보살의 열 가지 큰 원(十大願)을 닦을 수 있도록 하고 싶습니다"라고 이 원을 세우신 것이다.

여기서 이야기한 일생보처(一生補處, Eka-jāti-pratibuddha)란 일생만 지나면 부처님의 지위에 나아간다는 의미로 등각等覺의 지위다. 예를 들면 미륵보살은 석가모니 부처님보다 먼저 입멸入滅하여 도솔천 내원궁에 태어나서 천상의 목숨으로 4천 세(인간의 55억 7천만 년)를 지낸 뒤에 석가모니불을 대신하여 사바세계에 내려와 용화수 아래에서 성불하는데, 미륵보살과 같은 분이 일생보처다. 이렇듯이 극락세계에 태어난 사람들은 누구나 다 등각의 지위에 오르게 하겠다는 것이 아미타불의 본원이다.

홍서개弘誓鎧: 중생을 제도하려는 서원이 굳은 것을 갑옷에 비유했다.
상륜제지지행常倫諸地之行: 사바세계에서 보통 사람이 차례차례로 건너야 할 수행의 단계로 보통 52위位의 점차를 말한다.

設我得佛 國中菩薩 承佛神力供養諸佛 一食之頃 不
설아득불 국중보살 승불신력공양제불 일식지경 불

能徧至無數無量那由他諸佛國者 不取正覺
능 변 지 무 수 무 량 나 유 타 제 불 국 자 불 취 정 각

만약 제가 부처가 되어서도 그 나라 보살들이 부처님의 신통력을 입고 모든 부처님께 한 끼의 공양을 올리는 사이에 두루 헤아릴 수 없는 나유타의 모든 불국토에 이를 수 없다면 저는 부처가 되지 않겠습니다.

【해설】

제23 공양제불供養諸佛원으로, 이 원을 세우신 뜻은 어느 나라 보살은 자유롭게 시방세계에 계신 모든 부처님께 공양을 올리고, 어느 나라 보살은 자유롭게 공양을 올릴 수 없기 때문이다. 법장비구는 모든 부처님께 공양함에 부자유한 보살들을 불쌍히 생각해 "저의 정토에 있는 보살이 나의 불가사의한 위신력을 받아서 모든 부처님께 공양하고 싶다고 생각하면 아주 짧은 시간에 골고루 셀 수 없을 정도로 많은 모든 부처님 나라에 가 공양을 올릴 수 있도록 하고 싶습니다"라고 이 원을 세우신 것이다.

일식지경一食之頃: 극히 짧은 시간을 말한다.

❀

設我得佛 國中菩薩 在諸佛前 現其德本 諸所欲求供
설아득불 국중보살 재제불전 현기덕본 제소욕구공

養之具 若不如意者 不取正覺
양지구 약불여의자 불취정각

만약 제가 부처가 되어서도 그 나라 보살들이 모든 부처님 앞에서 그 공덕의 근본을 나타내기를 원함에 요구하는 공양물을 뜻대로 갖추지 못한다면 저는 부처가 되지 않겠습니다.

【해설】

제24 공구여의供具如意원으로, 이 원을 세우신 뜻은 어느 나라의 보살은 자유롭게 부처님께 사사(四事: 의복, 음식, 침구, 의약) 공양을 할 수 있지만, 어느 나라 보살은 이것을 할 수 없기 때문이다. 법장비구는 모든 부처님께 공양할 마음이 있어도 원을 이룰 수 없는 사람을 불쌍히 생각하여 이 원을 세우신 것이다.

초기교단에서는 이 의복, 음식, 침구, 의약 등 네 가지가 비구들의 필수품으로서 재가자가 부처님과 비구들에게 공양하는 물건이었다. 그러나 오늘날은 문화가 발달하여 공양을 올리는 물건이 다양하다. 사실 공양을 올려 선근공덕을 지으려고 해도 경제적인 여건이 되지 못하는 사람들이 많다. 아미타불께서 이러한 것을 안타깝게 생각하여 극락세계에 태어난 사람들은 마음대로 공양할 수 있도록 한 것이 이 원이다.

덕본德本: 공덕의 근본으로, 여기에서는 의복, 음식, 침구, 의약 등 네 가지 공양이다.

設我得佛 國中菩薩 不能演說一切智者 不取正覺
설아득불 국중보살 불능연설일체지자 불취정각

만약 제가 부처가 되어서도 그 나라 보살들이 모든 지혜를 연설할 수 없다면 저는 부처가 되지 않겠습니다.

【해설】

제25 설일체지說一切智원으로, 이 원을 세우신 뜻은 어느 나라 보살은 부처님의 설법을 듣고 모든 것을 다 아는 참 지혜를 얻어 법을 설할 수 있지만, 어느 나라 보살은 모든 지혜를 얻을 수 없기 때문이다. 법장비구는 이 얕은 지혜의 보살을 불쌍히 여겨 이 원을 세우신 것이다.

남이 하는 말을 이해하는 것도 어렵거니와 이 말을 남에게 전하여 이해시키는 것은 더욱 어려운 일인데, 하물며 부처님이 말씀하신 진리를 깨닫고 이것을 다른 사람에게 설하여 깨닫도록 하는 것은 더더욱 어려운 일이기 때문에 아미타불께서는 이 원을 세우신 것이다.

일체지一切智: 부처님의 지혜를 가리킴. 모든 것을 다 아는 지혜.

設我得佛 國中菩薩 不得金剛那羅延身者 不取正覺
설아득불 국중보살 부득금강나라연신자 불취정각

만약 제가 부처가 되어서도 그 나라 가운데 보살들이 금강역사와 같은 나라연신을 얻지 못한다면 저는 부처가 되지 않겠습니다.

【해설】

제26 나라연신那羅延身원으로, 이 원을 세우신 뜻은 어느 나라의 보살은 하늘의 금강역사라고 불리는 나라연의 몸과 같은 강한 힘을 가지지만 어느 나라의 보살은 그 힘을 가질 수 없기 때문이다. 법장비구는 몸의 힘이 약한 사람을 가엾게 생각해 이 원을 세우신 것이다.

여기서 이야기한 나라연(那羅延, Nārāyana)은 인도의 옛 신이며, 하늘의 금강역사로 건강하고 힘이 강한 신이다. 아미타불께서는 이 세상에 몸이 약하고 면역력이 떨어져 병고에 시달리는 사람이 많은 것을 아시고 극락정토에 태어난 사람은 나라연신과 같은 건강한 몸과 강한 힘을 갖게 하겠다는 원을 세우신 것이다.

設我得佛 國中人天 一切萬物 嚴淨光麗 形色殊特 窮
설아득불 국중인천 일체만물 엄정광려 형색수특 궁

微極妙 無能稱量 其諸衆生 乃至逮得天眼 有能明了
미극묘 무능칭량 기제중생 내지체득천안 유능명료

辨其名數者 不取正覺
변기명수자 불취정각

만약 제가 부처가 된다면 그 나라 중생들과 모든 물건은 맑고 찬란하게 빛나고 빼어나며, 지극히 미묘함을 궁구하여 능히 다 헤아릴 수 없으리니, 그것을 모든 중생이나 천안통을 얻은 이가 능히 명료하게 그 이름과 수효를 알 수 있을 것 같으면 저는 부처가 되지 않겠습니다.

【해설】

제27 만물특수萬物特殊원으로, 이 원을 세우신 뜻은 어느 나라의 사람들이 사용하는 물건은 거칠고 나쁘거나 수효가 부족하고, 어느 나라의 물건은 뛰어나게 훌륭하며 풍족하게 많이 있기 때문이다. 법장비구는 거칠고, 나쁘며, 품목의 수가 적은 나라 사람을 가엾게 생각해 "저의 나라에 있는 사람들이 사용하는 모든 물건은 화려하고 고우며(嚴淨光麗) 그 모습이 빼어날 뿐 아니라, 뛰어나고 정교하며 양도 많도록 하고 싶습니다"라고 이 원을 세우신 것이다.

엄정광려嚴淨光麗: 단엄하고 청정해서 빛이 고운 모양.

설아득불 국중보살 내지소공덕자 불능지견기도량
設我得佛 國中菩薩 乃至少功德者 不能知見其道場

수무량광색 고사백만리자 불취정각
樹無量光色 高四百萬里者 不取正覺

만약 제가 부처가 되어서도 그 나라 보살들을 비롯하여 공덕이 아무리 적은 이들이라도 그 도량의 나무가 한없이 빛나고 높이가 4백만 리나 됨을 알지 못하고 보지 못한다면 저는 부처가 되지 않겠습니다.

【해설】

제28 견도량수見道場樹원으로, 이 원을 세우신 뜻은 어느 나라에서는 성자도 범부도 모두 도량의 나무를 보고 뛰어난 이익을 얻을 수 있지만, 어느 나라의 사람은 이것을 볼 수 없기 때문이다. 법장비구는 도량의 나무를 볼 수 없는 사람들을 가엾게 여겨 이 원을 세우신 것이다.

여기서 이야기하는 도량수道場樹는 깨달음의 나무라는 뜻으로, 아미타불 도량인 극락세계의 나무를 말한다. 극락세계에 장엄된 나무는 키가 클 뿐만 아니라 바람이 불면 진리를 설하는 법음이 되어 이 소리를 들으면 진리를 깨닫게 된다. 그런데 능력이 없는 사람은 나무의 전체를 볼 수 없고 진리를 들을 수 없는데, 이를 안타깝게 생각하여 세운 원이다.

設我得佛 國中菩薩 若受讀經法 諷誦持說 而不得辯
설아득불 국중보살 약수독경법 풍송지설 이부득변

才智慧者 不取正覺
재지혜자 불취정각

만약 제가 부처가 되어서도 그 나라 보살들이 경과 법을 받아 읽고 외우며 내용을 설명하는 변재지혜를 얻지 못한다면 저는 부처가 되지 않겠습니다.

【해설】

제29 득변재지得辯才智원으로, 이 원을 세우신 뜻은 어느 나라의 보살은 경전을 읽어도 일체지一切智나 사변설四辯說을 얻을 수가 없고, 어느 나라의 사람은 지혜변설을 얻을 수가 있기 때문이다.

법장비구는 경전을 독송하는 데 피로하고 지혜변설을 얻을 수 없는 것을 가엾게 여겨 "저의 나라에 있는 보살들이 경전을 받아 가지고 읽어 음미하며, 암송하고 내용을 설명하는 데 부처님과 같은 일체지나 사무애변四無碍辯을 얻을 수 있도록 하고 싶다"고 원을 세우신 것이다.

여기서 이야기한 변재지혜는 바로 사무애변을 말한다. 마음의 방편을 지智 또는 해解라 하고, 입의 방편을 변辨이라 한다. 부처님이나 보살은 마음의 방편과 입의 방편을 가지고 중생을 교화하는데 여기에 네 가지가 있다. 첫째는 온갖 교법을 통달한 법무애法無礙, 둘째는 온갖 교법의 깊은 의미를 아는 의무애義無礙, 셋째는 여러 가지 말을 알아 통달하지 못함이 없는 사무애辭無礙, 넷째는 온갖 교법을 알아 상대의 근기에 맞추어 알아듣게 잘 말하는 요설무애樂說無礙이다. 극락세계에 태어난 사람들은 이러한 변재지혜를 갖추어 남을 구원하도록 한 것이 이 원이다.

設我得佛 國中菩薩 智慧辯才 若可限量者 不取正覺
설아득불 국중보살 지혜변재 약가한량자 불취정각

만약 제가 부처가 되어서도 그 나라 보살들의 지혜와 변재가 한량이 있다면 저는 부처가 되지 않겠습니다.

【해설】

제30 지변무궁智辯無窮원으로, 이 원을 세우신 뜻은 어느 나라의 보살은 불가사의한 지혜변설을 가지고 자유롭게 설법을 하지만, 어느 나라의 사람은 자유롭게 법을 설할 수 없기 때문이다. 법장비구는 지혜와 변재가 없어 법을 설하는 데 부자유한 사람을 가엾게 여겨 이 원을 세우신 것이다.

여기에 나오는 지혜변재智慧辯才 가운데 지혜는 모든 것을 다 아는 일체지一切智이고, 변재는 앞에서 설명한 사무애변四無碍辯이다.

設我得佛 國土清淨 皆悉照見十方一切無量無數不可
설아득불 국토청정 개실조견시방일체무량무수불가

思議諸佛世界 猶如明鏡覩其面像 若不爾者 不取正覺
사의제불세계 유여명경도기면상 약불이자 불취정각

만약 제가 부처가 된다면 그 불국토는 한없이 청정하여 가히 생각할 수 없는 시방세계의 모든 부처님 세계를 다 비춰 보는 것이 밝은 거울로 얼굴을 비춰 보는 것과 같게 하겠습니다. 만약 그렇지 못하다면 저는 부처가 되지 않겠습니다.

【해설】

제31 국토청정國土淸淨원으로, 이 원을 세우신 뜻은 어느 국토의 장엄은 깨끗한 거울과 같아서 시방세계의 불국토가 그 안에 비춰지지만, 어느 나라는 더러워서 시방세계를 비출 수 없기 때문이다. 법장비구는 스스로 만든 정토를 청정한 나라로 만들어 시방세계에 생각할 수 없을 정도로 많은 부처님의 나라들을 비추고 볼 수 있는 국토로 하기 위해 이 원을 세우신 것이다.

여기서 말한 불국토는 극락세계로 이 세계에 있는 모든 것은 청정을 본질로 하겠다는 것이다. 이렇게 하신 이유에 대해 생각해 보면, 불교의 이상적인 목표는 오염에서 오염되지 않는 청정(pariśuddha)으로 전환하여 성불하는 것이기 때문이다. 따라서 이 국토를 청정하게 하는 이유는 중생들로 하여금 본래 청정한 모습을 되찾도록 하기 위해서다. 오염된 옷을 깨끗한 물에 세탁하지 않으면 안 되듯이, 무명과 번뇌에 물들은 우리의 마음이 청정의 세계에 들어가면 깨끗해지기에 아미타불께서는 국토를 청정하게 하신 것이다. 청정한 본질로 된 국토의 역할은 중생들이 한 생각 미혹함에 의해 무명에 가리어져 한없이 6도에 윤회하는 것이다. 이에 대해 『보살선계경』에서는 "중생이 깨끗한 장엄을 봄으로 말미암아 중생이 아뇩다라삼먁삼보리심을 발할 수 있다"고 하였고, 『관정경』에서는 "국토를 청정하게 장엄하는 일은 한량없는 모든 중생들로 하여금 무량한 이익을 얻게 하기 위함이

요, 모든 액난을 제거하여 안온을 얻게 하기 위함이다"라고 하여 청정하게 장엄하는 목적이 깨달음과 한량없는 이익을 얻는 데 있다고 하였다. 이 두 경전에서는 장엄하는 이유를 화려하게 보이기 위해서가 아니라, 중생들이 원하고 있는 이익을 얻게 하기 위함이고 고통과 모든 액난에서 구제하기 위한 것임을 알 수 있다. 대승적인 입장에서 보면 청정으로 장엄한 것은 중생을 구원하기 위한 하나의 방편으로, 이를 위해 아미타불께서는 이 원을 세우신 것이다.

設我得佛 自地已上 至于虛空 宮殿樓觀池流華樹 國中所有一切萬物 皆以無量雜寶 百千種香 而共合成 嚴飾奇妙 超諸人天 其香普薰十方世界 菩薩聞者 皆修佛行 若不爾者 不取正覺

설아득불 자지이상 지우허공 궁전누관지류화수 국중소유일체만물 개이무량잡보 백천종향 이공합성 엄식기묘 초제인천 기향보훈시방세계 보살문자 개수불행 약불이자 불취정각

만약 제가 부처가 된다면 땅으로부터 위로 허공에 이르기까지 궁전, 누각, 흐르는 물, 꽃, 나무 등 나라 안에 있는 모든 만물이 헤아릴 수 없는 보배와 백천 가지의 향기로 이루어지고, 장엄하고 기묘함이 모든 인간계나 천상계에서는 비교될 수 없으며,

그 향기는 널리 시방세계에 퍼지게 하며, 그것을 맡는 보살은 부처님의 행을 닦게 하겠습니다. 만약 이와 같이 되지 못한다면 저는 부처가 되지 않겠습니다.

【해설】

제32 국토엄식國土嚴飾원으로, 이 원을 세우신 뜻은 어느 나라는 많은 보석으로 되어 있으며 항상 묘한 향의 냄새가 나고, 어느 나라에는 이와 같은 것이 없기 때문이다. 법장비구는 자기가 건설할 정토는 아래의 대지로부터 위로는 허공에 이르기까지 궁전이나 누각이나 못의 냇물이나 가로수 등 나라 안에 있는 모든 것이 셀 수 없을 정도로 많은 보석, 많은 묘한 향으로 장엄되어 있어 그 장중하고 아름다운 모양은 모든 인간이나 천인의 세계에 비교될 수 없을 뿐만 아니라, 이 묘한 향이 골고루 시방세계에 퍼지고 이 향기를 맡은 보살은 모두 불도수행에 힘쓰도록 하고 싶어 이 원을 세우신 것이다.

여기에 나오는 장엄莊嚴이란 어떠한 의미가 있는가를 살펴보자. 이것은 산스크리트어로 vyūha라 하여 엄식포열嚴飾布列한다는 의미가 있고, 또 alamkara라 하여 부처님의 지혜 작용에 의해 부처님 몸과 국토가 장엄된 것을 말한다. 이 장엄이란 단어 속에는 때가 없다고 하는 무구無垢(a-mala, mala-viśuddhi)의 뜻이 포함되어 있는 것은 앞에서 이야기한 청정과 같다.

앞 원의 해설에서 말한 바와 같이 극락세계에 장엄된 모든 것은 청정을 본질로 한 것이기 때문에 여기에 태어난 사람들은 청정하게 된다.

극락정토에 청정하게 장엄된 것을 보는 사람, 듣는 사람은 청정함을 얻게 하기 때문에 장엄된 모든 것은 부처님의 청정한 공덕으로부터 나온 수승한 것이 아니면 안 된다. 그래서 담란曇鸞 대사는 부처님이나 보살들의 원력에 의해 성취된 장엄은 "가히 파괴할 수 없고, 오염될 수 없다"고 하였다. 이러한 장엄은 아미타 부처님의 본원에 의해 이루어진 것이기 때문에 이를 원심장엄願心莊嚴이라 한다.(자세한 것은 필자가 저술한 『왕생론주 강설』을 참고하기 바란다.)

設我得佛 十方無量不可思議諸佛世界衆生之類 蒙我
설아득불 시방무량불가사의제불세계중생지류 몽아

光明 觸其身者 身心柔輭 超過人天 若不爾者 不取
광명 촉기신자 신심유연 초과인천 약불이자 불취

正覺
정각

만약 제가 부처가 된다면 시방세계의 헤아릴 수 없이 많은 모든 부처님 세계의 중생들이 저의 광명을 입고, 그들의 몸에 접촉하

면 이들은 몸과 마음이 부드러워 인간과 천상을 초월하리니, 만약 그렇게 되지 못하다면 저는 부처가 되지 않겠습니다.

【해설】

제33 촉광유연觸光柔輭원으로, 이 원을 세우신 뜻은 어느 나라 부처님은 광명으로 시방세계의 사람들을 제도하고, 어느 나라 부처님은 광명으로 구제하지 못하기 때문이다. 법장비구는 광명으로 시방세계에 있는 셀 수 없을 정도로 많은 불국토에 있는 사람들이 광명을 입어 몸도 마음도 온순해지고 번뇌를 소멸해서 다른 인간이나 천인보다도 뛰어난 사람이 되게 하고 싶어 이 원을 세우신 것이다.

이 지구상의 모든 생명체는 태양에서 발하는 빛에 의해 생존한다고 하여도 과언이 아니다. 그러나 태양의 빛이 생명체가 살아가는 데 필요하기는 하나 인간의 심성까지는 바르게 잡지 못한다. 하지만 극락정토의 광명은 그 세계 사람들의 살아가는 원동력이 될 뿐만 아니라 마음이 부드러워지고 마음속의 번뇌까지도 제거하는 역할을 하도록 하신 것이다.

신심유연身心柔輭: 탐, 진, 치의 삼독을 소멸함으로써 얻어지는 선근이다.

設我得佛 十方無量不可思議諸佛世界衆生之類 聞我
설아득불 시방무량불가사의제불세계중생지류 문아

名字 不得菩薩無生法忍 諸深總持者 不取正覺
명자 부득보살무생법인 제심총지자 불취정각

만약 제가 부처가 되어서도 헤아릴 수 없이 많은 시방의 모든 부처님 세계의 중생들이 저의 이름을 듣고 보살의 무생법인과 여러 가지 깊은 지혜 공덕인 다라니 법문을 얻지 못한다면 저는 부처가 되지 않겠습니다.

【해설】

제34 문명득인聞名得忍원으로, 이 원을 세우신 뜻은 어느 나라 사람들은 부처님의 명호를 듣고 무생법인과 다라니를 얻지만, 어느 나라 사람들은 얻을 수 없기 때문이다. 법장비구는 자신의 명호를 듣고 헛되게 지나지 않게 하기 위하여 모든 법이 나지도 않고 멸하지도 않는 것을 깨닫는 지혜(無生法忍)나 많은 뜻의 이치를 기억해서 잊어버리지 않는 지혜(總持)를 얻도록 하고 싶어 이 원을 세우신 것이다.

음성을 듣는다는 것은 귀의 작용으로, 초기경전에서는 많은 비구가 부처님의 설법을 듣고 수다원이 되었다든가 아라한이 되었다고 하는 내용이 많이 있는데 이는 문법聞法의 작용이다.

이 문법이 대승불교에 들어와서는 부처님의 명호를 듣고 깨달음을 얻는 것으로 발전하였다. 즉 아미타불의 명호만 듣는 것으로 제법諸法의 실상實相의 도리를 깨닫고 왕생할 수 있는 공덕을 쌓게 되는 것이다. 그러기 때문에 우리는 항상 부처님 명호를 듣는 습관을 가져야 한다. 이렇게 하기 위해서는 부처님 명호의 소리가 주위에 항상 흘러나와야 하고, 이 소리에 마음을 집중하여 마음속에 간직하면 이것이 부처님을 생각하는 염念이 된다.

총지總持: 산스크리트 dhāraṇi로, 광대하고 바르고 깊은 이치를 지니고 잃지 않은 지혜.

設我得佛 十方無量不可思議諸佛世界 其有女人 聞
설아득불 시방무량불가사의제불세계 기유여인 문

我名字 歡喜信樂 發菩提心 厭惡女身 壽終之後 復爲
아명자 환희신요 발보리심 염오여신 수종지후 부위

女像者 不取正覺
여상자 불취정각

만약 제가 부처가 되어서도 시방세계의 헤아릴 수 없이 많은 모든 부처님 세계의 여인들이 저의 이름을 듣고 환희심을 내어 믿고 원해서 보리심을 일으켜 여자의 몸을 싫어한 사람이 목숨을 마친 후 다시 여인이 된다면 저는 부처가 되지 않겠습니다.

【해설】

제35 여인왕생女人往生원으로, 이 원을 세우신 뜻은 어느 나라는 여인의 왕생을 허락하지 않고, 어느 나라는 여인의 왕생을 허락하기 때문이다. 법장비구는 장애가 많은 여인을 가엾게 여겨 부처님 명호를 듣고 기쁘게 부처님을 믿어(歡喜信樂) 정토에 왕생하기를 발원(發菩提心)하고, 여인의 몸을 싫어하는 사람은 목숨을 마친 후에 정토에 왕생해서 다시 여인의 몸을 받는 일이 없도록 하고 싶어 이 원을 세우신 것이다.

設我得佛 十方無量不可思議諸佛世界諸菩薩衆 聞我
설아득불 시방무량불가사의제불세계제보살중 문아

名字 壽終之後 常修梵行 至成佛道 若不爾者 不取正覺
명자 수종지후 상수범행 지성불도 약불이자 불취정각

만약 제가 부처가 된다면 시방세계의 헤아릴 수 없는 모든 부처님 세계의 모든 보살들이 저의 이름을 듣기만 하여도 목숨을 마친 후 청정한 수행을 해서 부처님이 되게 하겠습니다. 만약 그렇게 하지 못한다면 저는 부처가 되지 않겠습니다.

【해설】

제36 상수범행常修梵行원으로, 이 원을 세우신 뜻은 어느 나라의 보살은 청정한 범행梵行을 수행해도 다시 태어나면 잊어버려 전생의 수행을 이을 수 없고, 어느 나라 보살은 다시 태어나도 전세의 수행을 이어서 수행해 깨달아 성불할 수 있기 때문이다. 다시 말하면 법장비구는 범행을 잃어버린 사람을 가엾게 여겨 시방세계의 한량없는 부처님 나라에 있는 사람들이 자신의 명호를 듣고 목숨을 마친 후에 청정한 계법(梵行)을 수행해서 '깨달음'의 세계에까지 나아가도록 하고 싶어 이 원을 세우신 것이다.

여기에 나온 범행(brahmacharya)이란 더럽고 추한 음행 등 여러 가지 악한 행동을 하지 않고 청정한 행을 하는 선행이다. 우리는 이 세상에 태어나면서 전생에 어떤 범행을 했는지 알지 못하여 지속성이 없을 뿐만 아니라 나쁜 행에 물들어 악업을 짓는 경우가 많아, 법장비구는 이렇게 하지 않도록 전생에 행한 범행을 이어서 할 수 있게 한 원이다.

設我得佛 十方無量不可思議諸佛世界諸天人民 聞我
설아득불 시방무량불가사의제불세계제천인민 문아

名字 五體投地稽首作禮 歡喜信樂 修菩薩行 諸天世
명자 오체투지계수작례 환희신요 수보살행 제천세

人 莫不致敬 若不爾者 不取正覺
인 막불치경 약불이자 불취정각

만약 제가 부처가 된다면 시방세계의 헤아릴 수 없는 모든 부처님 세계에 있는 모든 중생들이 저의 이름을 듣고 오체를 투지하여 환희심으로 믿고 원하여 보살행을 닦을 때, 모든 천인이나 사람들이 공경하지 않는 사람이 없게 하겠습니다. 만약 그렇게 되지 않는다면 저는 부처가 되지 않겠습니다.

【해설】

제37 천인치경天人致敬원으로, 이 원을 세우신 뜻은 어느 나라 사람들은 부처님께 예배하여 보살행을 수행하는 데 천인이나 일반 사람들이 경멸하고, 어느 나라 사람들은 존경받기 때문이다. 법장비구는 다른 사람들에게 경멸받아서 불도수행을 중도에 그치는 사람을 가엾게 여겨 시방의 모든 부처님 세계에 있는 천인이나 인간이 자신의 명호를 듣고 오체투지의 최상의 예배를 하고 기뻐하며, 부처님을 깊게 믿어 보살의 육바라밀 수행을 하는 데 범천이나 제석천과 모든 천인이나 국왕, 대신 등 세상 사람들의 존경을 받도록 하고 싶어 이 원을 세우신 것이다.

設我得佛 國中人天 欲得衣服 隨念即至 如佛所讚 應
설아득불 국중인천 욕득의복 수념즉지 여불소찬 응

法妙服 自然在身 若有裁縫擣染浣濯者 不取正覺
법묘복 자연재신 약유재봉도염완탁자 불취정각

만약 제가 부처가 된다면 그 나라 가운데 중생들이 옷을 얻으려 하면 생각하는 대로 바로 생기며, 부처님이 찬탄한 바와 같은 법다운 묘한 의복이 몸에 입혀지는 것과 같으리니, 만약 바느질이나 다듬이질이나 더러워 세탁할 필요가 있다면 저는 부처가 되지 않겠습니다.

【해설】

제38 의복수념衣服隨念원으로, 이 원을 세우신 뜻은 어느 나라 사람들은 의복 때문에 몸과 마음이 괴로워서 많은 죄를 짓는가 하면, 어느 나라 사람들은 생각한 대로 자연히 의복을 입을 수 있기 때문이다. 법장비구는 의복 때문에 괴로워하는 사람들을 가엾게 생각하셔서 이 원을 세우신 것이다.

응법묘복應法妙服: 가사를 말한다.

設我得佛 國中人天 所受快樂 不如漏盡比丘者 不取
설아득불 국중인천 소수쾌락 불여누진비구자 불취

正覺
정각

만약 제가 부처가 되어서도 그 나라 중생들이 누리는 상쾌한

즐거움이, 모든 번뇌가 없는 비구처럼 되지 않는다면 저는 부처가 되지 않겠습니다.

【해설】

제39 수락무염受樂無染원으로, 이 원을 세우신 뜻은 어느 나라 사람들은 찰나의 즐거움을 좇아 영겁 동안 괴로운 과보를 받는 줄도 모르는가 하면, 어느 나라 사람들은 한없는 즐거움을 받기 때문이다. 법장비구는 찰나의 즐거움에 사로잡힌 사람들을 불쌍히 여겨 이 원을 세우신 것이다.

이 세계에서 보통 사람들이 즐기는 낙은 고통이 내재되어 있지만 이를 인식하지 못하고 집착하는 경향이 있다. 예를 들면 담배나 술, 마약 같은 것 등은 일시적으로 좋을지 모르나 병을 유발할 뿐만 아니라 타락의 길로 가기 십상이고, 이 외에도 사바세계의 즐거움은 한시적인 것으로 시간이 지나면 없어져 영원성이 결여되어 있다. 그래서 영원성이 있는 법의 즐거움을 누리게 하기 위해 이 원을 세우신 것이다.

누진비구漏盡比丘: 번뇌를 끊은 비구로 아라한을 말한다.

設我得佛 國中菩薩 隨意欲見十方無量嚴淨佛土 應
설아득불 국중보살 수의욕견시방무량엄정불토 응

時如願 於寶樹中 皆悉照見 猶如明鏡覩其面像 若不
시여원 어보수중 개실조견 유여명경도기면상 약불

爾者 不取正覺
이자 불취정각

만약 제가 부처가 된다면 그 나라 보살들이 뜻에 따라 시방세계의 한없이 엄숙하고 깨끗한 불국토를 보려고 하면 소원대로 보배 나무 사이에서 낱낱이 비춰 보는 것이, 마치 거울로 자기 얼굴을 보는 것과 같이 하겠습니다. 만약 이렇게 되지 않는다면 저는 부처가 되지 않겠습니다.

【해설】

제40 견제불토見諸佛土원으로, 이 원을 세우신 뜻은 어느 나라의 보살은 생각대로 시방세계의 불국토를 볼 수 없기 때문이다. 법장비구는 불국토를 보고 싶다고 원하는 보살들을 가엾게 여겨, 나의 정토에 있는 보살이 생각대로 자유롭게 시방세계에 있는 무량한 아름다운 정토를 보고 싶다고 생각한다면 원하는 대로 곧 극락정토의 보배 나무숲에서 분명히 볼 수 있도록 하는 것을, 비유하면 잘 닦여진 거울에 자기의 모습을 비추어 보는 것 같이 하겠다는 원을 세우신 것이다.

지금은 말법시대末法時代로 부처님이 열반에 드신 지 2,500년이 넘어 세상은 혼탁하여 인간의 심성이 물질과 명예 등 오욕五欲을 추구하려고 하는 욕망에 가득 차 윤리와 도덕을 등한시하고, 내면의 세계인 심성을 바르게 하여 자기도 이롭고 남도 이롭게 하려는 사람이 적다. 이러한 때에 먼 다른 세계의 청정한 국토의 모습을 볼 수 있고, 부처님을 친견하여 법을 들을 수 있는 능력을 갖춘다면 삿된 길을 걷지 않고 바른 행을 할 수 있을 것이다. 법장비구는 이런 의도에서 극락세계에 있는 모든 사람들이 타방의 부처님 국토와 부처님을 뵐 수 있도록 이 원을 세우신 것이다.

設我得佛 他方國土諸菩薩衆 聞我名字 至于得佛 諸
설아득불 타방국토제보살중 문아명자 지우득불 제

根缺陋不具足者 不取正覺
근결루불구족자 불취정각

만약 제가 부처가 되어서도 다른 국토의 보살들이 저의 이름을 듣고 부처님이 될 때까지 온몸에 부족한 점이 있어 구족하지 못한다면 저는 부처가 되지 않겠습니다.

【해설】

제41 제근구족諸根具足원으로, 이 원을 세우신 뜻은 어느 나라 보살은 불도를 수행하는데 삿된 업(邪業)에 방해 받아서 육근을 청정하게 갖추지 못하고, 어느 나라 보살은 육근을 청정하게 구비하기 때문이다. 법장비구는 육근을 청정하게 갖추지 못한 장애자를 가엾게 여겨 이 원을 세우신 것이다.

원문의 제근결루諸根缺陋란 육체의 감각기관인 육근六根의 한 부분에 장애가 있는 불구자를 말한다. 이 감각기관 가운데 한 부분에 장애가 있다고 한다면 본인은 얼마나 불편하겠으며, 옆에서 보는 가족은 얼마나 가슴이 아플 것인가. 그런데 지적장애를 가진 사람은 불편도 모르고 자기가 하는 행동이 남에게 피해를 주는지도 모른다. 이런 장애자를 보면 어떤 인과에 의해 저런 장애를 받았을까 생각하게 되어 마음이 아프고 불편하다. 그래서 법장비구는 이런 원을 세워 극락세계에 태어나는 사람은 육근을 구족하게 하였다고 본다.

設我得佛　他方國土諸菩薩衆　聞我名字　皆悉逮得清
설아득불　타방국토제보살중　문아명자　개실체득청

淨解脫三昧　住是三昧　一發意頃　供養無量不可思議
정해탈삼매　주시삼매　일발의경　공양무량불가사의

諸佛世尊 而不失定意 若不爾者 不取正覺
제 불 세 존 이 불 실 정 의 약 불 이 자 불 취 정 각

만약 제가 부처가 된다면 다른 국토의 모든 보살들이 저의 이름을 듣고 다 청정해탈삼매를 얻을 것이며, 이 삼매에 머물러서 한 생각 동안에 헤아릴 수 없는 불가사의한 모든 부처님을 공양하고 삼매를 잃지 않게 하리니, 만약 그렇게 되지 않으면 저는 부처가 되지 않겠습니다.

【해설】

제42 주정공불住定供佛원으로, 이 원을 세우신 뜻은 어느 나라 보살은 사事와 이理가 융합하지 않아 삼매에 머물지 못하고, 어느 나라 보살은 이사理事에 걸림이 없이 융합하여 항상 삼매에 머물러 불사佛事를 짓기 때문이다. 법장비구는 이와 사가 서로 방해하여 삼매에 머물지 못한 사람을 가엾게 여겨 이 원을 세우신 것이다.

원문에 말한 청정해탈삼매清淨解脫三昧란 청정한 해탈의 경계에 들어가는 삼매로, 모든 속박을 벗어난 선정을 말한다. 이 삼매에 들게 되면 평등한 본질의 진여眞如인 이理와 연緣에 따라 나타난 차별적인 현상인 사事 그 어디에도 걸림이 없이(無礙) 삼매에 들어 부처님을 섬기기도 하고, 중생을 구원하기도 하는

등 많은 일을 할 수 있다. 그래서 이사理事에 자재하지 못한 중생을 위해 이 원을 세우신 것이다.

設我得佛 他方國土諸菩薩衆 聞我名字 壽終之後 生
설아득불 타방국토제보살중 문아명자 수종지후 생

尊貴家 若不爾者 不取正覺
존귀가 약불이자 불취정각

만약 제가 부처가 된다면 다른 국토의 모든 보살들이 저의 이름을 듣고 목숨을 마친 후 존귀한 집에 태어나리니, 만약 그렇게 되지 않는다면 저는 부처가 되지 않겠습니다.

【해설】

제43 생존귀가生尊貴家원으로, 이 원을 세우신 뜻은 어느 나라 보살은 비천한 몸으로 태어나 사람들을 교화할 수 없고, 어느 나라 보살은 항상 존귀한 집에 태어나 자유롭게 사람들을 교화하기 때문이다. 법장비구는 비천한 몸으로 태어나는 사람을 불쌍히 여겨 이 원을 세우신 것이다.

재물이 없는 사람을 구원하기 위해서는 재물이 있어야 하고, 아픈 사람을 돌보기 위해서는 약이 있어야 하며, 지식을 남에게 알려주기 위해서는 많은 지식이 있어야 한다. 즉 존귀한 집에 태어난다는 것은 본인이 재산과 지식을 가질 수 있다는 의미이고, 이 재산과 지식을 가지고 있어야 나보다 못한 남을 구원할 수 있다는 것에서 이 원을 세운 것이라 본다.

設我得佛 他方國土諸菩薩衆 聞我名字 歡喜踊躍 修
설아득불 타방국토제보살중 문아명자 환희용약 수

菩薩行 具足德本 若不爾者 不取正覺
보살행 구족덕본 약불이자 불취정각

만약 제가 부처가 된다면 다른 국토의 모든 보살들이 저의 이름을 듣고 기뻐하여 보살의 행을 닦고 공덕의 근원을 구족하리니, 만약 그렇게 되지 않는다면 저는 부처가 되지 않겠습니다.

【해설】

제44 구족덕본具足德本원으로, 이 원을 세우신 뜻은 어느 나라 보살은 불도를 수행해도 공덕의 근본을 얻을 수 없고, 어느 나라 보살은 능히 공덕의 근본을 구족하기 때문이다. 법장비구는 덕본德本이 없는 사람을 가엾게 여겨 "다른 나라에 있는 보살들이 저의 명호를 듣고 마음속에 기쁨의 뜻을 품어서 밖으로 그 기쁨의 모습을 나타내며 보살의 육바라밀행을 수행해서 '깨달음'의 덕을 원만하게 갖추도록 하고 싶다"는 원을 세우신 것이다.

設我得佛 他方國土諸菩薩衆 聞我名字 皆悉逮得普
설아득불 타방국토제보살중 문아명자 개실체득보

等三昧 住是三昧 至于成佛 常見無量不可思議一切
등삼매 주시삼매 지우성불 상견무량불가사의일체

諸佛 若不爾者 不取正覺
제불 약불이자 불취정각

만약 제가 부처가 된다면 다른 국토의 모든 보살들이 저의 이름을 듣고 모든 부처님을 두루 뵈올 수 있는 삼매를 얻을 것이며, 이 삼매에 머물러서 성불할 때까지 언제나 헤아릴 수 없는 불가사의한 모든 부처님을 뵈오리니, 만약 그렇게 되지 않는다면 저는 부처가 되지 않겠습니다.

【해설】

제45 주정견불住定見佛원으로, 이 원을 세우신 뜻은 어느 나라 보살은 무량한 부처님을 친견할 삼매를 얻어 항상 부처님을 뵈올 수 있지만, 어느 나라 보살은 부처님을 뵈올 수 없기 때문이다. 법장비구는 부처님을 친견할 수 없는 사람을 가엾게 여겨 "다른 나라에 있는 모든 보살들이 저의 명호를 듣고 무량한 모든 부처님을 똑같이 보는 삼매(普等三昧)에 들어가 이 삼매 안에서 '깨달음'을 얻기까지 항상 무량한 모든 부처님을 뵐 수 있도록 하고 싶다"는 원을 세우신 것이다.

보등삼매普等三昧: 무량한 모든 부처님을 다 같이 친견하는 삼매.

設我得佛 國中菩薩 隨其志願 所欲聞法 自然得聞 若
설아득불 국중보살 수기지원 소욕문법 자연득문 약

不爾者 不取正覺
불이자 불취정각

만약 제가 부처가 된다면 내 국토 가운데 보살들은 그가 원하는 뜻에 따라 듣고자 하는 법문은 저절로 듣게 되리니, 만약 그렇게 되지 않는다면 저는 부처가 되지 않겠습니다.

【해설】

제46 수의문법隨意聞法원으로, 이 원을 세우신 뜻은 어느 나라 보살은 부처님의 법을 듣는 것이 매우 적고, 어느 나라 보살은 원하는 대로 법을 들을 수 있기 때문이다. 자유롭게 법을 들을 수 없는 사람을 불쌍히 여겨 이 원을 세우신 것이다.

設我得佛 他方國土諸菩薩衆 聞我名字 不即得至不
설아득불 타방국토제보살중 문아명자 부즉득지불

退轉者 不取正覺
퇴전자 불취정각

만약 제가 부처가 되어서도 다른 국토의 모든 보살들이 저의 이름을 듣고 곧 불퇴전에 이를 수 없다면 저는 부처가 되지 않겠습니다.

【해설】

제47 득불퇴전得不退轉원으로, 이 원을 세우신 뜻은 어느 나라 보살은 불도를 수행하는 도중에 수행을 그만두고, 어느 나라 보살은 불퇴전의 위치에 나아가기 때문이다. 그래서 도중에 그만두는 사람을 불쌍히 여겨 이 원을 세우신 것이다.

원문에 나오는 불퇴전不退轉이란 십신十信 보살이 장애를 만나지 않고 불퇴전 보살의 지위에 나아가는 것인데, 이 불퇴전의 지위에 오르면 뒤로 퇴보하는 일이 없고 앞으로 나아가 결국 성불할 수 있기 때문에 수행자에게 아주 중요한 지위라고 할 수 있다.

設我得佛 他方國土諸菩薩衆 聞我名字 不即得至第
설아득불 타방국토제보살중 문아명자 부즉득지제

一第二第三法忍 於諸佛法 不能即得不退轉者 不取
일제이제삼법인 어제불법 불능즉득불퇴전자 불취

正覺
정 각

만약 제가 부처가 되어서도 다른 국토의 모든 보살들이 저의 이름을 듣고 곧 제일 음향인, 제이 유순인, 제삼 무생법인을 얻지 못하고 모든 불법 중에서 불퇴전을 얻을 수 없다면 저는 부처가 되지 않겠습니다.

【해설】

제48 득삼법인得三法忍원으로, 이 원을 세우신 뜻은 어느 나라 보살은 발원하고 수행하는 것을 중단해 삼법인을 얻을 수 없고, 어느 나라 보살은 원만히 수행하여 삼법인을 얻기 때문이다. 법장비구는 물러나는 사람을 가엾게 여겨 이 원을 세우신 것이다.

여기에 나오는 음향인音響忍이란 부처님 설법을 듣고 실체가 없는 것을 아는 지혜이며, 유순인柔順忍이란 역경이나 순경을 만날지라도 마음이 흔들리지 않고 성품이 없는 것을 아는 지혜이고, 무생법인無生法忍이란 참고 견디어 보살의 지위에 오른 사람의 인욕행으로 제행諸行이 무상無常하며 일체만법이 인연으로 흩어지는 진리를 깨닫고 또 생멸이 없는 불생불멸을 깨닫는 지혜로, 이를 세 가지 법인(三法忍)이라 한다.

이상의 48원을 보면 법신을 섭취하기 위한 원은 제12 광명무량원과 제13 수명무량원, 제17 제불칭양원 등 세 가지며, 정토를 섭취하기 위한 원은 제31 국토청정원과 제32 국토엄식원 등 단 두 가지뿐이다. 이 외 나머지 총 43종의 원은 중생을 섭취하기 위한 원으로, 이를 나누면 범부를 위한 원이 24가지인데 극락세계의 사람들을 위한 원이 17종(제1, 2, 3, 4, 5, 6, 7, 8, 9, 10, 11, 15, 16, 21, 27, 38, 39원)이고, 타방 사람들을 위한 원이 7종(제18, 19, 20, 33, 34, 35, 37원)이다. 그리고 성인을 위한 원이 총 19종인데 성문을 위한 원이 제14 성문무수원이고, 나머지 18종의 원은 보살을 위한 것으로 이 가운데는 극락세계 보살을 위한 원이 9종(제23, 24, 25, 26, 28, 29, 30, 40, 46원)이고, 타방세계의 보살을 위한 원이 9종(제22, 36, 41, 42, 43, 44, 45, 47, 48원)으로 분류해 볼 수 있다.

결론적으로 말하면, 이 모든 원은 아미타불께서 중생을 구원하기 위한 원으로 대자비심을 근본으로 한 것이다. 그럼 자비에 대해 살펴보자. 용수보살은 『대지도론』에서 자비를 대자大慈와 대비大悲로 나누어 "대자란 일체 중생에게 즐거움을 주고, 대비란 일체 중생의 고통을 제거해 준다. 대자는 기쁘고 즐거운 인연으로써 중생에게 베푸시고, 대비는 고통을 여의는 인연으로 중생에게 베푸신다"라고 하여, 이를 한문으로 대자는 '여락득락與樂得樂'이며 대비는 '이고발고離苦拔苦'라 하였다.

이 자비에는 중생연자비衆生緣慈悲와 법연자비法緣慈悲, 그리고 무연자비無緣慈悲 등 세 가지가 있다. '중생연자비'란 사바세계의 중생이 일으키는 자비로서 부모가 자식을 애지중지하는 것처럼 항상 좋은 일로 이익을 주고 안온하게 하는 것이다. 이 자비는 인간 누구나 가지고 있는 것으로 요즈음 말하는 사랑이라 할 수 있다. '법연자비'란 성문, 연각, 보살이 일으키는 자비로 중생이 모든 법이 다 공하다는 이치를 알지 못하고 항상 마음의 즐거움만 구하므로 자비로써 그 구함에 응해 즐거움을 주는 것이다. '무연자비'란 개인적인 연고나 친분이 없이 평등하게 베푸는 자비로 모든 부처님의 대자비를 말한다. 부처님은 유위有爲의 모든 법은 인연에 의해 이루어진 것이고, 진실한 것이 아니며, 전도되어 허망한 줄을 깨달아 알고 계시기 때문에 중생으로 하여금 제법실상諸法實相의 지혜를 증득하게 하려는 자비다. 아미타불의 48원은 무연자비에서 비롯된 것으로 이 본원에 의해 극락정토의 정보장엄正報莊嚴과 의보장엄依報莊嚴을 성취하여 건설하였으며, 사바세계에서 방황하는 중생들을 이 세계에 인도하여 해탈하도록 하신 것이다.

제4항 거듭 서원하신 게송

佛告阿難 爾時 法藏比丘 說此願已 而說頌曰
불고아난 이시 법장비구 설차원이 이설송왈

我建超世願 必至無上道 斯願不滿足 誓不成正覺
아건초세원 필지무상도 사원불만족 서불성정각

我於無量劫 不爲大施主 普濟諸貧苦 誓不成正覺
아어무량겁 불위대시주 보제제빈고 서불성정각

我至成佛道 名聲超十方 究竟靡所聞 誓不成正覺
아지성불도 명성초시방 구경미소문 서불성정각

離欲深正念 淨慧修梵行 志求無上道 爲諸天人師
이욕심정념 정혜수범행 지구무상도 위제천인사

神力演大光 普照無際土 消除三垢冥 廣濟衆厄難
신력연대광 보조무제토 소제삼구명 광제중액난

開彼智慧眼 滅此昏盲闇 閉塞諸惡道 通達善趣門
개피지혜안 멸차혼맹암 폐색제악도 통달선취문

功祚成滿足 威曜朗十方 日月戢重暉 天光隱不現
공조성만족 위요랑시방 일월집중휘 천광은불현

爲衆開法藏 廣施功德寶 常於大衆中 說法師子吼
위중개법장 광시공덕보 상어대중중 설법사자후

供養一切佛 具足衆德本 願慧悉成滿 得爲三界雄
공양일체불 구족중덕본 원혜실성만 득위삼계웅

如佛無量智 通達靡不照 願我功慧力 等此最勝尊
여불무량지 통달미부조 원아공혜력 등차최승존

斯願若剋果 大千應感動 虛空諸天人 當雨珍妙華
사원약극과 대천응감동 허공제천인 당우진묘화

부처님께서 아난에게 이르시기를,

"그때 법장비구는 서원을 아뢰고 나서 게송으로 아뢰었다.

내가 세운 이 서원은 세상에 없는 일
위없는 바른 길 가고야 말리라.
이 원을 이루지 못하면
맹세코 부처는 되지 않으리.

한량없는 오랜 겁 지나가면서
내가 만일 큰 시주 되지 못하여
가난과 고통을 제도 못하면
맹세코 부처는 되지 않으리.

내가 만약 이 다음에 부처가 되어
그 이름 온 세계에 떨칠 때에
못 들은 이 한 사람이라도 있다면
맹세코 부처는 되지 않으리.

욕심 없고 바른 마음 굳게 지니고
청정한 지혜로 도를 닦으며
위없는 어른 되는 길을 찾아서
천상과 인간의 스승이 되리라.

신통으로 밝고 큰 광명을 놓아

끝없는 여러 세계 두루 비추어
세 가지 어두운 때 녹여버리고
여러 가지 액난에서 건지리라.

그대들의 지혜 눈 열어 밝히고
앞 못 보는 장님의 눈을 틔우며
여러 가지 나쁜 길 막아버리고
좋은 세상 가는 길 활짝 트리라.

지혜와 자비 충만하게 닦아
거룩한 빛 온 세상에 널리 비치니
해와 달 밝은 빛 무색케 되고
하늘나라 광명도 숨어버리네.

중생들을 위하여 교법을 열고
공덕 보배 골고루 보시할 때에
언제나 많은 대중 모인 곳에서
법문하는 그 말씀 사자의 소리처럼

온 세계 부처님께 공양을 하여
여러 가지 공덕을 두루 갖추고

그 소원 그 지혜를 가득 이루어
삼계의 거룩한 부처님 되리라.

걸림 없는 부처님의 지혜와 같이
안 비추는 데 없이 사무치리니
바라건대 내 공덕 복과 지혜가
가장 높은 부처님과 같아지리다.

만약 이 내 소원 이루어지면
삼천대천세계가 감동하리니
허공 중에 가득 찬 천인들도
아름다운 꽃잎을 뿌려 주리라."

【해설】

이 단원은 석가모니 부처님께서 아난에 이르시기를, "그때 법장 비구가 48원을 다 말씀드리고 거듭 게송으로 서원을 말씀하시어 세자재왕 여래께 '이 원을 이루지 못하면 맹세코 부처는 되지 않으리'"라고 해서 증명을 해주시기를 바라는 것이다.

어릴 때는 부모님께 장차 어른이 되면 재산가, 권력, 학자 가운데 하나로 성공하여 효도하겠다고 하지만 자라면서 흔히들 잊어버리는 경우가 많다. 그러나 법장비구는 어린아이와 달리

성인으로 출가하여 부처님 앞에서 굳게 맹세하여 성불과 정토 건설, 그리고 범부들을 인도하여 구원하는 일을 하겠다고 서원을 세웠으니, 실천의 의지가 굳음을 이 대목에서 알 수 있다.

무상도無上道: 위없는 도로, 불과佛果를 말한다.

대시주大施主: 재물보시와 법보시를 하는 사람.

심정념深正念: 깊은 선정삼매.

무제토無際土: 끝이 없는 세계.

삼구三垢: 삼독번뇌로 탐, 진, 치를 말한다.

혼맹암昏盲闇: 번뇌장煩惱障과 소지장所知障을 말한다.

공조功祚: 부처님의 지위를 말한다.

중휘重暉: 해와 달이 이중으로 빛나는 것.

삼계웅三界雄: 욕계, 색계, 무색계에서 위대한 사람으로, 부처님을 말한다.

佛語阿難 法藏比丘 說此頌已 應時普地六種震動 天
불어아난 법장비구 설차송이 응시보지육종진동 천

雨妙華 以散其上 自然音樂 空中讚言 決定必成無上
우묘화 이산기상 자연음악 공중찬언 결정필성무상

正覺 於是法藏比丘 具足修滿如是大願 誠諦不虛 超
정각 어시법장비구 구족수만여시대원 성제불허 초

出世間 深樂寂滅
출세간 심요적멸

부처님께서 아난에게 말씀하시기를,

"법장비구가 이 게송을 말씀드리고 나자, 그때에 대천세계가 여섯 가지로 진동하고 하늘로부터 아름다운 꽃비가 내려 그 위에 흩어지며 자연의 음악이 울려 퍼지고 허공에서 찬탄해 말씀하시기를 '언젠가는 반드시 무상정등각을 이루리라'고 했다. 이에 법장비구는 이와 같이 큰 서원을 구족해 원만히 성취하려는 진실한 마음이 헛되지 않았으며, 세간을 초월하여 간절히 진여법성의 경계를 원하였느니라."

【해설】

법장비구가 거듭 게송으로써 세상에서 뛰어난 대원의 성취를 서원하자, 이어서 이 서원에 응하는 특이한 상서를 나타낸 것이다. 이 대목이 우리에게 주는 교훈은 불자가 생각을 바르게 하여 광대한 서원과 지극한 마음으로 꾸준히 정진하려고 하면 부처님과 보살, 그리고 모든 천신이 칭송하고 도와주니, 항상 부처님의 정도를 행하는 사람에게는 불보살이 곁에 있음을 알아야 한다는 것이다.

보지普地: 광대한 땅, 여기서는 곧 삼천대천세계의 뜻이다.

대원大願: 48원을 뜻한다.

제3절 법장비구의 수행

阿難 時彼比丘 於彼佛所 諸天魔梵龍神八部大衆之
아난 시피비구 어피불소 제천마범용신팔부대중지

中 發斯弘誓 建此願已 一向專志 莊嚴妙土 所修佛國
중 발사홍서 건차원이 일향전지 장엄묘토 소수불국

恢廓廣大 超勝獨妙 建立常然 無衰無變 於不可思議
회곽광대 초승독묘 건립상연 무쇠무변 어불가사의

兆載永劫 積植菩薩無量德行
조재영겁 적식보살무량덕행

"아난아, 그때 저 법장비구는 그 부처님(세자재왕) 앞에서 모든 하늘과 제육천왕과 범천과 용신 등 팔부대중 가운데서 이 서원을 세우고 나서 한결같은 뜻으로 묘한 국토로 장엄하려고 했다. 세우려고 한 불국토는 크고 광대하며 수승하여 비할 데가 없고, 건립한 국토는 영원하여 쇠퇴하지도 않으며 변하지도 않는 것이니, 이는 보살이 무한히 오랜 세월 동안 한량없는 공덕의 행을 쌓고 심었기 때문이니라."

【해설】

이 단원은 법장비구가 48원을 다 이루기 위해 오랜 세월 동안 꾸준히 수행하신 것을 설한 것이다. 어떠한 꿈, 목적을 정해 놓으면 그냥 저절로 이루어지는 것은 없으며, 부단하게 노력하면서 역경과 고난을 참고 이겨내지 않으면 달성할 수 없다. 그런데 요즘 사람들은 기도, 염불, 참선을 조금 하고는 결과가 나타나지 않는다고 조급증을 가지고 중도에 그만 두는 경우가 허다하다. 하지만 법장비구는 본원을 이룩하여 중생을 구원하기 위해 생을 바꾸어 가면서 긴 세월 동안 수행 정진하여 정토를 건립하고 성불하신 것이다.

마범魔梵: 마魔란 욕계 제6천왕이고, 범梵은 색계의 범천이다.

팔부八部: 불법을 옹호하는 8종류의 신을 말한다. 즉 하늘, 용, 야차, 건달바, 아수라, 가루라, 긴나라, 마후라가.

회곽恢廓: 회恢는 크다는 의미고, 곽廓은 허공처럼 넓다는 의미다.

不生欲覺瞋覺害覺 不起欲想瞋想害想 不著色聲香味
불생욕각진각해각 불기욕상진상해상 불착색성향미

觸法 忍力成就 不計衆苦 少欲知足 無染恚癡 三昧常
촉법 인력성취 불계중고 소욕지족 무염에치 삼매상

寂 智慧無礙 無有虛僞諂曲之心 和顏愛語 先意承問
적 지혜무애 무유허위첨곡지심 화안애어 선의승문

勇猛精進 志願無倦 專求淸白之法 以惠利群生 恭敬
용맹정진 지원무권 전구청백지법 이혜리군생 공경

三寶 奉事師長 以大莊嚴 具足衆行 令諸衆生功德成
삼보 봉사사장 이대장엄 구족중행 영제중생공덕성

就 住空無相無願之法 無作無起 觀法如化 遠離麤言
취 주공무상무원지법 무작무기 관법여화 원리추언

自害害彼 彼此俱害 修習善語自利利人 人我兼利 棄
자해해피 피차구해 수습선어자리이인 인아겸리 기

國捐王 絕去財色 自行六波羅蜜 教人令行 無央數劫
국연왕 절거재색 자행육바라밀 교인령행 무앙수겁

積功累德
적공루덕

"탐욕과 성냄과 남을 해치려는 생각은 하지 않으셨고 또 이러한 생각은 품지도 않으셨으며, 감각의 대상인 모양, 소리, 향기, 맛, 촉감, 분별하는 생각에 집착하지 않으셨고, 참는 힘을 성취해서 어떠한 큰 괴로움일지라도 잘 견디어 내셨으며, 욕심이 적고 만족할 줄 알아 탐욕과 성냄과 어리석음이 없이 항상 삼매에 들어 고요하셨으며 지혜는 어디에도 걸림이 없으셨다.

그리고 마음에는 거짓과 아첨이라는 것은 조금도 없고, 언제나 온화한 모습과 인자한 말씀으로 미리 법을 설하여 주셨다. 또 용맹하게 정진하여 뜻을 이루는 데 게을리 하지 않으셨고, 맑고 높은 진리를 구해서 중생에게 은혜를 베푸셨다.

불, 법, 승 삼보를 공경하고 스승과 어른을 받들어 섬겼으며, 큰 장엄으로 여러 가지 행을 구족하여 모든 중생들로 하여금 공덕을 성취하게 하셨다. 공空, 무상無常, 무원無願의 법에 머물러 모든 현상은 본래 만들어진 것도 아니고 일어난 것도 아니며 허깨비처럼 변화해서 생긴 것임을 관하셨다.

그리고 자기도 해롭고 남도 해롭게 해 서로가 피해를 입는 나쁜 말은 멀리하시고, 자기도 이롭고 남도 이로워 서로에게 이익이 되는 좋은 말을 하려고 노력하셨다. 나라를 버리고, 왕위를 버리고, 재물과 처자의 인연을 끊고, 스스로 육바라밀을 닦으셨으며, 그것을 다른 사람에게 가르쳐 수행하도록 하셨으니 그는 한량없는 세월 동안 공덕을 쌓으셨느니라."

【해설】

이 단원은 법장비구가 수행할 때 어떤 마음 자세로 했는가를 자세히 설하신 것이다. 우리에게 좋은 교훈이 될 것 같아 이것을 좀 쉽게 풀이하면 다음과 같다.

법장비구는 재물을 탐하는(欲覺) 일도 하지 않으셨고 남에게 성내고 미워하는(瞋覺) 일도 하지 않았으며, 다른 사람에게 피해를 주는 일(害覺)도 하지 않으셨고, 더욱이 이러한 마음을 일으키는 일도 없었으며, 우리가 가지고 있는 감각기관으로 객관의 대상인 일체 모든 것(色聲香味觸法)에 집착하지 않고 능히 참아 견디어 어떠한 고통을 만나도 마음이 동요하지 않고 욕심 없이 만족할 줄 알아 탐욕, 성냄, 어리석음 등의 번뇌의 그림자까지도 그치고, 항상 선정삼매에 들어 고요해서 아무 데도 걸림이 없는 지혜를 얻으셨다. 또 허위 거짓의 마음이나 삐뚤어져 아첨하는 마음이 조금도 없고 온화한 얼굴과 자비가 넘치는 말로 사람들의 마음속을 헤아리고, 구하지 못해 괴로워하는 사람을 미리 알아(先意承間) 법을 설해 주셔서 기쁘게 하셨다.

그리고 뜻하는 서원을 이루기 위해서 정진 노력하는 데 조금도 게으름을 피우는 일 없이 열심히 노력해 청정한 선법을 서원해 구하셨다. 어느 때는 모든 사람들(群生)에게 진실의 이익을 베풀고, 불, 법, 승 삼보를 존경하고, 스승과 어른(師長)을 섬기고, 복덕과 지혜의 두 가지 행(大莊嚴)으로 여러 가지를 닦는 데 힘쓰고 많은 사람에게 이익이 되는 공덕을 주셨다. 또한 일체의 것은 공空이고 무상無相이고 무원無願이라는 세 공문을 깨달아 일체법은 과果로써 구해야 할 것이 없고(無作), 인因으로서 일어날 것이 없고(無起), 모두 꿈이나 환상 같음을 깨달아 악한 말과 속된 말로 자기를 훼손하고 다른 사람에게 피해를 주어 모두에게 해를 입힐 수 있는 거짓말을 한 적이 없으셨고, 착한 말을 해서 자신도 이롭고 다른 사람도 이익을 주는, 모두에게 이롭고 온화한 말을 하셨다.

그래서 법장비구는 나라를 버리고 왕위를 버리고, 재산과 처자를 버리고, 자신은 보살의 육바라밀행을 닦고, 다른 사람들에게 가르쳐 수행을 하게 하셨다. 한없는 긴 세월 동안 수행을 쌓고 많은 선근공덕을 쌓아 올리셨다.

이러한 법장비구의 위대하고 철저한 수행 이야기는 우리 불자들에게 깊은 감동을 주어, 법장비구가 끝내 실현한 부처님인 아미타불과 그분이 건립한 극락정토에 대한 신심을 더욱 깊게 해준다.

욕각欲覺: 물건을 탐하는 것.

진각瞋覺: 남에게 화내고 미워하는 것.

해각害覺: 다른 사람에게 피해를 주려고 생각하는 것. 이 욕각·진각·해각을 삼각三覺 또는 삼불선각三不善覺이라 한다. 여기서 각覺은 생각을 일으키는 작용을 말한다.

욕상欲想, 진상瞋想, 해상害想: 욕각·진각·해각을 일으키는 원인이 되는 마음.

추언麤言: 입으로 짓는 네 가지 악으로 양설兩舌, 악구惡口, 망어妄語, 기어綺語 등을 말한다.

제4절 법장비구가 얻은 결과

隨其生處 在意所欲 無量寶藏 自然發應 教化安立無
수기생처 재의소욕 무량보장 자연발응 교화안립무

數衆生 住於無上正眞之道 或爲長者居士豪姓尊貴 或
수중생 주어무상정진지도 혹위장자거사호성존귀 혹

爲刹利國君轉輪聖帝 或爲六欲天主乃至梵王 常以四
위찰리국군전륜성제 혹위육욕천주내지범왕 상이사

事 供養恭敬一切諸佛 如是功德 不可稱說 口氣香潔
사 공양공경일체제불 여시공덕 불가칭설 구기향결

如優盋羅華 身諸毛孔出栴檀香 其香普熏無量世界
여우발라화 신제모공출전단향 기향보훈무량세계

容色端正相好殊妙 其手常出無盡之寶 衣服飲食珍妙
용색단정상호수묘 기수상출무진지보 의복음식진묘

華香 繒蓋幢旛 莊嚴之具 如是等事 超諸天人 於一切
화향 증개당번 장엄지구 여시등사 초제천인 어일체

法而得自在
법이득자재

"그(법장비구)가 태어나는 곳에는 생각하는 대로 헤아릴 수 없는 법문이 저절로 우러나와 무수한 중생을 교화하여 편안하게 하고 위없이 바른 진리의 도에 머물게 하셨다.

그는 때로는 장자, 거사, 바라문, 재상이 되기도 하고, 혹은 국왕, 전륜성왕, 육욕천왕으로부터 범천왕에 이르기까지 마음대로 태어나서 항상 사사四事로써 모든 부처님께 공양하고 공경하셨나니, 이러한 공덕은 가히 헤아릴 수 없다.

그의 입에서 나는 향기는 청결함이 우담발화와 같고 몸의 모든 털구멍에서는 전단향의 향기를 내어 그 향기가 널리 한량없는 세계에 퍼졌다. 그 모습은 단정하고 상호는 뛰어나고 묘하며, 그의 손에서는 항상 무량한 보배와 음식, 진귀하고 아름다운 꽃과 향기, 일산, 깃발의 장식품들이 나왔다.

이러한 것들은 모든 천인들보다 뛰어나고 훌륭하셨다. 그는 모든 법에 있어서 자유자재함을 얻으셨느니라."

【해설】

이 단원은 법장비구가 긴 세월 동안 수행하여 얻은 좋은 과보를 설한 것이다. 이 내용 가운데 의소욕意所欲이란 마음이 원하는 바를 자유자재로 얻게 되는 것으로 수행을 잘하면 모든 것이 뜻대로 이루어진다는 것이고, 발응發應은 생각에 따라 나오는 것으로 의소욕과 같은 내용이다.

이 세상에서 재산, 명예, 권력, 건강 등 여러 가지를 구하려고 해도 얻지 못하는 경우가 있으니, 그 얻지 못하는 고통이 얼마나 많은가! 불자가 부처님 말씀에 굳은 신념을 갖고 잘 실천하면 생각하는 대로 이루어질 것이며, 안립安立할 수 있을 것이다. 안립이란 안심입명安心立命의 줄임말인데, 마음의 편안함을 체득하여 생사를 초월한 상태로 모든 객관의 대상에 흔들림이 없을 뿐만 아니라 주관인 마음속의 모든 번뇌가 사라져 주관과 객관을 초월한 경지에 안주한 것을 말한다.

호성豪姓: 바라문 족.

존귀尊貴: 정치를 하는 재상.

전륜성제轉輪聖帝: 수미산의 사대주四大洲를 통치하는 왕.

제2장 아미타불과 극락세계

제1절 정보正報 장엄

제1항 십 겁 전의 성불

阿難白佛 法藏菩薩 爲已成佛而取滅度 爲未成佛 爲
아난백불 법장보살 위이성불이취멸도 위미성불 위

今現在 佛告阿難 法藏菩薩 今已成佛 現在西方 去此
금현재 불고아난 법장보살 금이성불 현재서방 거차

十萬億刹 其佛世界 名曰安樂 阿難又問 其佛成道已
십만억찰 기불세계 명왈안락 아난우문 기불성도이

來 爲經幾時 佛言 成佛已來 凡歷十劫 其佛國土 自
래 위경기시 불언 성불이래 범력십겁 기불국토 자

然七寶 金銀瑠璃珊瑚琥珀硨磲碼碯 合成爲地 恢廓
연칠보 금은유리산호호박자거마노 합성위지 회곽

曠蕩不可限極 悉相雜廁 轉相入間 光赫焜耀 微妙奇
광탕불가한극 실상잡측 전상입간 광혁혼요 미묘기

麗 清淨莊嚴 超踰十方一切世界 衆寶中精 其寶猶如
려 청정장엄 초유시방일체세계 중보중정 기보유여

第六天寶 又其國土 無須彌山及金剛鐵圍 一切諸山
제육천보 우기국토 무수미산급금강철위 일체제산

亦無大海小海谿渠井谷 佛神力故 欲見則現 亦無地
역무대해소해계거정곡 불신력고 욕견즉현 역무지

獄餓鬼畜生諸難之趣 亦無四時春秋冬夏 不寒不熱 常
옥아귀축생제난지취 역무사시춘추동하 불한불열 상

和調適
화조적

아난이 부처님께 여쭈었다.

"법장보살은 이미 성불하여 열반하셨습니까? 아직도 성불하지 못했습니까? 지금 현재 계십니까?"

부처님이 아난에게 말씀하셨다.

"법장보살은 이미 성불하여 현재 서방에 계시는데, 그 세계는 여기서 십만억 국토를 지난 곳에 있고, 이름은 안락이라 한다."

아난이 또 여쭈었다.

"그 부처님이 성불하신 지는 얼마나 됩니까?"

부처님께서 말씀하셨다.

"성불한 이래 대략 열 겁이 지났느니라. 그 부처님의 국토는 자연의 칠보인 금, 은, 유리, 산호, 호박, 자거, 마노 등으로 땅이 이루어졌고 그 넓이는 광대하여 끝이 없으며, 그 칠보는 서로 섞이어서 눈부시게 빛나 아름답고 화려하며 청정하게 장엄된 것이 시방의 모든 세계보다도 빼어난 것이다. 그 보석은 모든 보배 중에서 가장 아름답고 제육천(타화자재천)의 보배와 같고, 또 그 국토에는 수미산 및 금강철위산 등 일체 모든 산이 없으며, 큰 바다, 작은 바다, 시내, 골짜기, 우물 등이 없지만 부처님의 신통력으로 보고자 하면 즉시 나타나느니라. 또한 지옥, 아귀, 축생 등의 괴로운 경계도 없으며, 봄, 여름, 가을, 겨울 등 사시사철이 없어 춥지도 않고 덥지도 않아 온화하고 상쾌하니라."

【해설】

이 단원은 법장보살이 수행하여 48원을 성취해서 아미타불이 되신 것과 정토의 장엄을 설한 것이다. 그 중에서 처음으로 아미타 부처님이 만드셨던 극락세계의 위치와 성불의 시기와 극락세계의 장엄된 모습을 설해 보이셨다. 이 단원에서부터 아미타불과 극락세계에 거주하는 성중들의 장엄된 모습과 극락세계의 장엄을 설하시는데, 이 장엄은 무슨 의미이며 어떤 본질을 갖고 있고, 무슨 역할을 하는지에 대해 앞 48원 가운데 제31 국토청정원과 제32 국토엄식원에 조금 언급했지만 이것은 중요하기 때문에 다시 한 번 살펴보겠다. 첫째로 장엄의 의미는 산스크리트로 브유하vyūha라 하여 엄식포열嚴飾布列한다는 것이고, 또 알람카라ālamkāra라 하여 부처님의 지혜 작용에 의해 부처님 몸과 불국토가 장엄된 것을 말하며, 둘째로 장엄의 본질이란 장엄의 단어 속에는 더러움이 없다는 무구(無垢, a-mala. malavisuddhi)의 의미가 내재되어 있듯이 본질은 청정하다는 의미다. 그래서 천친보살은 『왕생론』 '성공덕性功德 장엄'에서 "청정을 본질로 한다"고 하였다. 셋째로 청정을 본질로 한 장엄은 무슨 역할을 하는지 생각해보면, 나쁜 업에 의해 혼탁해진 중생을 부처님이나 보살처럼 청정하게 만드는 것이다. 왜냐하면 불교의 이상적인 목표는 염오染汚에서 염오되지 않는 불염오不染汚, 즉 청정(淸淨, śuddhaḥ)으로 전환하는 것이기 때문이다. 그래서 극락세계의 청정하게 장엄된 것을 보는 사람이나 듣는 사람들은 마땅히 청정하게 되는 것이다.

이 장엄을 정보장엄과 의보장엄으로 크게 둘로 나눌 수 있다. 이를 천친보살은 정보장엄을 부처님장엄 8가지와 보살장엄 4가지 등 총 12가지로 분류하고, 의보장엄을 17가지로 하여 총 29가지 장엄으로 분류하였다.(자세한 것은 필자의 『왕생론주 강설』을 참조하기 바란다.)

다음으로 아미타불께서는 과거불인가, 현재불인가, 미래불인가에 대해 이 단원에서는 현재불이라고 분명히 밝히고 있다. 대승경전 가운데 연등불은 과거불, 미륵불은 미래불, 아미타불은 현재불의 대표자로 되어 있는데 이는 중요하다. 왜냐하면 아미타불을 과거불로 하면 우리가 극락세계에 왕생해도 아미타불의 설법을 들을 수 없을 것이고, 미래불로 하면 아직 성불하지 못했기 때문에 부처님의 설법이 있을 수 없고, 48원에 의한 극락이라는 공간이 있을 수 없어 왕생할 곳이 없기 때문이다. 다행히 법장보살은 십 겁 전에 성불하여 아미타불이 되었고, 극락세계라는 공간을 건설하였기에 우리가 여기에 왕생할 수 있고, 현재 상주하면서 설법하고 계시기에 우리가 염불하여 극락세계에 왕생하면 설법을 듣고 무생법인을 증득할 수 있는 것이다. 아미타불의 명호가 무량수인 것처럼 과거로부터 영원성이 있을 뿐만 아니라 미래로 향한 영원성이 있어 아미타불께서는 항상 영원한 현재로 중생들을 구원하고 계신다고 보아야 할 것이다.

여기서 이야기한 십 겁 전의 성불에 대해 많은 이론이 있지만 간단히 살펴보자. 십은 8, 9, 10이라는 숫자의 개념보다는 '가득 차다', '원만하다'는 의미로 볼 수 있다. 그래서 아미타불께서 성불하신 때는 영원에 가까운 긴 세월이지만 지금 방편으로 줄여서 십겁이라고 경에서 밝힌 것이 아닌가 생각한다. 이를 다른 면에서 보면, 아미타불을 구원久遠, 즉 무시無始의 때에 성불한 부처님으로 보면 법성법신法性法身이며, 십 겁 전에 성불한 부처님으로 보면 방편법신方便法身으로 볼 수 있다. 이는 무색무형無色無形의 법신불이 무상無相으로 상相을 나타내고, 무명無名으로 이름을 나타내 보이고, 인과를 나타낸 것이 이 경에서의 십겁정각 방편법신의 아미타불이다. 즉 구원의 고불古佛인 법성법신의 아미타불께서 십 겁 전에 다시 등정각을 이룬 보신報身의 아미타불이 되는 것이다.

이 단원에서 극락세계의 위치를 서쪽의 '십만억찰十萬億刹'을 지난 곳에 있다고 했는데 뒤에 나오는 『아미타경』에서는 '십만억불토十萬億佛土'로 되어 조금 다르게 표현했지만 이 경에서 말한 '십만억 국토'란 『아미타경』에서 말한 '십만억 불국토'를 말한다. 한 불국토는 한 부처님이 교화하는 삼천대천세계三千大天世界이다. 불교에서는 중앙에 수미산須彌山이 있고, 이 수미산을 중심으로 동서남북에 네 개의 대륙이 있어 같은 태양과 달이 비추고, 원형의 철로 된 산인 철위산鐵圍山이 이를 둘러싸 이것이 한 세계를 이룬다. 이러한 세계 천 개가 한 소천세계小天世界를 이루고, 천 개의 소천세계가 한 중천세계中天世界를 이루며, 이 천 개의 중천세계가 한 대천세계大千世界를 이루는 것을 삼천대천세계라 한다. 서쪽으로 이러한 십만억 불국토를 지나 극락세계가 있다는 것이다. 실상정토實相淨土나 유심정토唯心淨土의 입장에서 보면 이 마음 그대로가 정토이기 때문에 정토가 멀리 있지 않지만, 미혹과 집착에 얽매여 끊임없이 생사를 윤회하면서 하나의 공간에 있으면서 자기와 남, 내 것과 남의 것 등 분별하는 의식을 가지고 있는 사람들에게는 실체로서 십만억 불국토를 지나 극락세계가 실재한다. 이 문제에 대해 스승과 제자의 문답 비유를 통해 살펴보면 다음과 같이 말할 수 있다.

제자: 스님, 정토가 실재합니까?

스승: 이 세계가 실재하느냐?

제자: 물론 실재합니다, 스님.

스승: 만약 이 세계가 실재한다면, 정토는 더욱더 실재한다.

십만억찰十萬億刹: 찰刹은 국토를 말한다. 십만억은 사바세계와 정토세계에 십만억의 간격이 있는 것.

안락安樂: Sukhāvati의 번역. 즐거움이 있는 행복의 세계, 곧 극락을 말한다.

제육천第六天: 타화자재천을 말한다.

수미산須彌山: 산스크리트 Sumeru의 음역으로, 한 세계의 중앙에 있고 팔산팔해八山八海가 이것을 돈다고 하며, 높이는 팔만 유순이고 사생육도四生六道가 이에 의지하고 있다고 한다.

금강철위金剛鐵圍: 산스크리트로는 Cakra-Vāle로, 수미산을 돌고 팔산팔해 가운데 제일 바깥쪽에 있다.

爾時阿難 白佛言 世尊 若彼國土無須彌山 其四天王
이시아난 백불언 세존 약피국토무수미산 기사천왕

及忉利天 依何而住 佛語阿難 第三焰天 乃至色究竟
급도리천 의하이주 불어아난 제삼염천 내지색구경

天 皆依何住 阿難白佛 行業果報 不可思議 佛語阿難
천 개의하주 아난백불 행업과보 불가사의 불어아난

行業果報 不可思議 諸佛世界 亦不可思議 其諸衆生
행업과보 불가사의 제불세계 역불가사의 기제중생

功德善力 住行業之地 故能爾耳 阿難白佛 我不疑此
공덕선력 주행업지지 고능이이 아난백불 아불의차

法 但爲將來衆生 欲除其疑惑 故問斯義
법 단위장래중생 욕제기의혹 고문사의

그때 아난이 부처님께 여쭙기를,

"세존이시여 만약 저 국토에 수미산이 없으면 그 사천왕과 도리천왕은 어디에 의지하여 머무를 수 있습니까?"

부처님께서 아난에게 말씀하시기를,

"제3야마천으로부터 색구경천까지 모두 어디에 의지하여 머물렀는가?"

아난이 부처님께 사뢰었다.

"지은 업력의 불가사의한 과보에 의해서입니다."

부처님께서 아난에게 말씀하셨다.

"지은 업력의 불가사의한 과보에 의해 머물 수 있다면, 모든 부처님 세계도 또한 불가사의한 힘에 의해 머물며, 거기에 있는 중생들도 자기가 지은 선근공덕의 힘에 의해 그곳에 머물러 산다. 그러기 때문에 능히 그것이 가능하니라."

아난이 부처님께 사뢰었다.

"저는 이 법을 의심하지 않습니다. 다만 미래의 중생들을 위하여 그들의 의혹을 풀어 주고자 하기에 일부러 이 뜻을 여쭈어 보았을 뿐입니다."

【해설】

이 단원은 아난존자가 "사천왕과 도리천은 수미산에 의지하여 있는데 극락세계에 수미산이 없다고 한다면 무엇에 의지해 머물 수 있을까?" 하고 의심하여 석가모니 부처님께 물으니, "허공이 헤아릴 수 없는 업력에 의해 머물 수 있듯이 모든 부처님의 세계도 또한 마찬가지로 불가사의한 공덕에 의해 머물고, 극락세계도 아미타불의 불가사의한 공덕에 의해 머물며, 여기에 왕생한 사람들도 자기의 선근공덕의 힘에 의해 그곳에 살기 때문에 수미산과 같은 산들이 없더라도 아무런 불편이 없다"고 하신 것이다.

허공의 무수한 별들은 제각기 허공 가운데 머물면서 공전과 자전을 한다. 그렇기 때문에 어느 산이 있어 그 주위를 돌아야 하는 것은 아니고 각기 자기 힘에 의해 허공에 머물러 있듯이, 극락세계는 아미타 부처님의 본원력에 의해 머물러 있다고 하신 것이다.

사천왕四天王: 동서남북 사방에서 불법을 지키는 네 수호신. 수미산의 중턱에 있는 사왕천四王天의 주신主神으로 동의 지국천왕持國天王, 서의 광목천왕廣目天王, 남의 증장천왕增長天王, 북의 다문천왕多聞天王을 말한다.

도리천忉利天: 33천이라 하는데, 수미산 정상에 있다.

제삼염천第三燄天: 야마천으로 수미산 위쪽에 있다.

색구경천色究竟天: 색계 사선천의 제일 위에 있는 하늘이다.

제2항 무량한 광명

佛告阿難　無量壽佛威神光明　最尊第一　諸佛光明所
불 고 아 난　무 량 수 불 위 신 광 명　최 존 제 일　제 불 광 명 소

不能及　或有佛光照百佛世界　或千佛世界　取要言之
불 능 급　혹 유 불 광 조 백 불 세 계　혹 천 불 세 계　취 요 언 지

乃照東方恒沙佛刹　南西北方四維上下亦復如是　或有
내 조 동 방 항 사 불 찰　남 서 북 방 사 유 상 하 역 부 여 시　혹 유

佛光照于七尺　或照一由旬二三四五由旬　如是轉倍　乃
불 광 조 우 칠 척　혹 조 일 유 순 이 삼 사 오 유 순　여 시 전 배　내

至照一佛刹　是故無量壽佛　號無量光佛　無邊光佛　無
지 조 일 불 찰　시 고 무 량 수 불　호 무 량 광 불　무 변 광 불　무

礙光佛　無對光佛　燄王光佛　清淨光佛　歡喜光佛　智慧
애 광 불　무 대 광 불　염 왕 광 불　청 정 광 불　환 희 광 불　지 혜

光佛　不斷光佛　難思光佛　無稱光佛　超日月光佛　其有
광 불　부 단 광 불　난 사 광 불　무 칭 광 불　초 일 월 광 불　기 유

衆生遇斯光者　三垢消滅　身意柔軟　歡喜踊躍　善心生
중 생 우 사 광 자　삼 구 소 멸　신 의 유 연　환 희 용 약　선 심 생

焉 若在三塗勤苦之處 見此光明 皆得休息 無復苦惱
언 약재삼도근고지처 견차광명 개득휴식 무부고뇌

壽終之後 皆蒙解脫
수종지후 개몽해탈

부처님께서 아난에게 말씀하셨다.

"무량수불의 위신력과 광명은 가장 높고 뛰어나서 모든 부처님의 광명이 능히 미치지 못하며, 또한 아미타불 부처님의 광명은 백천 부처님의 세계를 비추신다. 중요한 것을 취해 말하면, 곧 동쪽으로 한량없는 부처님 국토를 비추고 남쪽, 서쪽, 북쪽, 위, 아래도 이와 같으니라. 혹은 부처님의 광명이 일곱 자를 비추고, 혹은 일 유순, 이, 삼, 사, 오 유순을 비추는데 이와 같이 점점 더해서 한 부처님 세계를 비추시느니라. 그렇게 때문에 무량수불을 무량광불, 무변광불, 무애광불, 무대광불, 염왕광불, 청정광불, 환희광불, 지혜광불, 부단광불, 난사광불, 무칭광불, 초일월광불이라고 찬탄하느니라. 그런데 중생이 있어 이 광명을 만난 사람은 세 가지 때(번뇌)가 소멸되고 몸과 마음이 부드럽고 상냥하며 기쁨이 넘치고 착한 마음이 우러난다. 만약 삼도의 고통 속에서 이 광명을 보면 모두 휴식을 얻어 괴로워하지 않고 목숨이 마친 뒤에 모두 해탈을 얻느니라."

【해설】

이 단원부터는 정보장엄을 무량한 광명과 수명, 그리고 무수한 성문과 보살들을 들어 설하신 것으로 먼저 한량없는 광명으로 모든 사람을 제도하시는 것을 말씀한 것이다.

48원 가운데 제12 광명무량원에서 서원하듯이 어느 부처님의 광명은 백불세계百佛世界만 비추고, 어느 부처님은 한 국토밖에 비추지 못한 단점이 있다. 그러나 아미타불의 광명은 시방세계에서 염불하는 사람들을 구하기 위하여 한없는 광명을 가지고 수없이 많은 나라들을 비추도록 하고 싶은 원에 의해 성취된 것이기 때문에 모든 부처님 광명 가운데 으뜸이라는 것이다. 그래서 다음과 같이 12광불로 설하였다

첫째 무량광불無量光佛이란 아미타불의 광명은 시방세계를 두루 비추는 것이 허공에 가득하여 광명의 위아래를 숫자로 계산할 수 없을 정도로 광대하다는 의미이고, 둘째 무변광불無邊光佛이란 아미타불의 광명은 인연 있는 중생을 구해서 이익케 하고 능히 시방세계를 비춤이 끝이 없어 광명의 넓이를 수량으로 계산할 수 없다는 의미이며, 셋째 무애광불無碍光佛이란 아미타불의 광명은 시방세계를 두루 비추는데 그 어떤 것도 가로막을 수 없다는 뜻이다. 넷째 무대광불無對光佛이란 아미타불의 광명이 모든 부처님이나 보살들의 광명과는 비교할 수 없을 정도로 가장 뛰어나 비교할 수 없다는 뜻이고, 다섯째 염왕광불燄王光佛

이란 아미타불의 광명은 불꽃처럼 활발하다는 의미이며, 여섯째 청정광불淸淨光佛이란 아미타불의 광명은 탐함이 없는 선근에서 생겨 모든 더러움을 여읜 깨끗한 것으로 중생들의 탐욕의 때를 벗기어 청정한 국토에 태어나게 하는 힘이 있다는 뜻이며, 일곱째 환희광불歡喜光佛이란 아미타불의 광명은 성냄이 없는 선근에서 생기는 광명으로 중생들의 성내는 마음을 소멸해 안락을 주어 법의 기쁨을 얻게 한다는 뜻이다. 여덟째 지혜광불智慧光佛이란 아미타불의 광명은 어리석음이 없는 선근에서 생기는 광명으로 중생들의 무명과 무지를 파해서 지혜를 얻게 한다는 의미이고, 아홉째 부단광불不斷光佛이란 아미타불의 광명은 항상 과거, 현재, 미래에 걸쳐 비추어 이익을 베푸는 것이 끊임없다는 의미이며, 열째 난사광불難思光佛이란 아미타불의 광명의 공덕을 성문이나 연각, 보살의 지혜로 헤아릴 수 없다는 의미이다. 열한째 무칭광불無稱光佛이란 아미타불의 광명은 색상을 여의고 형상을 끊어 성문이나 연각, 그리고 보살의 언어로는 다 표현할 수 없다는 뜻이고, 열두째 초일월광불超日月光佛이란 아미타불의 광명은 밤낮을 가리지 않고 항상 시방세계를 비추고, 또 몸과 마음을 비추는 것이 해와 달의 빛을 초월하여 한량없다는 것 등은 광명에 여러 가지 힘이 있기 때문에 이러한 명호를 붙인 것으로 보인다.

항사恒沙: 항하(갠지스 강)의 모래라는 뜻으로, 한량이 없는 것을 말한다.

사유四維: 남동, 동서, 북서, 북동

無量壽佛光明顯赫 照耀十方諸佛國土 莫不聞焉 不
무량수불광명현혁 조요시방제불국토 막불문언 부

但我今稱其光明 一切諸佛聲聞緣覺 諸菩薩衆咸共歎
단아금칭기광명 일체제불성문연각 제보살중함공탄

譽 亦復如是 若有衆生 聞其光明威神功德 日夜稱說
예 역부여시 약유중생 문기광명위신공덕 일야칭설

至心不斷 隨意所願 得生其國 爲諸菩薩聲聞大衆 所
지심부단 수의소원 득생기국 위제보살성문대중 소

共歎譽稱其功德 至其然後 得佛道時 普爲十方諸佛
공탄예칭기공덕 지기연후 득불도시 보위시방제불

菩薩 歎其光明 亦如今也 佛言 我說無量壽佛光明威
보살 탄기광명 역여금야 불언 아설무량수불광명위

神巍巍殊妙 晝夜一劫 尚未能盡
신외외수묘 주야일겁 상미능진

"무량수불의 광명은 찬란하여 시방세계를 비추고 그 명성이 모든 부처님의 국토에 들리지 않는 곳이 없다. 다만 나만이 그 광명을 찬탄한 것이 아니고 일체 모든 부처님, 성문, 연각, 모든 보살들이 다함께 한결같이 찬탄하느니라. 만약 중생이 그 광명의 위신력과 공덕을 듣고 밤낮으로 찬탄하는 데 지극한 마음이 끊어지지 않으면 원하는 뜻에 따라서 그 국토에 태어나게 되며, 모든 보살과 성문 대중들이 그를 위하여 찬탄하고 그 공덕을 칭찬할 것이며, 그런 후 장차 불도를 얻을 때에는 널리 시방세계의 모든 부처님과 보살들이 지금과 같이 그 광명을 찬탄할 것이다."

또 부처님께서 말씀하시기를,

"내가 무량수불의 광명과 위신력이 위대하고 미묘함을 밤낮으로 일 겁 동안 설해도 오히려 다할 수가 없느니라."

【해설】

이 단원은 시방세계의 모든 부처님이나 성문이나 연각이나 여러 보살들도 석가모니 부처님처럼 모두 아미타불과 서방정토를 찬탄하고 있다고 하며, 후세 어떤 사람이 아미타불의 광명에 공덕과 신통력이 있다는 것을 듣고 진실한 신심을 일으켜 석가모니 부처님처럼 밤낮으로 찬탄하고 염불하면 그 사람은 원하는 대로 서방의 안락국에 왕생할 수 있다고 하였다. 그러므로 아미타불의 광명을 찬탄해야 하고 아미타불 명호를 부르고 염하는 수행을 해야 한다.

칭설稱說: 찬탄하고 부처님 명호를 외우는 것.

제3항 무량한 수명

佛語阿難 無量壽佛壽命長久不可稱計 汝寧知乎 假
불어아난 무량수불수명장구불가칭계 여녕지호 가

使十方世界無量衆生 皆得人身 悉令成就聲聞緣覺 都
사시방세계무량중생 개득인신 실령성취성문연각 도

共集會 禪思一心 竭其智力 於百千萬劫 悉共推算 計
공집회 선사일심 갈기지력 어백천만겁 실공추산 계

其壽命長遠劫數 不能窮盡知其限極 聲聞菩薩天人之
기수명장원겁수 불능궁진지기한극 성문보살천인지

衆壽命長短 亦復如是 非算數譬喻所能知也
중수명장단 역부여시 비산수비유소능지야

부처님께서 아난존자에게 말씀하시었다.

"무량수불의 수명은 길어서 가히 헤아릴 수가 없는데 네가 어찌 알겠는가? 가령 시방세계의 한량없는 중생들이 사람의 몸을 얻어 모두 성문, 연각을 이루어서 다함께 모여 고요한 마음으로 그들의 지혜를 모아 백천만겁 동안 그 수명을 계산하고 세어 보아도 그 한계를 다 알 수 없느니라. 또 그 세계의 성문, 보살, 천인들의 수명도 이와 같아서 계산이나 비유로도 능히 알 수가 없느니라."

【해설】

이 단원은 아미타불께서 무량한 수명을 가지고 계시는 것을 말씀하시고, 아울러 극락세계에 있는 성중들도 마찬가지로 무량한 수명이 있다는 것을 설한 것이다.

이는 48원 가운데 제13 수명무량원과 제15 권속장수원 등 두 가지를 성취한 것으로, 무량한 수명이란 생명이 끝이 없고 신체가 항상 건강하게 머물러 변하지 않는 것을 말한다. 가령 이 세상에서 수백 년의 장수를 누린다고 하더라도 세월의 흐름에 의해 늙고 쇠퇴하고 변화함을 피할 수 없지만 극락세계는 생로병사를 초월한 곳이기 때문에 항상 머물러 변하지 않는다.

이상으로 보듯이 무량광이란 공간적으로 한없는 시방세계를 비추고 여러 중생들을 이익케 하는 것을 표현한 것이고, 무량수란 시간적으로 한없이 영원히 중생을 구제하시는 것을 의미하는 것으로, 이 두 가지는 아미타불의 대표적인 덕상德相이다. 이 덕상은 사람들에게 아미타불의 광명과 수명, 곧 극락의 시간과 공간은 행복과 진리를 깨닫는 것을 충족시켜 주는 것임을 알 수 있다.

선사일심禪思一心: 생각을 고요히 하고 마음을 통일하는 것.

제4항 무수한 성문과 보살

又聲聞菩薩 其數難量 不可稱說 神智洞達 威力自在
우성문보살 기수난량 불가칭설 신지통달 위력자재

能於掌中 持一切世界 佛語阿難 彼佛初會聲聞衆數
능어장중 지일체세계 불어아난 피불초회성문중수

不可稱計 菩薩亦然 如今大目犍連 百千萬億無量無
불가칭계 보살역연 여금대목건련 백천만억무량무

數 於阿僧祇那由他劫 乃至滅度 悉共計挍 不能究了
수 어아승지나유타겁 내지멸도 실공계교 불능구료

多少之數 譬如大海深廣無量 假使有人 析其一毛 以
다소지수 비여대해심광무량 가사유인 석기일모 이

爲百分 以一分毛 沾取一渧 於意云何 其所渧者 於彼
위백분 이일분모 첨취일제 어의운하 기소제자 어피

大海 何所爲多 阿難白佛 彼所渧水比於大海 多少之
대해 하소위다 아난백불 피소제수비어대해 다소지

量 非巧歷算數言辭譬類所能知也 佛語阿難 如目連
량 비교력산수언사비류소능지야 불어아난 여목련

等 於百千萬億那由他劫 計彼初會聲聞菩薩 所知數
등 어백천만억나유타겁 계피초회성문보살 소지수

者 猶如一渧 其所不知 如大海水
자 유여일제 기소부지 여대해수

"또 성문과 보살의 수는 가히 헤아리기 어려워서 말로 할 수 없느니라. 신통과 지혜를 통달하여 그 위력이 자재하고 능히 손바닥 위에 일체 세계를 올려놓을 수 있느니라."

부처님께서 아난에게 말씀하셨다.

"저 부처님의 처음 법회 때 모인 성문들의 수는 가히 헤아릴 수 없었고 보살 또한 그러했으니, 지금 대목건련 같은 이들이 백천만억 무량무수가 있어 아승지 나유타겁 동안이나, 내지 목숨이 마칠 때까지 계속 헤아려도 많고 적은 수를 알 수가 없다. 비유하면 큰 바다가 깊고 넓어 한량이 없는데, 사람이 하나의 머리털을 백 개로 쪼개어서 그 하나의 터럭을 가지고 한 번 적시는 것과 같으니라. 너의 뜻은 어떠하냐. 그 적신 물과 저 큰 바다 중에 어느 것이 많으냐?"

아난이 부처님께 사뢰기를,

"저 적신 물을 큰 바다에 비교함에 많고 적음을 어찌 계산이나 말로써 비유하여 능히 알 수가 있겠습니까?"

부처님께서 아난에게 말씀하셨다.

"목련존자와 같은 이들이 백천만억 나유타 동안 저 처음 법회에 모인 성문, 연각을 헤아려서 아는 수는 오히려 한 방울의 물과 같고, 그 알지 못하는 것은 큰 바닷물과 같으니라."

【해설】

이 단원은 48원 가운데 제14 성문무수聲聞無數원을 성취한 것이다. 극락세계의 성문이나 보살 등 성현들이 무수히 많이 있는 것을 서술하고, 아울러 초전법륜의 성문들을 비유를 들어 설하신 것이다. 처음 '성문과 보살의 수를 헤아릴 수 없다고 하면서 신통과 지혜를 통달하여 그 위력이 자재하고 능히 손바닥 위에 일체 세계를 올려놓을 수 있느니라'고 한 의미는 '극락세계의 성현이 헤아릴 수 없이 많이 있는데 이 성현들은 신통과 지혜를 통달하여 신통력을 자유자재로 나타내는 덕을 갖추고 있기 때문에 자기의 손바닥을 보는 것처럼 모든 세계의 것을 명료하게 안다'는 의미다. 또 '저 부처님의 처음 법회'란 아미타불께서 성도하시어 최초로 법을 설하신 초전법륜을 말하며, 거기에 모인 성현들은 헤아릴 수 없이 많고, 보살 또한 많아 신통제일인 목련존자 같은 사람 백천만 명이 모여 목숨이 마칠 때까지 긴 시간 동안 헤아려도 알 수 없다고 하셨다.

신지통달神智洞達: 신통과 지혜를 통달한 것.

초회初會: 아미타불께서 성도해서 최초로 설법하실 때.

제2절 의보依報의 장엄

제1항 일곱 가지 보석으로 된 나무

又其國土 七寶諸樹 周滿世界 金樹 銀樹 瑠璃樹 玻
우기국토 칠보제수 주만세계 금수 은수 유리수 파

瓈樹 珊瑚樹 碼碯樹 硨磲樹 或有二寶三寶乃至七寶
려수 산호수 마노수 자거수 혹유이보삼보내지칠보

轉共合成 或有金樹銀葉華果 或有銀樹金葉華果 或
전공합성 혹유금수은엽화과 혹유은수금엽화과 혹

瑠璃樹 玻瓈爲葉 華果亦然 或水精樹 瑠璃爲葉 華果
유리수 파려위엽 화과역연 혹수정수 유리위엽 화과

亦然 或珊瑚樹 碼碯爲葉 華果亦然 或碼碯樹 瑠璃爲
역연 혹산호수 마노위엽 화과역연 혹마노수 유리위

葉 華果亦然 或硨磲樹 衆寶爲葉 華果亦然 或有寶樹
엽 화과역연 혹자거수 중보위엽 화과역연 혹유보수

紫金爲本 白銀爲莖 瑠璃爲枝 水精爲條 珊瑚爲葉 碼
자금위본 백은위경 유리위지 수정위조 산호위엽 마

碯爲華 硨磲爲實 或有寶樹 白銀爲本 瑠璃爲莖 水精
노위화 자거위실 혹유보수 백은위본 유리위경 수정

爲枝 珊瑚爲條 碼碯爲葉 硨磲爲華 紫金爲實 或有寶
위지 산호위조 마노위엽 자거위화 자금위실 혹유보

樹 瑠璃爲本 水精爲莖 珊瑚爲枝 碼碯爲條 硨磲爲葉
수 유리위본 수정위경 산호위지 마노위조 자거위엽

紫金爲華 白銀爲實 或有寶樹 水精爲本 珊瑚爲莖 碼
자금위화 백은위실 혹유보수 수정위본 산호위경 마

碯爲枝 硨磲爲條 紫金爲葉 白銀爲華 瑠璃爲實 或有
노위지 자거위조 자금위엽 백은위화 유리위실 혹유

寶樹 珊瑚爲本 碼碯爲莖 硨磲爲枝 紫金爲條 白銀爲
보수 산호위본 마노위경 자거위지 자금위조 백은위

葉 瑠璃爲華 水精爲實 或有寶樹 碼碯爲本 硨磲爲莖
엽 유리위화 수정위실 혹유보수 마노위본 자거위경

紫金爲枝 白銀爲條 瑠璃爲葉 水精爲華 珊瑚爲實 或
자금위지 백은위조 유리위엽 수정위화 산호위실 혹

有寶樹 硨磲爲本 紫金爲莖 白銀爲枝 瑠璃爲條 水精
유보수 자거위본 자금위경 백은위지 유리위조 수정

爲葉 珊瑚爲華 碼碯爲實 行行相值 莖莖相望 枝枝相
위엽 산호위화 마노위실 행행상치 경경상망 지지상

準 葉葉相向 華華相順 實實相當 榮色光耀 不可勝視
준 엽엽상향 화화상순 실실상당 영색광요 불가승시

清風時發 出五音聲 微妙宮商 自然相和
청풍시발 출오음성 미묘궁상 자연상화

"또 그 국토에는 칠보로 된 여러 가지 나무가 세계에 두루 가득하여 금으로 된 나무, 은으로 된 나무, 유리나무, 파려나무, 산호나무, 마노나무, 자거나무들이 있는데 혹은 두 가지 보배, 세 가지 보배, 내지 일곱 가지 보배로 합하여 이루어졌느니라.

혹은 금나무에 은으로 된 잎, 꽃, 열매가 있고, 혹은 은나무에 금으로 된 잎, 꽃, 열매가 있으며, 혹은 유리나무에 파려의 잎, 꽃, 열매가 있고, 혹은 수정나무에 유리의 잎, 꽃, 열매가 있으며, 혹은 산호나무에 마노의 잎, 꽃, 열매가 있으며, 혹은 마노나무에 유리의 잎, 꽃, 열매가 있으며, 혹은 자거나무에 여러 가지 보배로 된 잎, 꽃, 열매가 있으며, 어느 보배 나무는 자금을 뿌리로 하고, 백은을 줄기로 하고, 유리를 가지로 하고, 수정을 작은 가지로 하고, 산호를 잎으로 하고, 마노를 꽃으로 하고, 자거를 열매로 했다. 어느 보배 나무는 백은을 뿌리로 하고, 유리를 줄기로 하고, 수정을 가지로 하고, 산호를 작은 가지로 하고, 마노를 잎으로 하고, 자거를 꽃으로 하고, 자금을 열매로 했다. 어느 보배 나무는 유리를 뿌리로 하고, 수정을 줄기로 하고, 산호를 가지로 하고, 마노를 작은 가지로 하고, 자거를 잎으로 하고, 자금을 꽃으로 하고, 백은을 잎으로 했다. 어느 보배 나무는 수정을 뿌리로 하고, 산호를 줄기로 하고, 마노를 가지로 하고, 자거를 작은 가지로 하고, 자금을 잎으로 하고, 백은을 꽃으로 하고, 유리를 열매로 했다. 어느 보배 나무는 산호를 뿌리로 하고, 마노를 줄기로 하고, 자거를 가지로 하고, 자금을 작은 가지로 하고, 백은을 잎으로 하고, 유리를 꽃으로 하고, 수정을 열매로 했다. 어느 보배 나무는 마노를 뿌리로 하고, 자거를 줄기로 하고, 자금을 가지로 하고, 백은을 작은 가지로 하고, 유리를 잎으로 하고, 수정을 꽃으로 하고, 산호를 열매로 했다. 어느 보배 나무는 자거를 뿌리로 하고, 자금을 줄기로 하고, 백은을 가지로 하고, 유리를 작은 가지로 하고, 수정을 잎으로 하고, 산호를 꽃으로 하고, 마노를 열매로 했다.

이러한 여러 가지 보배 나무들은 서로서로 줄지어 있고 줄기와 줄기는 서로 바라보고, 가지와 가지가 고르고, 잎과 잎은 서로 마주 보고, 꽃과 꽃은 서로 다르고, 열매와 열매는 서로 균형이 잡혀 있어 그 찬란한 빛은 눈이 부시어 바라볼 수 없으며, 맑은 바람이 불면 다섯 가지 음악의 소리가 나오는데 미묘하게 자연스럽게 서로 조화를 이루느니라."

【해설】

이 단원부터는 극락세계의 의보장엄, 즉 국토장엄의 광경을 열일곱 가지 보배 나무와 도량에 있는 강당과 나무, 그리고 보배스러운 연못 등을 예로 들어 설하셨다. 어떤 사람은 의보장엄 가운데 난간은 악을 막고 과오를 막아 선을 증장시키는 계戒이고, 그물은 아미타불을 집중으로 염하는 정定이며, 누각과 가로수는 지혜가 크다는 것을 나타낸다고 하여 삼학에다 대비하였다.

담란대사가 정토의 세계를 '무위열반無爲涅槃의 세계'라 하여 중생의 경계를 초월한 '깨달음'의 세계이고, 말이 끊어져 생각할 수 없는 세계라고 한 입장에서 보면 앞에서의 정보장엄과 지금의 의보장엄의 설은 사족蛇足에 불과한 것이 아닌가 생각할 수 있다. 그러나 이러한 방편을 설하지 않으면 중생을 제도할 수 없고, 또한 아미타 부처님의 대자비심을 나타낼 수 없기 때문에 비상非相으로 상相을 나타내고 무상無相으로 상相을 설하신 것이 정토삼부경의 장엄이다. 다시 말하면 모습이 없는 것(無相)을 모습이 있는 것(有相)으로 하여 상대가 끊어진 절대세계絶對世界를 대상이 있는 상대세계相對世界로 설하신 것이기 때문에 그 표현은 모두 상징적이 되지 않을 수 없다. 아미타불 절대絶對의 법신과 성중들의 절대의 모습, 절대세계의 바람과 광명 등을 상대세계에서 최고 가치가 있는 것을 가지고 상징적으로 표현한 것이 정보장엄과 의보장엄이다. 이렇게 하지 않으면 안 되는 것은 미약한 범부중생들에게 극락세계가 가장 가치가 있는 곳임을 알게 하여 흠모하는 생각을 갖게 하고, 거기에 왕생하려는 간절한 마음을 일으키도록 하기 위한 것이니, 이러한 것들은 하나의 방편이라 할 수 있다.

사실 극락세계는 깨달음의 세계이고, 무생無生의 세계이다. 무생이란 태어남도 없고 죽음도 없이 생멸을 초월한 경지다. 이에 대해 우리들이 생존하고 있는 이 세계는 윤회하는 생멸의 세계이다. 그렇기 때문에 우리들 마음속에는 항상 태어남이 있으면 죽음이 있고, 죽음이 있으면 다시 태어남이 있다는 상대적인 생각을 갖게 되고, 이러한 생각이 우리 뇌리 속에 기억되어 있다. 이런 상대적인 생각을 가지고 무생의 세계, 절대세계인 극락정토를 생각하기는 그리 쉽지 않다. 그렇기 때문에 극락정토에 왕생하는 것 자체를 우리가 이 세상에 태어나는 것처럼 생각하고 무생無生의 생生으로 생각하지 않아 혼란이 따른다. 그래서 담란대사는 『왕생론주』에서 물 위에 불이 타는 비유(氷上燃火)를 들어 설명하였다. 즉 얼음 위에다 장작을 쌓아 놓고 불을 붙이면 장작이 활활 타는 동시에 얼음은 녹는다. 그리고 얼음이 녹음과 동시에 활활 타는 불은 얼음을 물로 변화시키고 이 녹은 물에 의해 불은 소멸된다. 장작이 타는 불은 우리 범부들이 생각하는 것처럼 '실제로 태어난다고 보는 견해'이고, 이러한 견해를 갖고 극락세계의 왕생을 간절히 원하고 염불하여 왕생하면 극락정토의 공덕인 무생無生의 작용, 즉 아미타불의 공덕장엄에 의해 녹은 물이 장작불을 소멸시킨 것처럼 '실제로 태어난다는 견해', 그리고 '나라고 하는 견해'의 불을 소멸시키어 무생無生의 진리를 깨달아 무위열반無爲涅槃에 들게 된다.

그러므로 정토에 태어나는 것은 윤회하는 것과 같이 태어나 죽고, 다시 태어나는 생이 있는 세계가 아니고, 열반·해탈을 체득하기 위한 태어남이 없는 무생의 생이다. 현재 우리는 미혹에 의해 생존이 죽음을 수반하고 있지만, 정토의 무생의 생은 죽음을 수반하지 않기 때문에 영원히 생존할 수밖에 없다. 그래서 극락정토의 장엄은 무생의 생을 얻게 하는 공덕이 있는 방편의 장엄이라고 할 수 있다.

오음五音: 궁宮. 상商. 각角. 치徵, 우羽의 다섯 가지 음.

제2항 도량의 나무

又無量壽佛 其道場樹 高四百萬里 其本周圍五十由
우무량수불 기도량수 고사백만리 기본주위오십유

旬 枝葉四布 二十萬里 一切衆寶 自然合成 以月光摩
순 지엽사포 이십만리 일체중보 자연합성 이월광마

尼持海輪寶衆寶之王 而莊嚴之 周匝條間 垂寶瓔珞
니지해륜보중보지왕 이장엄지 주잡조간 수보영락

百千萬色 種種異變 無量光燄 照耀無極 珍妙寶網 羅
백천만색 종종이변 무량광염 조요무극 진묘보망 나

覆其上 一切莊嚴 隨應而現 微風徐動 吹諸枝葉 演出
부기상 일체장엄 수응이현 미풍서동 취제지엽 연출

無量妙法音聲 其聲流布 徧諸佛國 其聞音者 得深法
무량묘법음성 기성유포 변제불국 기문음자 득심법

忍 住不退轉 至成佛道 耳根淸徹 不遭苦患 目覩其色
인 주불퇴전 지성불도 이근청철 부조고환 목도기색

耳聞其音 鼻知其香 舌嘗其味 身觸其光 心以法緣 一
이문기음 비지기향 설상기미 신촉기광 심이법연 일

切皆得甚深法忍 住不退轉 至成佛道 六根淸徹 無諸
체개득심심법인 주불퇴전 지성불도 육근청철 무제

惱患
뇌환

"또 무량수불이 계신 도량의 나무는 높이가 사백만 리이고 그 밑동 주위는 오십 유순이 되며 가지와 잎은 사방으로 이십만 리나 퍼졌는데, 일체의 모든 보배로 자연히 이루어져 있고 월광마니와 지해륜보와 같이 보배 중에 으뜸가는 것으로 장엄되었으며, 작은 가지 사이에는 보배 영락을 드리웠는데 그 빛깔은 백천만 가지로 다르게 변하여 한량없는 광명이 끝없이 빛나고 있다. 그 위에는 아름다운 보배의 그물이 덮였나니, 일체 장엄이 곳에 따라 나타나 있다. 미풍이 서서히 불면 모든 가지와 잎을 움직여 한량없는 묘법의 음성을 연출하는데 이 소리가 흘러 모든 부처님 국토에 두루하느니라.

그 소리를 들은 사람은 세 가지 깊은 법인(深法忍)을 얻고 불퇴전에 머물러 불도를 이룰 때까지 귀가 청정하고 투철하여 괴로움과 근심을 만나지 않으며, 눈으로 그 색깔을 보고, 귀로 그 소리를 들으며, 코로 그 향기를 맡고, 혀로 그 맛을 보며, 몸으로 그 빛의 촉감을 느끼고, 마음으로 그 인연을 생각하여 일체 모든 깊고 깊은 법인을 얻고 불퇴전에 머무는데, 불도를 이룰 때까지 육근이 청정하고 투철해서 모든 번뇌와 근심걱정이 없느니라."

【해설】

이 단원은 법장보살이 '깨달음'을 얻어 아미타불이 되어 건설한 극락세계의 보리수와 장식된 보석, 여기에서 흘러나오는 음악의 역할을 설한 것이다. 즉 음악은 모든 불국토의 구석구석까지 울려 퍼져서 이 음악을 듣는 사람은 모두 삼법인을 깨달아 불퇴전의 자리에 들 수 있다. 그리고 깨달음을 얻을 때까지 귀에 장애가 일어나는 일이 없고 명료하게 법을 들을 수 있다. 또한 눈으로 보리수를 보고, 귀로 법을 듣고, 코로 향기를 맡고, 혀로 맛을 보고, 몸으로 광명을 접촉하고, 마음으로 묘법을 생각한다면 그 사람은 모두 음향인音響忍이나 유순인柔順忍이나 무생법인無

生法忍을 깨달아 불퇴전의 자리에 들 수 있다고 하여 그 장엄의 역할을 강조하셨다.

우리가 가지고 있는 감각기관이 제대로 작용하는 것을 육근이 청정하다고 한다. 이 육근이 청정하다는 것은 객관의 대상과 접촉하여 제대로 보고, 듣고, 접촉하여 진리를 깨닫는 것이다. 극락세계에 태어난 사람은 모두 육근이 청정하기 때문에 이 세계에 장엄한 것을 보거나, 소리를 듣거나, 향기를 맡고, 맛을 보고, 신체로 접촉하면 진리를 깨달아 불퇴전의 지위에 올라가게 되기 때문에 극락정토는 바로 깨달음의 세계이다.

월광마니月光摩尼: mani는 여의주로 보주寶珠의 이름. 달빛과 같이 훌륭하게 빛난다는 의미.

지혜륜보持海輪寶: 마니보주의 다른 이름으로, 바다와 같이 큰 덕을 갖춘 보주라는 뜻.

심법인深法忍: 음향인, 유순인, 무생법인 등 삼법인을 말한다.

阿難 若彼國人天 見此樹者 得三法忍 一者音響忍 二
아난 약피국인천 견차수자 득삼법인 일자음향인 이

者柔順忍 三者無生法忍 此皆無量壽佛威神力故 本
자유순인 삼자무생법인 차개무량수불위신력고 본

願力故 滿足願故 明了願故 堅固願故 究竟願故 佛告
원력고 만족원고 명료원고 견고원고 구경원고 불고

阿難 世間帝王 有百千音樂 自轉輪聖王 乃至第六天
아난 세간제왕 유백천음악 자전륜성왕 내지제육천

上 伎樂音聲 展轉相勝 千億萬倍 第六天上萬種樂音
상 기악음성 전전상승 천억만배 제육천상만종악음

不如無量壽國 諸七寶樹一種音聲 千億倍也 亦有自
불여무량수국 제칠보수일종음성 천억배야 역유자

然萬種伎樂 又其樂聲 無非法音 清揚哀亮 微妙和雅
연만종기악 우기악성 무비법음 청양애량 미묘화아

十方世界音聲之中 最爲第一
시방세계음성지중 최위제일

"아난아 저 국토의 사람들 중 이 나무를 본 사람은 삼법인을 얻는데 첫째는 음향인, 둘째는 유순인, 셋째는 무생법인이다. 이것은 모두 무량수불의 위신력 때문이고, 본원력 때문이며, 만족원 때문이며, 명료원 때문이며, 견고원 때문이며, 구경원 때문이니라."

부처님께서 아난에게 말씀하시기를,

"세간의 제왕에게 백천 가지 음악이 있고, 또 전륜성왕으로부터 제육천상에까지 있는 기악의 음성이 점점 수승한 것은 천억 배나 된다. 제육천에 있는 만 가지 음악은 무량수 국토에 있는 모든 칠보나무에서 울리는 하나의 음성만도 같지 않으며, 한 나무에서 나는 음성이 천억 배나 수승하다. 또 자연히 만 가지 기악이 있고 그 악기의 소리는 진리의 법음이 아닌 것이 없으며,

맑고 애절하며 미묘하고 온화하여 시방의 음성 가운데 가장 뛰어나느니라."

【해설】

이 단원은 거듭 극락정토의 장엄에 의해 세 가지 법인, 즉 음성이 있지만 실체가 없는 것을 아는 지혜(音響忍)와 성품이 없는 것을 아는 지혜(柔順忍), 그리고 불생불멸과 거래가 없는 것을 깨닫는 지혜(無生法忍)를 얻는다고 설하여 음악의 우수성을 강조하였다.

극락세계에 장엄된 여러 가지 악기에서 나오는 법음에 대해 생각해 보자. 이는 첫째로 주위환경이 진리를 설하는 세계이기 때문에 다른 것에 물들지 않고 꾸준히 진리 속에 빠져들 수 있게 되며, 둘째는 진리를 듣고 이해할 수 있는 자질을 갖춘 사람들만이 극락세계에 있다는 의미가 내재되어 있다. 사실 아무리 좋은 진리를 설하더라도 듣고 이해하지 못한다면 진리를 깨닫지 못할 것이며, 또 법음에 대해 관심을 기울이지 않으면 마음에 와 닫지 않을 것이다. 우리가 어느 스님의 법문을 들을 때 다른 생각을 한다든지 집중하지 않으면 귀에 와 닫지 않아 무슨 말을 하는지 모르는 것과 같다. 그렇기 때문에 극락세계에 태어나는 사람에게는 법음을 들을 수 있는 자질을 갖추게 하였고, 진리의 소리에 집중하는 능력을 가지게 하였다. 이러한 능력과 자질을 가지고 있기에 위에서 이야기한 세 가지 법인을 얻을 수 있는 것이다.

만족원滿足願: 5겁 동안 사유해서 48원을 선택해 만족케 하는 원.

명료원明了願: 임기응변이 없는 명확한 원.

견고원堅固願: 정진하고 참아서 후회 없이 세워진 견고한 원.

구경원究竟願: 세간을 초월한 본원을 성취한 원.

제3항 강당과 보배 연못

又講堂精舍宮殿樓觀 皆七寶莊嚴 自然化成 復以眞
우강당정사궁전누관 개칠보장엄 자연화성 부이진

珠明月摩尼衆寶 以爲交露 覆蓋其上 內外左右 有諸
주명월마니중보 이위교로 부개기상 내외좌우 유제

浴池 或十由旬 或二十三十乃至百千由旬 縱廣深淺
욕지 혹십유순 혹이십삼십내지백천유순 종광심천

各皆一等 八功德水 湛然盈滿 清淨香潔 味如甘露 黃
각개일등 팔공덕수 담연영만 청정향결 미여감로 황

金池者 底白銀沙 白銀池者 底黃金沙 水精池者 底瑠
금지자 저백은사 백은지자 저황금사 수정지자 저유

璃沙 瑠璃池者 底水精沙 珊瑚池者 底琥珀沙 琥珀池
리사 유리지자 저수정사 산호지자 저호박사 호박지

者 底珊瑚沙 硨磲池者 底碼碯沙 碼碯池者 底硨磲沙
자 저산호사 자거지자 저마노사 마노지자 저자거사

白玉池者 底紫金沙 紫金池者 底白玉沙 或二寶三寶
백옥지자 저자금사 자금지자 저백옥사 혹이보삼보

乃至七寶 轉共合成
내 지 칠 보 전 공 합 성

"또 강당, 정사, 궁전, 망루가 있는데 모두 자연히 칠보로 장엄되었으며 진주와 명월마니 등 여러 가지 보배로 엮은 그물로 그 위를 덮었느니라. 안과 밖, 오른쪽과 왼쪽에 여러 가지 목욕하는 못이 있는데 크기는 십 유순, 이십 유순, 삼십 유순 내지 백천 유순이 되며, 가로 세로 깊이가 다 같고 여덟 가지 공덕수가 맑고 잠잠하게 가득 차 있는데 청정하고 향기로운 맛이 감로수와 같으니라. 황금의 못 밑에는 백은의 모래가 깔려 있고, 백은의 못 밑에는 황금의 모래가 깔려 있고, 수정의 못 밑에는 유리의 모래가 깔려 있고, 유리의 못 밑에는 수정의 모래가 깔려 있고, 산호의 못 밑에는 호박의 모래가 깔려 있고, 호박의 못 밑에는 산호의 모래가 깔려 있고, 자거의 못 밑에는 마노의 모래가 깔려 있고, 마노의 못 밑에는 자거의 모래가 깔려 있고, 백옥의 못 밑에는 자금의 모래가 깔려 있고, 자금의 못 밑에는 백옥의 모래가 깔려 있고, 혹은 두 가지 보배, 세 가지 보배 내지 일곱 가지 보배로 이루어졌느니라."

【해설】

이 단원은 48원 가운데 제32 국토엄식國土嚴飾원을 성취한 것으로, 정토의 강당과 목욕하는 연못의 장엄과 여덟 가지 공덕이 있는 물을 설하고 있다. 이 원을 세우신 뜻은 어느 국토를 보시니 진흙으로 궁궐을 장식하기도 하고, 나무나 돌로 화려한 고급 궁전을 만들기도 하며, 혹은 금과 옥으로 조각하려고 하지만 생각대로 되지 않고, 혹은 백 가지, 천 가지를 구비하여 운영하려 하지만 모두 쓰라린 고통이 따르기에 아미타불께서는 극락세계의 강당과 연못의 장엄을 부족함이 없는 수승한 역할을 하게 하신 것이다.

천태종의 정토가들은 연못은 마음의 무한한 폭과 깊이를 나타내고 순금모래는 마음의 청정과 수승한 성덕을 나타낸다고 한다. 이 물에 대해 우익대사는 "세상의 물과는 달라 맑고 깨끗하다. 너무 차거나 뜨거운 이 세상의 물과는 달리 맑고 시원하며, 나쁜 맛을 가진 이 세상의 물과는 달리 맛있고, 이 세상의 무거운 물과는 달리 가볍고 부드러우며, 이 세상의 썩은 빛깔의 물과는 달리 반짝이며 빛나고, 이 세상의 사나운 물과는 달리 평온하며, 우리를 오싹 두렵게 하는 이 세상의 물과는 달리 배고픔과 갈증을 없애고, 중생의 기력을 줄이는 이 세상의 물과는 달리 기력을 증장시키며, 정토에 있는 물은 말라버리거나 넘치는 이 세상의 물과는 달리 항상 보배 연못을 가득히 채운다"고 하여 팔공덕수에 대해 설하였다.

오늘날에는 물이 오염되어 흐르는 냇물도 마음대로 마실 수 없어 상품으로 된 물을 사서 마시고 있는데, 우리의 몸은 70퍼센트 이상이 수분이기 때문에 양질의 물을 섭취하지 못하면 여러 가지 질병을 유발한다. 그래서 그 어느 때보다도 물의 중요성을 실감하고 있다. 아미타불께서는 극락세계의 물을 여덟 가지 공덕이 있게 하였을 뿐만 아니라 뒤 대목에서 설하시는 것처럼 진리를 깨닫게 하는 역할을 하게 하셨고, 모든 건물은 자연히 칠보로 장식하여 보는 이로 하여금 즐거운 생활을 하도록 하고, 결국 진리의 세계에 들어가게 하신 것이다.

누관樓觀: 누각에 올라 멀리 바라볼 수 있는 망루.

명월마니明月摩尼: 월광마니를 말한다.

팔공덕수八功德水: 여덟 가지 공덕이 있는 물이다. 즉 깨끗하고, 윤택이 있고, 냄새가 없고, 가볍고, 시원하고, 부드럽고, 아름답고, 마시기에 적당하고, 마시고 나서 탈이 없는 공덕의 물.

其池岸上 有栴檀樹 華葉垂布 香氣普熏 天優盋羅華
기지안상 유전단수 화엽수포 향기보훈 천우발라화

盋曇摩華 拘物頭華 分陀利華 雜色光茂 彌覆水上 彼
발담마화 구물두화 분다리화 잡색광무 미부수상 피

諸菩薩及聲聞衆 若入寶池 意欲令水沒足 水即沒足
제보살급성문중 약입보지 의욕령수몰족 수즉몰족

欲令至膝 即至于膝 欲令至腰 水即至腰 欲令至頸 水
욕령지슬 즉지우슬 욕령지요 수즉지요 욕령지경 수

即至頸 欲令灌身 自然灌身 欲令還復 水輒還復 調和
즉지경 욕령관신 자연관신 욕령환부 수첩환부 조화

冷煖 自然隨意 開神悅體 蕩除心垢 清明澂潔 淨若無
냉난 자연수의 개신열체 탕제심구 청명징결 정약무

形 寶沙映徹 無深不照 微瀾廻流 轉相灌注 安詳徐逝
형 보사영철 무심부조 미란회류 전상관주 안상서서

不遲不疾 波揚無量 自然妙聲隨其所應 莫不聞者 或
부지부질 파양무량 자연묘성수기소응 막불문자 혹

聞佛聲 或聞法聲 或聞僧聲 或寂靜聲 空無我聲 大慈
문불성 혹문법성 혹문승성 혹적정성 공무아성 대자

悲聲 波羅蜜聲 或十力無畏不共法聲 諸通慧聲 無所
비성 바라밀성 혹십력무외불공법성 제통혜성 무소

作聲 不起滅聲 無生忍聲 乃至甘露灌頂衆妙法聲 如
작성 불기멸성 무생인성 내지감로관정중묘법성 여

是等聲 稱其所聞 歡喜無量 隨順清淨離欲寂滅眞實
시등성 칭기소문 환희무량 수순청정이욕적멸진실

之義 隨順三寶力無所畏不共之法 隨順通慧菩薩聲聞
지의 수순삼보력무소외불공지법 수순통혜보살성문

所行之道 無有三塗苦難之名 但有自然快樂之音 是
소행지도 무유삼도고난지명 단유자연쾌락지음 시

故其國名曰安樂
고기국명왈안락

"그 연못의 언덕 위에는 전단향나무가 있어 꽃과 잎이 드리워져 있고, 향기는 두루 퍼지며, 하늘의 우발라화, 발담마화, 구물두화, 분다리화가 있어 서로 어우러진 빛이 아름답게 물 위를 가득 덮고 있다. 저 모든 보살 및 성문들이 만약 보배의 못에 들어가 마음속으로 물이 발까지 잠기기를 바라면 물이 곧 발까지 잠기고, 무릎까지 이르기를 바라면 곧 무릎까지 이르며, 허리까지 이르기를 원하면 곧 허리까지 이르고, 목까지 이르기를 원하면 곧 목까지 이르며, 온몸을 적시기를 원하면 온몸이 젖고, 물을 다시 돌려보내고자 하면 다시 돌아가느니라. 차고 따뜻함은 저절로 뜻하는 대로 조화를 이루고, 목욕을 하면 정신이 밝아지며 몸이 상쾌하여 마음의 때가 씻어지느니라. 맑고 투명하여 형체가 없는 것과 같고, 보배의 모래는 훤히 드러나 깊은 곳이라도 비추지 않는 곳이 없으며, 잔잔한 물결은 빠르지도 않고 느리지도 않고 잔물결을 일으키면서 흘러간다. 물결은 한량없는 자연의 묘한 소리를 내는데 그 바라는 바에 따라서 듣지 못하는 것이 없다. 혹은 부처님의 음성을 듣고, 혹은 법의 소리를 들으며, 혹은 승려의 소리를 듣고, 혹은 고요한 소리, 공空, 무아無我의 소리, 대자비의 소리, 육바라밀의 소리, 십력과 사무외와 불공법不共法의 소리, 모든 신통과 지혜의 소리, 무소작無所作의 소리, 불기멸不起滅의 소리, 무생인의 소리 내지 감로관정甘露灌頂 등 여러 가지 진리의 소리를 듣느니라. 이와 같은 소리는 들은 바에 적합하여 한량없는 기쁨이 되며, 청정하고, 탐욕을 여의고, 적멸한 진실의 뜻을 따르고, 삼보력三寶力, 무소외無所畏, 불공不共의 법을 따르고, 신통력, 보살, 성문들이

행한 도를 따르게 되느니라. 거기에는 삼도의 고통과 어려움이 없고, 다만 자연스런 즐거움의 소리만이 있기 때문에 그 나라를 안락이라 이름하느니라."

【해설】

이 단원은 묘성공덕妙聲功德을 성취한 것이다. 이 원을 일으켜 성취하신 이유는 아미타불께서 인행시因行時에 어느 국토를 보시니 비록 선법이 있지만 명성이 널리 퍼지지 못하고, 명성이 있어 비록 멀리 퍼지더라도 또한 미묘하지 못하며, 또한 명성이 묘하고 그윽하지만 능히 중생들에게 깨닫게 하지 못하기 때문에 극락세계에서 나는 소리를 진리의 소리로 들리게 하여 깨달음을 얻게 하신 것이다.

극락세계의 대중들이 칠보로 된 연못에 들어가 목욕하려고 할 때 원하는 대로 물이 차고 없어지는 것과 목욕으로 인해 마음의 때, 즉 번뇌가 제거되는 세심洗心 작용을 하며, 연못에 바람이 불면 부처님의 덕을 찬탄하는 소리(佛聲), 법의 덕을 찬탄하는 소리(法聲), 승려의 덕을 찬탄하는 소리(僧聲)를 듣게 하고, 혹은 열반을 찬탄하는 소리(寂靜聲)나 그 밖에 모든 법은 인연에 의해 생기기 때문에 항상 머무르지 않다는 공空, 내가 없다는 무아無我의 소리, 그리고 대자비, 육바라밀, 십력, 사무외, 십팔불공법, 육신통, 무소작無所作, 불기멸不起滅, 무생인無

生忍 내지 부처님으로부터 수기를 받는 감로관정甘露灌頂의 공덕을 찬탄하는 소리 등 여러 가지 묘법을 찬탄하는 소리를 듣고 번뇌가 곧 사라지고, 열반적정의 청정과 욕심을 여읜 곳, 적멸이나 진실 등의 뜻을 알며, 삼보, 십력, 사무외, 십팔불공법 등의 법을 깨달으며, 신통력을 얻고, 보살과 성문들의 도를 따르는 기쁨의 공덕이 있다고 하셨다.

우발라화優盋羅華: Utpala, 청련화淸蓮華.

발담마화盋曇摩華: Padma, 홍련화紅蓮華.

구물두화拘物頭華: Kumuda, 황련화黃連華.

분다리화分陀利華: Puṇḍarika, 백련화白連華.

개신開神: 마음의 지혜를 여는 것.

안상安詳: 완만하지 않고 빠르지 않은 적당한 상태.

무소작성無所作聲: 평등의 진리를 깨달으면 지어야 할 아무 것도 없다는 것을 아는 소리.

불기멸성不起滅聲: 평등의 진리를 깨달으면 일으켜야 할 선도 없고 없애야 할 악도 없다는 것을 아는 소리.

제3절 정토의 쾌락

제1항 왕생한 사람의 덕상德相

阿難 彼佛國土 諸往生者 具足如是淸淨色身 諸妙音
아난 피불국토 제왕생자 구족여시청정색신 제묘음

聲 神通功德 所處宮殿衣服飮食衆妙華香莊嚴之具 猶
성 신통공덕 소처궁전의복음식중묘화향장엄지구 유

第六天自然之物 若欲食時 七寶盋器自然在前 金銀
제육천자연지물 약욕식시 칠보발기자연재전 금은

瑠璃硨磲碼碯珊瑚琥珀明月眞珠 如是諸盋 隨意而至
유리자거마노산호호박명월진주 여시제발 수의이지

百味飮食 自然盈滿 雖有此食 實無食者 但見色聞香
백미음식 자연영만 수유차식 실무식자 단견색문향

意以爲食 自然飽足 身心柔軟無所味著 事已化去 時
의이위식 자연포족 신심유연무소미착 사이화거 시

至復現 彼佛國土 淸淨安隱 微妙快樂 次於無爲泥洹
지부현 피불국토 청정안은 미묘쾌락 차어무위니원

之道
지도

"아난아, 저 불국토에 왕생한 모든 사람은 이와 같은 청정한 몸과 여러 가지 묘한 음성, 신통, 공덕을 구족하며 거처하는 궁전, 의복, 음식, 여러 가지 묘한 꽃, 향, 장식품을 갖춤이 마치 제육천의 자연의 물건과 같다. 만약 밥을 먹으려고 할 때는 칠보의 그릇이 스스로 앞에 있고 금, 은, 유리, 자거, 마노, 산호, 명월주, 진주 등 이와 같은 모든 그릇들 안에 원하는 대로 백미百味의 음식이 저절로 가득 찬다. 이런 음식이 있지만 실제로 먹는 것은 아니고, 다만 색깔을 보고 향기를 맡으며 먹었다고 생각하면 저절로 배가 부르게 된다. 몸과 마음이 유연하여 맛에 집착하지 않으며, 식사를 마치면 없어지고 때가 되면 다시 나타나느니라. 저 불국토는 청정하고 안온하며 미묘하고 상쾌하여 무위열반의 도에 버금가느니라."

【해설】

이 단원은 수용공덕受用功德을 성취한 것이다. 부처님이 이 원을 일으켜 성취하신 이유는, 어느 국토를 보시니 새의 집을 찾아 알을 꺼내서 반찬으로 해먹고, 남의 생명을 죽여 고기를 먹으며, 모래주머니를 걸어놓고 가리키며 배고픔을 위로하는 고통을 보시고 극락세계에 왕생한 사람은 이러한 고통이 없게 하셨다. 즉 극락정토에 왕생한 사람이 받는 쾌락을 서술하는 곳으로, 그 가운데 우선 처음 왕생하는 사람의 덕상德相을 설하신 것이다. 즉 극락세계 사람들은 신·구·의 삼업이 청정하게 되는 덕상을 갖추고 있음을 설하시고, 음식을 섭취하는 순차를 설하셨다.

발기盋器: 스님들이 사용하는 밥그릇, 즉 발우.

무위니원지도無爲泥洹之道: 항상 머물러 변하지 않는 진여. 니원泥洹은 열반을 말한다.

其諸聲聞菩薩天人 智慧高明 神通洞達 咸同一類 形
기제성문보살천인 지혜고명 신통통달 함동일류 형

無異狀 但因順餘方故 有天人之名 顔貌端正 超世希
무이상 단인순여방고 유천인지명 안모단정 초세희

有 容色微妙 非天非人 皆受自然虛無之身 無極之體
유 용색미묘 비천비인 개수자연허무지신 무극지체

"그 모든 성문, 보살, 천인들은 지혜가 고명하며, 신통을 통달하여 모두 같은 모양으로 달리 생긴 형상이 없으나, 다만 다른 세계의 인연에 수순하기 때문에 하늘 사람의 이름이 있을 뿐이며 얼굴의 모습은 단정해서 세상에서 드물게 뛰어나고, 자세는 미묘하여 천인도 아니며 사람도 아니나니, 모두 자연히 허무의 몸이고 다함이 없는 몸을 받았느니라."

【해설】

이 단원은 극락세계에 태어난 사람은 장애자나 못생긴 사람이 없고 평등하게 잘생긴 사람들만 있으니, 48원 가운데 제4 무유호추無有好醜원을 성취하신 것을 설하신 것이다. 여기에서 천인이라고 하는 것은 극락세계에 왕생하기 전에 모습이 인간이거나 하늘 사람이기 때문에 이에 준해서 부른 것뿐이다.

인순여방因順餘方: 극락세계는 한결같이 평등하지만 성문이 왕생하여 태어난 사람, 인간이 왕생하여 태어난 사람 등이 있다. 그 태어난 곳의 본래의 업業을 따라서 천인天人 등이라 부른 것이다.

자연허무신무극지체自然虛無身無極之體: 이것은 다 열반에 대한 다른 이름이다.

제2항 구걸하는 사람의 비유

佛告阿難 譬如世間貧窮乞人在帝王邊 形貌容狀 寧
불고아난 비여세간빈궁걸인재제왕변 형모용상 영

可類乎 阿難白佛 假令此人 在帝王邊 羸陋醜惡 無以
가류호 아난백불 가령차인 재제왕변 이루추악 무이

爲喩 百千萬億不可計倍 所以然者 貧窮乞人 底極廝
위유 백천만억불가계배 소이연자 빈궁걸인 저극시

下 衣不蔽形 食趣支命 飢寒困苦 人理殆盡 皆坐前世
하 의불폐형 식취지명 기한곤고 인리태진 개좌전세

不植德本 積財不施 富有益慳 但欲唐得 貪求無厭 不
불식덕본 적재불시 부유익간 단욕당득 탐구무염 불

肯修善 犯惡山積 如是壽終 財寶消散 苦身聚積 爲之
긍수선 범악산적 여시수종 재보소산 고신취적 위지

憂惱 於己無益 徒爲他有 無善可怙 無德可恃 是故死
우뇌 어기무익 도위타유 무선가호 무덕가시 시고사

墮惡趣 受此長苦 罪畢得出 生爲下賤 愚鄙廝極 示同
타악취 수차장고 죄필득출 생위하천 우비시극 시동

人類 所以世間帝王人中獨尊 皆由宿世積德所致 慈
인류 소이세간제왕인중독존 개유숙세적덕소치 자

惠博施 仁愛兼濟 履信修善 無所違諍 是以壽終 福應
혜박시 인애겸제 이신수선 무소위쟁 시이수종 복응

得昇善道 上生天上 享茲福樂 積善餘慶 今得爲人 適
득승선도 상생천상 향자복락 적선여경 금득위인 적

生王家 自然尊貴 儀容端正 衆所敬事 妙衣珍饍 隨心
생왕가 자연존귀 의용단정 중소경사 묘의진선 수심

服御 宿福所追故能致此
복어 숙복소추고능치차

부처님께서 아난에게 말씀하시기를,

"비유하면 세간에 거지가 제왕의 곁에 있다면 그 형상이 어떠하겠느냐?"

아난이 부처님께 아뢰기를,

"만약 이 거지가 제왕의 곁에 있다면 초췌하고 추악하여 비유가 되지 않고, 그 다름은 백천만억 배로 가히 헤아릴 수 없나이다. 그러한 까닭에 거지는 천하여 의복은 몸을 제대로 가리지 못하고, 음식은 겨우 목숨을 부지할 정도이며, 굶주리고 춥고 괴로워서 인정과 의리는 거의 없는 지경입니다.

모두 전생에 공덕의 근본을 심지 않고, 재물을 모으기만 하고 보시하지 않았으며, 있으면 있을수록 더욱 욕심내고 황당무계하게 얻으려 탐하고 싫어함이 없으며, 그다지 선을 닦지 않고 악을 범함이 산처럼 쌓였습니다. 이와 같이 해서 목숨을 마치면 재물과 보배는 사라지고 몸에 괴로움만이 더하여 이것 때문에 근심과 괴로움이 되나니 자기에게는 아무 이익도 없고, 한갓 남의 것이 되어 버리나이다. 선이라 할 것도 없고 덕이라 할 것도 없는 까닭에 죽어서 악도에 떨어져 오랫동안 고통을 받아 죄를 다 마치고 벗어나지만 천한 사람으로 태어나니 어리석고 비천하여 사람의 모습같이 보일 뿐입니다.

세상의 제왕이 사람들 가운데 존귀한 까닭은 모두 과거 숙세에 공덕을 쌓은 데서 오는 것입니다. 자비로써 널리 베풀고 어진 마음으로 거듭 구제하고 신용을 쌓고 선을 닦아서 다투는 일이 없었습니다. 이것에 의해서 목숨이 마치면 복에 따라 선도에 태어남을 얻고, 또 천상에 태어나서 이 복락을 누리고 선을 쌓은 것이 있어 현재의 사람으로 태어나는데, 왕가에 태어나 자연히 존귀하게 되어 용모와 거동이 단정하여 모든 사람으로부터 공경을 받으며 좋은 의복과 맛있는 음식을 마음대로 먹을 수 있으니, 이것은 숙세의 복에 의한 까닭에 이렇게 될 수 있습니다."

【해설】

이 단원은 거지와 국왕의 비유를 들어 극락세계에 있는 성중들의 수승한 모습을 밝힌 곳이다. 이 세상 사람들을 보면 얼굴이 잘생긴 사람, 못생긴 사람, 이목구비가 뚜렷하지 않는 사람이 있는가 하면, 성품에도 포악한 사람, 온순한 사람, 용맹한 사람, 연약한 사람, 집중력이 있는 사람, 산만한 사람 등 천차만별일 뿐만 아니라 생활하는 모습도 가난하고 남에게 업신여김을 받는 사람, 귀여움을 받고 남으로부터 존경을 받는 사람 등이 있다.

이렇게 많은 차이가 있는 것은 전생에 선근공덕을 쌓았느냐 안 쌓았느냐에 따른 것이라 하여, 선근을 쌓고 그릇된 일을 하지 말라(증선지악增善止惡)고 하셨다.

이루羸陋: 이羸는 병에 의해 여윈 것. 루陋은 천한 것.
저극시하底極廝下: 하품下品으로 천한 것.
시동인류示同人類: 밖의 모습은 사람이지만, 안은 짐승과 같은 사람.
인애仁愛: 인仁은 자비의 체體. 애愛는 자비의 용用.
선도善道: 인간계와 천상계.

佛告阿難 汝言是也 假如帝王 雖人中尊貴 形色端正
불고아난 여언시야 가여제왕 수인중존귀 형색단정

比之轉輪聖王 甚爲鄙陋 猶彼乞人在帝王邊也 轉輪
비지전륜성왕 심위비루 유피걸인재제왕변야 전륜

聖王 威相殊妙 天下第一 比之忉利天王 又復醜惡 不
성왕 위상수묘 천하제일 비지도리천왕 우부추악 부

得相喻 萬億倍也 假令天帝比第六天王 百千億倍不
득상유 만억배야 가령천제비제육천왕 백천억배불

相類也 設第六天王 比無量壽佛國菩薩聲聞 光顏容
상류야 설제육천왕 비무량수불국보살성문 광안용

色 不相及逮 百千萬億不可計倍
색 불상급체 백천만억불가계배

부처님께서 아난에게 이르시기를,

"너의 말이 옳다. 가령 임금이 사람들 가운데 존귀하고 용모가 단정하다고 하지만, 이것을 전륜성왕에게 비교하면 심히 천하고 볼품없는 것이, 저 거지가 임금의 곁에 있는 것과 같다. 전륜성왕의 위엄과 늠름하고 훌륭한 모습은 천하의 으뜸이지만, 이것을 도리천왕에 비하면 천하고 추해서 서로 비교할 수 없어 만억 배의 차이가 있으며, 도리천왕을 제육천왕에 비하면 백천억 배의 차이가 있어 서로 견줄 수 없고, 또 제육천왕을 무량수불 국토의 보살과 성문에 비교하면 빛나는 얼굴과 용모는 백천만억의 차이가 있어 가히 헤아릴 수 없느니라."

【해설】

지금까지의 비유는 인간계의 거지로부터 제6 타화자재천왕까지 비교한 차이를 설하시면서 마지막에는 타화자재천왕과 아미타불의 정토에 있는 보살이나 성문들과 비교하였다. 즉 극락정토의 보살들은 백천억 배나 뛰어나 얼굴과 모습을 나란히 비교할 수 없을 정도라고 강조하신 것이다. 다시 말하면 극락세계의 사람들의 용모는 그 어떤 국토의 사람들보다 훌륭한 모습을 가지고 있으며, 여기서 누리는 즐거움은 다른 어떤 국토의 즐거움에 비교할 바가 아니라고 하셨다.

제3항 하늘 사람들이 누리는 즐거움

佛告阿難 無量壽國 其諸天人 衣服飮食華香瓔珞繒
불고아난 무량수국 기제천인 의복음식화향영락증

蓋幢幡 微妙音聲 所居舍宅宮殿樓閣 稱其形色 高下
개당번 미묘음성 소거사댁궁전누각 칭기형색 고하

大小 或一寶二寶 乃至無量衆寶 隨意所欲 應念卽至
대소 혹일보이보 내지무량중보 수의소욕 응념즉지

又以衆寶妙衣 徧布其地 一切天人 踐之而行 無量寶
우이중보묘의 변포기지 일체천인 천지이행 무량보

網 彌覆佛上 皆以金縷眞珠 百千雜寶 奇妙珍異 莊嚴
망 미부불상 개이금루진주 백천잡보 기묘진이 장엄

絞飾 周匝四面 垂以寶鈴 光色晃耀 盡極嚴麗 自然德
교식 주잡사면 수이보령 광색황요 진극엄려 자연덕

風 徐起微動 其風調和 不寒不暑 溫涼柔軟 不遲不疾
풍 서기미동 기풍조화 불한불서 온량유연연 부지부질

吹諸羅網及衆寶樹 演發無量微妙法音 流布萬種溫雅
취제나망급중보수 연발무량미묘법음 유포만종온아

德香 其有聞者 塵勞垢習 自然不起 風觸其身 皆得快
덕향 기유문자 진로구습 자연불기 풍촉기신 개득쾌

樂 譬如比丘得滅盡三昧
락 비여비구득멸진삼매

부처님께서 아난에게 이르시기를,

“무량수 국토에 있는 모든 하늘 사람들의 의복과 음식, 꽃, 향, 영락, 비단, 일산, 깃발, 미묘한 음성과 거처하는 저택,

궁전, 누각은 형색에 맞추어 높고 낮고 크고 작은 것이 있고, 한 가지 보배, 두 가지 보배 내지 한량없는 보배로 이루어져 마음 바라는 대로 생각에 따라서 곧 나타난다. 또한 여러 가지 보배의 비단이 널리 그 땅에 깔려 있어 모든 천인이 그것을 밟고 거닐며, 한량없는 보배 그물이 부처님 국토를 덮었는데 모두 금실과 진주와 백천 가지 아름답고 진귀한 보배로 장엄하게 꾸며졌으며, 사방에 두루 드리워져 있는 보배 방울이 찬란히 빛나 그 화려함은 극에 달한다. 저절로 덕스러운 바람이 서서히 불면 그 바람은 잘 조화되어 춥지도 않고 덥지도 않고 온화하고 부드러우며 세지도 않고 약하지도 않느니라. 이 바람이 모든 그물과 모든 보배 나무에 살랑거리면 한량없이 미묘한 법음을 내고 만 가지 온화한 덕의 향기를 풍긴다. 이를 듣고 맡은 사람은 번뇌가 일어나지 않고 바람이 몸에 닿으면 모두 즐거움을 얻나니, 비유하면 비구가 멸진삼매를 얻는 것과 같으니라."

【해설】

이 단원은 극락정토에 있는 하늘 사람들이 받는 즐거움을 설한 곳이다. 사실 이 세상에서는 하나의 물건을 처음 구할 때는 뜻에 맞는 것 같아도 시간이 흐르면 마음에 들지 않고 싫증을 내는 일이 한두 가지가 아니다. 그러나 극락세계는 모든 것이 생각하는 대로 만들어져 마음에 흡족할 뿐만 아니라 이러한 물건들에 공덕이 있는 바람이 불면 부드러운 향기가 풍기고, 이 향기를 맡은 사람은 번뇌의 생각이 자연히 멈추고, 바람에 접촉하는 사람은 모두 최상의 쾌락을 얻을 수 있을 뿐만 아니라 멸진삼매滅盡三昧를 얻는 이익의 작용이 있다고 하셨다.

금루金縷: 금실로 여러 가지 구슬을 꿰어 만든 것.

진로구습塵勞垢習: 번뇌.

멸진삼매滅盡三昧: 마음의 생각이 다 없어져 고요한 상태.

又風吹散華 徧滿佛土 隨色次第 而不雜亂 柔軟光澤
우풍취산화 변만불토 수색차제 이부잡란 유연광택

馨香芬烈 足履其上 陷下四寸 隨擧足已 還復如故 華
형향분렬 족리기상 함하사촌 수거족이 환부여고 화

用已訖 地輒開裂 以次化沒 清淨無遺 隨其時節 風吹
용이흘 지첩개렬 이차화몰 청정무유 수기시절 풍취

散華 如是六返 又衆寶蓮華 周滿世界 一一寶華 百千
산화 여시육반 우중보련화 주만세계 일일보화 백천

億葉 其華光明無量種色 青色青光 白色白光 玄黃朱
억엽 기화광명무량종색 청색청광 백색백광 현황주

紫光色亦然 暐曄煥爛 明曜日月 一一華中 出三十六
자광색역연 위엽환란 명요일월 일일화중 출삼십육

百千億光 一一光中 出三十六百千億佛 身色紫金 相
백천억광 일일광중 출삼십육백천억불 신색자금 상

好殊特 一一諸佛 又放百千光明 普爲十方 說微妙法
호 수 특 일 일 제 불 우 방 백 천 광 명 보 위 시 방 설 미 묘 법

如是諸佛 各各安立無量衆生於佛正道
여 시 제 불 각 각 안 립 무 량 중 생 어 불 정 도

"그리고 바람은 꽃을 휘날려서 부처님 국토에 가득 채우는데, 빛깔은 섞여 어지럽지 않고 유연하게 빛나고 그윽한 향기를 풍기며, 발로 그 위를 밟으면 네 치나 들어가고 발을 들으면 다시 전과 같이 올라오며, 꽃잎은 쓸모가 다하면 땅이 곧 갈라져 땅속으로 사라져 깨끗하여 흔적이 없느니라. 때에 따라서 바람이 불면 꽃은 흩어지는데, 하루 여섯 번 되풀이된다. 또 여러 가지 보배 연꽃이 세계에 가득한데, 하나하나의 보배 꽃에는 백천억의 잎이 있고 그 꽃의 광명은 한량없는 여러 가지 색으로 푸른색에는 푸른 광명이 나고, 흰색에는 흰 광명이 나고, 노란빛, 붉은빛, 자줏빛 등이 각기 광명을 발하여 화려하고 찬란하여 밝음은 해와 달과 같다. 하나하나의 꽃 가운데서 삼십육백천억 가지 빛을 발하고, 하나하나의 빛 가운데서 삼십육백천억 분의 부처님이 나투시는데, 몸은 자마금색紫磨金色이고 그 상호는 뛰어나 훌륭하시니라.

한 분 한 분의 모든 부처님은 백천 가지 광명을 놓아 널리 시방의 중생을 위해 미묘한 법을 설하신다. 이와 같이 모든 부처님은 각각 한량없는 중생을 부처님의 바른 도리에 편안하게

머물게 하시느니라."

【해설】

연꽃은 불교의 상징적인 꽃으로 세속의 땅에 뿌리를 두나 진흙과 오물에 더럽혀지지 않듯이, 마음은 오탁의 세계에 있으나 오염되지 않고 언제나 청정함을 나타낸다는 것으로 비유하고 있다. 연꽃은 또한 세속적인 진리에 뿌리를 두고 있지만 이를 초월한 실상實相을 나타낸다. 그래서 많은 경전에서 연꽃의 비유를 들어 설명하고 있는데, 이 경과 뒤에 나오는 『관무량수경』과 『아미타경』에도 연꽃에 대한 것이 나온다. 특히 정토에 왕생할 때는 연꽃이 어머니 자궁의 역할을 하여 연꽃 속에 있다가 피면 태어나자마자 아미타불을 친견하고 법문을 듣는다.

이 단원에서 하루에 여섯 번 꽃비가 내리고, 쓸모가 다하면 저절로 땅속으로 사라진다는 것은 정토의 청정을 강조한 것이다. 주위 환경이 청정하면 내 자신도 청정하게 만드는 역할을 하기 때문에 극락정토의 꽃비가 내려 역할을 다하면 땅속으로 사라진다고 하였다. 우리가 숲이 우거진 산속에서 조용히 앉아 있으면 내 자신이 순수해지는 느낌이 드는 것은 자연의 숲이 인위적이지 않고 순수하기 때문이다. 우리가 성장하는 데 중요한 것은 주위환경이다. 그래서 극락세계의 꽃비도 역할을 다하면 사라지고, 또 이 하나하나의 꽃으로부터 수천억 가지 빛을 발하고, 하나하나의 빛으로부터 수천억 분의 화신 부처님이 나타나고, 이 한 분 한 분의 부처님이 백천 가지 광명을 발하고 시방세계에 있는 사람들을 위해서 미묘한 법을 설하여 많은 사람들을 부처님의 바른 도로 인도하신다. 이런 것은 주위환경이 극락세계의 사람들을 성숙시키는 작용이 있다는 것이다.

형향馨香: 향기가 멀리까지 풍기는 것.

육반六返: 여섯 때 행하는 것. 육시란 아침, 낮, 해질 무렵, 초저녁, 밤중, 새벽을 말한다.

무량수경 권하

제3장 정토왕생의 인연

제1절 범부의 정토왕생

제1항 정정취正定聚의 이익

佛告阿難 其有衆生 生彼國者 皆悉住於正定之聚 所
불고아난 기유중생 생피국자 개실주어정정지취 소

以者何 彼佛國中 無諸邪聚及不定聚
이자하 피불국중 무제사취급부정취

부처님께서 아난에게 말씀하셨다.

"저 극락세계에 태어나는 중생들은 모두 다 정정취에 머물게 되느니라. 그 까닭은 저 부처님 세계에는 모든 사정취 및 부정취가 없기 때문이다."

【해설】

이 제3장 정토왕생의 인연이라는 것은 아미타불의 자비로운 교화와 지혜를 서술하는 곳이다. 이 단원부터는 아미타 부처님이 큰 자비심을 가지고 당신이 건설하신 극락정토로 사람들을 인도하여 교화하시는 것을 말한다.

아미타불 서원의 본뜻이 본래 근기가 나약한 범부들을 위하여 수행하기 좋은 극락세계를 건설하고 부처가 되셨기 때문에 처음에 먼저 범부의 정토왕생을 밝히시고, 이어서 수행의 근기가 높은 성인들의 왕생을 설하신 것이다.

이 대목은 처음 정토에 왕생한 범부가 정정취의 이익을 얻는 것을 말씀하신 것으로 48원 가운데 제11 주정정취住正定聚원을 성취한 것이다. 극락세계에 왕생하는 사람 누구나 정정취에 머무는 것은 극락세계에는 부정취나 사정취라고 하는 지위도 없고 이름도 없기 때문이다. 이 삼정취三定聚에 대해『구사론』에서는 "정정취와 사정취, 그리고 부정취란 성聖과 무간無間 외의 나머지다"라고 하여 모든 번뇌를 끊은 성자를 정정취라 하고, 끊임없이 악업을 지어 지옥, 아귀, 축생에 떨어지는 것을 사정취라 하였으며, 이 외 결정되지 않은 사람을 부정취라 하였다. 중국의 정영사淨影寺 혜원慧遠은 삼현三賢과 십성十聖은 불퇴위不退位이기 때문에 정정취이고, 십신위十信位는 앞으로 나아갈 수도 있고 뒤로 퇴보할 수도 있어 부정취라 하며, 십신十信 이전은 업을 지어 과보를 받는 것을 믿지 않기 때문에 부정취라 하였다.

정토교학에서는 정정취正定聚란 정토에 왕생한 범부가 얻은 불퇴전의 자리를 말하고, 사취邪聚란 사정취라고 하는데 정토에 왕생하지 못하고 지옥, 아귀, 축생 등 세 가지 악도에 떨어지는 사람을 말하며, 부정취不定聚란 불과佛果까지 오를지의 여부를 알지 못하는 사람, 또는 정토에 왕생할 수 있을지 없을지 결정되지 않은 사람이다. 이 정정취를 정토경전의 내용에 의거해 보면, 극락세계에 왕생하면 무생법인을 얻어 성불할 때까지 뒤로 퇴보하는 일이 없기 때문에 불퇴전의 보살로 보아야 할 것이다.

十方恒沙諸佛如來 皆共讚歎無量壽佛威神功德 不可思議 諸有衆生 聞其名號 信心歡喜 乃至一念 至心廻向 願生彼國 卽得往生 住不退轉 唯除五逆 誹謗正法
시방항사제불여래 개공찬탄무량수불위신공덕 불가사의 제유중생 문기명호 신심환희 내지일념 지심회향 원생피국 즉득왕생 주불퇴전 유제오역 비방정법

"시방에 항하의 모래와 같이 많은 모든 부처님이 다함께 무량수 부처님의 헤아릴 수 없는 위신력과 공덕을 찬탄하시느니라. 모든 중생은 그 명호를 듣고 기쁜 마음으로 신심을 내어 한 생각이라도 지극한 마음으로 저 국토에 태어나기를 원하면 곧

왕생하여 불퇴전의 자리에 머무느니라. 다만 오역죄와 정법을 비방하는 사람은 안 되느니라.”

【해설】

이 단원은 아미타불께서 48원 가운데 제18 염불왕생원과 제19 내영인접원을 성취한 것으로, 이것을 시방세계에 계시는 수많은 부처님들이 모두 아미타불의 명호가 불가사의한 공덕을 가지고 있고, 근기가 나약한 범부들이 극락세계에 왕생할 수 있는 방법이 훌륭하며, 이 모든 범부를 받아들이는 것을 칭찬하신다는 것이다. 이 내용에 대해 『아미타경』에서는 동서남북, 그리고 상하의 육방제불六方諸佛이 칭찬하신다고 하였다.

만약 범부가 정토에 왕생할 것을 발원해서 모든 부처님이 칭찬하시는 명호를 듣고 마음으로 환희하여 세 가지 마음, 즉 지성심과 심심, 그리고 회향발원심을 구족하여 염불을 계속하면서 정토에 왕생할 것을 원하면 목숨을 마칠 때에 부처님이 오셔서 맞이하여 빠른 시간에 정토에 왕생하며 정정취인 불퇴전의 자리에 들어갈 수 있다고 하신 것이다.

여기에 나오는 오역죄는 아버지를 살해하는 것과 어머니를 살해하는 것, 그리고 아라한을 살해하고, 부처님 몸에 피를 내며, 화합된 승단을 파괴하는 것 등 다섯 가지를 말한다. 이 가운데 아버지와 어머니를 살해하는 것은 인간으로 있을 수 없는 극악무도한 죄며, 아라한을 죽이고 부처님 몸에 피를 흘리게 상처를 주는 것은 우리에게 깨달음을 주는 성인을 살상하는 것으로 크게 윤리에 어긋나는 행위이기 때문에 큰 죄로 보고, 화합된 승가를 파괴하는 것은 수행하는 승단을 분열시키는 것으로 아주 무거운 죄로 취급하여 극락세계 왕생에서 제외시켰다. 그리고 부처님 법을 비방하는 사람을 제외시킨 것은 부처님 법을 비방하는 마음을 가지고 있기 때문에 정토에 왕생하려는 생각 자체가 없을 것이고, 왕생하기 위한 염불도 하지 않기 때문에 당연히 왕생할 수 없을 것이다. 그래서 제외한다고 설했지 않나 생각한다. 한 가지 특이한 것은 이 경에서는 오역죄와 정법을 비방하는 사람을 제외시켰지만, 뒤에 나오는 『관무량수경』에서는 오역죄는 빠지고 정법비방만 있다. 이에 대해 원효대사는 『무량수경』의 오역죄는 참회를 하지 않는 사람으로 보고 제외하였고, 『관무량수경』에서 오역죄는 참회하고 염불한 사람이기에 왕생할 수 있다고 보고 언급하지 않았다고 하였다.

내지일념乃至一念: 마음을 일으켜 행하는 한 생각으로서, 모든 부처님이 칭찬하시는 명호를 듣고 기쁜 마음으로 부르며 생각하는 것을 말한다. 내지乃至는 평생 동안 하는 염불을 밝힌 것이고, 일념一念은 임종 시의 염불을 말한 것으로 48원 가운데 제18원의 내지십념乃至十念과 같은 뜻이다. (자세한 것은 필자가 지은 『염불의 원류와 전개사』,

pp.106~111; p.205 등을 참고하기 바란다.)

제2항 삼배 왕생

佛告阿難 十方世界諸天人民 其有至心願生彼國 凡
불고아난 시방세계제천인민 기유지심원생피국 범

有三輩 其上輩者 捨家棄欲 而作沙門 發菩提心 一向
유삼배 기상배자 사가기욕 이작사문 발보리심 일향

專念無量壽佛 修諸功德 願生彼國 此等衆生 臨壽終
전념무량수불 수제공덕 원생피국 차등중생 임수종

時 無量壽佛 與諸大衆 現其人前 即隨彼佛 往生其國
시 무량수불 여제대중 현기인전 즉수피불 왕생기국

便於七寶華中 自然化生 住不退轉 智慧勇猛神通自
변어칠보화중 자연화생 주불퇴전 지혜용맹신통자

在 是故阿難 其有衆生 欲於今世 見無量壽佛 應發無
재 시고아난 기유중생 욕어금세 견무량수불 응발무

上菩提之心 修行功德 願生彼國
상보리지심 수행공덕 원생피국

부처님께서 아난에게 말씀하셨다.

"시방세계의 모든 천인과 인간들이 지극한 마음으로 저 국토에 태어나려고 원함에 대략 세 가지 차별이 있다. 그 중에 상배란 집을 버리고, 욕심을 버리고, 승려가 되어 보리심을 발하여 한결같이 무량수불을 생각하여 여러 가지 공덕을 닦아 저 국토에

태어나고자 원하는 사람들이다. 이와 같은 중생이 목숨을 마칠 때에는 무량수불이 여러 대중과 함께 그 사람 앞에 나타나신다. 곧 그 부처님을 따라 저 국토에 왕생하여 칠보의 꽃 가운데 자연히 화생化生하여 불퇴전의 진리에 머물러 지혜와 용맹을 갖추고 신통이 자재하게 되느니라. 그러므로 아난아, 이 세상에서 무량수불을 친견하고자 하는 중생은 마땅히 한없는 보리심을 일으켜 공덕을 닦아 저 국토에 태어나기를 원해야 하느니라."

【해설】

이 단원은 상·중·하 세 가지 근기의 중생이 정토에 왕생하는 것을 밝히는 것으로 48원 가운데 제19 내영인접來迎引接원을 성취한 글이다. 이 삼배三輩는 염불 혹은 다른 행을 수행하여 극락정토에 왕생하는 사람들이다.

석가모니 부처님께서는 아난존자에게 이르시기를 "시방세계에 있는 많은 사람들 가운데서 지성심, 심심, 회향발원심을 일으켜서 서방정토에 태어나고 싶다고 원하는 사람에게는 상·중·하의 세 가지 종류가 있다"고 하시면서 이 대목에서 상근기인 상품을 말씀하셨다. 즉 출가한 비구를 예로 들어 발보리심發菩提心과 염불, 또 많은 공덕이 있는 선근을 쌓아 이 모든 공덕을 회향해 정토에 왕생할 것을 원하면 임종할 때에 아미타 부처님은 정토의 많은 성중들과 함께 그 사람을 맞이한다고 하셨다.

삼배三輩: 상품, 중품, 하품이다.

사문沙門: 산스크리트 Śramaṇa로, 출가해서 불도를 닦는 사람.

화생化生: 일반적으로 태생, 난생, 습생, 화생 등 4생 가운데 하나를 말하지만, 여기서는 윤회하는 화생을 말하지 않고 홀연히 정토의 연꽃 속에서 태어나는 것을 말한다.

보리심菩提心: 극락세계에 왕생하여 무생법인을 증득하려고 하는 마음.

佛告阿難 其中輩者 十方世界諸天人民 其有至心願
불고아난 기중배자 시방세계제천인민 기유지심원

生彼國 雖不能行作沙門 大修功德 當發無上菩提之
생피국 수불능행작사문 대수공덕 당발무상보리지

心 一向專念無量壽佛 多少修善 奉持齋戒 起立塔像
심 일향전념무량수불 다소수선 봉지재계 기립탑상

飯食沙門 懸繒然燈 散華燒香 以此廻向 願生彼國 其
반사사문 현증연등 산화소향 이차회향 원생피국 기

人臨終 無量壽佛 化現其身 光明相好 具如眞佛 與諸
인임종 무량수불 화현기신 광명상호 구여진불 여제

大衆 現其人前 即隨化佛 往生其國 住不退轉 功德智
대중 현기인전 즉수화불 왕생기국 주불퇴전 공덕지

慧 次如上輩者也
혜 차여상배자야

부처님께서 아난에게 말씀하셨다.

"그 중배란 시방세계 모든 천인과 사람들이 지극한 마음으로 저 국토에 태어나고자 원을 세우고, 비록 승려가 되어 큰 공덕을 닦지 못하더라도 마땅히 위없는 보리심을 내어 오로지 일념으로 무량수불을 염하는 사람들이다. 다소 선을 닦고 계율을 받들어 지키며 탑을 세우고 불상을 조성하며 스님들에게 공양도 하고 일산을 걸며 등불을 밝히고 꽃을 뿌리며 향을 사르고, 이렇게 회향해서 저 국토에 태어나려고 원하면 그 사람의 임종 시에 무량수불이 몸을 화현化現으로 나투시는데 광명과 상호가 실제 부처님과 같으시며, 모든 대중과 함께 그 사람 앞에 나타나신다. 그리고 곧 화현하신 부처님을 따라서 저 국토에 왕생해 불퇴전의 자리에 머물게 되나니, 지혜와 공덕은 상배의 다음가느니라."

【해설】

이 단원은 중배로, 비록 출가하지는 못하더라도 무상보리심을 내어 여러 가지 선근을 쌓고 이 공덕을 회향하여 극락정토에 왕생하고 싶다고 원하는 사람을 말하였다. 이런 사람이 임종하려고 할 때 아미타 부처님은 화신으로 나투셔서 맞이하신다고 하였다.

재계齋戒: 재가신도가 만 하루 동안 출가자들처럼 여덟 가지 계를 지키는 것으로 즉 살생, 도둑질, 사음, 거짓말하지 않고, 술을 마시지 않고, 높고 큰 상에 앉지 않고, 장신구를 갖지 않고, 춤추고 노래 부르지 않는 것 등이다.

증繒: 일산으로서 부처님 위를 가리는 양산 같이 된 것.

佛告阿難 其下輩者 十方世界諸天人民 其有至心欲
불고아난 기하배자 시방세계제천인민 기유지심욕

生彼國 假使不能作諸功德 當發無上菩提之心 一向
생피국 가사불능작제공덕 당발무상보리지심 일향

專意 乃至十念 念無量壽佛 願生其國 若聞深法 歡喜
전의 내지십념 염무량수불 원생기국 약문심법 환희

信樂 不生疑惑 乃至一念念於彼佛 以至誠心願生其
신요 불생의혹 내지일념념어피불 이지성심원생기

國 此人臨終夢見彼佛 亦得往生 功德智慧 次如中輩
국 차인임종몽견피불 역득왕생 공덕지혜 차여중배

者也
자야

부처님께서 아난에게 말씀하셨다.

"그 하배란 시방세계의 모든 천신과 사람들이 지극한 마음으로 저 국토에 태어나려고 원을 세워, 가령 여러 가지 공덕을 짓지는 못하지만 마땅히 위없는 보리심을 내고, 오로지 뜻을 한결같이 하여 내지십념乃至十念이라도 무량수불을 생각하며 그 국토에 태어나려고 원하는 사람들이다. 만약 심오한 법을 듣고 즐거운 환희심으로 믿어 의혹을 일으키지 아니하고 한 생각이라도 부처

님을 생각하여 지극한 마음으로 저 국토에 태어나려고 원하면 이 사람이 임종할 때 꿈결에 부처님을 뵙고 왕생하나니, 지혜와 공덕은 중배 다음가느니라."

【해설】

이 단원은 하배로, 상배와 중배처럼 출가나 많은 선근공덕을 수행하지 못하더라도 보리심을 내어 진실한 마음(至心)으로 극락정토에 왕생하고 싶은 원을 세워 한결같은 마음으로 아미타불의 명호를 계속 부르는 사람을 말한다. 이런 사람은 임종 시에 꿈속에 아미타불께서 와 맞이하시는 것을 보고 정토에 왕생할 수 있다고 하셨다.

이 경에서 설한 삼배를 『관무량수경』에서는 구품九品으로 세분화하여 설하였는데 선도대사는 구품왕생을 모두 범부왕생으로 하였다. 즉 상품의 3인은 대승을 만나는 범부이고, 중품 3인은 소승을 만나는 범부이며, 하품 3인은 악을 만나는 범부로 보아 아미타불의 구원의 본의가 범부에 있다고 하였다.

이 삼배왕생 가운데 보리심에 대해 담란은 『왕생론주』에서 "왕사성에서 설한 무량수경을 생각하건대 비록 수행에 우열이 있지만 모두 무상보리심을 내지 않는 것이 없다. 이 무상보리심이란 곧 부처가 되려고 원하는 마음이고, 부처가 되려고 원하는 마음은 곧 중생을 제도하려는 마음이다. 이 중생을 제도하려는 마음은 곧 중생을 섭취하여 부처님 계시는 국토에 태어나게 하려는 마음이다. 그렇기 때문에 저 안락정토에 태어나려고 원하는 사람은 반드시 무상보리심을 내야 한다"라고 하였다. 이는 아무리 근기가 나약한 범부라도 극락정토에 왕생하기 위해서는 보리심을 내지 않으면 안 된다는 것이다. 그래서 원효는 『무량수경종요』에서 보리심이 정토에 왕생하는 주된 원인(正因)이고, 염불은 위 정인을 도와주는 조인助因이라 하여 보리심을 중요시하였다. 그런데 선도대사는 염불이 왕생하는 정인正因이고 다른 수행은 조인助因이라 하여 담란대사와 원효대사의 견해와 달리하여 아미타불의 명호를 부르는 것에 역점을 두었다.

아무튼 위 삼배에서는 여러 가지 수행에 차별이 있지만 보리심을 일으키는 것과 염불, 그리고 정토에 왕생하기 위해 회향하는 회향발원심은 다 들어가 있기 때문에 근기가 수승하거나 나약한 범부든 간에 이 세 가지만은 꼭 갖추지 않으면 안 된다.

내지십념乃至十念: 내지乃至는 한 평생의 뜻이고, 십념十念은 열 번 소리 내어 염불하는 것으로, 많게는 한평생 염불로부터 적게는 열 번이나 한 번 소리 내어 염불하는 것을 말한다.

심법深法: 아미타불의 공덕이 있는 십념十念을 가리킨다. 즉 염불의 가르침을 말한다.

내지일념乃至一念: 내지乃至는 한평생이고, 일념一念은 한 번 소리 내어 염불하는 것.

제2절 보살과 성중의 왕생

佛告阿難 無量壽佛威神無極 十方世界無量無邊不可
불고아난 무량수불위신무극 시방세계무량무변불가

思議諸佛如來 莫不稱歎於彼 東方恒沙佛國 無量無
사의제불여래 막불칭탄어피 동방항사불국 무량무

數諸菩薩衆 皆悉往詣無量壽佛所 恭敬供養 及諸菩
수제보살중 개실왕예무량수불소 공경공양 급제보

薩聲聞大衆 聽受經法 宣布道化 南西北方四維上下
살성문대중 청수경법 선포도화 남서북방사유상하

亦復如是
역부여시

부처님께서 아난에게 이르시기를,

"무량수불의 위신력은 너무 뛰어나기 때문에 시방세계의 한량없이 많은 모든 부처님께서 찬탄하지 않으신 분이 없다. 저 동방의 항하의 모래와 같이 많은 불국토의 수많은 모든 보살들도 다 무량수불이 계신 곳에 와서 무량수불과 보살, 성문, 대중들을 공경하고 공양한다. 그리고 진리의 말씀을 듣고 널리 중생을 교화하나니, 남, 서, 북방, 사유四維, 위, 아래도 또한 이와 같으니라."

【해설】

이 단원은 시방세계에 있는 보살과 성중들이 극락정토에 왕생하여 대중들에게 공양하고 법을 듣고 널리 중생을 교화하는 것을 말씀하셨다.

항사恒沙: 항하사라고도 하는데, 항하(갠지스 강)의 모래 수가 많은 것을 말하며, 일반적으로 사물의 수가 많은 것에 비유할 때 사용한다.

경법經法: 아미타불의 교법과 진리.

爾時世尊 而說頌曰
이 시 세 존 이 설 송 왈

東方諸佛國 其數如恒沙 彼土菩薩衆 往覲無量覺
동 방 제 불 국 기 수 여 항 사 피 토 보 살 중 왕 근 무 량 각

南西北四維 上下亦復然 彼土菩薩衆 往覲無量覺
남 서 북 사 유 상 하 역 부 연 피 토 보 살 중 왕 근 무 량 각

一切諸菩薩 各齎天妙華 寶香無價衣 供養無量覺
일 체 제 보 살 각 재 천 묘 화 보 향 무 가 의 공 양 무 량 각

咸然奏天樂 暢發和雅音 歌歎最勝尊 供養無量覺
함 연 주 천 악 창 발 화 아 음 가 탄 최 승 존 공 양 무 량 각

究達神通慧 遊入深法門 具足功德藏 妙智無等倫
구 달 신 통 혜 유 입 심 법 문 구 족 공 덕 장 묘 지 무 등 륜

慧日照世間 消除生死雲 恭敬遶三匝 稽首無上尊
혜 일 조 세 간 소 제 생 사 운 공 경 요 삼 잡 계 수 무 상 존

見彼嚴淨土 微妙難思議 因發無上心 願我國亦然
견피엄정토 미묘난사의 인발무상심 원아국역연

應時無量尊 動容發欣笑 口出無數光 徧照十方國
응시무량존 동용발흔소 구출무수광 변조시방국

廻光圍遶身 三匝從頂入 一切天人衆 踊躍皆歡喜
회광위요신 삼잡종정입 일체천인중 용약개환희

大士觀世音 整服稽首問 白佛何緣笑 唯然願說意
대사관세음 정복계수문 백불하연소 유연원설의

이때 부처님께서 게송으로 말씀하셨다.

"동방에 널리 있는 여러 불국토
항하의 모래처럼 셀 수가 없네.
이렇듯 많은 국토 보살 대중이
무량수 부처님께 가서 뵈옵네.

남방과 서방 북방 네 간방과
상방과 하방에도 다 그렇거든
이같이 많은 국토 보살 대중이
무량수 부처님께 가서 뵈옵네.

시방세계 그와 같이 많은 보살들
아름다운 하늘 꽃과 향과 보석과
한량없는 하늘 옷을 가지고 와서

무량수 부처님께 공양하였네.

모두들 천상음악 연주할 때에
밝고 곱고 화평한 노래를 불러
가장 높은 부처님을 찬탄하여
무량수 부처님께 공양하였네.

신통과 바른 지혜 끝까지 알아
저같이 깊은 법문 드나들면서
한량없는 공덕을 두루 갖추니
미묘한 밝은 지혜 짝할 이 없네.

지혜의 해 이 세상을 환히 비추어
생사의 구름이 활짝 걷히니
보살들은 공경하여 세 번 돌고
위없는 부처님께 예배하였네.

청정하고 장엄한 저 국토 보니
생각도 말도 못할 기묘한 세계
보는 사람 위없는 보리심 내어
원컨대 우리 국토 그와 같아지라고.

그때에 무량수 부처님께서
반가운 얼굴로 기뻐 웃으시니
입에서 눈부신 광명이 나와
시방세계를 두루 비추시었네.

그 광명이 되돌려 몸을 둘러싸
세 번 돌고 두상頭上으로 들어가니
온 세계 천상, 인간, 많은 대중들
환희심에 뛰놀며 즐거워했네.

그때에 관음보살 옷깃 여미고
머리를 숙이며 여쭈는 말씀
부처님 무슨 일로 웃으시온지
원컨대 그 까닭을 일러 주소서."

【해설】

이 단원부터는 게송으로 시방세계에 있는 보살, 성중들이 극락정토에 왕생하는 것과 아미타불의 위없는 모습을 찬탄하는 내용이다. 찬탄이란 모습을 보거나 설법을 듣고 감명을 받아 마음속 깊이 우러나오는 일종의 환희심이라 할 수 있다. 이 세상에서 화려한 불꽃놀이나 아름다운 정원, 건물, 자연 등을 보고 찬탄하기도 하고, 목표했던 것을 성취하여 희열감을 느끼기도 한다. 그런데 이러한 기쁨은 지속적인 행복을 주지 못하고 진리를 깨닫고 생사를 여의게 하지 못하며, 일시적인 감명으로서 시간이 지나면 없어지고 만다. 그러나 아미타불의 원력과 신통과 지혜, 깊은 법문이 진리를 깨닫게 하고 생사의 구름을 걷히게 하여 윤회를 벗어나게 하니 시방의 보살과 성중들이 얼마나 감동하였겠는가!

무량각無量覺: 아미타불을 말한다.

최승존最勝尊: 아미타불을 말한다.

유입심법문遊入深法門: 심오한 법문인 열반의 이치에 드는 것.

무상심無上心: 한문 그대로 번역하면 위없는 마음이지만 보살이 일으키는 별원別願을 말한다. 즉, 법신을 섭수하고, 정토를 섭수하며, 중생을 섭수하려는 원이다.

梵聲猶雷震 八音暢妙響 當授菩薩記 今說仁諦聽
범성유뢰진 팔음창묘향 당수보살기 금설인제청

十方來正士 吾悉知彼願 志求嚴淨土 受決當作佛
시방래정사 오실지피원 지구엄정토 수결당작불

覺了一切法 猶如夢幻響 滿足諸妙願 必成如是刹
각료일체법 유여몽환향 만족제묘원 필성여시찰

知法如電影 究竟菩薩道 具諸功德本 受決當作佛
지법여전영 구경보살도 구제공덕본 수결당작불

通達諸法性 一切空無我 專求淨佛國 必成如是刹
통달제법성 일체공무아 전구정불국 필성여시찰

諸佛告菩薩 令覲安養佛 聞法樂受行 疾得淸淨處
제불고보살 영근안양불 문법락수행 질득청정처

至彼嚴淨土 便速得神通 必於無量尊 受記成等覺
지피엄정토 변속득신통 필어무량존 수기성등각

其佛本願力 聞名欲往生 皆悉到彼國 自致不退轉
기불본원력 문명욕왕생 개실도피국 자치불퇴전

菩薩興至願 願己國無異 普念度一切 名顯達十方
보살흥지원 원기국무이 보념도일체 명현달시방

奉事億如來 飛化徧諸刹 恭敬歡喜去 還到安養國
봉사억여래 비화변제찰 공경환희거 환도안양국

若人無善本 不得聞此經 淸淨有戒者 乃獲聞正法
약인무선본 부득문차경 청정유계자 내획문정법

曾更見世尊 則能信此事 謙敬聞奉行 踊躍大歡喜
증갱견세존 즉능신차사 겸경문봉행 용약대환희

"우레처럼 우렁찬 맑은 음성으로
여덟 가지 미묘한 소리를 내어
내 이제 보살들에게 수기授記 주리니
이 말을 똑똑히 명심해 들어라.

시방세계에서 모인 저 보살들
저마다 지닌 소원 내가 아노니
청정한 좋은 국토 구해 가지고

반드시 수기 받아 성불하리라.

온갖 법 꿈과 같고 요술과 같고
메아리 같은 줄을 밝게 깨달아
여러 가지 큰 소원을 이루게 되면
이러한 좋은 국토 얻게 되리라.

법이 번개나 그림자 같은 줄 알고
끝까지 보살도를 닦아 행하여
여러 가지 공덕 모두 갖추면
반드시 수기 받아 성불하리라.

법의 성품은 모두 공한 것이고
나조차 없는 줄 깊이 깨달아
청정한 불국토를 힘써 구하면
반드시 이런 국토 얻게 되리라.

부처님 보살들께 하시는 말씀
극락세계 무량수불 가서 뵈오라.
법문 듣고 기꺼이 받아 행하면
청정한 저 국토를 속히 얻으리.

청정한 저 나라에 가기만 하면
어느덧 신통 묘용妙用 두루 갖추고
무량수 부처님께 수기를 받아
위없는 바른 도를 이룰 것이다.

저 부처님 처음에 세우신 원력
그 이름 듣고서 가서 나려면
누구든지 그 나라에 왕생을 하여
물러나지 않는 데 앉게 되리라.

보살들아, 그러니 지극한 원을 세워
내 국토도 그 세계와 같아지라고
많은 중생 구제하겠노라 원하라.
그러면 그 이름 시방에 떨치리.

그 많은 부처님을 섬길 때에
이 몸으로 여러 세계 두루 다니며
정성껏 기쁨으로 공양 올리고
거듭 극락세계에 돌아가리라.

전생에 착한 공덕 못 쌓은 이는

이 경전 말씀을 들을 길 없고
온갖 계행 청정하게 닦는 이라야
부처님 바른 법문 들을 수 있네.

일찍이 부처님을 뵈온 사람은
의심 않고 이런 일 믿으리니
겸손하고 조심스레 듣고 행하여
즐거이 뛰놀며 기뻐하리라."

【해설】

이 단원에 나오는 팔음八音이란 첫째는 가장 좋은 소리고, 둘째는 쉽게 이치를 요달할 수 있는 소리, 셋째는 부드럽고 온화한 소리, 넷째는 조화된 소리, 다섯째는 존귀한 지혜의 소리, 여섯째는 그릇되고 잘못이 없는 소리, 일곱째는 심오한 소리, 여덟째는 거침없이 힘찬 소리를 말한다. 내가 남에게 말하여 설득하고 이해시킨다는 것은 그리 용이한 일이 아니다. 이 팔음을 구족하여 남에게 법을 설할 수 있다면 상대를 쉽게 구제할 수 있을 것이다. 아미타불께서 극락세계에 왕생한 사람이 간직하고 있는 소원을 다 아시고 들어주시며, 이 팔음으로 수기授記를 주신다는 것은 우리 불자에게 얼마나 영광스러운 일인가 생각하게 한다. 이 수기란 미래에는 반드시 성불한다고 부처님으로부터 예언을 받는 것으로, 불자의 최상의 목적이 성불이므로 수기를 받는다는 것은 최상을 목적을 이루는 것이다.

범성梵聲: 부처님의 음성을 범왕의 소리로 비유한 것.

비화飛化: 동시에 화현하여 가는 것.

憍慢弊懈怠 難以信此法 宿世見諸佛 樂聽如是教
교 만 폐 해 태 난 이 신 차 법 숙 세 견 제 불 악 청 여 시 교

聲聞或菩薩 莫能究聖心 譬如從生盲 欲行開導人
성 문 혹 보 살 막 능 구 성 심 비 여 종 생 맹 욕 행 개 도 인

如來智慧海 深廣無涯底 二乘非所測 唯佛獨明了
여 래 지 혜 해 심 광 무 애 저 이 승 비 소 측 유 불 독 명 료

假使一切人 具足皆得道 淨慧知本空 億劫思佛智
가 사 일 체 인 구 족 개 득 도 정 혜 지 본 공 억 겁 사 불 지

窮力極講說 盡壽猶不知 佛慧無邊際 如是致清淨
궁 력 극 강 설 진 수 유 부 지 불 혜 무 변 제 여 시 치 청 정

壽命甚難得 佛世亦難值 人有信慧難 若聞精進求
수 명 심 난 득 불 세 역 난 치 인 유 신 혜 난 약 문 정 진 구

聞法能不忘 見敬得大慶 則我善親友 是故當發意
문 법 능 불 망 견 경 득 대 경 즉 아 선 친 우 시 고 당 발 의

設滿世界火 必過要聞法 會當成佛道 廣濟生死流
설 만 세 계 화 필 과 요 문 법 회 당 성 불 도 광 제 생 사 류

"교만하고 게으른 사람은

이 법문 믿기가 심히 어렵지만
전생에 부처님을 뵈온 사람은
이와 같은 가르침을 즐겨 들으리.

성문은 물론 보살이라도
부처님의 거룩한 마음 알기 어렵네.
이 세상에 날 때부터 눈먼 사람이
어떻게 남에게 길을 가리킬까.

여래의 크신 지혜의 바다는
깊고 넓어 그 끝이 없어
성문이나 보살로는 헤아릴 길 없고
부처님만이 그 덕을 아실 수 있네.

이 세상 사람들이 누구나 없이
원만하게 모두 다 도를 이루어
많은 지혜로써 공한 줄 알고
억겁 동안 부처님 지혜 생각하고서

있는 힘을 다 기울여 해설하여
목숨이 다할지라도 알 수가 없네.

부처님의 지혜는 한량이 없어
이렇듯 끝없이 청정하느니라.

이 목숨 오래 살기 심히 어려운 일
부처님 만나 뵙긴 더욱 어렵고
믿음과 지혜 갖추긴 더욱 어려워
좋은 법 들었을 때 힘써 닦으라.

법문 듣고 마땅히 잊지를 말지니
뵈옵고 공경하면 큰 기쁨 얻네.
그를 일러 우리들의 선지식이라
그러므로 너희는 발심하여라.

온 세계 불길이 가득할지라도
뚫고 가서 그 법문 들을 것이니
다음 세상 반드시 부처가 되어
생사에 허덕이는 중생들 구하리라."

【해설】

여기에 나오는 "교만하고 게으른 사람은 이 법문 믿기가 심히 어렵지만"이란, 자만심을 가지고 하심하지 않는 사람은 상대를 업신여기는 마음을 가지고 있어 남의 말을 귀담아 들으려고 하지 않는 마음이 팽배하기 때문에 정토의 가리킴을 믿지 않는 것을 말한다. 그리고 부지런하지 못하고 열심히 정진하지 못한 사람은 긍정적인 행동을 하지 않고 자기의 잘못된 것과 불행을 남의 탓으로 돌리고 항상 불평과 불만을 토로하는 성격의 소유자로 정토의 가리킴을 깊이 믿지 않는다는 것이다. 그래서 우리는 자만심을 버리려고 노력해야 하며, 부지런히 정진하려고 해야 진정한 정토행자라고 할 수 있다.

폐弊: 폐쇄한다는 뜻으로 여기서는 육바라밀 행을 장애하는 것을 말한다. 이에 여섯 가지가 있는데 ①탐하는 것. ②파계. ③성냄. ④게으름. ⑤산란한 마음. ⑥악한 지혜 등이다.

본공本空: 인人과 법法의 두 가지가 공한 것.

신해信慧: 법을 듣고 의심 없이 즐거이 믿는 것.

제4장 정토의 안락

제1절 보살과 성중이 갖춘 덕상

佛告阿難　彼國菩薩　皆當究竟一生補處　除其本願為
불고아난　피국보살　개당구경일생보처　제기본원위

衆生故　以弘誓功德而自莊嚴　普欲度脫一切衆生　阿
중생고　이홍서공덕이자장엄　보욕도탈일체중생　아

難　彼佛國中諸聲聞衆　身光一尋　菩薩光明　照百由旬
난　피불국중제성문중　신광일심　보살광명　조백유순

有二菩薩　最尊第一　威神光明　普照三千大千世界　阿
유이보살　최존제일　위신광명　보조삼천대천세계　아

難白佛　彼二菩薩　其號云何　佛言　一名觀世音　二名大
난백불　피이보살　기호운하　불언　일명관세음　이명대

勢至 是二菩薩 於此國土 修菩薩行 命終轉化 生彼佛
세지 시이보살 어차국토 수보살행 명종전화 생피불

國 阿難 其有衆生 生彼國者 皆悉具足三十二相 智慧
국 아난 기유중생 생피국자 개실구족삼십이상 지혜

成滿 深入諸法 究暢要妙 神通無礙 諸根明利 其鈍根
성만 심입제법 구창요묘 신통무애 제근명리 기둔근

者成就二忍 其利根者 得不可計無生法忍 又彼菩薩
자성취이인 기이근자 득불가계무생법인 우피보살

乃至成佛 不更惡趣 神通自在 常識宿命 除生他方五
내지성불 불갱악취 신통자재 상식숙명 제생타방오

濁惡世 示現同彼 如我國也
탁악세 시현동피 여아국야

부처님께서 아난에게 말씀하셨다.

"저 국토의 모든 보살들은 당연히 일생보처에 이르게 된다. 그러나 그 본원에 따라 중생들을 위해 큰 서원의 공덕으로써 스스로 장엄하고 널리 모든 중생을 제도하려고 하는 보살은 제외되느니라. 아난아, 저 불국토 가운데 모든 성문들은 그 몸에서 발하는 광명이 한 길이며 보살의 광명은 일백 유순을 비춘다. 두 보살이 가장 존귀함이 으뜸이고 위신력의 광명은 두루 삼천대천세계를 비추느니라."

아난이 부처님께 여쭈어 물었다.

"그 두 보살의 이름은 무엇입니까?"

부처님께서 말씀하시기를,

"한 분은 관세음보살이고, 또 한 분은 대세지보살이라 이름한다. 이 두 보살이 이 국토에서 보살의 행을 닦고 목숨이 다하자 몸을 바꾸어 저 세계에 태어난 것이다. 아난아, 어떤 중생이든지 저 국토에 태어난 사람은 모두 다 32상을 갖추고 지혜가 충만하여 모든 법의 이치를 깨달아 묘법을 밝히고 신통이 자재하며 육근이 청정하고 맑다. 아무리 둔한 사람이라도 법문을 듣고 깨닫는 음향인과 진리에 따르는 유순인을 얻을 수 있고, 근기가 수승한 사람은 가히 헤아릴 수 없는 무생법인을 얻는다. 저 보살은 이어 부처님이 될 때까지 악도인 지옥, 아귀, 축생에 떨어지지 않으며 신통이 자재하여 항상 과거의 일을 안다. 일부러 다른 세계의 오탁악세에 태어나서 중생을 제도하려고 하는 사람이 나의 국토에 태어나는 것은 제외된다."

【해설】

이 단원은 극락정토에 왕생한 보살들이 얻는 다섯 가지 덕을 설한 곳이다.

첫째, 구경보처究竟補處의 덕이란 경에서 "저 국토의 모든 보살들은 당연히 일생보처에 이르게 되느니라. 그러나 그 본원에 따라 중생들을 위해 큰 서원의 공덕으로써 스스로 장엄하고 널리 모든 중생을 제도하려고 하는 보살은 제외되느니라"라는 내용이다. 여기서 이야기한 일생보처란 보살이 최후 한생을 지나면 부처가 되는 것으로, 이것은 보살의 최상위인 등각의 자리다. 이는 48원 가운데 제22 필지보처必至補處원으로 "다른 세계 불국토의 모든 보살들이 나의 국토에 와서 태어나면 마침내 일생보처를 이룬다"는 것을 성취한 것이고, 『아미타경』에서 "태어나는 중생들은 다 보리심에서 물러나지 않는 이들이며, 그 가운데는 극락세계에 일생보처一生補處에 오른 이들이 수없이 많아"라는 것과 같은 내용이다.

둘째, 광명수묘光明殊妙의 덕이란 경에서 "저 불국토 가운데 모든 성문들은 그 몸에서 발하는 광명이 한 길이며 보살의 광명은 일백 유순을 비추느니라"라는 내용이다. 극락세계에 왕생한 사람은 제각기 그 몸에 맞는 광명을 구족한 것을 말하는데, 여기서는 관세음보살과 대세지보살의 광명을 예로 들어 설하셨다.

셋째, 신상구족身相具足의 덕이란 경에서 "저 국토에 태어난 사람들은 모두 32상을 갖추고"라고 한 내용으로 48원 가운데 제21 삼십이상원三十二相願을 성취한 것이다. 이 32상은 보통 사람보다 우월한 모습을 갖춘 것을 예로 들어 극락세계에 태어난 사람은 부처님과 같이 32상을 구족한다는 것이다.

넷째, 지혜수승智慧殊勝의 덕이란 경에서 " 아무리 둔한 사람이라도 법문을 듣고 깨닫는 음향인과 진리에 따르는 유순인을 얻을 수 있고, 근기가 수승한 사람은 가히 헤아릴 수 없는 무생법인을 얻느니라"라는 내용이다. 극락세계에 태어난 사람은 청정한 지혜를 구족해서 여러 법의 실상을 깨닫고 여섯 가지 신통을 얻을 뿐만 아니라 육근이 청정한 덕을 얻고, 아무리 근기가 나약한 사람이라도 음향인과 유순인을 깨닫고 근기가 수승한 사람은 무생법인을 깨닫는다는 것이다.

다섯째, 영리악취永離惡趣이란 경에서 "저 보살은 이어 부처님이 될 때까지 악도인 지옥, 아귀, 축생에 떨어지지 않으며 신통이 자재하여 항상 과거의 일을 아느니라. 일부러 다른 세계의 오탁악세에 태어나서 중생을 제도하려고 하는 사람이 나의 국토에 태어나는 것은 제외되느니라"라는 내용으로 48원 가운데 제2 불갱악취不更惡趣원인 "나라의 중생들이 수명이 다한 뒤에 다시 삼악도에 떨어진다면 부처가 되지 않겠습니다"는 것을 성취한 것이다. 그러나 대자비심을 갖고 다른 국토의 중생을 제도하기 위해 화신의 몸을 나투는 사람은 제외하는데, 이 사람은 다시 오탁에 전락하는 것이 아니다.

일생보처一生補處: 산스크리트 eka-jātipratibuddha의 번역으로 다음 생에는 부처님의 자리에 오르는 보살의 높은 자리를 말한다.

유순由旬: 산스크리트 yojana의 번역으로 거리의 한 단위. 제왕이 하루 걷는 거리를 말하는데, 약 30~40리에 해당된다.

관세음觀世音: 산스크리트 Avalokiteśvara의 번역으로 아미타불을 좌측에서 모시는 보살인데, 이 보살은 대자대비로 중생의 제도하는 것을 본원으로 한다.

대세지大勢至: 산스크리트 Mahāsthāmāprāpta의 번역으로 아미타불을 우측에서 모시는 보살인데, 지혜의 광명은 널리 모든 것을 비추어 삼도三塗를 여의게 하고 위없는 힘을 얻게 하는 보살이다.

이인二忍: 음향인과 유순인.

악취惡趣: 지옥, 아귀, 축생 등 세 가지 악도.

제2절 보살과 성중이 모든 부처님께 공양하는 뜻

佛告阿難 彼國菩薩 承佛威神 一食之頃 往詣十方無
불고아난 피국보살 승불위신 일식지경 왕예시방무

量世界 恭敬供養諸佛世尊 隨心所念 華香伎樂繒蓋
량세계 공경공양제불세존 수심소념 화향기악증개

幢幡 無數無量供養之具 自然化生 應念即至 珍妙殊
당번 무수무량공양지구 자연화생 응념즉지 진묘수

特 非世所有 輒以奉散諸佛菩薩聲聞大衆 在虛空中
특 비세소유 첩이봉산제불보살성문대중 재허공중

化成華蓋 光色昱爍 香氣普熏 其華周圓四百里者 如
화성화개 광색욱삭 향기보훈 기화주원사백리자 여

是轉倍 乃覆三千大千世界 隨其前後以次化沒 其諸
시전배 내부삼천대천세계 수기전후이차화몰 기제

菩薩 僉然欣悅 於虛空中 共奏天樂 以微妙音 歌歎佛
보살 첨연흔열 어허공중 공주천악 이미묘음 가탄불

德 聽受經法 歡喜無量 供養佛已 未食之前 忽然輕擧
덕 청수경법 환희무량 공양불이 미식지전 홀연경거

還其本國
환기본국

부처님께서 아난에게 말씀하셨다.

"저 국토의 보살들은 부처님의 위신력을 받아 한 번 밥 먹는 사이에 한량없는 시방세계에 가서 모든 부처님을 공경하고 공양을 올린다. 마음으로 생각하는 바에 따라서 꽃, 향, 음악, 일산, 깃발 등 무량무수한 공양구가 저절로 나타나는데, 세상에 있지 않은 진귀하고 미묘하며 뛰어난 것이다. 곧 이것을 가지고 모든 부처님, 보살, 성문 등 대중에게 받들어 뿌리면 허공중에 변하여 꽃의 일산이 되는데 광명은 찬란하고 향기는 널리 진동한다. 그 꽃은 주위 사백 리나 된 것도 있으며, 이처럼 점점 배로 더하여 큰 것은 삼천대천세계를 덮는데, 그 전후에 따라 차례로 변하여 사라진다. 모든 보살들이 다 기뻐하여 미묘한 음악으로 부처님의 덕을 찬탄하며 경의 법문을 듣고 받아 기뻐함이 한이 없다. 이처럼 공양을 올리고 나서 아직 밥을 다 먹기 전에 홀연히 순식간에 그 본래의 국토에 돌아오느니라."

【해설】

이 단원은 극락정토 보살들의 공불여의供佛如意의 덕이다. 즉 극락정토의 보살들이 시방세계의 모든 부처님께 공양하는데 본인이 생각하는 대로 어떠한 공양구도 올릴 수 있다는 것이다. 이것은 『아미타경』에서 "그 나라 중생들은 아름다운 꽃을 담아 가지고 다른 세계를 다니면서 십만억 부처님을 공양하고 조반

전에 돌아와 식사를 마치고 산책한다"는 것과 같은 내용으로 48원 가운데 제24 공구여의供具如意원과 제32 공양제불供養諸佛원을 성취한 것을 설한 것이다.

일식지경一食之頃: 한 번 식사하는 사이로 매우 짧은 시간.

화성화개化成華蓋: 흩날린 꽃이 변하여 일산이 되는 것.

제3절 보살과 성중이 법을 듣는 덕

佛語阿難 無量壽佛 爲諸聲聞菩薩大衆 班宣法時 都
불어아난 무량수불 위제성문보살대중 반선법시 도

悉集會七寶講堂 廣宣道教 演暢妙法 莫不歡喜心解
실집회칠보강당 광선도교 연창묘법 막불환희심해

得道 卽時四方自然風起 普吹寶樹出五音聲 雨無量
득도 즉시사방자연풍기 보취보수출오음성 우무량

妙華 隨風周徧 自然供養 如是不絕 一切諸天 皆齎天
묘화 수풍주변 자연공양 여시부절 일체제천 개재천

上百千華香 萬種伎樂 供養其佛及諸菩薩聲聞大衆 普
상백천화향 만종기악 공양기불급제보살성문대중 보

散華香 奏諸音樂 前後來往 更相開避 當斯之時 熈怡
산화향 주제음악 전후래왕 갱상개피 당사지시 희이

快樂 不可勝言
쾌락 불가승언

부처님께서 아난에게 말씀하셨다.

"무량수불께서 여러 성문, 보살, 대중을 위하여 법문을 하실 때에 모두 다 칠보로 된 강당에 모이게 하여 부처님 되는 길(道敎)을 가르치시고 묘한 법을 말씀하시니, 듣는 사람은 환희에 넘치며 마음이 열리고 도를 얻지 않는 이가 없느니라. 이때 사방으로부터 바람이 저절로 일어나 널리 보배 나무에 불면 다섯 가지 음의 소리가 울려 퍼지며 한량없는 아름다운 꽃이 비 오듯이 하여 바람에 날려 두루 가득한다. 이와 같이 자연의 공양이 끊임없고 모든 천인들도 모두 천상의 백천 가지 꽃과 향, 만 가지 악기를 가지고 그 부처님과 모든 보살, 성문에게 공양하며, 널리 꽃을 뿌리고 향을 사르며 모든 음악을 연주하고 앞뒤를 왕래하면서 서로 엇갈려 공양하는데, 그때 즐거움은 이루 말할 수 없느니라."

【해설】

이 단원은 극락정토 성중들이 문법부절聞法不絶의 덕으로 극락세계의 교주인 아미타불로부터 끊임없는 법을 듣고 환희하는 마음이다. 즉 극락정토의 사람들은 해탈을 얻어 부처님의 도를 깨닫지 못한 이가 한 사람도 없고, 이때 저절로 어디선가 바람이 불어 널리 칠보의 나무를 움직여서 미묘한 음악(五音)을 연주하는가 하면, 천인들은 널리 꽃과 향을 흩날리고 음악을 연주하며 전후좌우를 번갈아가면서 공양을 올린다는 것이다.

오음五音: 다섯 가지 음조. 궁宮, 상商, 각角, 치徵, 우羽.

제4절 보살과 성중의 자리이타의 덕

제1항 자재한 설법의 덕

佛語阿難 生彼佛國諸菩薩等 所可講說常宣正法 隨順
불어아난 생피불국제보살등 소가강설상선정법 수순

智慧無違無失 於其國土所有萬物 無我所心 無染著
지혜무위무실 어기국토소유만물 무아소심 무염착

心 去來進止 情無所係 隨意自在無所適莫 無彼無我
심 거래진지 정무소계 수의자재무소적막 무피무아

無競無訟 於諸衆生 得大慈悲饒益之心 柔軟調伏 無
무경무송 어제중생 득대자비요익지심 유연조복 무

忿恨心 離蓋淸淨無厭怠心 等心勝心深心定心愛法樂
분한심 이개청정무염태심 등심승심심심정심애법락

法喜法之心 滅諸煩惱 離惡趣心 究竟一切菩薩所行
법희법지심 멸제번뇌 이악취심 구경일체보살소행

부처님께서 아난에게 말씀하셨다.

"저 불국토에 태어난 보살들은 법을 설할 때에는 언제나 바른 법을 말하고 지혜를 따름에 거짓이 없고 그릇됨이 없느니라. 그 국토에 있는 모든 물건에 대하여 내 것이라는 마음이 없고 집착하는 마음도 없나니, 가고 오고 나아가고 머무는 데 정에 걸림이 없고 뜻에 따라 자유로워서 친하거나 서먹서먹한 것이 없다. 너와 나의 차별심이 없으니 다툼도 없고 시비도 없어 모든 중생들을 대자비로 이익 되게 하는 마음뿐이다. 유연히 조복받아 원한의 마음이 없으며, 번뇌를 여의고 청정하며, 싫어하고 게으른 마음이 없이 평등한 마음, 수승한 마음, 깊은 마음, 안정된 마음, 법을 사랑하고 법을 즐기며 법을 기뻐하는 마음뿐이다. 모든 번뇌를 없애 나쁜 길에 떨어진다(惡趣)는 마음을 여의고 모든 보살들이 행한 바를 닦았느니라."

【해설】

이 단원부터는 극락세계의 보살들이 행하는 자리이타의 공덕 여섯 가지를 이루는 것을 설하셨다. 이 대목을 첫째 행수이과行修離過의 덕이라고도 하는데, 남을 제도하는 행동에 있어서 실수하는 일이 없고, 자기의 행동에도 과오가 없는 것을 말씀한 것으로 48원 가운데 제10 속득누진速得漏盡원과 제25 설일체지說一切智원을 성취한 것이다. 이 세상에서 불자가 항상 과오 없이 수행하려고 다짐하지만 실수하는 수가 허다하고, 남에게 이익 되는 행동을 하려고 해도 피해를 주어 잘못하는 경우가 많은데, 극락세계는 이런 일들이 없다는 것은 아미타불의 본원력에 의한 것이다.

아소我所: 모든 것을 내 것이라고 집착하는 것.

적막適莫: 친하고 성글은 것.

애법愛法: 지혜를 듣는 것.

요법樂法: 지혜를 생각하는 것.

희법喜法: 지혜를 닦는 것.

제2항 공덕원만의 덕

具足成就無量功德 得深禪定 諸通明慧 遊志七覺 修
구 족 성 취 무 량 공 덕 득 심 선 정 제 통 명 혜 유 지 칠 각 수

心佛法 肉眼淸徹 靡不分了 天眼通達 無量無限 法眼
심 불 법 육 안 청 철 미 불 분 료 천 안 통 달 무 량 무 한 법 안

觀察 究竟諸道 慧眼見眞 能度彼岸 佛眼具足 覺了法
관 찰 구 경 제 도 혜 안 견 진 능 도 피 안 불 안 구 족 각 료 법

性 以無礙智 爲人演說
성 이 무 애 지 위 인 연 설

"그들은 한량없는 공덕을 구족하고 성취한다. 깊은 선정과 여러 가지 육신통과 삼명과 지혜를 얻고, 뜻은 칠각七覺에 머물러 마음은 부처님 법을 닦는다. 육안肉眼은 맑고 투명해 분명히 알아보지 못함이 없고, 천안天眼을 통달하여 한량이 없으며, 법안法眼으로 모든 법을 관찰하여 궁구하고, 혜안慧眼은 진리를 보고 능히 피안에 이르고, 불안佛眼을 구족하여 법의 성품을 깨달았다. 걸림 없는 지혜를 가지고 사람들을 위하여 연설하시느니라."

【해설】

이 단원은 둘째 성덕원만成德圓滿의 덕인데, 극락정토의 보살들은 육신통六神通이나 삼명三明과 지혜나 칠각지七覺支나 오안五眼 등을 원만하게 가지고 있다는 것을 밝힌 곳이다. 즉 육신통과 삼명과 지혜(문聞, 사思, 수修의 혜慧)를 구족하고 있고, 마음으로 칠보리분을 관찰해서 불도를 수행하며, 사물을 보는 육안은 맑고 깨끗해서 명료하게 극락세계의 모든 것을 알며, 천안은 한량이 없는 사물의 모습을 볼 수 있고, 법안은 또한 모든 법을 관찰해서 성문, 연각, 보살 등 삼승의 차별을 알고, 혜안은 능히 진공眞空의 묘한 이치를 알아서 사람과 법 두 가지가 공한 이치를 깨닫고, 또한 불안佛眼을 구족하여 모든 법의 실제 성품을 깨닫고, 또 걸림이 없는 지혜로 모든 사람들을 위하여 법을 설하시는 것을 말한다.

칠각七覺: 산스크리트 Sapta-bodhyaṅga의 번역으로 불도를 수행하는 과정에 지혜로 모든 법을 관찰하고 깨닫는 절차를 일곱 가지로 나눈 것이다. 즉 ① 택법각지擇法覺支, ② 정진각지精進覺支, ③ 희각지喜覺支, ④ 경안각지輕安覺支, ⑤ 사각지捨覺支, ⑥ 안각지安覺支, ⑦ 염각지念覺支다.

통通: 여섯 가지 신통을 말한다.

삼명三明: 숙명통, 천안통, 누진통의 세 가지 신통.

제3항 수행원만의 덕

等觀三界空無所有 志求佛法 具諸辯才 除滅衆生煩
등관삼계공무소유 지구불법 구제변재 제멸중생번

惱之患 從如來生 解法如如 善知習滅音聲方便 不欣
뇌지환 종여래생 해법여여 선지습멸음성방편 불흔

世語 樂在正論 修諸善本 志崇佛道 知一切法皆悉寂
세어 낙재정론 수제선본 지숭불도 지일체법개실적

滅 生身煩惱 二餘俱盡 聞甚深法 心不疑懼 常能修行
멸 생신번뇌 이여구진 문심심법 심불의구 상능수행

其大悲者 深遠微妙靡不覆載
기대비자 심원미묘미불부재

"평등하여 삼계는 본래 공하여 있는 바가 없다고 관찰하여 부처님 법을 구하고 여러 가지 변재를 갖추어 중생들의 번뇌의 병을 없애고, 여래로부터 생긴 법은 여여如如임을 알고, 능히 번뇌를 없애는 음성의 방편을 알아 세속의 말을 좋아하지 않고 정법의 진리만을 즐기느니라. 여러 가지 선의 근본을 닦아 마음은 항상 부처님의 도를 숭상하며, 모든 법은 다 적멸寂滅임을 깨달아 육신과 번뇌의 두 가지를 다 없애며, 심오한 법을 듣고 마음에 의혹과 두려움이 없이 항상 능히 수행한다. 이 대자비는 깊고 심오하고 미묘하여 중생을 감싸고 덮지 않음이 없느니라."

【해설】

이 단원을 셋째 수행구족修行具足의 덕이라고도 하는데, 극락세계 보살의 수행이 원만해서 조금도 부족함이 없는 것을 밝힌 곳이다. 극락세계의 보살들은 욕계·색계·무색계 등 번뇌의 세계는 인연에 의해서 된 것이기 때문에 공空하여 취할 아무 것도 없는 것(無所有)을 관찰하여 모든 법의 성품을 통달해 알고, 일체 모든 법은 전부 법성열반法性涅槃이 나타난 것임을 깨달아 육신의 고통의 과보(生身)와 번뇌에 미혹한 인연 등 모든 습기(二餘)를 다 끊고, 아미타불의 심오한 교법을 듣고 마음으로 조금도 의심이나 두려움을 품는 일이 없이 능히 보살의 행을 수행하는 것을 설하신 것을 말한다.

무소유無所有: 모든 것은 인연으로 생겼기 때문에 있다고 해서 취할 것이 없다는 뜻.

여여如如: 진여의 다른 이름.

생신生身: 부모가 낳아준 육신. 여기서는 육신의 과보.

이여二餘: 고통과 번뇌의 습기를 말한다.

제4항 위덕의 수승한 모습

究竟一乘至于彼岸 決斷疑網 慧由心出 於佛教法 該
구경일승지우피안 결단의망 혜유심출 어불교법 해

羅無外 智慧如大海 三昧如山王 慧光明淨超踰日月
라무외 지혜여대해 삼매여산왕 혜광명정초유일월

清白之法 具足圓滿 猶如雪山 照諸功德等一淨故 猶
청백지법 구족원만 유여설산 조제공덕등일정고 유

如大地 淨穢好惡 無異心故 猶如淨水 洗除塵勞諸垢
여대지 정예호악 무이심고 유여정수 세제진로제구

染故 猶如火王 燒滅一切煩惱薪故 猶如大風 行諸世
염고 유여화왕 소멸일체번뇌신고 유여대풍 행제세

界 無障礙故 猶如虛空 於一切有無所著故 猶如蓮華
계 무장애고 유여허공 어일체유무소착고 유여연화

於諸世間 無染污故 猶如大乘 運載群萌 出生死故 猶
어제세간 무염오고 유여대승 운재군맹 출생사고 유

如重雲 震大法雷 覺未覺故 猶如大雨 雨甘露法 潤衆
여중운 진대법뢰 각미각고 유여대우 우감로법 윤중

生故 如金剛山 衆魔外道 不能動故 如梵天王 於諸善
생고 여금강산 중마외도 불능동고 여범천왕 어제선

法最上首故 如尼拘類樹 普覆一切故 如優曇盋華 希
법최상수고 여니구류수 보부일체고 여우담발화 희

有難遇故 如金翅鳥 威伏外道故 如衆遊禽 無所藏積
유난우고 여금시조 위복외도고 여중유금 무소장적

故 猶如牛王 無能勝故 猶如象王 善調伏故 如師子王
고 유여우왕 무능승고 유여상왕 선조복고 여사자왕

無所畏故 曠若虛空 大慈等故
무소외고 광약허공 대자등고

“일승법一乘法을 끝까지 밝혀서 피안에 이르고, 의혹의 그물을 끊었으니 지혜는 마음에서 우러나서 부처님의 가르침을 다 갖추어 남김없이 알고 있다. 지혜는 큰 바다와 같고, 삼매는 수미산과 같으며, 지혜 광명은 청정하여 해와 달보다 밝아 깨끗하고 청정한 법을 원만히 구족하였느니라. 설산雪山과 같아 모든 공덕을 평등하게 비추고 대지와 같아 깨끗하고 더럽고 좋고 나쁘고의 차별심이 없으며, 깨끗한 물과 같아 번뇌의 여러 가지 때를 씻어내고, 타오르는 불길과 같아 모든 번뇌의 섶을 태워 없애며, 태풍과 같아 모든 세계에서 일어나는 모든 장애를 없애고, 허공과 같아 모든 것에 있어 집착이 없으며, 연꽃과 같아 세간에 있어도 물들지 않고, 대승大乘과 같아 모든 중생을 태우고 생사를 빠져나가며, 구름과 같아 법의 뇌성으로 깨닫지 못한 사람을 깨닫게 하고, 큰 비와 같이 감로의 비를 내려 중생들을 윤택하게 하며, 금강산과 같아 여러 마군과 외도가 움직여도 움직이지 않고, 범천왕과 같아 모든 착한 법 가운데 가장 으뜸이 되며, 니구류나무와 같아 널리 모든 것을 덮고, 우담발화와 같아 희유하여 만나기 어려우며, 금시조와 같아 위신력으로 외도를 항복받고, 날아다니는 새와 같아 저장하고 쌓아두는 것이 없으며, 황소와 같아 모든 것을 이기고, 코끼리와 같아 능히 조복시키며, 사자와 같아서 두려울 바가 없고, 광대한 허공과 같아 대자비가 평등한 까닭이니라."

【해설】

이 단원을 넷째 성덕수승成德殊勝의 덕이라고도 하는데, 극락세계의 보살들이 얻은 위덕과 신통력이 훌륭한 것을 설한 곳이다. 극락세계 보살들 내면의 덕에 대해 큰 바다(大海), 큰 산(山王), 대지大地, 청정한 물(淨水), 타오르는 불(火王), 태풍(大風), 허공虛空, 연꽃(蓮花), 대승大乘, 두터운 구름(重雲), 큰비(大雨), 금강철위산(金剛山), 범천왕梵天王, 무상수(尼拘類樹), 우담발화優曇盋華, 금시조金翅鳥, 날아다니는 새, 황소(牛王), 코끼리(象王), 사자왕獅子王, 광대한 허공 등 22가지 비유를 들어 찬탄하였다.

일승一乘: 불과佛果의 지혜.

청백지법淸白之法: 번뇌의 더러움을 여읜 부처님의 법.

군맹群萌: 범부와 성문, 연각.

니구류수尼拘類樹: 산스크리트 nyagrodhā로, 가지와 잎이 무성하여 따가운 빛을 피할 수 있는 나무의 이름이다.

우담발화優曇盋華: 산스크리트 Udumbara로, 삼천 년에 한 번 꽃을 피우는 나무.

금시조金翅鳥: 산스크리트 garuda로, 사천하四天下의 큰 숲에 있고 용을 잡아먹는다고 한다.

제5항 제도하는 모든 힘이 원만한 덕

摧滅嫉心 不忌勝故 專樂求法 心無厭足 常欲廣說 志
최멸질심 불기승고 전요구법 심무염족 상욕광설 지

無疲倦 擊法鼓 建法幢 曜慧日 除癡闇 修六和敬 常
무피권 격법고 건법당 요혜일 제치암 수육화경 상

行法施 志勇精進 心不退弱 爲世燈明 最勝福田 常爲
행법시 지용정진 심불퇴약 위세등명 최승복전 상위

導師 等無憎愛 唯樂正道 無餘欣慼 拔諸欲刺 以安群
도사 등무증애 유요정도 무여흔척 발제욕자 이안군

生 功慧殊勝 莫不尊敬 滅三垢障 遊諸神通 因力緣力
생 공혜수승 막부존경 멸삼구장 유제신통 인력연력

意力願力方便之力 常力善力定力慧力多聞之力 施戒
의력원력방편지력 상력선력정력혜력다문지력 시계

忍辱精進禪定智慧之力 正念正觀諸通明力 如法調伏
인욕정진선정지혜지력 정념정관제통명력 여법조복

諸衆生力 如是等力 一切具足
제중생력 여시등력 일체구족

"질투하는 마음을 끊어버렸기에 이기려고 하지 않고, 시기하지 않는 까닭에 오로지 법을 즐거이 구하여 마음에 싫어하고 만족하는 일이 없이 항상 널리 설법하는 데 피로하고 게으름이 없다. 법의 북을 치고, 법의 깃발을 세우며, 지혜의 광명을 비추어 어리석은 어둠을 제거하고, 육화경을 닦아서 언제나 법을 베풀고, 용맹하게 정진하여 마음에 물러나려는 나약한 생각이 없느니라. 세상의 등불이 되어 가장 수승한 복밭이 되고 언제나 평등하게 인도하는 스승이 되어 사랑하고 미워하는 차별이 없으며, 다만 바른 진리를 즐기고 다른 가르침에 대한 기쁨이나 근심의 마음을 일으키지 않는다. 모든 탐욕을 뽑아내서 중생을 편안하게 하기 때문에 공덕과 지혜의 수승함을 존경하지 않을 수 없느니라. 세 가지 때(三毒)의 장애를 없애고, 온갖 신통에 자재하며, 인력因力, 연력緣力, 의력意力, 원력願力, 방편력方便力, 상력常力, 선력善力, 정력定力, 혜력慧力, 다문력多聞力, 보시布施, 지계持戒, 인욕忍辱, 정진精進, 선정禪定, 지혜知慧의 힘, 정념正念, 정관正觀, 육신통六神通, 삼명三明의 힘과 법답게 모든 중생을 조복받는 힘 등 이와 같은 힘을 모두 구족하느니라."

【해설】

이 단원 가운데 '질투하는 마음을 끊어버렸기에'부터 '온갖 신통에 자재하며"까지를 다섯째 수행원만行修圓滿의 덕이라고도 한다. 이는 극락정토의 보살들이 법을 설하고 교화하며 제도하는 덕을 밝혔고, 이어서 신통으로 시방의 불국토를 다니면서 세상의 등불이 되어 길을 인도하는 스승이 되며, 미워하는 생각과 좋아하는 생각이 없고, 항상 정도正道에 머물러 중생들의 번뇌를 물리치며, 세상에서 존경받는 것을 말한다.

다음 '인력因力, 연력緣力'부터 '모든 중생을 조복받는 힘'까지는 여섯째 제력구족諸力具足의 덕으로 스물한 가지 힘을 구족한 것을 말한다.

이상 여섯 가지 덕을 극락세계 보살들은 구족하여 자리이타의 덕, 몸의 색과 상호, 변재의 지혜 등이 뛰어나 모든 부처님께 공양하여 모든 부처님들로부터 칭찬을 받는다. 그리고 법은 본래 비어서 모양도 없고, 원할 것도 없으며, 생기는 것도 없고, 없어지는 것도 없는 도리를 깨달았으므로 성문이나 연각보다 뛰어난 보살임은 말할 것도 없다.

여기에 나오는 육화경六和敬은 수행자가 서로 화합하고 존경하여 법다운 승가를 만들고, 화목한 사회를 구현하는 것이다. 첫째, 몸을 부처님처럼 바르게 행동하여 화합하는 것을 신화경身和敬이라 하고, 둘째, 입을 부처님처럼 정직하고 진실하게 말하여 화합하는 것을 구화경口和敬이라 하며, 셋째, 뜻을 부처님처럼 하여 화합하는 것을 의화경意和敬이라 하는데, 이 세 가지는 신구의身口意 삼업을 바르게 행동하여 서로 존경하고 화합하는 것이다. 넷째, 계행을 서로 같이 지켜 화합하는 것을 계화경戒和敬이라 하고, 다섯째, 바른 견해에 같이 머물러 화합하는 것을 견화경見和敬이라 하며, 여섯째, 자기도 이롭게 하고 남도 이롭게 하여 화합하는 것을 이화경利和敬이라 한다. 이 여섯 가지는 대자비심을 근본으로 하여 서로 같이 화합하고 존경하는 것을 의미하는 것인데 이것이 우리 사회에 널리 퍼지면 범죄가 없는 평화로운 사회가 될 것이다.

인력因力: 전생의 선에 의한 선근의 힘.

연력緣力: 선지식을 친근하여 얻는 힘.

의력意力: 진리를 사고하는 힘.

원력願力: 깨달음을 구하려고 하는 강한 힘.

방편지력方便之力: 불과佛果를 얻기 위하여 방편으로 수행하는 힘.

상력常力: 쉬지 않고 수행하는 힘.

혜력慧力: 삼매를 성취해서 얻는 힘.

다문지력多聞之力: 법문을 듣고 얻은 묘한 힘.

제6항 모든 덕의 수승한 모습

身色相好功德辯才 具足莊嚴 無與等者 恭敬供養無
신색상호공덕변재 구족장엄 무여등자 공경공양무

量諸佛 常爲諸佛 所共稱歎 究竟菩薩諸波羅蜜 修空
량제불 상위제불 소공칭탄 구경보살제바라밀 수공

無相無願三昧 不生不滅諸三昧門 遠離聲聞緣覺之地
무상무원삼매 불생불멸제삼매문 원리성문연각지지

阿難 彼諸菩薩 成就如是無量功德 我但爲汝 略說之
아난 피제보살 성취여시무량공덕 아단위여 약설지

耳 若廣說者 百千萬劫不能窮盡
이 약광설자 백천만겁불능궁진

"몸의 빛과 상호와 공덕과 변재를 구족하여 장엄함이 어느 누구와도 비교할 수 없으며, 한량없는 모든 부처님을 공경하고 공양하여 항상 모든 부처님들로부터 칭찬을 받는다. 그리고 보살들은 모든 바라밀을 끝까지 수행하여 공삼매空三昧, 무상삼매無相三昧, 무원삼매無願三昧와 불생불멸삼매不生不滅三昧 등 모든 삼매를 닦아서 성문과 연각의 지위를 멀리 여의였다. 아난아, 저 모든 보살들은 이와 같은 한량없는 공덕을 성취하였느니라. 나는 다만 그대를 위하여 간략히 이것을 설할 뿐, 만약 자세히 말한다면 백천만겁의 세월 동안 말해도 다할 수 없느니라."

【해설】

이 단원에서는 극락정토의 보살들이 세상 사람들을 제도하려고 하는 공덕과 이미 얻은 여러 가지 원만한 삼매를 설하였으며, 그리고 보살들이 갖춘 덕이 훌륭한 것을 재차 설해 한 단원을 맺었다. 극락정토에 왕생한 보살들은 수행한 바라밀에 의해 50위의 점차를 초월할 뿐만 아니라 성문과 연각의 지위를 넘어서 여러 가지 삼매를 얻는다는 것에서 점교적漸教的인 수행의 공간이 아니라 돈교적頓教的인 수행의 공간이 극락정토임을 알 수 있다.

바라밀波羅密: 산스크리트 Pāramitā로, 생사의 세계에서 열반의 세계에 가기 위해서 닦는 보살의 수행.

불생불멸不生不滅: 모든 법은 다 공하여 생기지 않고 없어지지도 않는다는 것.

제5절 정토왕생을 권함

佛告彌勒菩薩諸天人等 無量壽國聲聞菩薩 功德智慧
불고미륵보살제천인등 무량수국성문보살 공덕지혜

不可稱說 又其國土 微妙安樂 清淨若此 何不力爲善
불가칭설 우기국토 미묘안락 청정약차 하불력위선

念道之自然 著於無上下洞達無邊際 宜各勤精進努力
염도지자연 착어무상하통달무변제 의각근정진노력

自求之 必得超絕去 往生安養國 橫截五惡趣 惡趣自
자구지 필득초절거 왕생안양국 횡절오악취 악취자

然閉 昇道無窮極 易往而無人 其國不逆違 自然之所
연폐 승도무궁극 이왕이무인 기국불역위 자연지소

牽 何不棄世事勤行求道德 可獲極長生 壽樂無有極
견 하불기세사근행구도덕 가획극장생 수락무유극

부처님께서 미륵보살과 천인 등 여러 대중에게 말씀하셨다.

"무량수 국토의 성문과 보살들의 공덕과 지혜는 다 말할 수 없으며, 그 국토가 미묘하고 안락하며 청정한 것은 지금까지 말한 것과 같다. 어찌 힘써 선을 닦지 않겠는가? 도를 생각하면 자연히 나타남이 높고 낮은 차별이 없고 한없는 것을 통달하니,

모름지기 다 제각기 부지런히 노력하고 정진하여 스스로 그것을 구해야 한다. 그러면 반드시 바로 안락국에 왕생하여 오악취五惡趣를 여의고 도에 오름이 다함이 없느니라. 가기 쉬운데 가는 사람이 없구나. 그 국토에 가는 것은 거슬리고 어긋남 없이 자연히 왕생하게 되거늘, 어찌하여 세상의 일을 버리고 도의 덕을 구하지 않는가? 극락세계에 태어나면 오래 사는 즐거움이 다함이 없느니라."

【해설】

앞 단원까지는 석가모니 부처님께서는 아난존자에게 극락정토에 있는 보살들의 덕이 얼마나 즐겁고 훌륭한 이익이 있는가를 말씀하신 것이고, 지금부터는 미륵보살에게 세간의 고통을 설하여 모든 사람들에게 이 세계를 싫어하고 극락정토에 왕생하기를 권하는 단원이다. 다시 말하면 앞에서는 아난존자를 상대로 하여 법장비구가 출가하여 본원을 세워 부처가 되어 극락정토를 건설하였고 그곳에서 받는 즐거움과 이익을 말씀하시고 가는 방법을 말씀하시었다. 지금부터는 미륵보살을 상대로 하여 이 세상 사람들이 가지고 있는 미혹의 근본인 탐하는 마음, 화내는 마음, 어리석은 마음 등 삼독을 말씀하시고, 이어서 이 세상 사람들은 다섯 가지 욕심(재물, 이성, 음식, 명예, 편히 쉬려는 욕심)에 즐거움이 있는 줄 알고 거기 빠져 고통을 받으면서도 죽고 사는 큰일을 생각하지 않는 등 세간의 고통을 말씀하신다.

이 『무량수경』 앞 상권에서 극락정토의 좋은 일만 열거하고, 뒤 하권에서는 사바세계의 고통스러운 일만 설한 것에 대해 의산義山은 『수문강록』에서 "일반적으로 중생의 근기는 오락을 너무 좋아하여 싫어하는 마음이 생기기 어렵기 때문에 우선 즐거운 일을 설하고, 뒤에 악한 경계와 비교해서 정토를 좋아하게 하였다"고 했다. 이는 처음부터 고통의 세계를 설해도 좀처럼 두려워하는 마음을 내지 않기 때문에 극락세계의 즐거운 일을 밝혀 이 세계의 즐거움은 별게 아니구나 생각하게 하고, 이어서 싫어해야 할 사바세계의 고통을 서술한 것이다.

이 단원에서 석가모니 부처님은 미륵보살에게 극락세계에 가는 것은 아무리 근기가 나약한 범부라도 갈 수 있고, 왕생하기만 하면 일시에 지옥이나 아귀 등 오악도의 인연을 다 끊고, 악도에 떨어지는 도는 자연히 없어져 깨달음의 도를 깊이 수행하여 무생법인을 증득할 수 있다고 하시면서 "극락세계에 가기 쉬운 길이 있는데, 가는 사람이 적구나!"라고 반문하신 후, 이 반문에 대해 "저 극락세계는 어떠한 사람이라도 차별 없이 거역하지 않고 틀림없이 맞이해서 자연히 법대로, 도리에 의해서 모두 왕생할 수 있는데 어찌하여 세간의 잡된 일을 버리고 염불을 행해서 타력의 대도인 공덕의 법을 구하지 않는가!"라고 명쾌하게 말씀하신 것을 마음속 깊이 새겨야 한다. 사실 우리는 몇백 년, 또는 몇천 년 살 것처럼 생각하고는 무상의 신속함을 망각하고 세간의 잡된 일에 애착을 갖고 살면서 아미타불의 구원을 받기 위해 염불하는 것을 등한시하고 있지 않나 되돌아볼 필요가 있다.

염도지자연念道之自然: 왕생의 인연이 무르익으면 결과를 자연히 얻는다는 뜻.

착어무상하著於無上下: 도를 생각하여 염불해서 왕생하는 데는 높고 낮고 귀하고 천한 차이가 없다는 의미.

초절超絶: 단번에 바로 극락세계에 태어나는 것을 형용하는 말.

제5장 세간업의 고통

제1절 번뇌에 괴로워하는 세간

제1항 탐욕의 허물

然世人薄俗 共諍不急之事 於此劇惡極苦之中 勤身
연세인박속 공쟁불급지사 어차극악극고지중 근신

營務 以自給濟 無尊無卑 無貧無富 少長男女 共憂錢
영무 이자급제 무존무비 무빈무부 소장남녀 공우전

財 有無同然 憂思適等 屏營愁苦 累念積慮 爲心走使
재 유무통연 우사적등 병영수고 누념적려 위심주사

無有安時 有田憂田 有宅憂宅 牛馬六畜 奴婢錢財 衣
무유안시 유전우전 유댁우댁 우마육축 노비전재 의

食什物 復共憂之 重思累息 憂念愁怖 橫爲非常水火
식집물 부공우지 중사누식 우념수포 횡위비상수화

盜賊怨家債主 焚漂劫奪 消散磨滅 憂毒忪忪 無有解
도적원가채주 분표겁탈 소산마멸 우독종종 무유해

時 結憤心中 不離憂惱 心堅意固 適無縱捨 或坐摧碎
시 결분심중 불리우뇌 심견의고 적무종사 혹좌최쇄

身亡命終 棄捐之去 莫誰隨者 尊貴豪富 亦有斯患 憂
신망명종 기연지거 막수수자 존귀호부 역유사환 우

懼萬端 勤苦若此 結衆寒熱 與痛共居
구만단 근고약차 결중한열 여통공거

"그러나 세상 사람들은 저속하여 중요하지 않은 일로 서로 다툰다. 이들은 모진 죄악과 심한 고통 속에서 몸을 위하여 스스로 허덕이고 있다. 신분이 존귀하거나, 천하거나, 가난하거나, 부자이거나, 젊고, 늙고, 남자, 여자 할 것 없이 돈과 재물이 있고 없고 관계없이 모두 이것에 대하여 애를 쓰고 시름하는 것은 다 같다. 두려워하고, 불안하며, 근심하고, 고통스러운 생각을 거듭 쌓아 마음으로 헛되게 욕심을 부려 편안할 때가 없다. 밭이 있으면 밭을 걱정하고, 집이 있으면 집을 걱정하며, 소, 말 등 여섯 가지 축생(六畜)과 노비, 금전, 의복, 음식 등 모든 물건을 걱정하고 생각을 거듭하며, 한탄을 거듭하여 근심하고 두려워한다. 뜻밖에 재물이 수재에 떠내려가고, 화재에 불타고, 도적에게 강탈당하고, 빚쟁이에게 빼앗겨서 마음은 답답하고 분하여 안정되지 않아 풀릴 날이 없으며, 분한 마음이 맺혀 근심의 번뇌를 여의지 못한다. 마음을 굳게 하고 뜻을 굳게 세워 재물을 지키지만 버리지 않을 수 없으며, 혹은 원한에 의해서 몸이 망가지고 목숨이 다하게 되면 모든 것을 버리고 간다. 그 어느 것도 따라 오는 것 없고, 존귀한 사람이나 부귀한 사람도 이러한 걱정이 있느니라. 이와 같은 근심과 고통이 끝이 없으니, 마치 춥고 더움이 있는 고통과 같으니라."

【해설】

지금부터는 석가모니 부처님께서 인간들이 탐욕, 진에, 우치 등 삼독 번뇌로 괴로워하고 헤매는 세간의 나쁜 모습을 설하여 중생들이 악한 것을 억제하고 정토의 업을 닦을 것을 권하시는 것이다.

이 삼독이란 독하기가 독사와 같아 자신을 해치고 남도 해롭게 하기 때문에 항상 조심하고 절제해야 한다. 그래서 『선생자경』에서는 "탐욕, 성냄, 어리석음, 두려움이 있으면 바른 법을 이어받지 못하며 명예가 떨어지는 것이 보름 지난 저 달이 이지러짐과 같다"고 하여 삼독에 의해 정법을 알지 못할 뿐만 아니라 자신에 대한 신망이 떨어진다고 하였고, 『현겁경』에서는 "마음에는 네 가지 병이 있다. 첫째는 탐내는 마음이고, 둘째는 성내는 마음이며, 셋째는 어리석은 마음이고, 넷째는 아만심이다. 그러므로 지혜로써 네 가지 병을 모두 없애야 한다"고 하여 큰 병으로 보고 이를 치료할 수 있는 것은 지혜의 힘이라고 하였다. 이 말은 지혜 있는 사람은 삼독에 휘말리지 않는다는 것이다.

삼독 가운데 첫 번째가 탐욕인데, 탐이란 산스크리트 rāga의 번역으로 탐욕, 탐애, 탐착이라고도 말하며, 자기의 뜻에 맞는 일이나 물건을 애착하여 탐내고 만족할 줄을 모르는 것을 말한다. 곧 세간의 재물에 대한 욕심, 이성에 대한 욕심, 명예에 대한 욕심 등을 그칠 줄 모르는 정신적인 작용이다. 이 마음에 의해서 세간의 여러 가지 악업을 짓게 되며, 나쁜 결과를 받는다. 이 경에서는 탐욕의 독한 번뇌로 괴로워하는 모습을 세 가지로 나누어 서술하는데, 첫째는 세상 사람의 탐욕, 둘째는 부귀한 사람의 탐욕, 셋째는 가난한 사람의 탐욕 등이다.

첫째로 세상 사람의 탐욕이란, 이 세상 사람들은 인정이 박하여 모두 세상의 다섯 가지 욕심(재물, 이성, 음식, 명예, 편히 쉬려는 욕심)에 빠져서 죽고 사는 큰일을 조금도 생각하지 않고 서로 시기하고 모함하는 것을 일삼는 것 등이다. 경에서는 존귀와 비천, 부귀와 가난, 젊음과 늙음, 남자와 여자를 막론하고 돈과 재물을 구하는 괴로움, 얻은 것을 잃지 않기 위해 지키려 하며, 밭이 있으면 밭을 근심하며, 집이 있으면 집을 지키기 위해 괴로워하고, 또 불시에 홍수와 화재, 도적, 원수, 채권자를 만나 쌓아 두었던 재물을 빼앗길까봐 근심하는 것을 말씀하셨다.

둘째로 부귀한 사람의 탐욕이란, 존경받는 사람이나 부귀한 사람은 자산이 많은 만큼 그 괴로움도 많아 괴로워하고 고민하는 것을 말한 것으로, 옛말에 천석을 가진 사람은 천 가지 괴로움이 있고 만석을 가진 사람은 만 가지 괴로움이 있다는 말과 상통한다고 볼 수 있다. 즉 권력이 높으면 높을수록 괴로움이 많고, 회사가 크면 클수록 생각하는 것이 번잡하여 편히 쉴 수가 없기 때문에 무소유無所有가 염불수행하기 가장 좋은 게 아닌가 생각한다.

셋째로 가난한 사람의 탐욕 등은 다음 단락에 설해진다.

불급지사不急之事: 세간의 다섯 가지 욕심. 급急은 생사를 벗어나는 일이 급함을 의미한다.

극악劇惡: 여덟 가지 고통.

육축六畜: 소, 말, 개, 양, 돼지, 닭.

중사누식重思累息: 얻은 물건을 잃을까봐 두려워하는 것.

분표焚漂: 분焚은 화재로 인해 재산 잃는 것이고, 표漂는 수재에 재산이 떠내려가는 것.

종종忪忪: 마음이 놀라서 안정되지 않는 것.

貧窮下劣 困乏常無 無田亦憂 欲有田 無宅亦憂 欲有
빈궁하열 곤핍상무 무전역우 욕유전 무댁역우 욕유

宅 無牛馬六畜 奴婢錢財衣食什物 亦憂欲有之 適有
댁 무우마육축 노비전재의식집물 역우욕유지 적유

一復少一 有是少是 思有齊等 適欲具有 便復糜散 如
일부소일 유시소시 사유제등 적욕구유 변부미산 여

是憂苦 當復求索 不能時得 思想無益 身心俱勞 坐起
시 우 고 당 부 구 색 불 능 시 득 사 상 무 익 신 심 구 로 좌 기

不安 憂念相隨 勤苦若此 亦結衆寒熱 與痛共俱 或時
불 안 우 념 상 수 근 고 약 차 역 결 중 한 열 여 통 공 구 혹 시

坐之 終身夭命 不肯爲善行道進德 壽終身死 當獨遠
좌 지 종 신 요 명 불 긍 위 선 행 도 진 덕 수 종 신 사 당 독 원

去 有所趣向 善惡之道 莫能知者
거 유 소 취 향 선 악 지 도 막 능 지 자

"가난하고 천한 사람은 궁색하여 항상 가진 것이 없어 밭이 없으면 걱정하여 밭을 가지려고 하고, 소, 말 등 여섯 가지 축생과 노비, 돈, 옷, 음식, 가구 등이 없으면 걱정하여 이것을 가지려고 하며, 가끔 한 가지가 있으면 또 한 가지가 부족하고, 이것이 있으면 저것이 부족하여 평등하게 다 있기를 생각하며, 어쩌다 바라는 것이 생겨도 곧 다시 없어진다. 이와 같이 근심하고 괴롭게 구하여 찾아도 얻을 시기가 없고, 생각해도 아무런 이익이 없으며, 몸과 마음이 지치고 피곤하여 앉고 일어남에 편안하지 않는 근심이 끊이지 않아 고통스러운 것이 춥고 더운 데 있는 고통과 같으니라. 어느 때에는 이것에 의해 몸을 상하고 목숨을 잃으며 선이 되는 도를 조금도 행하지 않고 덕을 닦지도 않아 목숨을 마칠 때에는 마땅히 혼자 가야 한다. 가는 길이 정해져 있지만 선의 길인지 악의 길인지 잘 모르고 가느니라."

【해설】

이 단원은 셋째로 가난한 사람의 탐욕으로 밭이 없으면 밭을 구하기 위해 괴로워하고, 어쩌다 하나가 있으면 다른 하나를 잃고, 이것이 있으면 저것을 잃고, 모든 것을 갖추려고 하니 괴롭고, 모든 것이 갖추어지면 홀연히 없어지는 등 여러 가지 괴로움을 말씀하였다.

요즈음 매스컴에 나오는 살인사건, 강도 등 다양한 사건 가운데 70퍼센트는 이 욕심에 의한 것이다. 심지어 돈 몇 푼 때문에 부모를 살해하는 일이 일어나는 것을 보면 욕심이 얼마나 큰 재앙인 줄 알아야 할 것이다. 이 욕심 때문에 몸도 망가지고 정신도 온전하지 않아 결국에는 생명을 잃고, 목숨을 마친 뒤에는 혼자 생사의 세계에서 헤매고 윤회한다. 즉 탐욕의 허물로 인해 어떠한 악도로 향할지 모르는 것이 어리석은 사람들이니, 이를 명심하여 정토의 업을 닦아야 할 것이다.

사유제등思有齊等: 저것이나 이것이나 다 있기를 원하는 것.
요명夭命: 천수를 누리지 못하고 일찍 죽는 것.

제2항 성냄의 허물

世間人民 父子兄弟夫婦家室 中外親屬 當相敬愛 無
세 간 인 민 부 자 형 제 부 부 가 실 중 외 친 속 당 상 경 애 무

相憎嫉 有無相通 無得貪惜 言色常和 莫相違戾 或時
상증질 유무상통 무득탐석 언색상화 막상위려 혹시

心諍 有所恚怒 今世恨意 微相憎嫉 後世轉劇 至成大
심쟁 유소에노 금세한의 미상증질 후세전극 지성대

怨 所以者何 世間之事 更相患害 雖不即時應急相破
원 소이자하 세간지사 갱상환해 수부즉시응급상파

然含毒畜怒 結憤精神 自然剋識 不得相離 皆當對生
연함독축노 결분정신 자연극식 부득상리 개당대생

更相報復 人在世間愛欲之中 獨生獨死 獨去獨來 當
갱상보부 인재세간애욕지중 독생독사 독거독래 당

行至趣苦樂之地 身自當之 無有代者 善惡變化 殃福
행지취고락지지 신자당지 무유대자 선악변화 앙복

異處 宿豫嚴待 當獨趣入 遠到他所 莫能見者 善惡自
이처 숙예엄대 당독취입 원도타소 막능견자 선악자

然 追行所生
연 추행소생

"세상 사람들 가운데 부모와 자식, 형제, 부부, 가족, 일가, 친척 간에는 마땅히 서로 공경하고 사랑해야 하며 미워하고 시기하지 말지니, 있든 없든 서로 도와서 탐하고 아끼지 말며, 말과 얼굴은 항상 부드럽게 하여 서로 다투지 말아야 한다. 어떤 때에 다투어서 화나고 분한 마음이 있어 금생에는 미워하는 뜻이 적지만, 서로 미워하고 시기하면 다음 생에는 더욱더 심해져 큰 원수가 된다. 어찌하여 그런가 하면, 세상의 일이란 서로서로 미워하고 괴롭혀도 바로 서로 사이가 깨지지 않지만, 독을 품고 노여움을 쌓으니 분한 정신이 맺혀 자연히 깊이 새겨져 여의지 못하기 때문에 마땅히 다시 태어나 서로 보복하게 된다. 인간은 세간의 애욕 속에서 혼자 살고, 혼자 죽고, 혼자 가고 오며, 자기가 지은 고통과 즐거움은 자기 스스로 감당할 뿐 대신할 사람이 없느니라. 선과 악의 변화인 재앙과 복의 과보는 달리하여 미리 엄격하게 정해져 기다리고 있으니 혼자 가야 한다. 멀리 다른 곳에 가면 능히 볼 수 없으니, 이는 선·악의 행위의 결과로 자연히 태어나는 것이니라."

【해설】

이 단원은 두 번째 성냄의 허물을 설한 것이다. 성내는 것을 진에瞋恚라고 하는데 산스크리트 pratigha의 번역으로 진노瞋怒, 노怒라고도 한다. 자기의 마음에 맞지 않는 대상에 대한 증오심으로 인하여 몸과 마음이 편안하지 않은 심리적인 작용을 말한다. 내 마음에 맞지 않다고 하여 화를 냄으로 인해 상대에게 불편을 줄 뿐만 아니라 자신의 마음도 불안하고 건강에도 좋지 않은 결과를 가져온다.

이 경에서는 중생에 대해 미워하고 성내는 나쁜 결과를 세 가지로 나누었는데, 첫째는 내생에 원수로서 서로 해치는 허물, 둘째는 내생 악도의 허물, 셋째는 서로 헤어져 만나기 어려운 허물 등을 설하고 있다.

첫째, 내생에 원수로서 서로 해치는 허물이란 세간의 부모와 자식, 형제나 친척 사이에서 성내는 마음을 품으면 존경하고 사랑하는 일이 있을 수 없는 것을 말한다. 그리고 금생에 있어서 원한의 마음을 일으켜 미워하고 질투하면 다음 세상에서는 큰 원한이 되는 것임에도 불구하고 말에 독을 품고 원한을 쌓아 분노의 뜻을 가지고 서로 시기하고 해치는 것을 말한다.

둘째, 내생 악도의 허물이란 세간 사람들은 다섯 가지 욕심 가운데 생활하고 있기 때문에 선과 악의 과보에 의해서 혼자 태어나고, 혼자 죽고, 혼자 가고, 혼자 오고, 고통과 즐거운 곳을 향해서 자기 자신이 이 과보를 받지 않으면 안 된다. 인과응보에 의해 나쁜 곳에 떨어지는데 누가 대신 갈 수 없는 것을 말한다.

중외친속中外親屬: 중中은 아버지 쪽 친척, 외外는 어머니 쪽 친척.
유무상통有無相通: 의복, 돈 등이 부족한 것을 서로 융통하고 보조하는 것.
즉시응급상파卽時應急相破: 성냄에 의해 곧 그 과보가 오는 것.
극식剋識: 스스로 제8식에 기록되는 것.
대생對生: 원수와 같이 같은 곳에 태어나 마주 대하는 것.
숙예엄대宿豫嚴待: 전생의 선과 악의 업에 의해 지옥, 천상의 과보를 받는 것이 엄연히 있는 것.
원도타소遠到他所: 업보에 의해 따로따로 멀리 떨어져 다시 얼굴을 마주할 수 없는 것.

窈窈冥冥 別離久長 道路不同 會見無期 甚難甚難 復
요요명명 별리구장 도로부동 회견무기 심난심난 부

得相值 何不棄衆事 各曼強健時 努力勤修善 精進願
득상치 하불기중사 각만강건시 노력근수선 정진원

度世 可得極長生 如何不求道 安所須待 欲何樂哉
도세 가득극장생 여하불구도 안소수대 욕하락재

"서로 다른 곳으로 영원히 이별하여 길이 각기 달라 만날 기약이 없나니, 다시 만나는 것은 너무도 어려우니라. 어찌하여 속세의 어지러운 일을 버리고 제각기 건강한 때에 힘써 선을 닦고 정진하여 고해를 건너려 원하지 않고, 오래 사는 생명을 얻으려고도 하지 않으며, 도를 구하려고 하지 않는가? 도대체 무엇을 기대하고, 어떠한 즐거움을 바라는가?"

【해설】

셋째, 서로 헤어져 만나기 어려운 허물이란 현세에서는 부모와 자식, 부부이지만 성내고 화낸 악업에 의해서 이별하면 서로 육도 생사의 세계에서 윤회하기 때문에 다시는 만날 수 없는 것을 말한다. 부모를 원망하여 가출한 자식이 있는가 하면 부부가 싸움하여 헤어지는 것 등은 마음에 맞지 않는 것을 참지 못하고 성을 냄으로써 일어나는 결과다. 그래서 옛말에 아무리 화가 나더라도 세 번만 참으면 살인을 면한다고 하였듯이, 한 가정에서 서로 화목하고 행복한 삶을 이루려면 화내는 것을 자재해야 하니, 우리 불자가 수행하면서 마음에 들지 않는 경우에도 화를 내지 않고 참아야만 성불의 길로 갈 수 있다.

요요명명窈窈冥冥: 요窈는 아득히 아주 먼 곳, 명冥은 멀리 사라진 것.

제3항 어리석은 허물

如是世人 不信作善得善 爲道得道 不信人死更生 惠
여시세인 불신작선득선 위도득도 불신인사갱생 혜

施得福 善惡之事 都不信之 謂之不然 終無有是 但坐
시득복 선악지사 도불신지 위지불연 종무유시 단좌

此故 且自見之 更相瞻視 先後同然 轉相承受父餘教
차고 차자견지 갱상첨시 선후동연 전상승수부여교

令 先人祖父 素不爲善 不識道德 身愚神闇 心塞意閉
령 선인조부 소불위선 불식도덕 신우신암 심색의폐

死生之趣 善惡之道 自不能見 無有語者 吉凶禍福 競
사생지취 선악지도 자불능견 무유어자 길흉화복 경

各作之 無一怪也 生死常道 轉相嗣立 或父哭子 或子
각작지 무일괴야 생사상도 전상사립 혹부곡자 혹자

哭父 兄弟夫婦 更相哭泣 顚倒上下 無常根本 皆當過
곡부 형제부부 갱상곡읍 전도상하 무상근본 개당과

去 不可常保 教語開導 信之者少 是以生死流轉 無有
거 불가상보 교어개도 신지자소 시이생사류전 무유

休止
휴 지

"이와 같이 세상 사람들은 선을 지어 선을 얻고 도를 닦아 도를 얻는 것을 믿지 않고, 또 사람이 죽으면 다시 태어나고 은혜를 베풀면 복을 받는다는 것을 믿지 않으며, 선과 악의 엄연한 사실을 믿지 않고, 모든 것을 그렇지 않다고 말하여 하나도 바르게 행하는 것이 없다. 이렇기 때문에 잘못된 견해를 서로서로 보고 배워 앞사람이 하는 짓을 뒷사람도 똑같이 하여, 서로 이어받는 것을 부모의 도리로 안다. 선인先人인 조상들이 모두 선을 닦지 않고 도덕을 알지 못하여 몸은 어리석고 정신은 어두워서 마음은 막히고 생각은 옹졸하여 죽고 태어나는 것이 선과 악의 과보의 도리인 줄 알 수도 없었고 말하여 줄 사람도 없었느니라. 좋고 나쁘고, 재앙과 복은 지은 대로 받는 것이니 하나도 이상할 것이 없다. 죽고 사는 법칙은 언제나 변함없는 도리로서 이어가는 것이다. 어떤 부모는 자식을 잃고 울고, 어떤 자식은 부모를 잃고 울며, 형제, 부부간에 서로서로 울며 슬퍼한다. 위아래가 전도되는 것은 무상無常의 근본이라, 모든 것은 참으로 빨리 지나가 보전할 수 없는 것을 가르쳐 깨닫게 하나, 믿는 사람이 적어 이것으로 인해 끊임없이 생사에 윤회하느니라."

【해설】

이 단원은 어리석은 허물을 설한 것이다. 우치愚癡란 산스크리트 Moha의 번역으로 어리석은 생각, 무지無知한 생각, 사리事理를 바르게 볼 줄 모르는 바보 같은 마음이다. 앞에서 이야기한 탐욕과 성냄은 지혜롭지 못한 어리석음에서 비롯된 것이기 때문에 바로 어리석음이 근본이라 할 수 있다. 다시 말하면 어리석음이 사라지고 지혜가 나타나면 탐하지 않고 남에게 베풀며, 성내지 않고 항상 온화한 마음으로 상대를 대하기에 이 어리석음을 제거하는 일에 집중하면 탐욕과 성냄을 해결할 수 있다.

이 경에서는 첫째, 자타가 함께 우는 허물, 둘째, 악을 지어 고통받는 허물, 셋째, 친척이 서로 그리워하는 허물, 넷째, 미혹을 지어 고통받는 허물 등 네 가지를 말씀하시었다.

첫째, 자타가 함께 우는 허물이란 이 세간의 사람들은 어리석어서 선근을 쌓으면 선의 과보를 얻고, 불도를 수행하면 부처님이 된다는 도리를 믿지 않고, 또 사람이 죽어 다시 태어나는 것이나 베풀면 복을 얻는 것을 믿지 않을 뿐 아니라, 더욱이 인과응보의 도리도 전부 믿으려고 하지 않고 오히려 이 도리를 옳지 않다고 하여 부정한다. 그리고 몸을 소홀히 해서 마음은 어둡고, 헤어짐으로 인해 부모와 자식은 서로 울며, 부부·형제가 서로 눈물 흘리는 것을 말한다. 이 허물로 인해 언제까지나 수명을 지킬 수 없고, 무상이 신속한 도리를 가르쳐서 부처님 도로 인도하려고 해도 이 도리를 믿는 사람이 적기 때문에 생사윤회의 세계에 언제까지나 머물러 있어 벗어날 수 없다고 하셨다.

첨시선후瞻視先後: 지금 것을 뒷사람이 보고 배우는 것.

사립嗣立: 자식이 부모의 뒤를 잇고 또 자손이 그 뒤를 이어받는 것.

如此之人 曚冥抵突 不信經法 心無遠慮 各欲快意癡
여차지인 몽명저돌 불신경법 심무원려 각욕쾌의치

惑於愛欲 不達於道德 迷沒於瞋怒 貪狼於財色 坐之
혹어애욕 부달어도덕 미몰어진노 탐랑어재색 좌지

不得道 當更惡趣苦 生死無窮已 哀哉甚可傷 或時室
부득도 당갱악취고 생사무궁이 애재심가상 혹시실

家父子兄弟夫婦 一死一生 更相哀愍 恩愛思慕 憂念
가부자형제부부 일사일생 갱상애민 은애사모 우념

結縛 心意痛著 迭相顧戀 窮日卒歲 無有解已 教語道
결박 심의통착 질상고련 궁일졸세 무유해이 교어도

德 心不開明 思想恩好 不離情欲 昏曚閉塞 愚惑所覆
덕 심불개명 사상은호 불리정욕 혼몽폐새 우혹소부

不能深思熟計 心自端正 專精行道 決斷世事 便旋至
불능심사숙계 심자단정 전정행도 결단세사 변선지

竟 年壽終盡 不能得道 無可奈何
경 연수종진 불능득도 무가내하

"이러한 사람은 어리석어 삿된 견해로 경의 법문을 믿지 않고 마음은 멀리 내다보는 것이 없이 각자의 쾌락만을 바라고 있느니라. 어리석게 애욕에 미혹되어 도덕을 깨닫지 못하고 미움과 분노에 빠져 굶주린 이리처럼 재물과 이성 관계를 탐하느니라. 이것에 의하여 도를 얻지 못하고 악도에 떨어져 생사의 고통이 끝이 없나니 불쌍하고 심히 가련하구나. 어떤 때에는 한 가족의 부자, 형제, 부부 중에 한 사람은 죽고 한 사람은 살아 슬퍼하며 은혜와 사랑을 사모하는 것이 가슴에 맺혀 마음이 아프고 번갈아 돌아보며 그리워함이 날이 가고 해가 가도 풀리지 않는다. 진리의 길을 가르쳐 주어도 마음이 닫혀 밝지 않아 죽은 사람의 은혜와 좋은 것만 생각한다. 애정의 욕심을 여의지 못하여 혼미하고 답답하며, 또 어리석은 미혹에 덮이게 되고, 깊이 생각해 유심히 헤아리지도 못하며, 마음을 스스로 단정히 하여 오로지 정진하여 도를 행하지 못하고, 세상의 일을 결단할 수 없어 이럭저럭 죽음에 이르면 도를 얻을 수 없으니 어찌할 수 없느니라."

【해설】

둘째, 악을 지어 고통을 받는 허물이란 부처님의 교법을 믿지 않고 애욕으로 인해 어리석어져서 도덕을 믿지 않고, 재물과 여자를 탐할 뿐 도를 구하지 않아 악도에 떨어져 영원히 고통을 받아 언제까지나 생사의 세계에 윤회하여 해탈할 수 없는 것을 말한다.

셋째, 친척이 서로 그리워하는 허물이란 어느 때 부모와 자식, 형제, 부부라는 가족의 관계 중에서 한 사람은 죽고 한 사람은 살아남아 서로 슬퍼하며 그리워하고 사모의 생각에 쫓겨서 근심의 생각이 몸과 마음에 맺혀 번민하며 미친 듯이 하는 것을 말한다. 이런 사람은 날을 보내고 해가 지나가도 이 생각은 언제까지나 풀리지 않기 때문에 부처님의 교법을 말해 가르쳐도 어리석은 마음은 조금도 열리지 않을 뿐만 아니라, 가르침을 받고도 도리를 충분히 이해하지 못하여 죽은 사람만 생각하고 정을 생각해 우치함에 빠져 전심전력으로 도를 구하지 않는 허물을 말한다.

몽명矇冥: 무명의 어리석음.

저돌抵突: 삿된 견해.

심무원려心無遠慮: 마음이 어리석어 뒤 세상의 고통을 생각하지 못하는 것.

각욕쾌의各欲快意: 미혹에 의해 다만 현세의 쾌락만을 보는 것.

혼몽폐색昏蒙閉塞: 가르침을 받고도 도리를 밝게 알지 못하는 것.

변선便旋: 세상일에 사로잡혀 허둥지둥하는 것.

總猥憒擾 皆貪愛欲 惑道者衆 悟之者寡 世間怱怱 無
총외궤요 개탐애욕 혹도자중 오지자과 세간총총 무

可憀賴 尊卑上下貧富貴賤 勤苦怱務 各懷殺毒 惡氣
가료뢰 존비상하빈부귀천 근고총무 각회살독 악기

窈冥 爲妄興事 違逆天地 不從人心 自然非惡 先隨與
요명 위망흥사 위역천지 부종인심 자연비악 선수여

之 恣聽所爲 待其罪極 其壽未盡 便頓奪之 下入惡道
지 자청소위 대기죄극 기수미진 변돈탈지 하입악도

累世勤苦 展轉其中 數千億劫 無有出期 痛不可言 甚
누세근고 전전기중 수천억겁 무유출기 통불가언 심

可哀愍
가애민

"세상은 혼탁하고 어지러워 모두 애욕을 탐하여 길을 헤매는 사람은 많고, 이것을 깨달은 사람은 적다. 세간의 일이란 부질없이 바쁘고 의지하고 부탁해야 할 것이 없느니라. 존귀한 사람, 천한 사람, 윗사람, 아랫사람, 가난한 사람, 부자 등 모두 한결같이 고통스럽게 애쓰다가 이해관계로 각기 살기가 있는 독을 품고, 이 악한 기분이 마침내 도리에 어긋나 재앙(事)을 일으킨다. 하늘과 땅의 도리를 거역하고 사람의 마음을 따르지 않기에 자연히 그릇된 악을 먼저 따르고 한패가 되어 방자한 행동을 하여 극악한 죄업이 기다릴 뿐이다. 그 수명이 미처 다하기도 전에 문득 목숨을 빼앗겨 악도에 떨어져서 여러 생에 쓰라린 괴로움을 받느니라. 그런 중에 돌고 돌아 수천억겁 동안 지나도 벗어날 기약이 없나니, 이런 고통은 말할 수 없을 정도로 심하여 가련할 뿐이니라."

【해설】

이 단원은 넷째, 미혹을 지어 고통받는 허물이다. 이 세상 사람들은 모두 세속의 일에 바쁘고 애욕에 빠져서 미혹한 사람이 많고 정도를 걸어 깨닫는 사람은 드물며, 또 세상살이에 바빠서 안정되지 않아 어디에 의지하고 부탁할 곳도 없다. 존귀와 비천, 높고 낮음, 부자와 가난한 사람, 귀한 사람과 천한 사람 사이에서는 서로 독한 마음을 품어 함부로 일을 저질러서 천지의 도를 위반하고, 어질고 착한 것을 따르지 않아 마침내 천수를 다하지 못하고 갑자기 죽어 악도에 빠져 한량없는 고통을 받아 영원히 고통 속에서 나올 수 없는 것을 말한다.

이상 탐욕, 진에, 우치에 대한 말씀은 삼독번뇌에 의해서 방황하고 괴로워하는 것이 이 세계의 현실이라고 역설하신 것이다. 그러기 때문에 이런 세계를 싫어하고 극락세계에 왕생하기를 원해야 한다는 것이 석가모니 부처님의 본회本懷이다.

총외總猥: 어지럽고 혼탁한 것.

궤요憒擾: 마음이 어지러운 형상.

제4항 거듭 정토왕생을 권함

佛告彌勒菩薩諸天人等 我今語汝世間之事 人用是故
불고미륵보살제천인등 아금어여세간지사 인용시고

坐不得道 當熟思計 遠離衆惡 擇其善者 勤而行之 愛
좌부득도 당숙사계 원리중악 택기선자 근이행지 애

欲榮華 不可常保 皆當別離 無可樂者 曼佛在世 當勤
욕영화 불가상보 개당별리 무가락자 만불재세 당근

精進 其有至心 願生安樂國者 可得智慧明達 功德殊
정진 기유지심 원생안락국자 가득지혜명달 공덕수

勝 勿得隨心所欲 虧負經戒 在人後也 儻有疑意 不解
승 물득수심소욕 휴부경계 재인후야 당유의의 불해

經者 可具問佛 當爲說之
경자 가구문불 당위설지

부처님께서 미륵보살과 모든 천인들에게 말씀하셨다.

"나는 지금 그대들에게 세상의 일을 말하였느니라. 세상 사람들은 그와 같은 일을 하고 있기 때문에 도를 얻지 못하나니, 마땅히 곰곰이 생각하여 모든 악을 멀리 여의고, 그 선한 것을 선택하여 힘써 행하라. 애욕과 영화는 항상 보전할 수 없고, 세속의 일은 즐거운 것이 없나니 모두 마땅히 여의어야 하느니라. 다행히 부처님이 세상에 계시니 부지런히 정진하여 지극한 마음으로 안락국에 태어나려고 원한 사람은 지혜를 밝게 통달하고 공덕이 수승한 것을 얻게 될 것이다. 마음이 하고자 하는 바를 좇고, 부처님의 말씀을 등지고, 사람의 뒤에 처져서는 안 된다. 만약 의심이 있고 법문을 알지 못하면 서슴없이 부처님께 여쭈어라. 마땅히 위하여 말하여 주리라."

【해설】

이 단원은 석가모니 부처님께서 미륵보살과 모든 사람들에게 현세의 삼독번뇌에 의한 애욕과 영화를 버리고 빨리 다음 생을 위하여 지혜와 공덕을 구해야 한다는 것을 권하신 것이다. 원문 중에 "마음이 하고자 하는 바를 좇고"란 세간의 오욕락을 추구하는 것을 말하는 것으로, 대부분의 사람들은 영원성이 없는 세간의 즐거움만을 좇아 세월을 헛되게 보내면서 진리를 구하는 것에 등한시하다가 임종할 때에 되어서야 후회한다.

이 단원 마지막에 석가모니 부처님께서 지금까지 말씀하신 이야기 가운데 의문점이 있다면 주저하지 말고 물으라고 하신 것은 대자심의 발로라고 할 수 있다. 사찰에서 법문을 듣고 질문하는 내용은 여러 가지가 있겠지만 자신의 의심을 해결하기 위한 것이거나 부정적인 것에서 긍정적인 것으로 전환하기 위한 질문이 좋다고 생각한다. 이 긍정적인 견해를 가지면 깊은 믿음이 있게 되고, 이 깊은 믿음에 의해 굳건한 실천을 하게 되며, 이 실천으로 인해 좋은 결과를 가져오기 때문에 선지식에게 물어 의문점을 해결하는 것이 수행의 첫걸음이라 본다.

彌勒菩薩 長跪白言 佛威神尊重 所說快善 聽佛經語
미륵보살 장궤백언 불위신존중 소설쾌선 청불경어

貫心思之 世人實爾 如佛所言 今佛慈愍 顯示大道 耳
관심사지 세인실이 여불소언 금불자민 현시대도 이

目開明 長得度脫 聞佛所說 莫不歡喜 諸天人民蠕動
목개명 장득도탈 문불소설 막불환희 제천인민연동

之類 皆蒙慈恩 解脫憂苦 佛語教誡 甚深甚善 智慧明
지류 개몽자은 해탈우고 불어교계 심심심선 지혜명

見八方上下去來今事 莫不究暢 今我衆等 所以蒙得
견팔방상하거래금사 막불구창 금아중등 소이몽득

度脫 皆佛前世 求道之時 謙苦所致 恩德普覆 福祿巍
도탈 개불전세 구도지시 겸고소치 은덕보부 복록외

巍 光明徹照 達空無極 開入泥洹 教授典攬 威制消化
외 광명철조 달공무극 개입니원 교수전람 위제소화

感動十方 無窮無極 佛爲法王 尊超衆聖 普爲一切天
감동시방 무궁무극 불위법왕 존초중성 보위일체천

人之師 隨心所願 皆令得道 今得值佛 復聞無量壽佛
인지사 수심소원 개령득도 금득치불 부문무량수불

聲 靡不歡喜 心得開明
성 미불환희 심득개명

미륵보살이 무릎을 꿇고 부처님께 사뢰었다.

"부처님께서는 위신력이 존귀하시고 말씀하신 바는 거룩하십니다. 부처님의 법문을 들으면 마음에 사무치나이다. 이것을 생각함에 세상 사람들은 실로 그러하여 부처님께서 말씀하신 바와 같습니다. 지금 부처님께서 자비로 대도를 밝혀 주시니, 귀와 눈이 밝게 열리어 영원한 구제를 얻게 되었나이다. 부처님께서 말씀하신 바를 듣고 기뻐하지 않을 수 없나이다. 모든 천인, 인간, 미물, 곤충에 이르기까지 모두 자비로운 은혜를 입고 근심과 고통에서 벗어날 수 있나이다. 부처님의 교훈은 심히 깊고 좋습니다. 지혜의 광명은 밝아 팔방, 상하, 과거, 현재, 미래의 것을 살피지 못하시는 것이 없나이다. 이제 저희들이 제도를 받게 된 것은 모두 부처님께서 도를 구하시기 위하여 겸허하게 고행을 하신 덕이옵니다. 은혜의 덕은 널리 덮고 복과 덕은 태산보다 높으십니다. 광명은 사무치게 밝아 공의 도리를 통달하시어 열반에 들게 하시고, 경전을 가르치시며, 위엄으로 제압해 교화하시는 등 시방세계를 감동시키는 것은 다함이 없나이다. 부처님께서는 진리의 왕이시고 존귀하심은 모든 성인보다 뛰어나시어 널리 모든 천인의 스승이 되시고, 마음의 원한 바에 따라 다 진리를 얻게 하십니다. 이제 부처님을 만나 뵈옵고 무량수 부처님의 명호를 들었으니 기쁘지 않을 수 없고, 마음이 열리고 광명을 얻었습니다."

【해설】

이 단원은 미륵보살이 석가모니 부처님의 설법을 듣고 이해하고 법문의 기쁨을 고백하는 것이다. 즉 부처님께서 중생을 불쌍히 여기시는 자비한 마음으로 위덕과 신통력, 그리고 설법으로 아미타불의 고귀한 본원과 명호의 공덕을 말씀하신 것을 듣고, 미륵보살은 마음이 법의 기쁨으로 가득 차 번뇌의 구름이 사라질 수 있다고 부처님의 은혜에 대해 아뢰는 것이다.

부처님의 말씀에 대해 의문점이 없이 다 이해함으로써 마음속에서 기쁨이 나온다는 것은 부처님 말씀대로 실천하겠다는 굳은 의지를 가지고 있다는 것이고, 이 실천에 의해 부처님의 구원을 받을 수 있다는 것이다. 구원을 받을 수 있다는 마음을 가진 사람은 꿈을 안고 있기 때문에 자연히 얼굴에 기쁨이 만연할 수밖에 없다. 그래서 구원을 받기를 원하는 사람은 이 정토삼부경의 내용을 깊이 이해하고 실천해야 한다.

연동지류蠕動之類: 몸을 움직이는 곤충의 종류, 곤충 등 미물.

위제威制: 위엄스런 덕으로 항복받는 것.

佛告彌勒菩薩 汝言是也 若有慈敬於佛者 實爲大善
불고미륵보살 여언시야 약유자경어불자 실위대선

天下久久乃復有佛 今我於此世作佛 演說經法 宣布
천하구구내부유불 금아어차세작불 연설경법 선포

道教 斷諸疑網 拔愛欲之本 杜衆惡之源 遊步三界 無
도교 단제의망 발애욕지본 두중악지원 유보삼계 무

所拘礙 典攬智慧 衆道之要 執持綱維 昭然分明 開示
소구애 전람지혜 중도지요 집지강유 소연분명 개시

五趣 度未度者 決正生死泥洹之道 彌勒當知 汝從無
오취 도미도자 결정생사니원지도 미륵당지 여종무

數劫來 修菩薩行 欲度衆生 其已久遠 從汝得道至于
수겁래 수보살행 욕도중생 기이구원 종여득도지우

泥洹 不可稱數 汝及十方諸天人民一切四衆 永劫已
니원 불가칭수 여급시방제천인민일체사중 영겁이

來 展轉五道 憂畏勤苦 不可具言 乃至今世 生死不絕
래 전전오도 우외근고 불가구언 내지금세 생사부절

與佛相值 聽受經法 又復得聞無量壽佛 快哉甚善
여불상치 청수경법 우부득문무량수불 쾌재심선

부처님께서 미륵보살에게 말씀하셨다.

"그대가 말한 것이 옳다. 만약 부처님을 공경하는 사람은 실로 큰 선근이 된다. 천하에 부처님의 출현이 희유하신데 지금 부처님이 계신다. 이제 내가 이 세상에서 부처가 되어 진리를 강설하고 법문(道敎)을 설하여 모든 의문의 그물을 끊고 애욕의 근본을 뽑아 모든 악의 근원을 막았으니, 삼계에 다녀도 걸림이 없다. 경전의 지혜는 모든 도 가운데 요긴한 것이고 이 중요한 것은 소상하고 분명한 것이다. 다섯 나쁜 경계(五趣)를 열어 보여 아직 제도하지 못한 사람을 제도하여 생사의 고해로부터 열반의 도에 인도하고자 한다. 미륵이여, 마땅히 알라. 그대는 헤아릴 수 없는 겁부터 보살의 행을 닦아서 중생을 제도하고자

한 것이 이미 오래되었나니, 그대를 따라서 도를 얻고 열반에 이른 사람의 수는 헤아릴 수 없을 것이다. 너를 비롯하여 시방의 모든 천인과 사람들 등 모든 사중四衆이 오랜 세월부터 지금에 이르기까지 다섯 나쁜 길(五道)로 헤매면서 근심하고 두려워하며 고통스러운 것은 이루 말할 수 없나니, 금생에 이르기까지 끊임없이 생사의 되풀이를 해온 것이다. 부처님을 만나서 법문을 듣고 또 무량수불에 대해서 들었으니 어찌 기쁘지 않고 좋지 않겠는가."

【해설】

석가모니 부처님께서 미륵보살에게 재차 여러 가지 악을 버리고 정토왕생을 원해야 한다는 것을 전하신 대목이며, 또 석가모니 부처님이 이 세상에 출현하신 본의가 아미타불의 중생제도에 대한 대자비를 강조하기 위한 것이라고 하였다.

여기에서 "천하에 부처님의 출현이 희유하신데 지금 부처님이 계신다"는 것은 '인생난득人生難得이요 불법난봉佛法難逢'이라는 말과 같다. 즉 인간으로 태어나기도 어렵고, 인간으로 태어났지만 부처님 가르침을 만나기도 어렵다는 것이다. 이를 『법구경』에서는 "사람의 몸 얻기 어렵고(득생인도난得生人道難), 세상에 나서 오래 살기 어렵다(생수역난득生壽亦難得). 부처님께서 세상에 나시기 어렵고(세간유불난世間有佛難), 그 부처님 법 얻어 듣기 어렵도다(불법난득문佛法難得聞)"라고 하였다.

인간으로 태어나기 어렵다는 것을 『열반경』에서는 눈먼 거북이가 바다에서 떠도는 나무를 만나는 것과 같다는 맹구우목盲龜遇木이라고 하였다. 우리가 사람 몸을 가지고 있는 것을 쉽게 생각할 수 있지만 그렇지 않다. 부처님 말씀에 사람 몸을 받는다는 것은 하늘에서 작은 바늘을 하나 떨어뜨려 태평양 한가운데 떠 있는 겨자씨 맞추기보다 어려운 것이라고 하였다. 겨자씨라고 하면 씨앗 중에서 가장 작은 것인데, 그만큼 인간으로 태어나기가 어렵다는 이야기다. 그리고 삼계라고 하는 수많은 세계 가운데 불법이 있는 세계에 태어나기도 어렵거니와, 여러 가지 생물체 가운데 인간으로 태어난다는 것은 그리 쉬운 일이 아니라고 생각한다.

다음으로 부처님 법 만나기 어렵다는 것은, 현재 이 세상 인구가 70억이 넘는데 불자의 수는 3억 미만이라고 하면 65억 이상의 사람은 불교를 모르고 산다고 볼 수 있다. 이 세상에 많은 종교가 있는데 이 종교 중에 부처님 법을 만난다는 것은 쉬운 일은 아니고, 혹 부처님 법을 만났더라고 제대로 불법을 깊이 이해하는 사람은 적다. 다행히 인간으로 태어나 부처님 법을 만난 사람은 부처님 법을 바르게 이해하고, 굳은 의지의 실천이 있어야 한다.

불자 가운데 부처님의 바른 법을 만난 사람은 그리 많지 않다. 그래서 정법을 만나기 어렵다(정법난득正法難得)는 말이 있는지 모른다. 세상에 불법을 신앙하는 사람들이 있지만 그 중에서 마음을 깨달아 생사윤회에서 벗어나고자 하는 사람은 그 수가 적고, 그나마 그런 발심을 했다 해도 그것을 이끌어줄 수 있는 스승의 인연을 만나기는 어려워서 많은 수행자들이 공부를 제대로 해나가지를 못하는 것이다. 지금은 말법시대로 사람들의 근기가 나약하기 때문에 여기에 적절한 수행법이 어떤 것인지 아는 것이 정법이고, 이 정법에 의해 생사윤회를 벗어나야 할 것이다. 이런 길을 석가모니 부처님께서 이 경에서 고구정녕苦口丁寧하게 말씀하신 것이다.

사람 몸 얻기 어렵고 불법 만나기 어려운데 다행히 금생에 인간으로 태어나 부처님 법 가운데 정토의 가르침을 만났으니, 부지런히 염불하여 극락정토에 왕생하기를 발원해야 한다. 이번 생에 미끄러지면 만겁에 다시 만나기 어려우니 이 인연을 소중히 여겨야 할 것이다.

吾助爾喜 汝今亦可自厭生死老病痛苦 惡露不淨 無
오조이희 여금역가자염생사노병통고 악로부정 무

可樂者 宜自決斷 端身正行 益作諸善 修己潔體 洗除
가락자 의자결단 단신정행 익작제선 수기결체 세제

心垢 言行忠信 表裏相應 人能自度 轉相拯濟 精明求
심구 언행충신 표리상응 인능자도 전상증제 정명구

願 積累善本 雖一世勤苦 須臾之間 後生無量壽佛國
원 적루선본 수일세근고 수유지간 후생무량수불국

快樂無極 長與道德合明 永拔生死根本 無復貪恚愚
쾌락무극 장여도덕합명 영발생사근본 무부탐에우

癡 苦惱之患 欲壽一劫百劫千萬億劫 自在隨意 皆可
치 고뇌지환 욕수일겁백겁천만억겁 자재수의 개가

得之 無爲自然 次於泥洹之道 汝等宜各精進 求心所
득지 무위자연 차어니원지도 여등의각정진 구심소

願 無得疑惑中悔 自爲過咎 生彼邊地七寶宮殿 五百
원 무득의혹중회 자위과구 생피변지칠보궁전 오백

歲中 受諸厄也 彌勒白佛言 受佛重誨 專精修學如教
세중 수제액야 미륵백불언 수불중회 전정수학여교

奉行 不敢有疑
봉행 불감유의

"나는 그대를 도와서 기쁨을 주고자 하느니라. 그대는 이제 스스로 생로병사의 고통을 싫어해야 한다. 악은 더러우며 기쁠 것이 없나니, 모름지기 스스로 결단하여 몸을 단정히 하고 행동을 바르게 해서 더욱더 모든 선을 닦도록 하여라. 자기를 다스려 몸을 깨끗이 하며 마음의 때를 제거하고, 말과 행동을 충실히 하여 안과 밖이 서로 일치하게 하라. 다른 사람을 제도하려면 너 스스로를 제도한 후 더욱더 남을 제도하며, 밝은 정신으로 구하고 원해서 선의 근본을 쌓으면 한 세상의 수고로움은 한순간이지만, 내생에 무량수 부처님 국토에 태어나 즐거움을 받는 것은 한이 없으며, 더욱이 진리의 덕을 밝히고 얻어 영원히 생사의 근본을 뽑아 탐진치로 인한 고통과 번민의 근심을 없애게 하느니라. 일겁, 백겁, 천만억겁 동안 살려고 하면 자유자재로 뜻을 따라 다 얻으며, 자연히 무위無爲의 도를 얻어 열반의 도에 이를 수 있으니, 그대들은 모름지기 각각 정진하여 마음에 원하는 바를 구해야 하느니라. 의심하여 도중에 그만두면 스스로 허물이 되어 저(정토) 변두리의 칠보궁전에 태어나 오백세 동안 여러 가지 액난을 받느니라."

미륵보살이 부처님께 사뢰기를,

"부처님의 간곡하신 가르침을 받자오니 오로지 정성을 다하여 닦고 배워서 가르침대로 받들어 행하고 결코 의심하지 않겠사옵니다."

【해설】

이 단원에서 말씀한 "정토에서 수명을 일겁, 백겁이라 하는 오랜 수명을 얻고 싶다고 생각하면 자유로이 얻을 수 있으며 자연히 무위無爲의 즐거움을 받아서 '깨달음'의 경지에 들 수 있느니라"고 하신 것은 48원 가운데 제15 권속장수원眷屬長壽願을 성취한 것으로 극락세계에 태어나면 누구나 아미타불처럼 장수의 수명을 누릴 수 있고 깨달음을 얻는다는 것이다.

여기에서 "다른 사람을 제도하려면 너 스스로를 제도한 후 더욱더 남을 제도하며"라는 말씀은 보시의 기본정신이라고 할 수 있다. 남을 이롭게 하는 보시는 내가 가지고 있어야 한다는 것이다. 즉 아픈 환자를 도와주기 위해서는 의학적인 지식과 약이 있어야 하고, 빈곤에 허덕이는 사람을 구원하기 위해서는 재물이 있어야 하며, 아무것도 모르는 무식한 사람을 구제하기 위해서는 지식을 가지고 있어야 하듯이, 남을 윤회에서 벗어나게 하는 것은 본인이 정토의 가르침을 알아 실천한 후 남에게 권해야 한다.

다음 "밝은 정신으로 구하고 원해서 선의 근본을 쌓으면 한 세상의 수고로움은 한순간이지만, 내생에 무량수 부처님 국토에 태어나 즐거움을 받는 것은 한이 없으며"란 이 세상에서 염불하는데 많은 역경과 고난과 여러 가지 장애가 있을 수 있지만, 이를 참고 열심히 하면 무한의 즐거움과 법열을 느낄 수 있다는 것이다. 그래서 정토행자는 세상의 여러 가지 유혹에 빠지지 말고 적은 것으로 만족하며 오로지 '아미타불' 명호를 불러야 한다. 그래야만 진리의 덕을 밝히고 깨달아 영원히 생사의 근본을 뽑아 탐진치로 인한 고통과 번민의 근심을 없앨 수 있다.

제액諸厄: 항상 부처님을 뵐 수가 없는 액난.

제2절 오악五惡으로 괴로워하는 세간

제1항 총설

佛告彌勒 汝等能於此世 端心正意 不作衆惡 甚爲至德
불고미륵 여등능어차세 단심정의 부작중악 심위지덕

十方世界最無倫匹 所以者何 諸佛國土天人之類 自
시방세계최무륜필 소이자하 제불국토천인지류 자

然作善 不大爲惡 易可開化 今我於此世間作佛 處於
연작선 부대위악 이가개화 금아어차세간작불 처어

五惡五痛五燒之中 爲最劇苦 教化群生 令捨五惡 令
오악오통오소지중 위최극고 교화군생 영사오악 영

去五痛 令離五燒 降化其意 令持五善 獲其福德度世
거오통 영리오소 강화기의 영지오선 획기복덕도세

長壽泥洹之道 佛言 何等五惡 何等五痛 何等五燒 何
장수니원지도 불언 하등오악 하등오통 하등오소 하

等消化五惡 令持五善 獲其福德 度世長壽泥洹之道
등소화오악 영지오선 획기복덕 도세장수니원지도

부처님께서 미륵보살에게 이르시기를,

"너희들이 능히 이 세상에서 마음을 단정히 하고 생각을 바르게 하여 모든 악을 짓지 않으면 훌륭한 공덕이 된다. 또한 시방세계에서 가장 뛰어나 짝할 이가 없다. 이러한 이유는 그 불국토의 천인들이 자연히 선을 행하고 악을 짓지 않으니, 그들을 교화하기가 지극히 쉽기 때문이다. 이제 내가 이 세상에서 부처가 되어 현재의 다섯 가지 악(五惡)과 다섯 가지 고통(五痛), 미래의 다섯 가지 고통(五燒) 가운데 있는 것은 심한 고통이지만 이를 참고 견디는 것은 중생들을 교화하여 다섯 가지 악(五惡)을 버리게 하고, 현세의 다섯 가지 고통(五痛)을 받지 않게 하며, 미래의 다섯 가지 고통(五燒)을 여의게 하고, 사람들의 마음을 인도하여 다섯 가지 선(五善)을 닦아서 복덕과 구원, 그리고 천수와 열반의 도를 얻게 하기 위해서이다.

부처님께서 이어서 말씀하시기를,

"어떤 것이 다섯 가지 악(五惡), 다섯 가지 현세의 고통(五痛), 미래의 다섯 가지 고통(五燒)인가? 어떻게 하면 다섯 가지 악을 버리고 다섯 가지 선(五善)을 닦아 복덕, 구원, 장수, 열반의 도를 얻게 되는지를 말하리라."

【해설】

이 단원은 석가모니 부처님의 가르침을 들은 미륵보살이 부처님의 간곡한 가르침을 받자와 오로지 정진하고 닦고 배워서 가르침대로 노력하겠다고 다짐한 것이다. 그리고 이어서 부처님께서 현세의 악과 받는 고통, 그리고 다음 생에서 받는 과보를 말씀하신 후, 다섯 가지 선을 닦게 하여 현세의 복덕과 미래의 왕생(度世)과 장수와 '깨달음(泥洹)'의 과보를 얻도록 권하시었다.

이 다섯 가지 악을 짓지 않는 것은 부처님이 제정하신 5계를 지키어 마음으로 절제하는 것이다. 『아난분별경』에서는 "5계를 받은 이는 곧 복덕이 있는 사람이다. 도를 닦으면 막강한 호법신이 보호하여 설사 모든 하늘이나 천룡과 귀신이라 하더라도 다 굴복하여 공경하지 않는 이가 없다"고 하여 오계를 지니고 지키면 저절로 복이 따라오며 호법신장의 보호함을 입는다고 하였다. 그리고 『중본기경』에서는 "살생과 도둑질과 사음과 거짓말을 일삼으며 도를 믿지 않는 사람은 스스로 사랑하지 않는 것이다"고 하여 오계를 지키는 것이 자신을 위하는 것이며, 자신을 사랑하는 것이라 하였다.

이 다섯 가지 악(五惡)에 대해서 정영사 혜원은 『무량수경의소』에서 "살생, 도둑, 사음, 거짓말, 음주 등 다섯 가지가 악이다. 이 다섯 가지 악을 지어 현세에서는 국법에 의해 처벌을 받는 것을 가리켜 오통五痛이라 하고, 이 오악으로 인해 미래세상에서 삼악도의 과보를 받는 것을 오소五燒라고 한다"고 하였다. 즉 다섯 가지 계를 범하는 행위를 오악이라 하고, 이것에 의해 현세에서 고통을 받는 것을 오통이라 하며, 미래세의 삼악도에서 받는 고통을 오소라고 했다. 그리고 이러한 오통과 오소의 고통의 과보를 여의고 다섯 가지 계를 가지고 지키는 것을 오선五善이라 하였다. 이 오선을 행함에 의해 현세에는 몸이 편안하고 고통이 없으며, 다음 생에는 아미타불 정토에 왕생해서 열반을 증득하기를 권하는 것이 이 단원의 요지라고 할 수 있다.

신라시대의 의적義寂은 오악에 대해 "신·구·의 삼업의 악을 밝힌 것으로 살생과 도둑질, 그리고 사음 등은 신업身業에 관한 악을 설한 것으로 제1악, 제2악, 제3악이고, 구업口業의 네 가지 양설兩舌·악구惡口·망어妄語·기어綺語 등을 설한 것은 제4악이며, 의업意業인 세 가지 탐욕貪欲·진에瞋恚·사견邪見 등을 설한 것은 제5악이다"라고 하였다.

중국의 담연湛然은 인仁·의義·예禮·지智·신信 등 오상五常으로 배치하여 중국인들에게 정토사상을 고취시키려고 하였다. 즉 불인不仁이 최고에 이르는 것은 살생이기 때문에 제1악은 살생을 주로 밝혔고, 불의不義란 훔치는 것이 최고의 악이기 때문에 훔치는 것을 밝혔으며, 사음은 예의에 대한 최상의 악이기 때문에 사음을 주로 설하였고, 불신不信은 등지는 것이기 때문에 구업인 양설, 악구, 망어, 기어 등을 묶어서 밝혔다. 그리고 제5악은 지혜에 위반된 악으로 의업의 삼업인 탐욕, 진에, 사견을 묶어서 이 경에서 설한 것이라고 대비하여 설명하였다.

다음 다섯 가지 계에 대한 성격을 보면 살생, 도둑, 사음, 거짓말을 행하면 직접적인 죄를 지은 것이기 때문에 이를 성계性戒라 하고, 음주는 직접적인 죄를 지은 것이 아니지만 술을 먹음으로 인해 다른 죄를 지을 가능성이 있기 때문에 차계遮戒라 한다.

불자 수행의 근본은 계정혜戒定慧의 삼학인데, 이 삼학 중에 가장 앞서는 것은 계학戒學으로 계를 잘 지키는 것이다. 계를 지킴으로 인해 선정이 오고, 이 선정에 의해 지혜가 생기기 때문에 지계持戒가 없이는 선정이 있을 수 없고, 선정이 없이는 지혜는 생기지 않는다. 그러기에 계율을 잘 지켜 몸과 마음을 단속하면 저절로 선정을 이룰 수가 있고, 선정의 고요함과 맑음이 더하면 지혜의 빛이 생겨나 해탈을 이룰 수 있게 된다. 그러므로 불자들의 수행은 계율을 올바로 잘 지키는 것으로부터 시작된다고 본다. 아무리 깊은 선정을 닦고 지혜를 이루는 수행을 할지라도 감로의 해탈법解脫法을 담는 그릇인 계기戒器가 오염되어 있다면 감로수는 저절로 오염되어 마시지 못할 것이다. 이 지계정신은 불자뿐만 아니라 일반 사회에서도 필요한 것이다. 사회인 한 사람 한 사람이 남의 생명을 해치지 않고, 남의 물건을 훔치지 않으며, 남을 속이지 않고, 남의 부인이나 남자를 탐하지 않으며, 술을 취하게 마시지 않고 밝은 정신으로 산다면 범죄가 줄어들고 밝은 사회가 이룩될 것이다. 하물며 극락정토에 왕생하기 위한 염불행자가 이 다섯 가지 계를 등한시하면 되겠는가.

단심端心: 고통의 세계에서 벗어나려고 원하는 마음.

중악衆惡: 다섯 가지 악.

오통五痛: 다섯 가지 악을 범함에 의하여 국법에 의해 처벌받는 고통.

오소五燒: 다섯 가지 악에 의해 지옥, 아귀, 축생의 고통을 받는 것.

강화降化: 중생의 독한 마음을 항복받아 교화하는 것.

오선五善: 다섯 가지 악을 범하지 않는 것.

제2항 살생의 악

佛言 其一惡者 諸天人民蠕動之類 欲爲衆惡 莫不皆
불언 기일악자 제천인민연동지류 욕위중악 막불개

然 強者伏弱 轉相尅賊 殘害殺戮 迭相呑噬 不知修善
연 강자복약 전상극적 잔해살륙 질상탄서 부지수선

惡逆無道 後受殃罰 自然趣向 神明記識 犯者不赦 故
악역무도 후수앙벌 자연취향 신명기식 범자불사 고

有貧窮下賤乞匃孤獨聾盲瘖啞愚癡弊惡 至有尫狂不
유빈궁하천걸개고독농맹음아우치폐악 지유왕광불

逮之屬 又有尊貴豪富高才明達 皆由宿世慈孝修善積
체지속 우유존귀호부고재명달 개유숙세자효수선적

德所致 世有常道 王法牢獄 不肯畏愼 爲惡入罪 受其
덕소치 세유상도 왕법뇌옥 불긍외신 위악입죄 수기

殃罰 求望解脫 難得免出 世間有此目前見事 壽終後
앙벌 구망해탈 난득면출 세간유차목전견사 수종후

世 尤深尤劇
세 우심우극

부처님께서 말씀하셨다.

"그 첫째 악이란, 모든 천인과 사람, 곤충, 미물 등은 여러 가지 악을 지으려고 한다. 강한 자는 약한 자를 누르며, 더욱이 서로 해치고 죽이고 잡아먹고 먹히니, 이와 같지 않은 것은 하나도 없다. 착한 일을 할 줄 모르고 극악무도하여 후세에 재앙과 벌을 받아 자연히 악도에 떨어진다. 신명神明은 기록하여 죄를 지은 자를 용서하지 않나니, 그러므로 가난한 사람, 천한 사람, 거지와 고독한 사람, 귀머거리, 장님, 벙어리, 바보, 포악한 사람, 미치광이, 병신 등이 있는 것이다. 한편 존귀한 사람, 부자, 지혜가 밝은 사람이 있는데, 이들은 모두 전생에 자비롭고 효도하며 선을 닦고 덕을 쌓았기 때문이다. 이 세상에서는 인간이 지켜야 할 도리(常道)인 국법이 있고, 이 국법에 의해 두려운 감옥이 있다. 행동을 삼가지 않고 악을 행해 죄를 지으면 감옥에 들어가 벌을 받고 아무리 벗어나기를 구해도 벗어나기 어려운 것은 이 세상에 흔히 있는 일이고, 목숨을 마친 후 내생에서 받는 과보는 더욱 고통스럽고 험난하니라."

【해설】

이 단원은 불교의 근본계율인 다섯 가지 악 가운데 첫 번째 살생에 대한 악을 설한 곳이다. 생명이란 전 우주와도 바꿀 수 없고 부처님이나 하느님보다 자신에게는 더 소중한 것이다. 이 세상에서 아무리 재산과 명예, 권력이 소중하고 부귀영화가 소중하다고 해도 자기 생명과는 맞바꿀 수 없다. 이는 인간뿐만 아니라 하늘을 나는 새나 걸어 다니는 짐승, 기어 다니는 미물인 곤충까지도 생존을 지속하려는 강렬한 욕망과 커다란 애착으로 그 무엇과도 바꿀 수 없는 생명의 애념愛念으로 가득 차 살아가고 있다고 본다. 이렇기 때문에 이 세상 모든 생물은 생의 반대인 멸을 의미하는 죽음을 두려워하게 되고, 어떻게 해서든지 살려고 하는 의식이 깊이 잠재되어 있다. 불교에서 '무량수'를 원하듯이 기독교의 '영생永生', 도교의 '불로장생不老長生' 등을 원하는 것은 생명과 연관이 있다.

이와 같이 모든 중생이 본능적으로 가장 소중하게 여기는 것이 생명이기 때문에 남의 생명을 끊는 것보다 더 큰 죄악은 있을 수 없다. 그리고 내 목숨이 소중한 것처럼 남의 목숨도 또한 소중한 것이기 때문에 구족계를 제외한 모든 계율의 첫머리에 불살생계不殺生戒를 둔 것이다. 또 살생은 불성佛性의 씨앗이 싹트는 것을 막는 행위일 뿐만 아니라 자비심을 애초부터 거역하는 행위이기 때문에 불살생을 맨 앞에 둔 것이다.

살생하는 사람이 있는 것은 남을 가엾게 여기는 자비심이 없기 때문이다. 이 자비에 대해 "자애로운 마음으로 능히 중생을 즐겁게 해주고(이자능여중생지락以慈能與衆生之樂), 슬퍼하는 마음으로 능히 중생의 괴로움의 뿌리를 뽑네(이비능발유정지고以悲能拔有情之苦)"라고 했다. 참된 염불행자라면 사랑하는 마음으로 중생에게 즐거움을 베풀어 줄 생각을 해야지, 어떻게 남의 생명을 죽일 생각을 하겠는가!

살생하는 여러 가지 유형에 대해 『범망경』에서는 "자기 스스로 죽이는 자살自殺, 남을 시켜 죽이는 교인살教人殺, 방편을 사용하여 죽이는 방편살方便殺, 찬탄하여 죽게 하는 찬탄살讚歎殺, 죽이는 것을 보고 기뻐하는 견작수희見作隨喜, 주문으로 죽이는 주살呪殺 등을 하지 말라"고 하여 여섯 가지를 밝혀 놓았다. 첫째로 자살이란 본인이 직접 남의 생명을 죽이는 것이고, 둘째로 교인살이란 남을 시켜 죽이도록 하는 것이다. 이를 『대지도론』에서는 "입으로 설득하여 다른 사람으로 하여금 살생하게 하는 것이다"라고 하였다. 셋째로 방편살이란 어떤 방법을 동원하여 간접적으로 살생하는 것이다. 예를 들면 약을 먹여 태아가 죽도록 만드는 것이나, 음식물에 독약을 넣어 먹는 사람이 죽도록 하는 것 등이 여기에 속한다. 넷째로 찬탄살이란 죽을 마음이 없는 사람에게 죽는 것을 좋아하게 만들어 스스로 목숨을 끊도록 유도하는 것으로, 요즈음 회교의 극단주의자들이 "신을 위해 죽는다면 하늘에 태어나 신으로부터 영광을 받을 것이다"고 남을 설득하여 자신의 몸에 폭탄을 잔뜩 지니고 자폭하면서 남의 생명까지 죽이는 경우가 일종의 찬탄살이다. 죽음을 찬탄하고 설득하는 방법은 입으로 말하는 것, 몸으로 찬탄하여 모습을 지어 보이는 경우, 사람을 보내어 찬탄하는 말을 전하거나, 글을 전달하여 스스로 죽도록 하는 경우다. 다섯째로 견작수희는 다른 이가 죽이는 것을 보고 따라서 기뻐하는 것이다. 즉 죽은 사람이 내가 좋아하는 이거나 미워하는 이거나를 막론하고 죽음 자체를 기뻐하는 것이다. 여섯째로 주살이란 주문을 외워서 귀신으로 하여금 사람을 죽이게 하는 것을 말한다.

부처님께서는 이상과 같은 여섯 가지 살생행위뿐만이 아니라, 살생과 관련된 인因과 연緣과 법法, 그리고 업業을 짓지 말라고 하셨다. 살인殺因은 죽이고자 하는 생각을 일으키는 것으로 최초로 일어나는 살심殺心이다. 살연殺緣은 죽이려는 마음을 한 번에 그치지 않고 계속 가지고 살생할 수 있는 구실을 조성하는 것이며, 살법殺法이란 살생할 구체적인 방법을 생각하고 도구 등을 만드는 것이다. 이와 같은 것들이 무르익으면 살업殺業을 짓게 된다. 살업은 상대의 목숨을 완전히 끊는 것을 말한다.

이상과 같이 불교의 불살생계를 받아 지니는 사람은 마음으로부터 일어나는 살생하려는 마음까지도 근원적으로 막아, 남을 자비심으로 대하며 방생을 행하게 하는 것이 오악단 가운데 첫 번째 살생의 악을 설한 의의라 할 수 있다.(이 다섯 가지 악의 해설은 일타 큰스님의 『오계이야기』를 참조하였다.)

극적剋賊: 죽이고 해치는 것.

탄서呑噬: 서로 물어뜯는 것.

음아瘖瘂: 벙어리.

불체不逮: 병신, 즉 사람 같지 않은 것.

入其幽冥 轉生受身 譬如王法痛苦極刑 故有自然三
입기유명 전생수신 비여왕법통고극형 고유자연삼

塗無量苦惱 轉貿其身 改形易道 所受壽命 或長或短
도무량고뇌 전무기신 개형역도 소수수명 혹장혹단

魂神精識 自然趣之 當獨值向 相從共生 更相報復 無
혼신정식 자연취지 당독치향 상종공생 갱상보복 무

有絶已 殃惡未盡 不得相離 展轉其中 無有出期 難得
유절이 앙악미진 부득상리 전전기중 무유출기 난득

解脫 痛不可言 天地之間 自然有是 雖不即時卒暴應
해탈 통불가언 천지지간 자연유시 수부즉시졸폭응

至善惡之道 會當歸之 是爲一大惡 一痛 一燒 勤苦如
지선악지도 회당귀지 시위일대악 일통 일소 근고여

是 譬如大火焚燒人身 人能於中 一心制意 端身正行
시 비여대화분소인신 인능어중 일심제의 단신정행

獨作諸善 不爲衆惡者 身獨度脫 獲其福德度世上天
독작제선 불위중악자 신독도탈 획기복덕도세상천

泥洹之道 是爲一大善也
니원지도 시위일대선야

“저승에 가면 몸을 받아 다시 태어나는데, 이 세상에 비유하면 법에 의하여 무거운 형벌을 받는 것과 같다. 그래서 자연히 삼악도의 한량없는 고통을 받는 것이니 몸을 바꾸기도 하고, 형상을 바꾸기도 하고, 길을 바꾸기도 하며, 받은 바 수명은 길기도 짧기도 하고, 정신은 자연히 이에 따라 혼자 태어나기도

하고, 서로 같이 태어나기도 하여 서로 보복함이 끊임이 없고, 재앙의 악이 다하기 전에는 서로 여의려고 해도 여읠 수 없으며, 윤회의 굴레를 벗을 기약이 없고, 해탈을 얻기 어려우니 이 고통은 이루 말할 수 없느니라. 하늘과 땅에 자연히 이러한 도리가 있나니, 즉시에 과보를 받지 않는다 해도 선과 악의 업보는 반드시 받고 만다. 그래서 이것은 첫 번째의 큰 죄악이며, 현세에 받는 큰 고통이고, 다음 생에 받는 큰 과보이니, 이 같은 고통을 비유하면 맹렬히 타오르는 불길 속에 사람의 몸을 태우는 것과 같으니라. 이 세상에서 사람이 일심으로 삼가고 몸을 단정히 하고 행동을 바르게 하여 스스로 모든 선을 짓고 모든 악을 범하지 않으면 몸은 제도되고 복덕, 구원, 천수, 열반의 도를 얻게 되나니, 이것이 첫 번째 큰 선이니라."

【해설】

이 단원은 살생의 과보로 삼악도에 태어나는 것과 오도에 윤회하는 고통을 설하고, 반면에 살생하지 않는 선행을 설하셨다. 만약 어떤 사람이 이러한 고통을 알아 오탁五濁으로 더러워진 세간에서 일심으로 살생의 뜻을 억제하고, 몸을 삼가고 행동을 바르게 하며 살생하지 않는 등 모든 선근을 쌓고 악을 짓지 않는다면 이 사람은 생사의 미혹한 세계를 벗어나 현세에서는 안온한 복덕을 얻고, 내생에는 극락세계의 좋은 곳에 태어나 장수를 얻고 열반의 깨달음을 얻을 수 있는 것이다.

『생사득도경』과 『영험록』을 보면, 옛날 관상을 잘 보는 한 스님이 친구의 아들을 상좌로 데리고 있었다. 아들의 명이 너무 짧으므로 스님을 만들면 짧은 명을 넘길 수 있지나 않을까 하여 보내왔던 아이였다.

어느 날 상좌의 관상을 보던 스님은 깜짝 놀랐다. 1주일 안에 상좌가 죽을 상이었기 때문이었다. 스님은 친구의 어린 아들이 절에서 죽으면 친구 내외가 너무 섭섭해 할 것 같아 다만 며칠이라도 부모 옆에서 같이 지내게 해주는 것이 좋으리라 생각하여 상좌에게 말하였다. "집에 가서 삼베옷도 한 벌 만들고 무명옷도 만들고 버선도 짓고 하여, 한 열흘 다녀오너라."

그 동안에 집에 가서 부모도 만나고 부모 앞에서 죽으라는 것이었다. 그런데 그 상좌는 열흘이 지난 뒤에 옷도 만들고 버선도 짓고 스님 잡수시라고 떡까지 해 가지고 아무 일 없이 돌아왔다. 돌아온 상좌의 얼굴을 보고 스님은 이상하게 생각하였다. 얼굴은 본래 단명하는 상에다 최근에 상이 아주 나빠져서 꼭 죽는 줄 알았는데, 그 나쁜 기운이 완전히 사라졌을 뿐 아니라 앞으로 장수할 상으로 변하여 있었던 것이다. 틀림없이 사연이 있을 것이라고 생각한 스님은 상좌에게 자초지종을 물었고, 상좌는 다음과 같은 사실을 아뢰었다.

"집으로 가는 길에 작은 개울을 건너가게 되었는데, 개미떼

수천 마리가 새까맣게 붙어 있는 큰 나무껍질이 흙탕물에 떠내려오고 있었습니다. 조금만 더 가면 작은 폭포가 있고 그 아래 물이 소용돌이치고 있어 모두가 물에 빠져 죽을 상황이었습니다. 순간, 스님께서 '죽을 목숨을 살려주어야 불자로서의 도리를 다하는 것이고 복을 받는다'고 하신 말씀이 생각나서 얼른 옷을 벗어, 옷으로 나무껍질과 그 개미들을 다 받아가지고 마른 언덕땅에다 놓아주었습니다."

스님은 그 말을 듣고 무릎을 탁 쳤다. 그리고 상좌의 등을 두드려주며 말씀하셨다. "그러면 그렇지! 개미떼를 살려준 공덕으로 장수하게 되었고 부처님의 법을 잘 공부하게 되었구나. 다 불보살의 가피력이다. 나무관세음보살마하살."

7일 뒤에 죽을 상좌의 생명이 방생한 공덕으로 70년 연장되었다는 것은 방생에 의한 선근공덕의 한 단편을 말한 것이지만, 이 단원에서는 방생으로 열반을 증득한다고 하였다.

유명幽冥: 어두운 곳. 즉 저승을 말한다.

전무轉貿: 몸을 바꾸는 것.

혼신정식魂神精識: 업의 인에 의해 과보를 받는 주체, 즉 8식에 해당한다.

상천上天: 천상에 태어나는 것. 또는 정토에서 장수하는 것.

제3항 도둑의 악

佛言 其二惡者 世間人民 父子兄弟室家夫婦 都無義
불언 기이악자 세간인민 부자형제실가부부 도무의

理 不順法度 奢婬憍縱 各欲快意 任心自恣 更相欺惑
리 불순법도 사음교종 각욕쾌의 임심자자 갱상기혹

心口各異 言念無實 佞諂不忠 巧言諛媚 嫉賢謗善 陷
심구각이 언념무실 녕첨불충 교언유미 질현방선 함

入怨枉 主上不明 任用臣下 臣下自在 機僞多端 踐度
입원왕 주상불명 임용신하 신하자재 기위다단 천도

能行 知其形勢 在位不正 爲其所欺 妄損忠良 不當天
능행 지기형세 재위부정 위기소기 망손충량 부당천

心 臣欺其君 子欺其父 兄弟夫婦 中外知識 更相欺誑
심 신기기군 자기기부 형제부부 중외지식 갱상기광

各懷貪欲瞋恚愚癡 欲自厚己 欲貪多有 尊卑上下 心
각회탐욕진에우치 욕자후기 욕탐다유 존비상하 심

俱同然 破家亡身 不顧前後 親屬內外 坐之而滅 或時
구동연 파가망신 불고전후 친속내외 좌지이멸 혹시

室家知識鄕黨市里愚民野人 轉共從事 更相利害 忿
실가지식향당시리우민야인 전공종사 갱상이해 분

成怨結 富有慳惜不肯施與 愛寶貪重 心勞身苦 如是
성원결 부유간석불긍시여 애보탐중 심로신고 여시

至竟 無所恃怙
지경 무소시호

부처님께서 두 번째 악에 대해서 말씀하셨다.

"세상 사람들은 부모 자식이나 형제 간, 부부, 가족들 사이에 거의 의리가 없고, 법도를 따르지 않으며, 사치, 음란, 교만, 방종하여 제각기 쾌락만을 추구하며, 마음 내키는 대로 행동하여 서로 속이고, 마음과 말은 각각 달라 말과 생각이 참되지 않으며, 간사하고 아첨하여 진실하지 않고, 말을 교묘하게 하여 아첨하고 알랑거리며, 어진 사람을 시기하고 착한 사람을 비방하며, 삿된 도에 들어간다. 또 임금은 밝은 안목이 없이 신하를 등용하므로 신하는 마음대로 사람을 속이고 임금에게는 간사한 말과 여자로 매수하여 속이느니라. 임금의 자리에 있어도 바름을 알지 못하기 때문에 속임을 당하니, 이것은 자못 충성스러운 신하를 잃고, 천심을 위반하는 것이다. 신하는 임금을 속이고, 자식은 부모를 속이며, 형제, 부부, 친척, 벗들 사이에 서로 속이며, 각기 탐욕, 노여움, 어리석음을 품어 자신만을 위하여 많이 가지려고 욕심을 부린다. 이것은 높은 사람, 천한 사람, 윗사람, 아랫사람의 마음이 다 같아 마침내 집을 망치고, 몸을 망치며, 앞과 뒤를 돌아보지 않고, 내외 가족이 이것에 의하여 망하고 만다. 어떤 때는 가족, 친구, 마을 사람 중 어리석은 사람들이 일을 도모하는 데 이해관계로 서로 미워하고 원한을 맺는다. 부자이면서도 아끼고 베풀지 않으며, 보배를 좋아해 더욱 욕심내니 마음은 고달프고 몸은 아프다. 그러다가 마지막에는 의탁할 곳이 없다."

【해설】

이 단원은 두 번째 도둑의 악을 밝힌 곳이다. 도둑이 훔치는 대상은 재물인데 재財는 금이나 은, 그리고 돈과 귀중품 등을 말하고, 물物이란 의복이나 음식, 그리고 구리, 쇠, 나무 등으로 만든 가구 등을 가리킨다. 형상을 지닌 중생들은 어떤 중생이든 음식을 먹고 영양을 섭취함으로써 생명을 유지할 수 있다. 한 걸음 더 나아가 인간이 최소한의 생활을 함에 있어서는 먹는 것 이외에 의복과 주택이 있어야 한다. 이것을 우리는 '의식주衣食住'라는 한 단어로 간단히 요약할 수 있고, 초기교단에서는 가사, 밥, 정사, 약을 의지해 수행하라는 사의법四依法이 있다. 이 의식주나 사의법은 인간의 생존과 깊은 관련이 있다. 즉 이것이 없이는 살아갈 수 없는 필요한 물건들로 중생들에게는 제2의 생명과도 같은 것이다.

그런데도 사람들은 살기 위해 알게 모르게 남의 재물을 취하는 경우가 있는가 하면, 재산을 더 많이 축적하려고 남을 속여 취하는 경우도 있다. 때로는 재물을 취하는 것이 큰 죄가 되지 않는다고 하는 사람도 가끔 있다. 사실 남의 재물을 도둑질한다는 것은 생의 의지처를 빼앗는 것이고, 남의 생명을 간접적으로 빼앗는 것이며, 생활수단을 제거하는 결과를 초래하게 된다.

그렇기 때문에 불교에서는 남의 것을 훔치는 투도계를 살생계 다음의 중계重戒로 제지하게 된다. 중생의 생명 그 자체는 내명內

命이며, 재물은 외명外命이다. 그러므로 중생의 생명을 직접적으로 끊는 살생계를 제1계로 삼았고, 그것이 없으면 살아갈 수 없는 것을 빼앗는 투도는 외명을 끊는 것이기 때문에 제2의 자리에 놓은 것이다. 정녕 우리 불자들은 투도계가 살생계의 연속이요 제2의 살생계라는 사실을 분명히 알아야 한다. 그러므로 남의 재물을 고의로 취하는 투도죄를 범하지 말아야 한다.

우리들이 구체적으로 알아야 할 투도의 유형을 『범망경』에서는 네 가지로 들고 있다. 그 첫 번째 유형은 스스로가 직접 훔치는 자도自盜로, 이는 주인이 주지 않는 물건을 직접적인 방법으로 자기의 소유가 되게 하는 것으로, 이를 일컬어 '도적盜賊'이라고 한다. 율장에서는 도적으로 규정되는 다섯 가지 법을 정하여 놓았다. 첫째는 대면해서 강제로 빼앗는 것, 둘째는 가만히 몰래 훔치는 것, 셋째는 조롱하여 사기로 빼앗는 것, 넷째는 맡겨 둔 물건을 주지 않고 취하는 것, 다섯째는 주었다가 다시 빼앗는 것(與更奪), 소송을 통해서 빼앗는 것, 부딪치며 속여서 소매치기하는 것, 마땅히 내어야 할 세금을 내지 않는 것 등을 설하고 있다. 이상 자도自盜는 남을 시켜서가 아니라 스스로가 직접 도둑질하는 일에 개입한 것을 가리킨다.

두 번째는 교인도敎人盜인데 남을 시켜서 도둑질하는 것이다. 곧 돈을 주고 사람을 매수하여 도둑질을 시키거나 말로 설득하여 도둑질하게 하는 것, 또는 좋은 물건을 가지고 있는 사람을 일부러 소개하여 친하게 만든 다음 도둑질하게 하는 것 등을 가리킨다. 자신이 직접 절도행위를 하지 않는 것이 자도와 다른 점일 뿐, 그 마음속에는 도심盜心이 꿈틀거리고 있는 것이다. 이 교인도에는 두 가지 경우가 있다. 첫째는 자기 자신을 위하여 도둑질을 시키는 것이고, 둘째는 도둑질을 하는 그 사람을 위하여 도둑질하게 하는 것이다. 이 경우 자신의 이득을 위한 도둑질의 죄가 훨씬 무거운 것은 너무나 당연하다.

세 번째는 방편도方便盜인데 상대방의 물건이 자연히 내게 돌아오도록 갖가지 방법을 꾸며 도둑질하는 것이다. 곧 아첨·사기·위협 등의 수단을 동원하여 도둑질하는 것으로, 외형상으로 볼 때는 결코 도둑질하지 않는 것으로 보이나 실은 엄연한 도둑질이다. 중국의 홍찬스님은 방편도를 다음과 같이 포괄적으로 설명하였다. "갖가지 기교를 부리고 아첨을 하여 상대방을 속이고, 내지 무게와 분량을 다르게 하거나 돈의 액수를 조작하는 등 일마다 사람들을 기만하는 것, 땅의 경계가 되는 표지를 상대방 모르게 가만히 이동시키는 것 등이다." 홍찬스님의 말씀처럼, 스스로의 욕심과 이득을 위해 상대방의 재산을 은연중에 가로채는 것은 모두 방편도의 죄업이 되는 것이다. 비록 남을 속일 수 있다 하여도 스스로의 양심에는 앙금이 남지 않을 수가 없으니, 불자들은 무엇보다 스스로의 진실을 버리지 말아야 할 것이다.

네 번째는 주도呪盜인데 주문의 힘에 의지하여 도둑질을 하는 것이다. 주로 외도들이 행하는 사도邪道로서 삿된 주술을 외워 남의 음식이나 물건이 오게 하는가 하면, 일단 주술로 귀신을 부른 다음 그 귀신으로 하여금 남의 물건을 가져오게 하는 경우 등이 있다.

이상과 같이 부처님께서는 네 가지 도둑질뿐만 아니라 투도와 관련된 인因을 심지도 말고, 연緣을 맺지도 말고, 법法을 배우지도 말고, 업業을 짓지도 말 것을 가르치셨다.

먼저, 심지 말아야 할 도둑질할 인(盜因)은 최초의 씨앗이 무엇인가를 가리키는 것이다. 그럼 어떠한 마음이 도둑질을 하고자 하는 씨앗이 되는가? 때로는 아첨하는 마음이, 때로는 성내는 마음이, 때로는 두려워하는 마음이 도둑질의 씨앗이 되기도 한다. 곧 중생들의 자기중심적인 욕심과 분노, 그리고 무지無知로 인한 공포심 등이 투도의 씨앗이 되는 것이다.

도둑질할 조건(盜緣)은 처음 일어난 도둑질할 생각을 거두기는커녕 갖가지 생각을 일으켜서 도둑질하는 것을 합리화시켜 가는 과정을 가리킨다. 바꾸어 말하면, 최초로 일어난 도둑질할 마음을 여러 가지로 도와 기르는 것을 도연이라고 하는 것이다.

도둑질할 구체적인 방법(盜法)은 스스로 훔칠 것인가, 남을 시켜서 훔칠 것인가, 몰래 훔칠 것인가, 협박을 해서 빼앗을 것인가 등을 생각하여 그 방법을 확정짓는 것이다.

이렇게 일단 도둑질할 방법까지 정해지고 나면 스스로 반성하여 도심盜心을 거두지 않는 이상 도둑질할 업(盜業)을 짓게 된다. 도업은 실제로 도둑질을 완료하여 죄업을 이루고 만 상태를 뜻한다. 이 도업 이전까지는 범행의 기획 단계이지만, 도업을 지은 이상은 '도둑놈'이라는 오명을 덮어쓰게 되는 것이다.

그렇다면 어떠한 행위까지를 도업이라 하는 것인가? 남의 재물을 자기의 소유로 하기 위해 본래의 위치에서 이동시키면 도업이 성립되는 것이다. 계를 받아 지닌 불자라면 마땅히 도둑질하고자 하는 생각조차도 가지지 않아야 하겠지만, 만의 하나 부득이한 상황에 휩싸여 도둑질할 물건이 있는 곳에까지 갔을지라도 다시 한 번 마음을 돌이켜 물건을 취하거나 자리를 이동시키지 말아야 한다.

이러한 악을 짓게 되는 것은 의리가 없고, 법도에 순응하지 않으며, 사치와 방종으로 제멋대로 행동하며, 국법이나 윤리, 그리고 도덕을 지키려 하지 않고, 오만불손하고 재물을 모으는 일로 즐거움을 삼아 거짓으로 법이 아닌 행동을 하고, 항상 도둑질하려는 마음을 품어 다른 사람의 이익을 가지려고 하는 것이 마음속에 자리 잡고 있기 때문이다.

영첨불충佞諂不忠: 영佞은 마음으로 나쁜 계획을 세워 아름다운 말로 꾀는 것. 첨諂은 아첨이며, 불충不忠은 진실하지 않은 것.

원왕怨枉: 착한 사람을 비난하여 나쁜 곳에 떨어뜨리는 것.

기위機僞: 거짓으로 사람을 유혹하여 홀리는 것.

천도능행踐度能行: 교묘한 말과 여자로 임금의 정을 빼앗아 나쁜 일을 꾸미는 것.

중외지식中外知識: 외가나 자기의 친척과 친구.

시호恃怙: 부탁하는 것.

獨來獨去 無一隨者 善惡禍福追命所生 或在樂處 或
독래독거 무일수자 선악화복추명소생 혹재낙처 혹

入苦毒 然後乃悔 當復何及 世間人民 心愚少智 見善
입고독 연후내회 당부하급 세간인민 심우소지 견선

憎謗 不思慕及 但欲爲惡 妄作非法 常懷盜心 悕望他
증방 불사모급 단욕위악 망작비법 상회도심 희망타

利 消散糜盡 而復求索 邪心不正 懼人有色 不豫思計
리 소산미진 이부구색 사심부정 구인유색 불예사계

事至乃悔 今世現有王法牢獄 隨罪趣向 受其殃罰 因
사지내회 금세현유왕법뇌옥 수죄취향 수기앙벌 인

其前世不信道德 不修善本 今復爲惡 天神剋識 別其
기전세불신도덕 불수선본 금부위악 천신극식 별기

名籍 壽終神逝 下入惡道 故有自然三塗無量苦惱 展
명적 수종신서 하입악도 고유자연삼도무량고뇌 전

轉其中 世世累劫 無有出期 難得解脫 痛不可言 是爲
전기중 세세누겁 무유출기 난득해탈 통불가언 시위

二大惡 二痛 二燒 勤苦如是 譬如大火焚燒人身 人能
이대악 이통 이소 근고여시 비여대화분소인신 인능

於中 一心制意 端身正行 獨作諸善 不爲衆惡者 身獨
어중 일심제의 단신정행 독작제선 불위중악자 신독

度脫 獲其福德度世上天泥洹之道 是爲二大善也
도탈 획기복덕도세상천니원지도 시위이대선야

“혼자 와서 혼자 가는데 하나도 따라올 것이 없느니라. 선과 악, 재앙과 복은 목숨을 따라 생기나니 혹은 안락한 복을 받고, 혹은 고통을 받으면서 뒤에 뉘우쳐도 참으로 어찌할 수 없다. 세상 사람들의 마음은 어리석고 지혜는 적어 선을 보고 미워하며 비방하여 그 착함을 생각하고 따르려고 생각하지 않으며, 다만 악한 짓을 하려고 하여 법을 어기는 잘못을 저지르고 항상 도둑의 마음을 품고 다른 사람의 이익을 부러워하며 얻은 재물을 낭비하고 다시 애써 구한다. 삿된 마음이 있어 바르지 않기 때문에 다른 사람을 두려워하고, 미리 헤아리는 생각이 없어 일을 당해서는 후회한다. 금생에는 국법에 의해 감옥이 있어 죄에 따라서 벌을 받고, 전생에 도덕을 믿지 않고 선의 근본을 닦지 않음에 의해서 금생에 또 죄를 짓는다. 천신은 죄를 기억하여 명부에 기록하며 목숨이 마칠 때에 영혼은 악도에 떨어지고, 그리하여 삼악도에서 자연히 한량없는 고통을 받고, 그 가운데 돌고 돌아 세세생생에 벗어날 기약이 없고 해탈을 얻기 어려우니, 이 고통은 이루 말할 수 없느니라. 이것이 두 번째의 큰 악이고, 금생에 받는 큰 고통이며, 다음 생에 받는 큰 과보이니, 이 같은 고통을 비유하면 큰 불길 속에 사람의 몸을 태우는 것과 같다. 이 세상 사람들 가운데 능히 일심으로 생각을 제압하고, 몸을 단정히 하며, 행동을 바르게 하여 홀로 모든 선을 닦고 모든 악을 범하지 않는다면 몸은 생사의 바다를 건널 수 있고 복덕과 구원, 천수와 열반의 도를 얻게 되나니, 이것이 두 번째 큰 선이니라."

【해설】

이 단원은 우리 인생이 홀로 이 세상에 태어나서 살다가 마지막에 아무것도 가져가지 못하고 홀로 자기가 지은 업식業識만을 가지고 가는 공수래공수거空手來空手去의 삶임을 되돌아보게 한다. 이 업식에 따라 어떤 사람은 극락정토에 왕생하기도 하고, 어떤 사람은 삼악도에 떨어져 고통을 받는데 이때 전생의 잘못을 아무리 후회해도 소용없는 것이다. 그러니 이 세상에서 일심으로 정진하여 나쁜 마음을 억눌러 몸을 바르게 하고 행동을 삼가 홀로 모든 선을 심고 도둑질을 하지 않는다면, 이 사람은 생사의 바다를 건너서 현세에서는 복덕을 얻고, 후세에는 정토에 왕생하고 장수와 열반의 도를 얻는 것이다. 우리는 어떤 마음을 갖고 무슨 행동을 하느냐에 따라 복을 받기도 하고 죄를 받기도 하며, 지옥에 가기도 하고 극락세계에 왕생하기도 한다.

도둑질의 반대적인 것은 남에게 재물을 보시하는 것이다. 『영험록』에 보면, 중국 당나라 때 배휴裵休라는 유명한 정승이 있었다. 그는 쌍둥이로 태어났다. 부모는 형과 동생의 이름을 '도度'자로 짓되, 형의 이름은 '법도 도度'로 하고 동생은 '헤아릴 탁度'이라고 불렀다. 배휴는 어릴 때의 형인 배도가 장성한 다음 지은 이름이다.

어려서 부모를 여읜 배도와 배탁은 외삼촌에게 몸을 위탁하고 있었다. 어느 날 일행선사一行禪師라는 밀교의 고승이 집으로 찾아와서 그들 형제를 유심히 바라보더니, 외삼촌과 이야기를 나누는 것이었다.

"저 아이들은 누구입니까?"

"저의 생질들인데 부모가 일찍 죽어 제가 키우고 있습니다."

"저 아이들을 내보내시오."

"왜요?"

"저 아이들의 관상을 보아하니 앞은 거지 상이요 뒤는 거적데기 상입니다. 워낙 복이 없어 거지가 되지 않을 수 없고, 그냥 놓아두면 저 아이들로 말미암아 이웃이 가난해집니다. 그리고 저 아이들이 얻어먹는 신세가 되려면 이 집부터 망해야 하니, 애당초 그렇게 되기 전에 내보내십시오."

"그렇지만 부모가 없는 아이들을 어떻게 내보냅니까?"

"사람은 자기의 복대로 살아야 하는 법! 마침내 이 집이 망한다면 저 애들의 업은 더욱 깊어질 것이오."

방문 밖에서 외삼촌과 일행선사의 대화를 엿들은 배도는 선사가 돌아간 뒤 외삼촌께 말하였다.

“외삼촌, 저희 형제는 이 집을 떠나려고 합니다. 허락하여 주십시오.”

“가다니, 도대체 어디로 가겠다는 말이냐?”

“아까 일행선사님과 나눈 말씀을 들었습니다. 우리 형제가 빌어먹을 팔자라면 일찍 빌어먹을 일이지, 외삼촌 집안까지 망하게 할 수는 없는 일 아닙니까? 떠나겠습니다. 허락하여 주십시오.”

자꾸만 만류하는 외삼촌을 뿌리치고 배탁과 함께 집을 나온 배도는 거지가 되어 하루하루를 구걸하며 살았다. 어느 날 형제는 머리를 맞대고 상의하였다.

“우리가 이렇게 산다면 일찍 돌아가신 부모님의 혼령도 편안하지가 못할 것이다. 산으로 들어가서 숯이나 구워 팔면서 공부도 하고 무술도 익히자.”

그들은 산속에 들어가 숯을 구웠고, 틈틈이 글 읽기를 하고 검술도 익혔다. 그리고 넉넉하게 구워 남은 숯들을 다발로 묶어 단정한 글씨로 쓴 편지와 함께 집집마다 나누어주었다.

“이 숯은 저희들이 정성을 들여 구운 것입니다. 부담 갖지 마시고 마음 놓고 쓰십시오.” 하루 이틀, 한 달 두 달……. 이렇게 꾸준히 숯을 보시하자 처음에는 의아하게 생각하던 마을 사람들도 감사하게 생각하였고, 마침내 숯이 도착할 시간이면 ‘양식을 보태라'며 쌀을 대문 밖에 내어놓기까지 하였다. 그러나 그들 형제는 먹을 만큼 이상의 양식을 절대로 가져가지 않았다.

"이만하면 충분합니다. 감사합니다."

마침내 두 형제에 대한 소문은 온 고을로 퍼져나갔고, 그 소문을 듣고 외삼촌이 찾아와 '잠깐만이라도 좋으니 집으로 들어가자'고 간청하였다. 그들이 집에 이르자 때마침 일행선사도 오셨는데, 배도를 보더니 깜짝 놀라는 것이었다.

"애야, 너는 정승이 되겠구나."

"스님, 언제는 저희 형제더러 빌어먹겠다고 하시더니, 오늘은 어찌 정승이 되겠다고 하십니까? 거짓말 마시오."

"전날에는 너의 얼굴에 거지 팔자가 가득 붙었더니, 오늘은 정승의 심상心相이 보이는구나. 그동안 무슨 일을 하였느냐?"

배도와 배탁이 그동안의 일을 자세히 말씀드리자 일행선사는 무릎을 치면서 기뻐하였다.

"그러면 그렇지! 너희들의 마음가짐이 거지 팔자를 정승 팔자로 바꾸어 놓았구나."

그 뒤 배도는 정승이 되었고, 동생 배탁은 대장군의 벼슬을 마다하고 황하강의 뱃사공이 되어 오가는 사람을 건네주며 고매하게 살았다고 한다.

이 이야기가 우리에게 주는 교훈은 가난하여 아무리 먹을 것이 없어도 남의 물건을 훔치지 말고 정직하게 살아야 하고,

남에게 보시를 하면 자기의 나쁜 상이 바뀌어 좋은 상으로 변한다는 것이다. 무엇보다 중요한 것은 배고프고 못사니까 지금 도둑질을 할 것인가, 아니면 풀뿌리를 캐먹고 살면서 미약하고 보잘 것 없지만 남에게 좋은 일을 할 것인가이다. 어떤 마음을 가지느냐에 따라서 앞으로의 운명이 달라진다. 참된 삶과 복된 삶, 지옥의 삶과 극락왕생의 삶은 지금 어떤 마음으로 무슨 행동을 하느냐에 의해 결정된다. 내 업은 내가 기꺼이 받기 때문에 남에게 폐를 끼치지 않겠다는 마음으로 보시를 행하는 자체가 선근공덕이 되고, 불자가 가져야 할 도심道心이다.

이 경에서 부처님께서 도둑질의 악단을 설하신 것은 가진 것은 남에게 베풀면서 살아라, 베풀면서 살 때 인색한 마음을 사라진다, 탐하는 마음과 더불어 인색한 마음이 사라지므로 정신은 맑아지고, 재물로써 남을 살렸으니 마음 가득 환희가 넘치게 된다, 이렇게 될 때 우리 앞에 그릇되게 뚫려 있던 탐욕의 길, 투쟁의 길, 삿된 길들은 저절로 사라지게 되고 지옥·아귀 등의 추한 세계도 자취를 감추게 되고, 극락세계에 왕생하게 되는 길이 된다는 것을 강조하시기 위한 것이다.

심우소지心愚少智: 선악인과의 도리를 알지 못하는 어리석은 사람.
유색有色: 사람을 두려워하는 기색이 얼굴에 나타나는 것.
극식剋識: 택하여 기록하는 것.

제4항 사음의 악

佛言 其三惡者 世間人民 相因寄生 共居天地之間 處
불언 기삼악자 세간인민 상인기생 공거천지지간 처

年壽命 無能幾何 上有賢明長者尊貴豪富 下有貧窮
년수명 무능기하 상유현명장자존귀호부 하유빈궁

廝賤尩劣愚夫 中有不善之人 常懷邪惡 但念婬泆 煩
시천왕렬우부 중유불선지인 상회사악 단념음질 번

滿胸中 愛欲交亂 坐起不安 貪意守惜 但欲唐得 眄睞
만흉중 애욕교란 좌기불안 탐의수석 단욕당득 면래

細色 邪態外逸 自妻厭憎 私妄入出 費損家財 事爲非
세색 사태외일 자처염증 사망입출 비손가재 사위비

法 交結聚會 興師相伐 攻劫殺戮 強奪不道 惡心在外
법 교결취회 흥사상벌 공겁살륙 강탈부도 악심재외

不自修業 盜竊趣得 欲繫成事 恐熱迫愶 歸給妻子 恣
부자수업 도절취득 욕계성사 공열박협 귀급처자 자

心快意 極身作樂 或於親屬 不避尊卑 家室中外 患而
심쾌의 극신작락 혹어친속 불피존비 가실중외 환이

苦之 亦復不畏王法禁令 如是之惡 著於人鬼 日月照
고지 역부불외왕법금령 여시지악 착어인귀 일월조

見 神明記識 故有自然三塗無量苦惱 展轉其中 世世
견 신명기식 고유자연삼도무량고뇌 전전기중 세세

累劫無有出期 難得解脫痛不可言 是爲三大惡 三痛
누겁무유출기 난득해탈통불가언 시위삼대악 삼통

三燒 勤苦如是 譬如大火焚燒人身 人能於中 一心制
삼소 근고여시 비여대화분소인신 인능어중 일심제

意 端身正行 獨作諸善 不爲衆惡者 身獨度脫 獲其福
의 단신정행 독작제선 불위중악자 신독도탈 획기복

德度世上天泥洹之道 是爲三大善也
덕도세상천니원지도 시위삼대선야

부처님께서 말씀하셨다.

"이 세 번째 악이란, 세상 사람들은 서로 의지하고 도우면서 함께 모여서 하늘과 땅 사이에서 살고 있는데 그동안 누리는 수명은 얼마 되지 않는다. 위로는 현명한 사람, 덕이 있는 사람, 존귀한 사람, 부귀한 사람이 있고, 아래로는 가난한 사람, 천한 사람, 불구자나 어리석은 사람이 있는데 그 중에 착하지 못한 사람이 있어 항상 삿된 악을 품고 애욕의 번뇌가 가슴속에 가득 차서 애욕의 어지러운 생각으로 앉으나 서나 편안하지 않고 탐하는 생각으로 질투하여 부질없이 얻으려고 한다. 이성에 눈독이 들어 삿된 태도로 방자하게 놀아 자기 부인을 싫어하고 미워하며 남모르게 도리에 어긋나게 다른 여자 집을 출입하면서 재산을 낭비하고 법도를 어기느니라. 또한 모임을 만들어 서로 싸우고 때리고 찌르고 해서 도에 어긋나게 강탈하며, 악한 마음 밖에 없어 스스로 선업을 닦지 않고 도둑질이나 사기로 조금의 이익을 보면 욕심은 더해서 다른 이를 협박하고 두렵게 하는 짓을 일삼고 자기 처자만을 양육한다. 방자한 마음과 즐기려는 생각을 가지고 항상 즐기기만 하여 친족이나 위아래를 가리지 않고 부질없는 짓을 하여 가족 모두를 걱정시키고 괴롭게 한다.

또 국법으로 금한 법을 두려워하지 않는 등 이러한 것은 사람이나 귀신에게 알려지고, 해와 달이 비춰보며, 신명이 기록한다. 이런 까닭에 자연히 삼악도에 떨어져 한량없는 고뇌를 받고 그 가운데 돌고 돌아 세세생생에 나올 기약이 없고 해탈을 얻기 어려우니, 이 고통은 이루 다 말할 수 없다. 이것이 세 번째 큰 악이고, 현세에 받는 큰 고통이며, 다음 생에 받을 큰 과보이니, 이와 같은 고통을 비유하면 큰 불길 속에 사람의 몸을 태우는 것과 같다. 이 세상 가운데 사람이 능히 일심으로 생각을 제압하고, 몸을 단정히 하며, 행동을 바르게 하여 홀로 모든 선을 닦고, 모든 악을 범하지 않으면 몸은 제도되고 복덕과 구원, 천수와 열반의 도를 얻나니, 이것이 세 번째 큰 선이니라."

【해설】

이 단원은 세 번째 사음의 악으로, 사음이란 자기 부인이 아닌 다른 여자나 또는 자기 남편이 아닌 다른 남자와 음행을 하는 것이지만, 출가자에게는 음행 자체를 금하고 있는 것이 출가자의 계와 재가자의 계의 다른 점이다. 이 경에서는 사음에 대한 것이기 때문에 재가자를 중심으로 말씀한 것이라 본다.

이 음행에는 자신이 스스로 행하는 자음自淫이 있고, 다른 사람에게 권하여 자신을 음행하도록 가르치거나 남을 음행하도록 가르치는 교인음教人淫이 있다. 우리는 여기서 한 가지 의문을 제기할 수 있다. 자음이 중죄에 해당한다는 것은 이해할 수 있으나 교인음까지 왜 중죄로 취급하고 있느냐 하는 것이다. 그 까닭은 마땅히 청정하고 거룩한 법에 의지하여 깨달음의 길로 나아가야 할 불자가 청정법淸淨法을 가르치지는 못할지언정 염오染汚의 업을 짓도록 인도하는 것은 스스로 음행한 것이나 다를 바가 없다는 대승적인 차원에서다.

부처님께서는 "스스로 청정을 유지하고 다른 이도 청정의 길을 걷도록 하라"는 취지에서 사음의 악단을 설하신 것이다. 아무쪼록 불자는 음행과 관련된 인因을 심지도 말고 연緣을 짓지도 말아야 한다. 처음 음심에 대한 한 생각을 일으키면 그것이 음행의 인이 되고, 한번 일으킨 음심을 잠재우지 못한 채 음행을 이루기 위한 갖가지 생각과 행위를 하는 것이 음행의 연이 된다. 곧 어떠한 대상과의 음행을 생각하면서 몰래 훔쳐보고 좋아하며, 잘 보이기 위해 몸치장을 하고 따라다니는 등이 음행의 연에 속하는 것이다.

이렇게 계속하다가 애정을 호소하거나 몸을 마찰하는 등 음행을 이루기 위한 방법(淫法)을 동원하게 되며, 마침내는 성행위를 통하여 음행의 업을 짓게 된다. 따라서 모든 불자들은 음행에 대한 처음의 한 생각부터 잘 단속하여야 하고, 생각이 일어나면 자비심으로 이를 승화시켜 나아가야만 한다.

음행을 금한 까닭은, 첫째는 중생의 음행은 일어났다 꺼졌다 하는 모든 기멸심起滅心을 조장하고, 번뇌의 뿌리가 되어 해탈을 방해하기 때문이다. 모든 생사는 음행으로부터 비롯된다. 생사를 뛰어넘어 해탈과 열반의 저 언덕에 이르려면 먼저 생사의 근원인 기멸심과 번뇌를 초월해야 하는데, 음행은 번뇌와 기멸심을 근원적으로 조장할 뿐이다. 이 때문에 부처님께서는 출가승의 음행을 전적으로 금하신 것이고, 재가자들에게는 사음만을 금하도록 하신 것이다.

둘째는 음행은 청정하지 못한 비범행非梵行이요, 물들고 추한 행인 염오행染汚行이기 때문이다. 거룩하지 못한 행위는 밝은 마음을 어둡게 만들고 청정한 마음을 탁하게 물들이며, 어둡고 탁한 마음은 결국 생사윤회의 씨앗이 될 뿐이다. 음욕을 따라가면 밝은 지혜를 등지게 되고, 무명의 마음에 바탕을 둔 맹목적이고 충동적인 본능은 결과적으로 어둡고 추한 업장만을 조장시킬 뿐이다.

실로 우리의 마음 밑바닥에는 맑고 자비롭고 슬기로움이 가득 차 있다. 그러나 슬기로운 마음이 그릇되게 흐르면 어리석은(愚癡) 마음이 솟아나고, 자비하고 인자한 마음이 잘못 흐르면 성을 내는 진심嗔心으로 탈바꿈하며, 거룩하고 청정한 마음이 거꾸로 흐르면 음심이 발동하는 것이다.

결론적으로 말해 음행은 우리의 청정한 본성을 탐욕의 굴레로

얽어매고 가리는 것이요, 그로 말미암아 모든 생사윤회의 세계가 전개되기 때문에 부처님께서는 음행을 하지 말 것을 거듭거듭 강조하신 것이다. 이 오탁의 더러워진 세상에서 능히 마음을 일심으로 하여 스스로 사음의 마음을 억누르고, 몸을 바르게 하고, 행동을 삼가고 홀로 모든 선근을 심고, 악업을 범하지 않는다면, 이 사람은 생사의 바다를 건널 수 있고 현세에서는 무량한 복덕을 얻고, 사후에는 극락정토에 왕생하여 장수(上天)를 얻어 '깨달음(泥洹)'의 도를 얻을 수 있다.

『십선업도경』에서는 사음하지 않으면 네 가지 공덕을 성취한다고 하였다. 즉 첫째는 모든 본능의 감각기관을 잘 조절할 수 있고, 둘째는 시끄러운 비난을 길이 여의며, 셋째는 세상 사람들이 다 칭찬을 하고, 넷째는 정숙한 배우자를 얻게 된다고 하였다. 이와는 반대로 『화엄경』 「십지품十地品」 이구지離垢地에서는 "사음의 죄를 범하면 삼악도에 떨어진다"고 정의한 다음, "다시 사람으로 태어나더라도 정숙하지 못한 배우자를 만나거나 뜻에 맞지 않는 가족을 만나게 된다"고 하였다. 또 사음을 행한 과보로는 복을 깎아내리고 주위사람의 존경을 잃으며, 병을 얻거나 신용을 잃고 패가망신을 하게 된다는 것 등을 들고 있다. 그러므로 부처님께서는 불자들로 하여금 불사음계를 지킬 것을 거듭거듭 강조한 것이다.

부모에게 효도하고 처자에게 해야 할 바의 일을 충실히 하는 사람 가운데에는 방종하는 사람을 찾아볼 수 없고, 남편에게 의리를 지키고 일편단심 가정을 생각하는 여인이 타락한다는 것은 있을 수 없는 일이다. 동시에 남녀의 결합은 어디까지나 세속적인 애정의 결합이고 약속인 만큼, 어느 한쪽에서 배신을 하고 저버릴 때에 상처를 받는 쪽의 아픔은 말할 수 없이 큰 것이며, 배신자 역시 배신을 한 죄책감에서 쉽게 헤어나지 못하게 되며, 부부 사이에 태어난 자식은 결손가정에서 자라게 되기 때문에 잘못 성장할 수 있어 자식에게도 아픔을 준다. 그래서 사음은 생각조차 하지 말고 정도를 행하는 것이 가족의 행복이며, 불자가 실천해야 할 길이다.

시천廝賤: 가장 천한 사람.

왕열尫劣: 불구

면래眄睞: 곁눈질해 훔쳐보는 것. 즉 여자를 음란한 마음으로 보는 것.

공겁攻劫: 비난하며 싸우는 것.

공열恐熱: 두려워서 번민하는 것.

귀급歸給: 옷과 음식을 흥청거리게 쓰는 것.

제5항 거짓말의 악

佛言 其四惡者 世間人民 不念修善 轉相教令 共爲衆
불언 기사악자 세간인민 불념수선 전상교령 공위중

惡 兩舌惡口妄言綺語讒賊鬪亂 憎嫉善人 敗壞賢明
악 양설악구망언기어참적투란 증질선인 패괴현명

於傍快喜 不孝二親 輕慢師長 朋友無信 難得誠實 尊
어방쾌희 불효이친 경만사장 붕우무신 난득성실 존

貴自大 謂己有道 橫行威勢 侵易於人 不能自知 爲惡
귀자대 위기유도 횡행위세 침이어인 불능자지 위악

無恥 自以強健 欲人敬難 不畏天地神明日月 不肯作
무치 자이강건 욕인경난 불외천지신명일월 불긍작

善 難可降化 自用偃蹇 謂可常爾 無所憂懼 常懷憍慢
선 난가강화 자용언건 위가상이 무소우구 상회교만

如是衆惡 天神記識 賴其前世 頗作福德 小善扶接 營
여시중악 천신기식 뇌기전세 파작복덕 소선부접 영

護助之 今世爲惡 福德盡滅 諸善神鬼 各共離之 身獨
호조지 금세위악 복덕진멸 제선신귀 각공리지 신독

空立 無所復依 壽命終盡 諸惡所歸 自然迫促 共趣頓
공립 무소부의 수명종진 제악소귀 자연박촉 공취돈

之 又其名籍 記在神明 殃咎牽引 當往趣向 罪報自然
지 우기명적 기재신명 앙구견인 당왕취향 죄보자연

無從捨離 但得前行入於火鑊 身心摧碎 精神痛苦 當
무종사리 단득전행입어화확 신심최쇄 정신통고 당

斯之時 悔復何及 天道自然 不得蹉跌 故有自然三塗
사지시 회부하급 천도자연 부득차질 고유자연삼도

無量苦惱 展轉其中 世世累劫 無有出期 難得解脫 痛
무량고뇌 전전기중 세세누겁 무유출기 난득해탈 통

不可言 是爲四大惡 四痛 四燒 勤苦如是 譬如大火焚
불가언 시위사대악 사통 사소 근고여시 비여대화분

燒人身 人能於中 一心制意 端身正行 獨作諸善 不爲
소인신 인능어중 일심제의 단신정행 독작제선 불위

衆惡者　身獨度脫　獲其福德度世上天泥洹之道　是爲
중악자　신독도탈　획기복덕도세상천니원지도　시위

四大善也
사대선야

부처님께서 말씀하셨다.

"그 네 번째 악이란, 세상 사람들은 선을 닦으려고 생각하지 않고, 더욱더 보고 듣고 하여 여러 가지 악을 범하며, 이간질하고 욕하며 거짓말하고 아첨하는 말을 하며, 서로 비방하며, 마음이 어지럽고, 착한 사람을 미워하고 시기하며, 현명한 사람을 무너뜨리고, 부부만이 즐기고 부모를 섬기지 않으며, 스승과 어른을 소홀히 하고, 친구에게 신의가 없어 성실하지 않는다. 존귀한 자리에 오르면 자기만이 도리를 안다 하고 함부로 위세를 부리어 남을 업신여기고, 자신을 알지 못하고 악을 짓고도 부끄러운 줄 모르며, 스스로 강한 것을 내세워 남에게 공경과 어렵게 대한 것을 받고자 한다. 천지신명과 해와 달을 두려워하지 않고 굳이 선을 닦지 않으므로 제도하기가 어려우며, 스스로 건방져서 항상 위와 같이 하므로 근심과 두려움과 교만한 마음을 품고 있다. 이와 같이 여러 가지 악은 천신이 알고 기록하느니라. 그러나 전생에 얼마간의 복덕을 짓는 것에 의해 작은 선으로 부지하고 보호되지만, 금생에 악을 지어 복덕을 다 소모해 버리면 모든 착한 귀신이 다함께 그 사람을 떠나고 마는 것이니,

몸은 홀로 남아 의지할 곳이 없게 되고, 수명이 마치면 모든 악업이 돌아와 자연히 이 악업에 이끌려 가느니라. 또 이것이 천지신명에게 기록되어 재앙과 허물에 의해 끌려가나니 죄의 과보는 버리고 여윌 수가 없다.

전생에 지었던 악행에 의해 불가마에 들어가서 몸과 마음이 꺾이고 부서져 괴로운 마음뿐이니, 이때에 후회해도 어찌할 수 없다. 하늘의 도리는 어긋남이 없는 까닭에 자연히 삼악도에 떨어져 한없는 고통을 받고 그 가운데 돌고 돌아 세세생생 나올 기약이 없고 해탈을 얻기 어려우니, 이 고통은 이루 다 말할 수 없느니라. 이것이 네 번째 큰 악이고, 금생에 받는 큰 고통이며, 다음 생에 받는 큰 과보로, 이 같은 괴로움을 비유하면 큰 불길 속에 사람의 몸을 태우는 것과 같다. 이 세상 가운데 사람이 있어 일심으로 생각을 제압하고, 몸을 단정히 하며, 행동을 바르게 하며, 홀로 모든 선을 닦고 여러 가지 악을 범하지 않으면 몸은 제도되고 복덕, 구원, 천수, 열반의 덕을 얻나니, 이것이 네 번째 큰 선이니라."

【해설】

이 단원은 네 번째 거짓말의 악으로 남을 속여서 이득을 취하는 것이다. 거짓말은 진실이 아닌 것을 진실같이 꾸며서 하는 말이다. 곧 거짓말은 진실하지 않는 마음, 헛되고 거짓으로 가득 찬 마음에서 우러나오는 말로서, 거짓말을 하는 사람은 반드시 먼저 자신을 속인 다음 다른 사람을 속이게 된다. 누구든지 남을 속일 뿐 아니라 스스로의 진실까지 저버리게 되면, 그 사람은 참된 삶을 이룰 수도 없고 진실한 도를 이룰 수도 없다. 삶과 도는 진실을 근본으로 삼고 있기 때문에 불교에서 자주 하는 '망어장도법妄語障道法'이라는 말은 불교 수행에 있어 망어는 큰 장애가 된다는 것이고, 또 '망어타옥妄語墮獄'이라는 말은 거짓말을 자주 하면 결국 지옥에 떨어지게 된다는 것이다.

이 거짓말의 유형을 보면, 첫째는 망어妄語로 실제로 있는 것을 없다고 하고 없는 것을 있다고 말하는 것으로부터, 바른 법을 그른 법이라 하고 그른 법을 바른 법이라고 설법하는 등 마음을 어겨서 하는 말이다.

둘째는 기어綺語로 비단결처럼 발라 붙이는 말로 남을 속이는 것이다. 즉 화사하고 아첨하는 말로써 뜻도 없고 이익도 없는 말, 또는 무용한 정치적 논란이나 모략 등이 여기에 속한다.

셋째는 양설兩舌로 두 가지 말로 이간질하는 것이다. 즉 이 사람에게는 이렇게 말하고 저 사람에게는 저렇게 말함으로써 둘 사이를 이간시키고 서로 다투게 만드는 말이다.

넷째는 악구惡口로 악하고 독한 말이다. 예를 들면 추악한 말로써 남을 욕하고 분노케 하며, 저주하는 말로써 상대로 하여금 견디기 어렵게 하는 등의 폭언이 여기에 속한다.

이 네 가지 외에 구족계에는 대망어大妄語와 소망어小妄語가 있는데 대망어는 깨닫지 못하고서도 깨달았다 하고, 나는 아라한, 부처나 보살의 후신이라 하여 남으로부터 존경받고 이익을 취하려는 것으로 이 죄를 지으면 승려의 자격을 상실하는 바라이죄, 즉 단두죄斷頭罪에 해당하기 때문에 절대로 해서는 안 된다. 이 외 다른 거짓말은 소망어로 우리가 보고 듣고 알게 되는 견見·문聞·지知 등 세 가지에 대하여 사실과 반대되게 말하는 것을 가리킨다. 곧 본 것을 보지 않았다고 하고, 보지 않은 것을 보았다고 하며, 들은 것을 듣지 않았다고 하고, 듣지 않은 것을 들었다고 하며, 아는 것을 알지 못한다고 하고, 알지 못하는 것을 안다고 하는 것으로 세상에서 흔히 말하는 거짓말이 여기에 해당한다. 이 소망어를 범하게 되면 바일제죄波逸提罪에 적용시켜 처벌받는데, 참회하면 죄가 소멸되어 청정승가에 합류하게 된다. 그러나 대망어의 죄는 참회해도 청정승가에 합류될 수 없어 승려의 길을 갈 수 없는 것이 다른 점이다.

이 모든 거짓말은 앞 단원에서 언급한 삼독심三毒心인 탐욕과 성냄과 어리석음 때문에 생기는 것이다. 그러므로 진실되고 평화롭고 부드럽고 도움을 줄 수 있는 참된 말을 하면 능히 삼독을 잠재우고 깨달음의 문을 열 수가 있다.

거짓말에 대한 한 가지 설화를 보면, 15세에 출가한 라후라는 머리가 총명하고 착한 성품을 가지고 있었으나, 장난기가 심하여 때때로 부처님 계신 곳을 달리 일러주는 등 작은 거짓말로 사람들을 속이고는 즐거워하였다. 그러한 사실을 전해들은 부처님께서는 라후라가 있는 곳으로 가서 물을 떠오게 하여 당신의 발을 씻긴 다음 물었다.

"너는 이 물을 마실 수 있느냐?"

"없습니다."

"왜?"

"발을 씻어 더러워졌기 때문입니다."

"너도 이 물과 같다. 수도에 힘을 쓰지 않고 마음을 청정하게 갖지 않고 계행을 지키지도 않는다.

삼독三毒과 거짓말에 대한 때를 가슴 가득히 안고 있어 마치 이 물과 같이 더럽혀져 있다."

부처님은 그릇의 물을 버리게 한 후 다시 물었다.

"너는 이 그릇에 음식을 담을 수 있느냐?"

"없습니다."

"왜?"

"손발을 씻은 물그릇이기 때문입니다."

"너도 이 그릇과 같다. 사문이면서 거짓말을 하고 마음속에 도를 닦을 뜻이 없으므로 더러운 물을 담는 그릇과 같아, 마음의 양식이 될 것을 담을 수는 없느니라."

말이 끝나자 부처님께서는 곧바로 물그릇을 걷어찼고, 그릇은 저만큼 굴러가다가 멈추었다.

부처님께서는 라후라가 일찍이 보지 못했던 준엄한 얼굴로 꾸짖었다.

"너는 사문이면서 행동을 조심하지 않았고 거짓말을 하여 사람을 괴롭혔다. 너는 누구에게도 사랑을 받지 못할 것이다. 지혜로운 자로부터 아낌을 받지 못한 채 목숨이 다하도록 깨달음을 얻지 못하고 미혹 속에 헤매기를 이 물그릇과 같이 할 것이다. 다시는 거짓말을 하지 말고 진실한 뜻을 잘 가다듬어라."

준엄한 부처님의 꾸중을 새겨듣고 결심을 새로이 가진 라후라는 계율을 지키고 정진에 힘을 다하였으나 쉽게 깨달음을 얻지 못하였다. 20세가 되던 어느 날 라후라는 부처님을 따라 탁발을 나갔다가 설법을 들었다.

"모든 삼라만상과 몸과 마음과 생각이 모두 무상하다고 생각하여라. 그러면 모든 집착이 사라지고 깨달음을 얻을 수가 있다."

법문을 듣는 순간 라후라는 문득 마음이 우주를 향하여 열리는 것을 느꼈다. 그는 홀로 기원정사로 돌아와 좌선을 하였고 드디어 깨달음을 얻었다. 이에 부처님께서도 한없이 기뻐하셨다.

이 설화는 도를 이루는 데 있어 거짓말보다 더 큰 장애가 없다는 것을 말한 것으로, 정토에 왕생하기를 발원한 염불행자 역시 남을 속이는 행위를 해서는 안 된다. 거짓말에 대한 허물을 『대지도론』에서는 첫째, 신이 멀리 떠나고 나쁜 신이 좋아하며,

둘째, 아무리 진실을 말해도 남이 믿어주지 않고, 셋째, 지혜 있는 사람들이 논의하는 곳에는 참여할 수 없으며, 다섯째, 항상 비방을 당하고 추악한 소리를 듣고 다른 사람을 가르치려 해도 따르는 이가 없다. 그리고 여섯째, 항상 근심 걱정이 끊이지 않으며, 일곱째, 목숨을 마치면 지옥에 떨어지고, 여덟째, 지옥에서 나와 사람이 되더라도 항상 비방을 당한다고 하는 등 여덟 가지를 말하고 있다.

거짓말 가운데 여망어餘妄語란 것이 있는데, 이는 대망어도 아니고 소망어도 아닌 방편으로 거짓말을 하여 더 좋은 결과를 가져오게 하는 것이다. 예를 들면 불치병에 걸린 환자에게 그 증세를 일일이 말해 준다면 공포심을 일으켜 병세가 더 커질 수 있는 경우, 의사나 가족이 적당하게 말씀드려 안정과 용기를 갖고 투병하게 하여 좋아진다면 이는 방편의 거짓말이다. 또 갑이라는 사람이 을에 대해 험담과 악담을 하였을 때 사실대로 이야기하면 둘 사이가 더욱 나빠지고 불상사가 나올 수 있으므로 사실과 다를지라도 두 사람을 화합시키는 쪽으로 적당히 거짓말을 한다면 이는 상대를 속이는 것이지만 이도 방편의 거짓말로 죄가 될 수 없다. 이를 그릇된 것을 짓지 않게 하는 작지계作止戒라 하며, 남을 이롭게 하는 이타적利他的인 계로 대승보살의 정신이다. 이와 반대로 앞에서 이야기한 거짓말을 하지 말라는 것은 지지계持止戒라 하며, 거짓말 자체를 금하는 자리적自利的인 계로 소승적인 계라 본다.

이상으로 보면 불자가 한결같은 마음으로 거짓말하는 마음을 억누르고, 몸을 바르게 하며, 행동을 삼가해 홀로 모든 선을 닦고 악을 범하지 않는다면 이 사람은 생사의 바다를 건널 수 있고, 현세에서는 복덕을 얻으며, 후세는 정토에 왕생하여 장수를 받아 '깨달음'의 도를 얻을 수 있다. 그래서 『별역잡아함경』에서도 "착하게 말하는 것이 제일이니 이는 곧 성인의 말이다. 험담하지 않고 사랑으로 말하는 것이 다음이고, 거짓 없는 진실한 말이 세 번째다"라고 하여 정직하고 선하게 말하고 진실하게 말하라고 하신 것이다.

교령敎令: 보고 배워서 거짓말을 하는 것.

참적讒賊: 비방하여 해치는 것.

방傍: 부부.

침이侵易: 다른 사람을 가볍게 하는 악.

자용연건自用偃蹇: 행동이 건방진 것.

천도天道: 해, 달, 별, 음, 양의 변화를 말하는데 여기서는 인과의 업보이다.

제6항 음주의 악

佛言 其五惡者 世間人民 徙倚懈惰 不肯作善 治身修
불언 기오악자 세간인민 사의해타 불긍작선 치신수

業 家室眷屬 飢寒困苦 父母教誨 瞋目怒譍 言令不和
업 가실권속 기한곤고 부모교회 진목노응 언령불화

違戾反逆 譬如怨家 不如無子 取與無節 衆共患厭 負
위려반역 비여원가 불여무자 취여무절 중공환염 부

恩違義 無有報償之心 貧窮困乏 不能復得 辜較縱奪
은위의 무유보상지심 빈궁곤핍 불능부득 고교종탈

放恣遊散 串數唐得 用自賑給 耽酒嗜美 飮食無度 肆
방자유산 관수당득 용자진급 탐주기미 음식무도 사

心蕩逸 魯扈抵突 不識人情 強欲抑制 見人有善憎嫉
심탕일 노호저돌 불식인정 강욕억제 견인유선증질

惡之 無義無禮 無所顧難 自用職當 不可諫曉 六親眷
악지 무의무례 무소고난 자용직당 불가간효 육친권

屬所資有無 不能憂念 不惟父母之恩 不存師友之義
속소자유무 불능우념 불유부모지은 부존사우지의

心常念惡 口常言惡 身常行惡 曾無一善 不信先聖諸
심상념악 구상언악 신상행악 증무일선 불신선성제

佛經法 不信行道可得度世 不信死後神明更生 不信
불경법 불신행도가득도세 불신사후신명갱생 불신

作善得善 爲惡得惡
작선득선 위악득악

부처님께서 말씀하셨다.

"이 다섯 번째 악이란, 세상 사람들은 어슬렁거리며 게을러서 그다지 선을 닦지 않고, 몸을 다스리지 않으며, 일을 하지 않으므로 가족, 권속 등이 굶주리고 추워 떨며 빈궁하여 괴로워한다.

부모들이 가르쳐 충고하면 눈을 부릅뜨고 말대꾸하며, 부모의 가르침을 따르지 않고 거역하며 반역하느니라. 비유하면 원수와 같이 하여 자식이 없는 것만 같지 못하다. 술에 취하여 절약하지 않으니 대중이 다 꺼리고 싫어하며, 은혜를 배반하고, 의리를 저버리며, 보답하는 마음이 없으므로 빈궁하고 곤란해도 얻을 수가 없다. 삿된 짓을 하여 남의 이익을 횡령하고, 제멋대로 놀면서 소비하고 종종 장난기 있는 습관으로 흥청거리며 자기 생활을 지탱하려 한다. 술에 취하고 구미에 당긴 음식만을 먹으며, 음식에 절제가 없고 마음 내키는 대로 방탕하며, 어리석고 둔하여 반항하고 사람들 사정을 모르고 우격으로 남을 억누르려고 하며, 다른 사람이 선을 행함을 보고 미워하고 질투하고, 이를 싫어하고 의리도 예의도 없고 뉘우치려고 하지 않으면서 스스로 정당하다고 생각하니, 타일러 깨우쳐 줄 수 없느니라. 육친六親 권속들에게 도울 것이 있는지 없는지를 걱정하지 않으며, 부모의 은혜도 모르고, 스승과 친구의 의리도 없이 마음은 항상 악을 생각하고, 입으로는 항상 악을 말하며, 몸으로는 항상 악을 행동하여 일찍이 한 번도 선을 닦은 일이 없고, 성인과 모든 부처님의 법문을 믿지 않는다. 진리를 닦아 고통의 세계를 건널 수 있는 것을 믿지 않고, 또 죽은 후 영혼이 다시 태어남을 믿지 않으며, 선을 닦아 선을 얻고 악을 범해 죄를 받음을 믿지 않느니라."

【해설】

이 단원은 다섯 번째 음주의 악으로 술에 빠져서 좋은 것만 즐기고 음식에 절제가 없어 여러 가지 혼란과 허물을 막기 위해 설한 것이다. 술은 알코올 성분을 지닌 음료의 총칭이다. 이러한 술은 정신을 흐리게 하고 이성을 잃게 하는 성질을 지니고 있다. 곧 알코올음료를 일정량 이상 마시게 되면 중추신경이 마비되기 시작하고 판단력이 흐려지며 감정의 억제력이 저하될 뿐만 아니라, 행동이 경솔해지고 여러 가지 허물을 저지르게 된다. 술은 마시는 자체가 죄이기보다 마심으로 인해 다른 여러 가지 죄악을 짓기 때문에 마시지 못하게 한 것이다. 예를 들면 차가 달리는 도로에 아이들을 놀지 못하게 하는 것은 생명을 잃은 우려가 있기 때문이고, 불이 있는 곳에 가지 못하게 하는 것은 화상을 입을까 걱정되기 때문이다. 그러기에 음주계를 차계遮戒라 하며, 앞의 네 가지는 계를 파하는 즉시 죄악이기 때문에 성계性戒라 한다.

음주에 대한 허물은 이 경 외에도 『선생자경』, 『제법요집경』, 『보살행방편신통변화경』 등 여러 경에서 자세히 말씀하셨다. 특히 용수보살의 『대지도론』에서는 여러 경전에서 말씀한 음주의 허물을 한데 모아 자세히 설하고 있는데, 간단히 살펴보면 다음과 같다. 먼저 술을 마심으로 인해 추위를 쫓고 몸에 힘을 주고 마음을 기쁘게 하는데 왜 마시지 못하게 하는가에 대해,

몸에 이익 되는 것은 아주 적고 손상시키는 것이 아주 많기 때문에 마시지 말라고 한 것이라고 하면서, 비유하면 아름다운 음식 가운데 독을 섞은 것과 같다고 하였다. 그러면서 음주에 35종의 허물이 있다고 하였다. 이것을 간단히 요약하면, 현세의 재물을 없애게 되고, 여러 가지 병의 원인이 되며, 싸움의 원인이 되고, 옷이 흐트러지고 벗겨져도 부끄러움을 모르며, 추한 이름과 나쁜 명성을 얻게 되어 사람들에게 존경을 받지 못하고, 지혜를 덮어 어둡게 한다. 그리고 당연히 얻을 물건을 얻지 못하고, 숨겨둔 비밀을 다 남에게 이야기하게 되며, 여러 가지 사업을 폐하여 성취하지 못한다. 술은 근심의 근본이 된다. 왜냐하면 취하고 나면 잃는 것이 많아지고, 깨고 나면 부끄럽고 뉘우쳐지며 근심이 따르기 때문이다. 몸의 힘이 점점 쇠약하게 되고, 외모와 속이 상하여 무너진 모습을 보이게 되며, 아버지와 어머니, 그리고 사문과 수행자를 공경할 줄 모르고, 그리고 백부·숙부 및 어른을 존중할 줄 모른다. 왜냐하면 취하여 정신이 황홀해져서 분별력이 없어지기 때문이다. 부처님과 법, 스님 등 삼보를 존경할 줄 모르며, 나쁜 사람들과 벗이 되어 무리를 짓게 되고, 어질고 착한 이를 점점 멀리 여의게 되며, 마침내 계를 깨뜨리게 되고, 부끄러워할 줄도 모르고 예의와 염치가 없게 되며, 감정을 제대로 억제하거나 조절하지 못하고, 끝없이 방일한 데에 떨어지며, 사람들이 다 미워하고 싫어하여 쳐다보려

하지 않고, 가까운 친척들이 다 버리고 외면하여 돌보지 않으며, 착하지 못한 행위를 자꾸 하게 되고, 착한 법을 점차 버리며, 밝은 이나 슬기로운 이가 믿지 않는다. 왜냐하면 술로 인하여 방일하게 되기 때문이다. 열반의 법을 멀리 여의게 되고, 어리석고 미치광이 같은 짓거리를 인연으로 삼아 살며, 목숨을 마치면 삼악도에 떨어지고, 내생에 설사 사람의 몸을 받더라도 그 태어난 곳에서 항상 미치광이가 된다는 등 많은 허물을 열거하였다.

이렇기 때문에 이 경에서도 음주로 인해 부모와 다른 친척들이 다함께 걱정하고 괴로워하며, 은혜를 등지며, 의리를 다하지 않고 주어진 은혜와 의리의 보답을 갚으려 하는 마음을 조금도 가지고 있지 않을 뿐만 아니라 옛날 성인이나 모든 부처님의 말씀을 믿지 않고, 또한 부처님이 가르치신 길을 수행한다면 깨달음에 이른다는 것도 믿으려고 하지 않는다. 더욱이 죽은 후에는 영혼(神明)이 다른 세계에 다시 태어나 윤회하는 것도 믿지 않고, 인과응보도 믿으려고 하지 않는다고 설하셨고, 음주로 인해 탐욕, 진에, 우치 등 삼독의 번뇌가 일어난다고 하셨다.

사의徙倚: 배회하며 어슬렁거리는 것.

언령불화言令不和: 부모의 가르침을 따르지 않는 것.

고교종탈辜較縱奪: 타인의 이익에 삿된 짓을 하여 횡령하는 것.

사심탕일肆心蕩逸: 멋대로 방탕한 것.

노호저돌魯扈抵突: 어리석고 둔하여 반항하는 것.

자용직당自用職當: 스스로 능력이 있다고 뽐내는 것.

欲殺眞人 鬪亂衆僧 欲害父母兄弟眷屬 六親憎惡 願
욕살진인 투란중승 욕해부모형제권속 육친증악 원

令其死 如是世人 心意俱然 愚癡矇昧 而自以智慧 不
령기사 여시세인 심의구연 우치몽매 이자이지혜 부

知生所從來 死所趣向 不仁不順 惡逆天地 而於其中
지생소종래 사소취향 불인불순 악역천지 이어기중

悕望僥倖 欲求長生 會當歸死 慈心教誨 令其念善 開
희망요행 욕구장생 회당귀사 자심교회 영기념선 개

示生死善惡之趣 自然有是 而不肯信之 苦心與語 無
시생사선악지취 자연유시 이불긍신지 고심여어 무

益其人 心中閉塞 意不開解 大命將終 悔懼交至 不豫
익기인 심중폐새 의불개해 대명장종 회구교지 불예

修善 臨窮方悔 悔之於後 將何及乎 天地之間五道分
수선 임궁방회 회지어후 장하급호 천지지간오도분

明 恢廓窈窕 浩浩茫茫 善惡報應 禍福相承 身自當之
명 회곽요조 호호망망 선악보응 화복상승 신자당지

無誰代者 數之自然 應其所行 殃咎追命 無得縱捨 善
무수대자 수지자연 응기소행 앙구추명 무득종사 선

人行善 從樂入樂 從明入明 惡人行惡 從苦入苦 從冥
인행선 종락입락 종명입명 악인행악 종고입고 종명

入冥
입명

"참된 사람을 죽이려 하고 화합된 승가僧伽를 분열시키려고 하며, 부모, 형제, 권속 등을 해치려고 하니, 육친 권속이 그를 증오하여 차라리 죽기를 바란다. 이와 같이 세상 사람들의 마음은 다 그러하여 지극히 어리석고 우매하면서도 스스로 지혜가 있다고 한다. 그러나 인간의 태어남이 어디로부터 오고, 죽어 어디로 가는지 알지 못하고, 어질지 않고, 순종하지 않아 천지의 도리를 거스르면서도 그 가운데 요행을 바라고 오래 살려고 하지만, 반드시 죽음은 오고 마는 것이다. 자비의 마음으로 가르쳐 타일러 그로 하여금 선을 생각하게 하며, 생사와 선악에 대한 이치가 있는 것을 깨우치려 하나 굳이 이것을 믿으려 하지 않는다. 친밀하게 말하여 주지만 사람에게 아무런 이익이 없다. 그들의 마음은 꽉 막혀서 생각이 열리지 않나니, 수명이 다할 때를 당해서 뉘우치고 두려워하나 미리 선을 닦지 않아 마지막에 임해 후회한들 어찌할 도리가 없느니라. 천지 사이에 오도五道가 분명하며, 그 이치는 넓고 깊고 미묘하다. 선과 악의 과보에 응해 자기가 지은 업은 자기 스스로 그것을 받지 그 누가 대신할 사람이 없고, 자연의 이치에 따라 그 지은 바에 응해 죄와 벌이 목숨을 좇아 따라다니니 여읠 수 없느니라. 착한 사람은 선을 닦고 즐거움으로부터 더 즐거운 곳에 들어가고 지혜는 더욱 밝아지지만, 반면 나쁜 사람은 악을 범하여 괴로움은 더 심하고 어두움은 더 어두워지니라."

【해설】

이 단원에서는 술을 마심으로 인해 아라한을 죽이고, 교단을 분열시키며, 부모와 가족을 살해하려고 하는 등 오역죄를 지어 무간지옥에 들어간다고 하였다. 이는 음주에 의해 지혜가 없어져 마음이 어리석고 어두운 것에서 비롯된 행위이다.

『영험록』에 의하면, 아득한 옛날 한 시골에 평소 마을 사람들에게 존경을 받는 한 거사가 있었는데, 그는 재산도 있고 교양과 학식을 갖춘 사람으로서 누가 봐도 부도덕한 행위를 할 리가 없는 사람이었다. 그런데 어느 날 대낮부터 술에 만취되어 거의 제정신을 가누지 못할 정도에 이르렀다.

그때 마침 이웃집 닭 한 마리가 모이를 찾아 주위를 헤집고 다니다가 그의 집으로 들어와서 마당을 휘젓고 있었다. 그는 포동포동 살이 오른 암탉을 보자 식욕이 크게 동하여 생각할 여유도 없이 남의 닭을 잡아먹고 말았다. 이로 인해 그는 남의 닭을 도둑질한 허물을 짓게 되었고, 또한 생명을 죽이는 더 큰 죄를 저지르게 되었다. 닭고기를 안주 삼아 더 많은 술을 마시게 되자 그의 취기는 더욱 깊어졌다. 한편 이웃집 부인은 자기 집 닭이 이웃집에 들어간 뒤 날이 저물도록 돌아오지 않자 수상하게 생각하여 그의 집을 찾아갔다.

"우리 집 닭이 댁으로 들어갔는데 보지 못했습니까?"

"나는 전혀 모르는 일이오."

그는 완강하게 부인하였다. 이로써 거짓말까지 저지르게 된 것이다. 그러나 이웃집 부인은 그가 닭고기를 먹는 것을 보고 의심이 생겨 발걸음을 옮길 수가 없었다. 그런데 한껏 취한 거사의 눈에는 여인의 주저하고 있는 모습이 너무나 매혹적으로 보였다. 그는 동물적인 충동을 일으켜 부인을 강제로 겁탈하고 말았다. 마침내 사음을 저지른 것이다.

평소 계를 잘 지키던 불자요 마을의 지도자였던 그였지만 불음주계를 어긴 것이 원인이 되어 마침내 살생계와 투도계, 그리고 사음계와 망어계 등 네 가지를 범하고 만 것이다.

이렇듯이 술에 취한 사람에게는 선지식이 자비의 마음을 가지고 가르침으로써 착한 마음을 일으키게 해서 생사열반의 도나 선악인과의 도리를 설해 주어도 조금도 이것을 믿지 않고, 또 정중하게 진심으로 말해 가르쳐도 아무런 효험이 없다. 이와 같이 술은 무서운 죄를 짓게 하는 요인이 되기 때문에 이 음주계가 성계性戒는 아니지만 미리 조심하여 마시지 말라고 한 것이다.

진인眞人: 아라한.

수지자연數之自然: 자연의 도리.

誰能知者 獨佛知耳 教語開示 信用者少 生死不休 惡
수 능 지 자 독 불 지 이 교 어 개 시 신 용 자 소 생 사 불 휴 악

道不絶 如是世人難可具盡 故有自然三塗無量苦惱 展
도부절 여시세인난가구진 고유자연삼도무량고뇌 전

轉其中 世世累劫 無有出期 難得解脫 痛不可言 是爲
전기중 세세누겁 무유출기 난득해탈 통불가언 시위

五大惡 五痛 五燒 勤苦如是 譬如大火焚燒人身 人能
오대악 오통 오소 근고여시 비여대화분소인신 인능

於中 一心制意 端身正念 言行相副 所作至誠 所語如
어중 일심제의 단신정념 언행상부 소작지성 소어여

語 心口不轉 獨作諸善 不爲衆惡者 身獨度脫 獲其福
어 심구부전 독작제선 불위중악자 신독도탈 획기복

德度世上天泥洹之道 是爲五大善也
덕도세상천니원지도 시위오대선야

"그 누가 이 이치를 잘 알고 있는가? 다만 홀로 부처님만이 알고 계실 뿐이다. 가르쳐 열어 보이나 믿는 사람은 적고, 생사는 쉴 사이가 없으며 악도는 끊임이 없느니라. 세상에 이런 사람들이 많아 다 말할 수 없다. 이 사람은 자연히 삼악도에 떨어져 한량없는 고통을 받고 그 가운데 돌고 돌아 세세생생에 나올 기약이 없고 해탈을 얻기 어려우니, 이러한 고통은 이루 다 말할 수 없다. 이것은 다섯 번째의 큰 악이며, 금생에 받는 큰 고통이며, 다음 생에 받는 큰 과보로, 이 같은 고통을 비유하면 사람의 몸을 큰 불길 속에 태우는 것과 같다. 이 세상 가운데 어떤 사람이 능히 일심으로 생각을 제압하고, 몸을 단정히 하며, 생각을 바르게 하여 말과 행동이 서로 일치되어 다르지 않으면서

홀로 모든 선을 닦고, 여러 가지 악을 범하지 않으면 몸은 제도되고 복덕, 구원, 천수, 열반의 덕을 얻나니, 이것이 다섯 번째 큰 선이니라."

【해설】

오늘날 사회를 보면 술을 마시지 않으면 원만한 대인관계가 어려워져 본의든 타의든 술을 자주 마시는 사람이 많다. 재가불자가 피치 못해 술을 마셔야 할 환경에 처하더라도 정신을 잃지 않을 정도로 마시는 것이 좋고, 이보다 더 좋은 것은 이타행의 음주가 좋다고 본다. 그리고 남에게 술을 권하는 경우에도 서로 불화가 있고 다툼이 있는 사람을 화해시키기 위해서, 또는 피로에 지치고 추위에 떠는 이의 고통을 덜어 주기 위해 술을 준 것은 죄를 지었다고 물을 수 없다고 본다. 또 영하 10도 이하의 강추위 속에서 근무를 한다거나, 어떤 사정으로 얼어 죽게 된 사람을 살리기 위해 다른 방법이 없어 술을 주었다면 그것은 잘못보다 잘한 일로 볼 수가 있다. 왜냐하면 율장에 술과 고기도 약으로 사용할 때는 허용했기 때문이다. 즉 나쁜 마음으로 남을 해롭게 할 목적으로 범하였다면 당연히 중죄를 범한 것이지만, 중생을 깨우치기 위해 함께 술을 마셨고 또 권한 것이라면 결코 죄가 될 수 없는 것이다.

이에 대한 한 가지 설화를 소개한다. 파사익왕의 왕비인 말리末

利부인이 부처님으로부터 계를 받은 뒤의 일이다. 어느 때 왕이 음식을 잘못 만든 조리사를 죽이려 하자, 왕비는 왕이 좋아하는 술상을 잘 차려 주연을 베풀고 서로 권하며 마음껏 술을 마셨다. 왕은 부인이 술을 마시는 것을 보고 즐거워하다가 조리사 죽이는 일을 잊게 되었고, 이로 인해 조리사는 죽음을 면할 수 있게 되었다. 그 뒤 왕비가 부처님께 나아가 이 일을 여쭙고 참회하자, 부처님께서 말씀하시를 "그와 같은 이유로 술을 마신 것은 큰 이익을 얻은 것이요, 계를 범한 것이 아니다"라고 하셨다.

이와 같이 모름지기 재가불자가 술을 마실 때에도 남을 돕고 살리는 정신으로 마시지 않으면 안 된다. 타락을 위한 술이 아니라 살리고 돕는 음주가 되도록 해야 하는 것이다.

그러나 피치 못한 경우가 아니고, 이타행이 아닌데도 술을 마시는 것을 부처님께서 용납하지 않으신 것은 술을 마시면 열 가지 허물이 있기 때문이다. 즉 얼굴빛이 나빠지고(顔色惡), 기운이 없어지며(少力), 사물을 제대로 볼 수가 없고(眼視不明), 성난 얼굴을 하기 쉬우며(現瞋恚相), 있는 재산과 사업을 그르치게 되고(壞田法資產法), 질병을 일으키며(增致疾病), 싸움과 소송을 좋아하게 되고(益鬪訟), 명예는 없어지고 나쁜 이름만 높아지며(無名稱惡流布), 지혜가 없어지고(智慧減少), 목숨을 마치면 삼악도에 떨어진다(身壞命終墮三惡道)고 하셨다.

그래서 이 단원에서는 음주로 인한 과보로 인과응보의 도리를 믿지 않고 악업을 지어 지옥, 아귀, 축생, 인간, 천상의 오도에 전전하면서 생사윤회가 끊임없고 삼악도의 고통도 끊임이 없다고 하시면서, 만약 이 세상에서 어떤 사람이 오로지 술 먹고 싶은 마음을 누르고, 몸을 바르게 하고 행동을 삼가해 말과 행위가 서로 일치해서 행하는 바가 진실하고, 말하는 것에 거짓이 없으며, 마음과 입이 다르지 않도록 해서 선근을 쌓고 악도를 범하지 않는다면, 이 사람은 생사의 바다를 넘어서 현세에서는 복덕을 얻고, 다음 생은 정토에 왕생하여 장수를 얻고, '깨달음'의 도를 얻을 수 있다고 말씀하셨다.

언행상부言行相副: 세 가지 업이 서로 상응해서 진실을 밝힌 것.

제7항 거듭 오악, 오통, 오소를 개설

佛告彌勒 吾語汝等 是世五惡 勤苦若此 五痛五燒展
불고미륵 오어여등 시세오악 근고약차 오통오소전

轉相生 但作衆惡 不修善本 皆悉自然 入諸惡趣 或其
전상생 단작중악 불수선본 개실자연 입제악취 혹기

今世先被殃病 求死不得 求生不得 罪惡所招 示衆見
금세선피앙병 구사부득 구생부득 죄악소초 시중견

之 身死隨行入三惡道 苦毒無量 自相燋然 至其久後
지 신사수행입삼악도 고독무량 자상초연 지기구후

共作怨結 從小微起 遂成大惡 皆由貪著財色 不能施
공작원결 종소미기 수성대악 개유탐착재색 불능시

惠 癡欲所迫 隨心思想 煩惱結縛 無有解已 厚己諍利
혜 치욕소박 수심사상 번뇌결박 무유해이 후기쟁리

無所省錄 富貴榮華 當時快意 不能忍辱 不務修善 威
무소성록 부귀영화 당시쾌의 불능인욕 불무수선 위

勢無幾 隨以磨滅 身坐勞苦 久後大劇 天道施張 自然
세무기 수이마멸 신좌노고 구후대극 천도시장 자연

糺擧 綱紀羅網 上下相應 煢煢忪忪 當入其中 古今有
규거 강기나망 상하상응 경경종종 당입기중 고금유

是 痛哉可傷
시 통재가상

부처님께서 미륵보살에게 말씀하셨다.

"내가 그대들에게 말한 이 세상의 다섯 가지 악의 지독한 고통은 이미 말한 것과 같다. 다섯 가지 현세의 고통(五痛), 미래의 다섯 가지 고통(五燒)은 서로 원인과 결과가 되어 생기느니라. 이것은 다만 여러 가지 악을 짓고 선의 근본을 닦지 않아 모두 다 자연히 여러 갈래 악도에 떨어지게 된다. 혹은 금생에 우선 심한 병에 걸려 죽기를 원하나 죽지 못하고, 살기를 구하나 편히 살 수 없어 죄악의 과보를 받는 것을 사람들에게 보이게 된다. 몸이 죽으면 업에 따라 삼악도에 떨어져 한량없는 고통 속에서 스스로 서로 몸을 불태운다. 이것은 오래 지속되어 결국에는 원한을 맺게 되는데, 작고 가벼운 것부터 드디어 큰 악에 이르고 마니, 이것은 모두 재물과 애욕에 탐착하여 은혜를 베풀지 않은 것에 의해 비롯된 것이니라. 어리석어 욕망에 시달리고 마음 생각에 따라 번뇌로 결박되어 풀려날 수 없다. 자기는 많은 이익을 위해서 다투면서 반성하지 않으며, 부귀하고 영화만 즐기면서 참을 줄 모르고 힘써 선을 닦지 않으므로 그 위세는 얼마 가지 않아 없어지고 마느니라. 몸의 수고로운 고통은 더욱 심하게 되어 지독한 고통이 된다. 천지의 도리는 미치지 않는 곳이 없나니, 자연히 지은 바가 낱낱이 드러나고 윗사람 아랫사람 할 것 없이 다 자연히 그 업을 받느니라. 홀로 맥없이 마음이 어지러워 말려들고 마는 것이니, 이것은 옛날이나 지금이나 똑같아 애처롭고 불쌍한 일이다."

【해설】

이 단원은 부처님께서 대자비로써 세상 사람들에게 오악과 오통과 오소로부터 떠날 것을 다시 한 번 더 간곡히 권하시는 곳이다.

이 오악단은 다섯 가지 계를 지키지 않아 생기는 허물을 설한 것이다. 이에 대해 『대지도론』에서는 "살생은 자비의 종자를 끊고(殺生斷於慈悲種), 음행은 청정한 종자를 끊으며(邪淫斷於淸淨種), 도둑질은 복덕의 종자를 끊고(偸盜斷於福德種), 거짓말은 진실의 종자를 끊으며(妄語斷於眞實種), 음주는 지혜의 종자를 끊도다(飮酒斷於智慧種)"라고 하여 일목요연하게 말했다. 종자를 끊는다는 것은 다시는 싹이 자랄 수 없는 것으로 아주 무서운 것을 의미한다. 그렇기 때문에 이 다섯 가지 계를 지키는 것은 종자가 잘 자라 본인에게는 참된 삶을 영위하게 하고, 남에게는 피해를 주지 않고 이익을 주는 행위의 첫걸음이다

이 오악단을 통해서 반드시 알아야 할 것은 기본적인 진리인 선인선과善因善果, 악인악과惡因惡果인 인과응보因果應報이다. 그런데 우리 주위를 보면 기본적인 이런 도리를 믿지 않고 시기질투하고 모함하며 금수보다 못한 행동을 하는 것을 종종 본다. 그런 점에서 이 경에서 설한 오악단은 오늘날 우리에게 큰 귀감이라 할 수 있다.

앙병殃病: 난치병.

초연燋然: 자기 업에 의해서 불타는 것.

천도시장天道施張: 업도業道는 자연히 행하여지는 것.

자연규거自然糺擧: 악을 지으면 반드시 나타나는 것.

佛語彌勒 世間如是 佛皆哀之 以威神力 摧滅衆惡 悉令就善 棄捐所思 奉持經戒 受行道法 無所違失 終得度世泥洹之道
불어미륵 세간여시 불개애지 이위신력 최멸중악 실령취선 기연소사 봉지경계 수행도법 무소위실 종득도세니원지도

부처님께서 미륵보살에게 말씀하셨다.

"세상이란 이와 같다. 부처님은 모두 이 사람들을 불쌍히 여겨 위신력으로 여러 가지 악을 꺾어 없애고 선으로 나아가게 하며, 생각한 바를 버리고 경과 계행을 받들며, 도법을 수행하여 어긋남이 없이 하여 마침내 고통의 세계를 벗어나 열반의 도를 얻게 하리라."

【해설】

이 단원에서는 석가모니 부처님께서 미륵보살에게 과거, 현재, 미래의 모든 부처님들의 대자비심의 본원은 악에 물든 사람을 불쌍히 생각해 위엄 있는 공덕과 신통력으로써 이 다섯 가지 악을 꺾어 없애고, 모두 선근을 심도록 권하고, 생사의 바다를 건너서 극락정토에 왕생하여 반드시 '깨달음'을 얻을 수 있게 하는 것이라고 설하였다.

소사所思: 다섯 가지 악이 되는 것을 생각함.

도법道法: 다섯 가지 선을 가리킨다.

제8항 선행을 권함

佛言 汝今諸天人民及後世人 得佛經語 當熟思之 能
불언 여금제천인민급후세인 득불경어 당숙사지 능

於其中 端心正行 主上爲善 率化其下 轉相勅令 各自
어기중 단심정행 주상위선 솔화기하 전상칙령 각자

端守 尊聖敬善 仁慈博愛 佛語教誨 無敢虧負 當求度
단수 존성경선 인자박애 불어교회 무감휴부 당구도

世 拔斷生死衆惡之本 當離三塗無量憂畏苦痛之道 汝
세 발단생사중악지본 당리삼도무량우외고통지도 여

等於是廣植德本 布恩施惠 勿犯道禁 忍辱精進一心
등어시광식덕본 포은시혜 물범도금 인욕정진일심

智慧 轉相教化爲德立善 正心正意 齋戒清淨一日一
지혜 전상교화위덕립선 정심정의 재계청정일일일

夜 勝在無量壽國爲善百歲 所以者何 彼佛國土 無爲
야 승재무량수국위선백세 소이자하 피불국토 무위

自然皆積衆善 無毛髮之惡 於此修善十日十夜 勝於
자연개적중선 무모발지악 어차수선십일십야 승어

他方諸佛國土 爲善千歲 所以者何 他方佛國 爲善者
타방제불국토 위선천세 소이자하 타방불국 위선자

多 爲惡者少 福德自然 無造惡之地 唯此間多惡 無有
다 위악자소 복덕자연 무조악지지 유차간다악 무유

自然
자연

부처님께서 다시 말씀하셨다.

"그대들 모든 천인과 사람과 후세의 사람들은 지금 내가 말하는 법을 가지고 유심히 이것을 생각하고 능히 그 가운데 있어서 마음을 단정히 하고 행동을 바르게 해야 한다. 높은 사람은 선을 닦아 아랫사람을 통솔하고 교화할지어다. 그리고 서로 경책하여 각각 스스로 바른 도를 지키고, 성인을 존중하고, 선을 숭상하며, 어질고 인자한 마음으로 널리 사랑하며, 부처님의 가르침을 감히 등지려고 하지 말라. 마땅히 고통의 세계를 벗어날 것을 구하고, 생사 등 여러 가지 악을 뽑아 끊으며 삼악도의 한량없는 근심, 두려움, 고통의 도를 여의어야 하느니라. 그대들은 이 세상에서 공덕의 근본을 심어야 하며, 은혜를 베풀고, 자비를 베풀며, 계행을 깨뜨리지 말고, 인욕과 정진, 그리고 선정과 지혜를 닦아 더욱더 교화하고 공덕을 짓고 선을 닦아라. 바른 마음과 바른 생각으로 계를 가지고, 청정함을 하루 밤낮으로 지키면 무량수 국토에서 백 년 동안 선을 닦는 것보다 수승하리라. 왜 그런가 하면, 저 불국토는 하염없이 자연스럽게 모두 여러 가지 선만을 쌓고 터럭만큼의 악은 짓지 않기 때문이다. 또 이 세상에서 다만 열흘 동안 선을 닦을 것 같으면 다른 세계 모든 불국토에서 천 년 동안 선을 닦는 것보다 수승하리라. 어찌하여 그런가 하면, 다른 세계에서는 선을 닦는 사람이 많고 악을 범하는 사람은 적어서 복덕은 자연히 있게 되고 악을 짓지 않는 국토이기 때문이다. 다만 이 세계만이 악이 많고 자연스러운 도리가 없느니라."

【해설】

이 단원에서는 선근공덕을 심을 것을 당부하였다. 이 당부한 내용 중에 "서로 경책하여 각각 스스로 바른 도를 지키고, 성인을 존중하고, 선을 숭상하며, 어질고 인자한 마음으로 널리 사랑하며, 부처님의 가르침을 감히 등지려고 하지 말라"고 하신 것에 대해 생각해 보자. 세상을 살아가면서 내가 하는 행위가 바른지 그른지를 자기가 판단하면 아전인수我田引水로 생각하여 잘못할 수 있지만 주위의 다른 사람이 보고 판단한다면 더 정확할 것이다. 그래서 옛말에 바둑이나 장기를 두는 사람보다 옆에서 보는 사람이 더 정확하다는 말이 있다. 주위 사람이 바르게 판단하여 애정 어린 마음으로 충고하여 이끌어 주는 것을 '서로 경책'하는 것이라 한다. 이런 사람이 진정한 도반이며, 참다운 불자다. 서로가 이런 마음을 가지고 있다면 저절로 부처님 말씀을 실천하는 불자로 바른 도를 지키고 불보살을 존중하게 될 것이다.

다음으로 "바른 마음과 바른 생각으로 계를 가지고, 청정함을 하루 밤낮으로 지키면 무량수 국토에서 백 년 동안 선을 닦는 것보다 수승하다"고 하신 것에 대해 생각해 보자. 예를 들어 마음을 고요히 갖는 것은 사람들이 북적거리는 남대문시장보다 고요한 깊은 산속이 쉬울 것이고, 공부하는 사람이 TV를 틀어놓고 하는 것보다 독서실에서 하면 잘 되듯이, 극락정토는 수행하기 쉬운 공간이기 때문에 장애되는 것은 없고 모든 것이 도움을 주어 힘들이지 않고 수행해도 무생법인을 증득할 수 있지만 이 세계는 그렇지 않다. 사바세계는 삿된 길로 유혹하는 손짓들이 많아 빠지기 쉽고 자기 내면에서 일어나는 불같은 탐욕 등 여러 가지 장애를 참지 않으면 안 되기 때문에 하루 동안 청정한 마음을 가지기 어렵고, 한 가지 깨달음을 얻기는 더욱 어렵다는 것을 강조하신 것이다.

불경어佛經語: 오선五善, 오악五惡을 가르쳐 훈계한 것.

휴부虧負: 등지는 것.

도금道禁: 불도 수행을 위해서 지킬 법. 계행을 말한다.

정심正心: 다섯 가지 악을 원하지 않은 마음.

정의正意: 다섯 가지 선을 닦는 마음.

勤苦求欲 轉相欺紿 心勞形困 飮苦食毒 如是悤務 未
근고구욕 전상기태 심로형곤 음고식독 여시총무 미

嘗寧息 吾哀汝等天人之類 苦心誨喩 教令修善 隨器
상녕식 오애여등천인지류 고심회유 교령수선 수기

開導 授與經法 莫不承用 在意所願 皆令得道 佛所遊
개도 수여경법 막불승용 재의소원 개령득도 불소유

履國邑丘聚 靡不蒙化 天下和順 日月清明 風雨以時
리국읍구취 미불몽화 천하화순 일월청명 풍우이시

災厲不起 國豐民安 兵戈無用 崇德興仁 務修禮讓 佛
재려불기 국풍민안 병과무용 숭덕흥인 무수례양 불

言 我哀愍汝等諸天人民 甚於父母念子 今我於此世
언 아애민여등제천인민 심어부모념자 금아어차세

作佛 降化五惡 消除五痛 絕滅五燒 以善攻惡 拔生死
작불 강화오악 소제오통 절멸오소 이선공악 발생사

之苦 令獲五德 昇無爲之安 吾去世後 經道漸滅 人民
지고 영획오덕 승무위지안 오거세후 경도점멸 인민

諂僞 復爲衆惡 五痛五燒 還如前法 久後轉劇 不可悉
첨위 부위중악 오통오소 환여전법 구후전극 불가실

說 我但爲汝 略言之耳 佛語彌勒 汝等各善思之 轉相
설 아단위여 약언지이 불어미륵 여등각선사지 전상

教誡 如佛經法 無得犯也 於是 彌勒菩薩 合掌白言
교계 여불경법 무득범야 어시 미륵보살 합장백언

佛所說甚苦 世人實爾 如來普慈哀愍悉令度脫 受佛
불소설심고 세인실이 여래보자애민실령도탈 수불

重誨 不敢違失
중회 불감위실

“이 세상은 심하게 괴롭고 구하려는 욕심을 부리고, 서로 속임으로 인해 마음은 고달프고 몸은 피곤한 것이 쓴 것을 먹고 독을 먹는 것과 같다. 이와 같은 괴로운 세상을 벗어나려고 바쁘게 서두르지만 아직 한 번도 편하게 쉬지 못하였느니라. 나는 그대 하늘 사람과 인간들을 불쌍히 여겨 간곡히 타이르고 가르쳐서 선을 닦게 하고 근기에 따라 인도하여 경의 법문을 설해 다 알게 하였다. 생각하는 바 원에 따라 도를 깨닫게 하고, 내가 돌아다니는 나라와 도시와 마을마다 모두 교화를 입지 않는 곳이 없다. 천하는 태평하고, 해와 달은 청명하며, 비가 오고 바람이 불어도 재난이 일어나지 않고, 나라는 풍요하고 백성들은 평온하며, 군인과 무기는 아무 소용없으며, 덕을 숭상하고 인자한 마음을 기르고 부지런히 예의와 겸손을 닦을 것이니라."

부처님께서 말씀하셨다.

"내가 그대들 하늘 사람과 인간들을 불쌍히 여기고 사랑한 것은 부모가 자식을 생각하는 것보다 더욱 깊다. 이제 내가 이 세상에서 부처가 되어 다섯 가지 악(五惡)을 항복받고, 다섯 가지 현세의 고통(五痛)을 없애며, 다섯 가지 불길을 끊어 없애 버리며, 선으로 악을 다스리며, 생사의 고통을 빼고 다섯 가지 덕을 얻어 하염없이 편안함을 누리게 하느니라. 내가 세상을 떠난 후 경의 진리는 점점 멸하고 사람들은 서로 모함하고 속여서 여러 가지 악을 지어 다섯 가지 고통과 다섯 가지 불길은 이전과 같이 되나니, 이것이 오래될수록 더욱더 심하게 되는 것을 낱낱이 다 설할 수 없다. 내가 다만 그대들을 위하여 간략히 이것을 말할 뿐이니라."

부처님께서 미륵보살에게 말씀하셨다.

"너희들은 각기 이것을 잘 생각하고 더욱더 서로 깨우쳐 주며, 부처님이 말씀하신 경과 법문대로 행하고 악은 범하지 말라."

이때 미륵보살은 합장하고 부처님께 사뢰었다.

"부처님께서 말씀하신 바는 매우 간절하십니다. 세상 사람들은 실로 부처님의 말씀과 같습니다. 부처님께서는 크고 넓은 자비로써 불쌍히 여겨 모두 제도하여 주시오니, 부처님의 간절하신 말씀을 받아 결코 어기지 않겠나이다."

【해설】

이 단원에서는 부처님께서 거듭 오통五痛을 없애며, 오소五燒를 끊고 멸하여 선을 권하고 악을 없애며, 생사에서 방황하는 고통을 없애서 오선五善을 얻게 하고, 무위 열반의 높은 자리에 이르게 하시는 것을 강조하였다. 즉 부처님께서 모든 사람들이 고통 속에서 헤매고 있는 것을 불쌍히 여겨 여기에서 벗어나는 방법을 역설하신 것이 이 교법이다. 그래서 부처님은 "너희들은 이것을 잘 생각해서 서로 가르쳐서 내가 설한 진리를 잘 따르고 감히 교법이나 계행을 범하는 일이 있어서는 안 된다"고 당부하신 것이다.

총무悤務: 고통의 세계를 건너는 데 급한 것.

영식寧息: 안락한 경지에 머무르는 것.

제6장 부처님의 지혜

제1절 아난의 아미타불 친견

佛告阿難 汝起更整衣服 合掌恭敬 禮無量壽佛 十方
불고아난 여기갱정의복 합장공경 예무량수불 시방

國土諸佛如來 常共稱揚讚歎彼佛無著無礙 於是阿難
국토제불여래 상공칭양찬탄피불무착무애 어시아난

起整衣服 正身西面 恭敬合掌 五體投地 禮無量壽佛
기정의복 정신서면 공경합장 오체투지 예무량수불

白言世尊 願見彼佛安樂國土及諸菩薩聲聞大衆
백언세존 원견피불안락국토급제보살성문대중

부처님께서 아난에게 말씀하셨다.

“너는 일어나서 다시 가사를 단정히 하고 합장하고 공경히 무량수 부처님께 예배하여라. 시방세계의 모든 부처님은 항상 저 부처님의 무착무애無着無礙를 찬양하고 칭찬하시느니라.”

이때 아난은 일어나서 가사를 단정히 하고 몸을 바르게 하여 서쪽을 향해서 공경히 합장하고 오체五體를 땅에 대고 무량수 부처님께 예배하였다. 그리고 부처님께 사뢰기를,

“부처님이시여, 원하옵나니 저 무량수불의 안락세계와 모든 보살, 성문, 대중들을 뵈옵게 하여 주시옵소서.”

【해설】

이 단원은 앞에서 설한 세간의 업고業苦에 이어서 처음으로 영축산에 모여 있는 부처님 제자들이 극락정토인 의보장엄과 정토의 대중인 보살과 성문, 모든 대중들을 친견하고 싶다고 한 곳이다. 앞에서 설한 세간의 업고가 이루 말할 수 없이 많아 고통의 연속임을 안다면 이런 고통이 없는 세계를 보기를 원하는 것은 당연하다고 본다. 우리 눈으로 정토의 세계를 현실적으로 본다면 믿음은 더욱 견고할 것이고 실천행도 열심히 할 것이다. 그래서 여기서는 아난존자가 대표로 몸을 바르게 하여 서방의 아미타 부처님께 예배하면서 뵙기를 원하였다.

우리 정토행자가 예불시간 때 하는 정념게正念偈 가운데 “어리석은 저는 부처님 몸의 상호와 광명을 알지 못하오니, 원컨대

나투시어 저로 하여금 친견하게 하옵소서. 그리고 관세음과 대세지 여러 보살들을 뵙게 하시고, 서방정토의 청정한 장엄과 미묘한 형상들을 역력히 보게 하여 주옵소서"라고 하는 구절은 모든 정토행자의 꿈이다.

說是語已 卽時無量壽佛 放大光明 普照一切諸佛世
설시어이 즉시무량수불 방대광명 보조일체제불세
界 金剛圍山須彌山王 大小諸山一切所有 皆同一色
계 금강위산수미산왕 대소제산일체소유 개동일색
譬如劫水彌滿世界 其中萬物 沈沒不現 滉瀁浩汗 唯
비여겁수미만세계 기중만물 침몰불현 황양호한 유
見大水 彼佛光明 亦復如是 聲聞菩薩一切光明 皆悉
견대수 피불광명 역부여시 성문보살일체광명 개실
隱蔽 唯見佛光明耀顯赫 爾時阿難 卽見無量壽佛 威
은폐 유견불광명요현혁 이시아난 즉견무량수불 위
德巍巍 如須彌山王 高出一切諸世界上 相好光明 靡
덕외외 여수미산왕 고출일체제세계상 상호광명 미
不照耀 此會四衆 一時悉見 彼見此土 亦復如是
부조요 차회사중 일시실견 피견차토 역부여시

이 말이 끝나자마자 바로 무량수불께서 대광명을 놓아 널리 모든 부처님 세계를 비추시니 금강철위산, 수미산, 크고 작은 모든 산과 모든 것은 한 가지 색으로 되었다. 비유하면 겁수劫水

의 세계에 물이 가득 차서 그 가운데 모든 만물이 잠겨 나타나지 않고, 넓고 망망한 큰 바다를 바라보는 것 같았다. 저 부처님의 광명도 이와 같아서 성문과 보살 등 모든 광명은 가려지고 다만 부처님의 광명만이 청정하게 빛나고 있음을 뵈올 수 있었다.

이때 아난이 친견한 무량수불의 근엄한 덕은, 우뚝 솟아 있는 수미산이 일체 모든 세계에서 높이 우뚝 솟아 있는 것과 같았다. 이 회상의 사부대중이 일시에 다 부처님을 뵙고 또 저 세계에서 이 세계를 보는 것도 그와 같았다.

【해설】

이 단원은 아난존자와 영축산의 대중 모두가 친견한 아미타불의 광명이 다른 어느 부처님이나 보살, 성문과 비교할 수 없이 수승함을 설하였다. 이 광명은 앞 아미타불을 열두 가지 명칭으로 부르는 12광불光佛과 48원 가운데 제12 광명무량원에서 자세히 살펴보았다. 이 단원에서 아미타불의 광명은 마치 큰 홍수가 일어날 때에 천국의 제2선천 이하의 세계가 모두 물속에 잠겨 버려 다만 깊고 넓은 큰 바다만 보이는 것 같이, 아미타불의 광명도 그와 같아 다른 모든 보살이나 성문의 광명은 아미타불의 광명 속에 숨겨져 나타나지 않는다고 하신 것이니, 이는 12광불 가운데 무대광불無對光佛에 해당한다.

겁수劫水: 겁수의 시기에는 천상의 제2선천 이하는 물에 잠기는 것을 말한다.

제2절 태생 왕생

爾時 佛告阿難及慈氏菩薩 汝見彼國 從地已上至淨
이시 불고아난급자씨보살 여견피국 종지이상지정

居天 其中所有微妙嚴淨自然之物 爲悉見不 阿難對
거천 기중소유미묘엄정자연지물 위실견부 아난대

曰 唯然已見 汝寧復聞無量壽佛大音宣布一切世界 化
왈 유연이견 여녕부문무량수불대음선포일체세계 화

衆生不 阿難對曰 唯然已聞 彼國人民 乘百千由旬七
중생부 아난대왈 유연이문 피국인민 승백천유순칠

寶宮殿 無所障礙 徧至十方 供養諸佛 汝復見不 對曰
보궁전 무소장애 변지시방 공양제불 여부견부 대왈

已見 彼國人民 有胎生者 汝復見不 對曰已見 其胎生
이견 피국인민 유태생자 여부견부 대왈이견 기태생

者 所處宮殿 或百由旬 或五百由旬 各於其中 受諸快
자 소처궁전 혹백유순 혹오백유순 각어기중 수제쾌

樂 如忉利天上 亦皆自然
락 여도리천상 역개자연

그때 부처님께서 아난과 자씨보살에게 말씀하셨다.

"그대들이 저 국토를 볼 때 땅으로부터 정거천에 이르기까지 그 가운데 있는 미묘하고 장엄한 자연의 물건을 다 보았느냐?"

아난이 대답하여 사뢰기를,

"네, 이미 다 보았습니다."

"그대들은 아미타불의 큰 소리가 모든 세계에 두루 퍼져 중생을 교화하심을 들었느냐?"

아난이 대답하여 사뢰기를,

"네, 이미 들었습니다."

"저 국토의 사람들이 백천 유순의 칠보궁전을 타고 장애 없이 널리 시방세계에 가서 모든 부처님께 공양 올림을 그대들은 보았느냐?"

대답하여 사뢰기를,

"이미 보았습니다."

"저 국토에 태胎로 태어나 왕생한 사람들을 보았는가?"

대답하여 사뢰기를,

"이미 보았습니다."

"태로 태어난 사람들이 사는 궁전은 백 유순도 되고 또는 오백 유순이 되며, 각기 그 가운데서 모든 쾌락을 받는 것은 도리천에서 자연히 받는 것과 같으니라."

【해설】

이 단원은 아난존자와 미륵보살이 극락정토의 청정한 장엄인 의보장엄을 보았으며, 아미타불께서 설법하신 소리를 들었고,

극락세계의 대중들이 시방에 계신 모든 부처님에게 공양 올리는 모습인 정보장엄 등을 친견한 것을 설하였다. 이 세계에서 관하여 선정 중에 극락세계의 국토의 모습과 아미타불, 그리고 대중을 아난존자와 미륵보살이 친견했다고 하는 것은 오늘날 정토행자도 관불삼매觀佛三昧 속에서 뵐 수 있다는 것을 암시한 것이라 본다. 이를 입증하는 것은 뒤에 나오는 『관무량수경』의 정선定善 13관이다.

정거천淨居天: 색계천의 하나로, 색계구경천 밑에 있다.

도리천忉利天: 수미산 위에 있는 세계. 삼십삼천이라 함.

爾時慈氏菩薩 白佛言 世尊 何因何緣 彼國人民 胎生
이시자씨보살 백불언 세존 하인하연 피국인민 태생

化生 佛告慈氏 若有衆生 以疑惑心 修諸功德 願生彼
화생 불고자씨 약유중생 이의혹심 수제공덕 원생피

國 不了佛智不思議智不可稱智大乘廣智無等無倫最
국 불료불지불사의지불가칭지대승광지무등무륜최

上勝智 於此諸智 疑惑不信 然猶信罪福 修習善本 願
상승지 어차제지 의혹불신 연유신죄복 수습선본 원

生其國 此諸衆生 生彼宮殿 壽五百歲 常不見佛 不聞
생기국 차제중생 생피궁전 수오백세 상불견불 불문

經法 不見菩薩聲聞聖衆 是故於彼國土 謂之胎生 若
경법 불견보살성문성중 시고어피국토 위지태생 약

有衆生 明信佛智乃至勝智 作諸功德 信心廻向 此諸
유중생 명신불지내지승지 작제공덕 신심회향 차제

衆生 於七寶華中 自然化生 跏趺而坐 須臾之頃 身相
중생 어칠보화중 자연화생 가부이좌 수유지경 신상

光明智慧功德 如諸菩薩具足成就
광명지혜공덕 여제보살구족성취

이때 미륵보살이 부처님께 여쭙기를

“세존이시여, 무슨 인연으로 저 국토의 사람들에겐 태생胎生과 화생化生이 있습니까?”

부처님께서 자씨보살에게 일러 말씀하시기를,

“어떤 중생이 의심하는 마음을 가지고 모든 공덕을 닦아 저 국토에 태어나기를 원하지만 그는 아직 불지佛智, 부사의지不思議智, 불가칭지不可稱智, 대승광지大乘廣智, 무등무륜최상승지無等無倫最上勝智를 깨닫지 못했기 때문이다. 이 모든 지혜를 의심하여 믿지 않았지만 아직 죄와 복을 믿고 선의 근본을 닦아서 저 국토에 태어나고자 원하였느니라. 이 모든 중생들이 저 궁전에 태어나면 수명이 오백 세까지 부처님을 친견할 수 없고, 경의 법문을 들을 수 없으며, 보살, 성문, 성중들을 뵈올 수 없기 때문에 저 국토에 사는 보살들을 태생이라 한다. 만약 중생이 분명히 불지佛智로부터 승지勝智까지를 믿고 모든 공덕을 지어 신심으로 회향하면 이 모든 중생은 칠보의 꽃 가운데

자연히 화생하여 가부좌하여 앉게 되며, 잠깐 사이에 모든 보살과 같이 구족한 몸의 상호, 광명, 지혜, 공덕을 성취하느니라."

【해설】

이 단원에서는 태생과 화생, 그리고 부처님의 다섯 가지 지혜를 설하셨다. 태생胎生이란 산스크리트로 jarāyu-ja인데 세상에 태어나는 네 가지 방법(사생四生: 태생胎生, 난생卵生, 습생濕生, 화생化生) 가운데 하나로, 원래는 사람과 축생 등과 같이 어머니 태에 의지하여 태어나는 것이다. 그러나 여기서는 정토에 왕생한 사람이 연꽃 속에 들어가 삼보를 뵙고 들을 수 없는 상태를 어머니 태 속에 있는 것에 비유한 것이다. 화생化生이란 산스크리트로 upapāduka이며 사생 가운데 하나로, 이는 어디에 의지하지 않고 홀연히 자연발생적으로 태어난다는 의미이다. 그런데 여기서는 극락정토에 왕생하여 연꽃 위에 태어나는 것을 말한다.

다음 다섯 지혜 가운데 첫째, 불지佛智란 부처님의 지혜로 공간적으로는 시방十方에 가득차고, 시간적으로는 삼세三世를 관통하는 완전하고 원만한 지혜이다. 용수보살은 『대지도론』에서 "부처님의 지혜를 찬미함에는 두 종류가 있다. 첫 번째는 무상정지無上正智이니 아뇩다라삼먁삼보리anuttara-samyak-sambodhi라 하며, 두 번째는 일체종지이니 살바야sarvajña라 한다"고 하여 불지는 가장 수승하고 더 이상의 경지가 없는 근본 지혜로서 일체종지一切種智, 또는 무상정등정각無上正等正覺이라 하였다. 부처님의 지혜는 깊고 넓어서 다른 누구도 넘어서거나 다른 마음으로 미치지 못하고, 어떤 언어와 문자로 표현할 수 없는 최상이기 때문에 그 어떤 것도 불가능한 것이 없다. 부처님은 이러한 지혜를 근본으로 하여 일체중생을 대자비심으로 제도하신다.

둘째, 부사의지不思議智란 부처님의 과보인 지혜는 말과 생각으로 헤아릴 수가 없다는 의미인데 원효대사는 『무량수경종요』에서 성소작지와 대비하여 능히 부사의한 일을 만들어 낸다고 하면서, 부처님의 신체적 구조는 중생과 크게 다를 바 없지만, 중생을 교화하고 그들의 중죄를 소멸시키는 등 훌륭한 과보를 생각으로 헤아릴 수 없기 때문에 부사의지라 하였다.

셋째, 불가칭지不可稱智는 부처님의 지혜는 말과 글이 끊어진 상태로 그 어떤 것으로도 표현이 불가능하다는 것이다. 원효대사는 『무량수경종요』에서 "불가칭지란 묘관찰지妙觀察智이니 이 지혜로 헤아릴 수 없는 경계를 관찰하는 것이다. 곧 모든 법은 허깨비나 꿈과 같아서 있는 것도 아니고 없는 것도 아니며, 언어의 표현에 벗어나 있고 분별로 이해할 길도 끊어져 언어에 집착하여 쫓아다니는 사람은 헤아릴 수 있는 대상이 아니다"라고 하였다.

넷째, 대승광지大乘廣智는 오승五乘(성문, 연각, 보살, 사람, 천인)이 똑같이 부처님의 지혜에 의지하여 생사의 큰 바다를 건널 수 있다는 것이다. 원효대사는 『무량수경종요』에서 이 지혜를 평등성지와 대비하여 모든 중생을 널리 제도하는 지혜라 하였다. 이른바 "제7식이 무아無我에서 노닐기 때문에 평등하게 포섭하지 못할 것이 없다. 그리고 동체지同體智로써 한량없는 중생을 깨달음의 세계로 인도하기 때문에 대승광지라 한다"라고 하였다.

다섯째, 무등무륜최상승지無等無倫最上勝智는 부처님의 지혜는 가장 높고 훌륭하여 그 무엇과도 비교할 수 없다는 것이다. 원효대사는 『무량수경종요』에서 "제8식을 전환하여 얻은 대원경지大圓鏡智와 같다. 무등無等이란 성문과 연각이 얻은 지혜와 같지 않음을 말하고, 무륜無倫이란 비교할 만한 것이 없다는 뜻으로 점차로 얻은 지혜와 달리 이 지혜는 부처님만이 단박에 원만하게 얻는다. 최상승最上勝이란 부사의지, 불가칭지, 대승광지를 초월하였다"고 하여 앞 세 가지를 초월한 지혜로 보았다. 앞에서 말한 불지佛智는 부처님 지혜를 총칭한 것에 이설異說이 있지 않지만, 뒤 네 가지에 대해 차등을 두어 제각기 다른 설이 있다. 이러한 것은 부처님의 지혜를 여러 방면에서 나누어 설명한 것이라 본다. 참고로 이 경에서 말한 네 가지 지혜의 배열은 학자마다 다르다는 것을 말해 둔다.

이 내용 가운데 '불지와 내지 승지'란 위에서 이야기한 다섯 가지 지혜를 말하며, 이 다섯 가지 지혜를 깊게 믿고, 공덕이 많은 염불을 수행하고, 지성심至誠心 등 세 가지 마음을 일으켜 극락왕생을 원한다면, 이 사람은 극락세계에 있는 칠보 연꽃 속에 자연히 화생해서 꽃이 열리면 연화대 위에 앉아서 곧 몸에 32상과 80종호를 갖추게 되고, 얻은 광명과 지혜는 극락정토의 보살과 같이 되니, 다섯 가지 지혜를 의심하지 말고 염불하라는 것이다. 만약 이 다섯 가지 지혜를 의심하여 수행하게 되면 연꽃 안에 백 유순이나 오백 유순 동안 갇혀 있게 되어, 그동안 부처님을 친견할 수 없고 법문을 들을 수 없으며 깨달음을 이룰 수 없기 때문이다.

제3절 왕생한 태생과 화생의 차이

復次慈氏 他方佛國諸大菩薩 發心欲見無量壽佛 恭敬
부차자씨 타방불국제대보살 발심욕견무량수불 공경

供養及諸菩薩聲聞之衆 彼菩薩等 命終得生無量壽國
공양급제보살성문지중 피보살등 명종득생무량수국

於七寶華中 自然化生 彌勒當知 彼化生者 智慧勝故
어칠보화중 자연화생 미륵당지 피화생자 지혜승고

其胎生者 皆無智慧 於五百歲中 常不見佛 不聞經法
기태생자 개무지혜 어오백세중 상불견불 불문경법

不見菩薩諸聲聞衆 無由供養於佛 不知菩薩法式 不得
불견보살제성문중 무유공양어불 부지보살법식 부득

修習功德 當知 此人宿世之時 無有智慧 疑惑所致
수습공덕 당지 차인숙세지시 무유지혜 의혹소치

"또 미륵보살이여, 타방 불국토의 모든 대보살이 발심하여 무량수불과 모든 보살과 성문들을 공경하고 공양하고자 하면, 저 보살들은 수명을 마치고 무량수 국토에 태어나 칠보 꽃 가운데 자연히 화생化生한다. 미륵이여, 잘 알아라. 저 화생한 사람은 지혜가 수승하기 때문이며, 저 태생胎生한 사람은 지혜가 없기 때문에 오백 세 동안 항상 부처님을 뵐 수 없고, 경의 법문을 들을 수 없으며, 보살과 여러 성문들을 볼 수 없고, 부처님께 공양할 수 없으며, 보살행을 알지 못하기 때문에 공덕을 닦을 수가 없다. 마땅히 알아라. 이 사람은 숙세의 지혜가 없어 의심하였기 때문이다."

【해설】

이 단원은 태생왕생胎生往生과 화생왕생化生往生의 차이를 서술한 곳이다. 즉 화생왕생은 숙세에 다섯 가지 지혜를 의심하지 않고 염불하여 왕생한 사람으로 훌륭한 지혜를 가지고 있기 때문에 부처님을 뵈올 수 있지만, 태생왕생은 숙세에 다섯 가지 지혜를 의심하며 수행하여 왕생한 사람으로 지혜가 없기 때문에 연꽃에 싸여서 오백 년간 부처님을 뵈올 수 없고, 교법을 듣지 못하며, 보살이나 성중의 사람들을 만날 수 없는 등 여러 가지 장애가 있다고 하셨다. 그렇기 때문에 정토행자는 부처님의 진실한 지혜를 의심하지 말고 정진할 것을 강조하신 것이다.

보살법식菩薩法式: 보살이 보리를 구해서 중생을 제도하여 이익을 주는 육바라밀 행.

佛告彌勒 譬如轉輪聖王 別有七寶宮室 種種莊嚴 張
불고미륵 비여전륜성왕 별유칠보궁실 종종장엄 장

設床帳 懸諸繒旛 若有諸小王子 得罪於王 輒內彼宮
설상장 현제증번 약유제소왕자 득죄어왕 첩내피궁

中 繫以金鎖 供給飮食衣服牀褥 華香伎樂 如轉輪王
중 계이금쇄 공급음식의복상욕 화향기악 여전륜왕

無所乏少 於意云何 此諸王子 寧樂彼處不 對曰 不也
무소핍소 어의운하 차제왕자 영락피처부 대왈 불야

但種種方便 求諸大力 欲自免出 佛告彌勒 此諸衆生
단종종방편 구제대력 욕자면출 불고미륵 차제중생

亦復如是 以疑惑佛智故 生彼宮殿 無有刑罰乃至一
역부여시 이의혹불지고 생피궁전 무유형벌내지일

念惡事 但於五百歲中 不見三寶 不得供養修諸善本
념악사 단어오백세중 불견삼보 부득공양수제선본

以此爲苦 雖有餘樂 猶不樂彼處 若此衆生 識其本罪
이차위고 수유여락 유불락피처 약차중생 식기본죄

深自悔責 求離彼處 卽得如意 往詣無量壽佛所 恭敬
심자회책 구리피처 즉득여의 왕예무량수불소 공경

供養 亦得徧至無量無數諸餘佛所 修諸功德 彌勒當
공양 역득변지무량무수제여불소 수제공덕 미륵당

知 其有菩薩 生疑惑者 爲失大利 是故應當明信諸佛
지 기유보살 생의혹자 위실대리 시고응당명신제불

無上智慧
무 상 지 혜

부처님께서 미륵보살에게 말씀하셨다.

"비유하면 전륜성왕에게는 따로 칠보궁전이 있는데 여러 가지로 장엄되어 있고, 자리가 깔려졌으며, 장막이 쳐져 있고, 모든 일산과 비단 깃발이 걸려 있다. 만약 왕자가 왕으로부터 죄를 받으면 곧 저 궁중에 들어가 금 쇠사슬로 묶여 음식, 의복, 이부자리, 꽃, 향, 음악 등을 공급받는데, 이것은 전륜성왕과 같아 조금도 부족함이 없다. 너는 이것을 어떻게 생각하느냐. 이 왕자는 그래도 그곳에 있고 싶어 하겠는가?"

대답하여 아뢰기를,

"그렇지 않을 것이옵니다. 모든 방편과 모든 큰 힘을 구해서 스스로 빠져나오려고 할 것입니다."

부처님께서 미륵보살에게 말씀하셨다.

"이 모든 중생도 또한 이와 같아 부처님의 지혜를 의심한 까닭에 저 궁전에 태어나서 형벌 내지 악한 일도 받지 않지만, 다만 오백 세 동안 삼보를 뵙지 못하며, 부처님께 공양하여 모든 선을 닦을 수도 없느니라. 이것이 괴로움이 되어 다른 즐거움이 있어도 그것을 원하지 않는다. 만약 이 중생이 죄의 근본을 알아 깊이 스스로 참회하여 저곳을 여의려고 원하면 곧 뜻과 같이 무량수불이 계시는 곳에 가서 공경하고 공양을 올릴 수가 있다. 또 무량무수의 모든 불국토에 가서 모든 공덕을 닦을 수 있느니라. 미륵아, 마땅히 알아라. 어떤 보살이든지 의혹이 있는 사람은 큰 이익을 잃기 때문에 마땅히 분명하게 모든 부처님의 위없는 지혜(無上智慧)를 믿어야 한다."

【해설】

이 단원은 태생왕생한 사람이라도 숙세에 부처님 지혜를 의심했던 근본 죄를 알고 스스로 깊이 후회하고 고쳐서 이 태생에서 벗어나려고 원한다면 이 원에 따라서 아미타불 앞에 갈 수도 있고, 부처님께 예배하고 공양할 수 있다고 하여 참회가 악업을 소멸하는 지름길이며, 선근을 닦는 길임을 강조하였다.

본죄本罪: 전생에 부처님의 지혜를 의심한 죄.

대리大利: 삼보를 친견할 수 있는 이익.

제4절 타방 보살의 정토왕생

彌勒菩薩 白佛言 世尊 於此世界 有幾所不退菩薩 生
미륵보살 백불언 세존 어차세계 유기소불퇴보살 생

彼佛國 佛告彌勒 於此世界 有六十七億不退菩薩 往
피불국 불고미륵 어차세계 유육십칠억불퇴보살 왕

生彼國 一一菩薩 已曾供養無數諸佛 次如彌勒者也
생피국 일일보살 이증공양무수제불 차여미륵자야

諸小行菩薩 及修習少功德者 不可稱計 皆當往生 佛
제소행보살 급수습소공덕자 불가칭계 개당왕생 불

告彌勒 不但我刹諸菩薩等 往生彼國 他方佛土 亦復
고미륵 부단아찰제보살등 왕생피국 타방불토 역부

如是 其第一佛 名曰遠照 彼有百八十億菩薩 皆當往
여시 기제일불 명왈원조 피유백팔십억보살 개당왕

生 其第二佛 名曰寶藏 彼有九十億菩薩 皆當往生 其
생 기제이불 명왈보장 피유구십억보살 개당왕생 기

第三佛 名曰無量音 彼有二百二十億菩薩 皆當往生
제삼불 명왈무량음 피유이백이십억보살 개당왕생

其第四佛 名曰甘露味 彼有二百五十億菩薩 皆當往
기제사불 명왈감로미 피유이백오십억보살 개당왕

生 其第五佛 名曰龍勝 彼有十四億菩薩 皆當往生 其
생 기제오불 명왈용승 피유십사억보살 개당왕생 기

第六佛 名曰勝力 彼有萬四千菩薩 皆當往生 其第七
제육불 명왈승력 피유만사천보살 개당왕생 기제칠

佛 名曰師子 彼有五百億菩薩 皆當往生 其第八佛 名
불 명왈사자 피유오백억보살 개당왕생 기제팔불 명

曰離垢光 彼有八十億菩薩 皆當往生 其第九佛 名曰
왈이구광 피유팔십억보살 개당왕생 기제구불 명왈

德首 彼有六十億菩薩 皆當往生 其第十佛 名曰妙德
덕수 피유육십억보살 개당왕생 기제십불 명왈묘덕

山 彼有六十億菩薩 皆當往生 其第十一佛 名曰人王
산 피유육십억보살 개당왕생 기제십일불 명왈인왕

彼有十億菩薩 皆當往生 其第十二佛 名曰無上華 彼
피유십억보살 개당왕생 기제십이불 명왈무상화 피

有無數不可稱計諸菩薩衆 皆不退轉 智慧勇猛 已曾
유무수불가칭계제보살중 개불퇴전 지혜용맹 이증

供養無量諸佛 於七日中 即能攝取百千億劫大士所修
공양무량제불 어칠일중 즉능섭취백천억겁대사소수

堅固之法 斯等菩薩 皆當往生 其第十三佛 名曰無畏
견고지법 사등보살 개당왕생 기제십삼불 명왈무외

彼有七百九十億大菩薩衆 諸小菩薩 及比丘等 不可
피유칠백구십억대보살중 제소보살 급비구등 불가

稱計 皆當往生
칭계 개당왕생

미륵보살이 부처님께 여쭈었다.

"세존이시여, 이 세계에는 불퇴전의 보살이 몇 분이나 있어 저 세계에 태어나는 것입니까?"

부처님께서 미륵보살에 이르시기를,

"이 세계에 육십칠억의 불퇴전 보살이 있어 저 국토에 왕생할 것이다. 이 보살들은 이미 일찍이 헤아릴 수 없는 모든 부처님을 공양하였나니, 이는 미륵과 같은 이들이다. 또 수행이 적은 보살 및 공덕을 적게 닦은 사람은 다 헤아릴 수 없이 많은데 모두 정토에 왕생할 것이다.

부처님께서 미륵보살에게 말씀하셨다.

"다만 내가 교화하는 이 국토의 모든 보살만이 저 국토에 왕생하는 것이 아니라 타방 불국토에서도 이와 같다. 첫 번째 부처님을 원조라 하는데, 거기에서도 백팔십억 보살들이 모두 마땅히 정토에 왕생할 것이고, 두 번째 부처님을 보장이라 하는데, 거기에서도 구십억 보살들이 모두 마땅히 왕생할 것이며, 세 번째 부처님을 무량음이라 하는데, 거기에서도 이백이십억 보살들이 모두 마땅히 왕생할 것이고, 네 번째 부처님을 감로미라 하는데, 거기에서도 이백오십억 보살들이 모두 마땅히 왕생할 것이다. 다섯 번째 부처님을 용승이라 하는데, 거기에서도 십사억 보살들이 모두 마땅히 왕생할 것이며, 여섯 번째 부처님을 승력이라 하는데, 거기에서도 만 사천 보살들이 모두 마땅히 왕생할 것이고, 일곱 번째 부처님을 사자라 하는데, 거기에서도 오백억 보살들이 모두 마땅히 왕생할 것이며, 여덟 번째 부처님을 이구광이라 하는데, 거기에서도 팔십억 보살들이 마땅히 왕생할 것이다. 아홉 번째 부처님을 덕수라 하는데, 거기에서도 육십억 보살이 모두 마땅히 왕생할 것이며. 열 번째 부처님을 묘덕산이라 하는데, 거기에서도 육십억 보살이 모두 마땅히 왕생할 것이고, 열한 번째 부처님을 인왕이라 하는데, 거기에서도 십억 보살이 모두 마땅히 왕생할 것이며, 열두 번째 부처님을 무상화라 하는데, 거기에서도 헤아릴 수 없이 많은 보살들이 있어 모두 불퇴전에 있고 지혜가 용맹하며, 이미 일찍이 무량한 모든 부처님께 공양하고, 다른 보살이 백천억겁 동안 닦아서

얻은 견고한 법을 칠 일 동안에 능히 섭취하였느니라. 이러한 보살들이 모두 마땅히 왕생할 것이다. 열세 번째 부처님을 무외라 하는데, 거기에서도 칠백구십억 대보살들과 소보살, 비구 등이 헤아릴 수 없이 많이 있어 모두 다 왕생할 것이다."

【해설】

이 단원은 이 세계의 보살들뿐만 아니라 다른 시방세계의 보살들이 정토에 왕생한 것을 설하셨다. 즉 석가모니 부처님이 제도하여 이익을 주신 사바세계에 있는 보살들의 왕생과 다른 세계의 불국토에 있는 보살들의 왕생을 서술한 것으로, 석가모니 부처님이 미륵보살에게 말씀하시기를 "다만 내가 제도하여 이익을 준 사바세계의 보살들만이 정토에 왕생한 것이 아니고, 다른 세계에 있는 보살들도 마찬가지로 왕생한다"고 하셨다.

소행보살小行菩薩: 십신十信의 보살.

견고지법堅固之法: 영겁 동안 수행해서 얻은 다른 사람을 위한 대자비 공덕.

소보살小菩薩: 십신퇴위十信退位의 보살.

佛語彌勒 不但此十四佛國中諸菩薩等 當往生也 十
불어미륵 부단차십사불국중제보살등 당왕생야 시

方世界 無量佛國 其往生者 亦復如是 甚多無數 我但
방세계 무량불국 기왕생자 역부여시 심다무수 아단

說十方諸佛名號 及菩薩比丘生彼國者 晝夜一劫尙未
설시방제불명호 급보살비구생피국자 주야일겁상미

能竟 我今爲汝略說之耳
능경 아금위여약설지이

부처님께서 미륵보살에게 말씀하셨다.

"다만 이 열네 번째 불국토 가운데 모든 보살들만이 왕생하는 것이 아니라, 시방세계의 무량한 불국토로부터 왕생하는 사람은 이와 같이 헤아릴 수 없이 많다. 내가 다만 시방의 모든 부처님의 명호와 저 국토에 태어난 보살과 비구들을 말한다면 밤과 낮 일 겁 동안 두고도 오히려 다 말할 수 없을 것이다. 나는 이제 너를 위해서 간략히 이것을 설할 뿐이니라."

제3편 맺는 글

제1절 미륵보살에게 부촉

佛語彌勒 其有得聞彼佛名號 歡喜踊躍 乃至一念 當
불어미륵 기유득문피불명호 환희용약 내지일념 당

知 此人爲得大利 則是具足無上功德 是故彌勒 設有
지 차인위득대리 즉시구족무상공덕 시고미륵 설유

大火充滿三千大千世界 要當過此 聞是經法 歡喜信
대화충만삼천대천세계 요당과차 문시경법 환희신

樂 受持讀誦 如說修行 所以者何 多有菩薩 欲聞此經
요 수지독송 여설수행 소이자하 다유보살 욕문차경

而不能得 若有衆生 聞此經者 於無上道 終不退轉 是
이불능득 약유중생 문차경자 어무상도 종불퇴전 시

故應當專心信受持誦說行 佛言 吾今爲諸衆生 說此
고응당전심신수지송설행 불언 오금위제중생 설차

經法 令見無量壽佛及其國土一切所有 所當爲者 皆
경법 영견무량수불급기국토일체소유 소당위자 개

可求之 無得以我滅度之後 復生疑惑
가구지 무득이아멸도지후 부생의혹

부처님께서 미륵보살에게 말씀하셨다.

"저 부처님의 명호를 듣고 크게 기뻐하며 한 번이라도 생각하면 이 사람은 큰 이익을 얻고 곧 위없는 공덕을 구족할 것임을 마땅히 알아라. 이러한 까닭에 미륵이여, 가령 큰 불이 삼천대천세계에 가득하다 할지라도 반드시 이것을 뚫고 지나가 이 경의 법문을 듣고 환희심으로 믿고 지니며 독송하고 가르침과 같이 수행해야 한다. 왜냐하면 많은 보살이 이 경의 법문을 들으려고 하여도 들을 수 없는 존귀한 법이기 때문이니라. 만약 어떤 중생이 있어 이 경의 법문을 듣는 사람은 위없는 진리에서 끝내 물러나지 않을 것이니, 그러므로 마땅히 한결같은 마음으로 삼가 믿고 지니며 외우고, 가르침과 같이 수행하여라."

부처님께서 말씀하셨다.

"내가 이제 모든 중생들을 위해 이 경의 법문을 말하고 무량수불 및 그 국토에 있는 모든 것을 보게 하였으니 반드시 실천해야 하며 모두 이것을 구해야 할 것이며, 내가 열반한 후에 다시 의혹을 일으켜서는 안 되느니라."

【해설】

이 단원은 이 경의 결론으로 맺는 글이다. 이 경에서는 만 가지 행을 가지고 정토왕생의 인因이라고 설하셨지만, 아미타 부처님의 본원의 깊은 뜻으로 보면 정토왕생의 행으로는 한결같이 아미타불의 명호를 부르며 마음으로 염하는 것이다. 그래서 칭명염불稱名念佛의 한 가지 행을 가지고 말법시대에 유통流通해야 하는 것을 서술하므로 맺는 글이라고 한다.

이 단원은 석가모니 부처님의 본회本懷이기 때문에, 이를 좀 더 풀이해 말하면 다음과 같다.

석가모니 부처님께서는 미륵보살에게 말씀하시기를 "어떤 사람이 저 아미타불의 명호 공덕을 듣고 극락정토에 왕생하고 싶다고 원하여 마음으로 법열法悅을 얻어 환희심으로 한평생 동안 염불을 계속한다면 그 사람은 무루無漏의 보토報土인 정토에 왕생할 수 있다. 즉 정토에 왕생한다는 것은 위없는 큰 이익과 큰 공덕을 얻을 수 있는 것이니라.

이처럼 염불은 큰 공덕이 있기 때문에 미륵이여, 비록 삼천대천세계가 맹렬히 타오르는 불로 뒤덮여 있을지라도 반드시 이 안을 통과하여 이 『무량수경』을 구하고 아미타 부처님의 이름을 듣고, 기쁜 마음으로 믿고 지니며 경전을 읽고 암송하며 경에 설하여져 있는 대로 염불을 수행하여라. 그 이유는 많은 보살이 이 경전을 듣고 싶다고 원해도 좀처럼 들을 수 없기 때문이다.

그래서 만약 어떤 사람이 이 『무량수경』을 들을 수 있다면 깨달음의 도(無上道)에서 불퇴전의 자리를 얻을 수 있나니, 그대들은 마음을 오로지하여 이 『무량수경』을 믿고 마음속에 지녀 가르침대로 수행하여라."

다시 석가모니 부처님께서 말씀하시기를 "나는 지금 많은 사람들을 위해서 이 『무량수경』을 설하여 아미타불의 극락정토의 모든 장엄을 보게 하였으니, 부처님의 본원을 잘 믿고 염불을 계속하여라. 내가 열반에 든 후에도 부처님의 다섯 가지 지혜를 추호도 의심해서는 안 되느니라."

이와 같이 어떤 유혹과 역경이 있더라도 반드시 극락정토의 법문을 듣고 정토경전을 보려고 해야 한다는 것이다. 왜냐하면 불자의 궁극적인 목적은 완전한 깨달음을 얻는 것인데, 이는 극락세계에 왕생하면 이룰 수 있기 때문이다.

當來之世 經道滅盡 我以慈悲哀愍 特留此經 止住百
당래지세 경도멸진 아이자비애민 특유차경 지주백

歲 其有衆生 値斯經者 隨意所願 皆可得度 佛語彌勒
세 기유중생 치사경자 수의소원 개가득도 불어미륵

如來興世 難値難見 諸佛經道 難得難聞 菩薩勝法 諸
여래흥세 난치난견 제불경도 난득난문 보살승법 제

波羅蜜 得聞亦難 遇善知識 聞法能行 此亦爲難 若聞
바라밀 득문역난 우선지식 문법능행 차역위난 약문

斯經 信樂受持 難中之難 無過此難 是故我法 如是作
사경 신요수지 난중지난 무과차난 시고아법 여시작

如是說 如是教 應當信順如法修行
여시설 여시교 응당신순여법수행

"미래 세상에 경의 진리가 다 멸한다 하더라도 나는 자비로써 불쌍히 여겨 특히 이 경을 백 년 동안 더 머물게 할 것이다. 그래서 중생들 중에서 이 경을 만난 사람은 생각하는 대로 모두 득도得度할 것이니라."

부처님께서 미륵보살에게 말씀하셨다.

"여래가 세상에 출현하심을 만나기 어렵고 보기 어려우며, 모든 부처님의 경전을 얻기 어렵고 듣기 어려우며, 또 보살의 수승한 법과 모든 바라밀을 듣기 어렵고, 선지식을 만나 법을 듣고 능히 수행하는 것도 역시 어려운 일이다. 더구나 이 경을 듣고 믿어 수지受持하는 것은 어렵고도 어려운 일로 이보다 더 어려운 일은 없느니라. 그러므로 나는 법을 이와 같이 밝히고, 이와 같이 설하고, 이와 같이 가르쳤나니 마땅히 믿고 의지하여 법과 같이 수행하여라."

【해설】

이 단원에서는 말법 만년 후 이 세상에서 불법승 삼보, 즉 불교가 멸할 때에도 석가모니 부처님께서는 대자비심을 가지고 어리석고 악한 범부들을 불쌍히 여겨 특히 이 『무량수경』을 일백 년 동안 이 사바세계에 머물게 할 것이라고 예언을 하시고, 이때 사람들 가운데 이 『무량수경』의 가르침을 듣는 사람은 마음의 원에 따라 정토에 왕생할 수 있다고 증명하신 것이다.

그리고 이 대목에서 부처님 뵙기 어렵고, 불법 만나기 어렵다는 것에 대해 앞 "제4항 거듭 정토왕생을 권함"이라는 단원에서 '인생난득人生難得과 불법난봉佛法難逢, 그리고 맹구우목盲龜遇木'의 비유를 들어 설명하였다.

당래지세當來之世: 말법 만년 후의 세상.

특유차경特留此經: 경이 머무르는 것과 염불이 머무르는 것의 두 가지가 있다. 『수문강록』에서는 염불이 머무는 것으로 되어 있다.

제2절 법문을 듣고 기뻐하는 대중

爾時世尊 說此經法 無量衆生 皆發無上正覺之心 萬
이시세존 설차경법 무량중생 개발무상정각지심 만

二千那由他人 得清淨法眼 二十二億諸天人民 得阿
이천나유타인 득청정법안 이십이억제천인민 득아

那含 八十萬比丘 漏盡意解 四十億菩薩 得不退轉 以
나함 팔십만비구 누진의해 사십억보살 득불퇴전 이

弘誓功德 而自莊嚴 於將來世 當成正覺
홍서공덕 이자장엄 어장래세 당성정각

그때 세존께서 이 경의 법문을 설하실 적에 무량한 중생들 모두가 위없는 바른 깨달음(無上正覺)의 마음을 내고, 만 이천 나유타 사람들은 청정한 법안을 얻었으며, 이십이억 모든 천인과 사람들은 아나함과를 얻고, 팔십만 비구들은 누진통을 얻었으며, 사십억 보살들은 불퇴전을 얻고 큰 서원의 공덕으로써 스스로 장엄하여 다음 세상에는 반드시 정각을 이룰 것이다.

【해설】

이 단원에서는 영축산에 모인 여러 대중들이 석가모니 부처님이 『무량수경』을 설하심을 듣고 위없는 보리심을 내었으며, 각기 자기의 능력에 따라 불환과不還果를 얻고, 아라한과를 증득하였으며(漏盡意解), 불퇴전의 자리에 들고, 성불한다는 수기를 받은 것을 설하셨다.

득청정법안得清淨法眼: 소승의 초과初果에서 사성제를 보는 지혜의 눈.

아나함阿那含: Anāgāmin. 욕계의 번뇌를 끊고 성자가 미래에 색계, 무색계에 태어나서 다시는 욕계에 돌아오지 않는 것.

누진의해漏盡意解: 삼계견사三界見思의 번뇌를 끊은 성자. 즉 아라한을 말한다.

爾時三千大千世界 六種震動 大光普照十方國土 百
이시삼천대천세계 육종진동 대광보조시방국토 백

千音樂 自然而作 無量妙華紛紛而降 佛說經已 彌勒
천음악 자연이작 무량묘화분분이강 불설경이 미륵

菩薩 及十方來諸菩薩衆 長老阿難 諸大聲聞 一切大
보살 급시방래제보살중 장로아난 제대성문 일체대

衆 聞佛所說 靡不歡喜
중 문불소설 미불환희

그때 삼천대천세계가 여섯 가지로 진동하고, 큰 광명이 널리 시방세계의 국토를 비추며, 백천 가지 음악이 저절로 연주되고 수많은 아름다운 꽃이 펄펄 날아 내렸다.

부처님께서 법문을 설해 마치시니, 미륵보살과 시방에서 온 모든 보살들과 장로 아난, 여러 대성문, 일체 대중이 부처님의 설법을 듣고 기뻐하지 않는 이가 없었다.

【해설】

이 대목은 『무량수경』을 설해 마칠 때 삼천대천세계는 여섯 가지로 진동하고, 대광명은 널리 시방세계를 비추며, 백천의 무수한 음악이 저절로 울려 퍼지고, 무량한 묘련화가 펄펄 하늘로부터 비 오듯이 내린 모습과 영산회상에 모였던 미륵보살과 시방세계에서 온 보살들과 장로 아난존자 및 여러 큰 성문들과 그 밖에 모든 사람들이 부처님의 가르침을 듣고 법열法悅에 잠겨 환희하지 않는 이가 없었다는 것을 피력한 것이다.

관경십육관변상도 (고려불화)

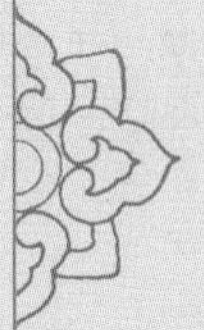

불설관무량수경
佛說觀無量壽經

한문: 송 서역삼장 강량야사 역
宋 西域三藏 畺良耶舍 譯

우리말 번역 및 해설: 서주 태원

관무량수경 분과표

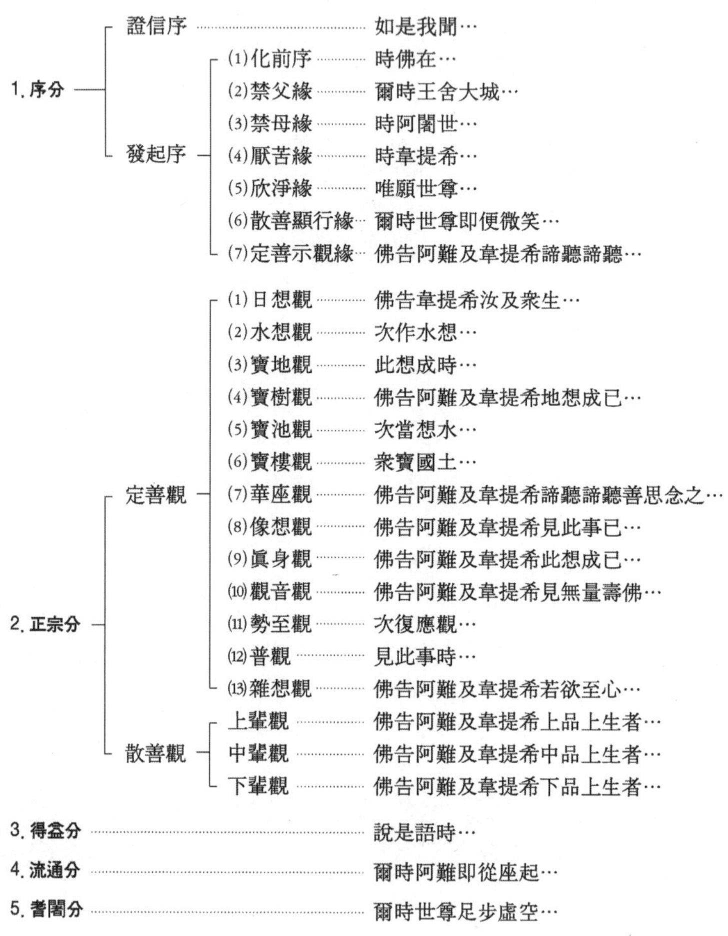

- 1. **序分**
  - 證信序 ………… 如是我聞…
  - 發起序
    - (1)化前序 ………… 時佛在…
    - (2)禁父緣 ………… 爾時王舍大城…
    - (3)禁母緣 ………… 時阿闍世…
    - (4)厭苦緣 ………… 時韋提希…
    - (5)欣淨緣 ………… 唯願世尊…
    - (6)散善顯行緣 … 爾時世尊即便微笑…
    - (7)定善示觀緣 … 佛告阿難及韋提希諦聽諦聽…
- 2. **正宗分**
  - 定善觀
    - (1)日想觀 ………… 佛告韋提希汝及衆生…
    - (2)水想觀 ………… 次作水想…
    - (3)寶地觀 ………… 此想成時…
    - (4)寶樹觀 ………… 佛告阿難及韋提希地想成已…
    - (5)寶池觀 ………… 次當想水…
    - (6)寶樓觀 ………… 衆寶國土…
    - (7)華座觀 ………… 佛告阿難及韋提希諦聽諦聽善思念之…
    - (8)像想觀 ………… 佛告阿難及韋提希見此事已…
    - (9)眞身觀 ………… 佛告阿難及韋提希此想成已…
    - (10)觀音觀 ………… 佛告阿難及韋提希見無量壽佛…
    - (11)勢至觀 ………… 次復應觀…
    - (12)普觀 ………… 見此事時…
    - (13)雜想觀 ………… 佛告阿難及韋提希若欲至心…
  - 散善觀
    - 上輩觀 ………… 佛告阿難及韋提希上品上生者…
    - 中輩觀 ………… 佛告阿難及韋提希中品上生者…
    - 下輩觀 ………… 佛告阿難及韋提希下品上生者…
- 3. **得益分** ………… 說是語時…
- 4. **流通分** ………… 爾時阿難即從座起…
- 5. **耆闍分** ………… 爾時世尊足步虛空…

제1편 서분

제1장 증신서證信序

如是我聞
여 시 아 문

이와 같이 나는 들었다.

【해설】

이 단원은 육성취 가운데 신성취信成就와 문성취聞成就를 설한 대목이다. 즉 '여시如是(이와 같이)'는 신성취로서 이 경에서 중점적으로 설하신 관해야 할 정선定善과 산선散善의 가르침인데, 이는 부처님께서 직접 말씀하신 것이니 의심하지 말고 믿어야 한다는 진실성을 나타내는 말이다. 그리고 '아문我聞(내가 들었다)'은 문성취이다. '아문我聞'에서 '아我'란 부처님의 시자로서 부처님의 교설을 가장 많이 듣고 하나도 빠짐없이 기억한다는 다문제일多聞第一인 아난존자이다. 즉 이 경의 내용이 아난존자의 설이 아니고 아난존자가 석가모니 부처님으로부터 직접 들은 것임을 강조한 것이다.

이 경의 이름을 "관무량수경"이라 하여 앞 『무량수경』과 달리 관觀이라는 글자가 더 있는 것은 이 경의 중점이 '관'임을 알 수 있다. 관의 산스크리트는 Vipaśyanā로 관념觀念, 관찰觀察, 관법觀法, 관행觀行 등으로 풀이할 수 있으며, 수행법으로는 소승불교에서는 사제관四諦觀과 십이연관十二緣觀을 말하고, 대승불교의 법상종에서는 오종유식관五種唯識觀, 삼론종에서는 팔불중도관八不中道觀, 화엄종에서는 사법계관四法界觀, 천태종에서는 일심삼관一心三觀, 진언종에서는 아자관阿字觀이나 우자관吽字觀, 혹은 오상성신관五相成身觀 등을 말하는 것은 대소승 불교 모두가 관법을 중요한 수행으로 하고 있음을 알 수가 있다.

이 경의 '관'에 대한 것을 살펴보자. 정영사 혜원은 "생각을 한곳에 집중시켜 생각하는 것을 관이라 한다"고 한 것은 고요한 마음으로, 즉 선정에 머물러 청정한 지혜로 극락정토를 사유하고 생각하는 것임을 알 수 있다. 이에 담란대사는 『왕생론주』에서 "마음으로 그 일을 반연함을 관이라 한다"고 하여 극락세계를 하나의 대상으로 하여 마음에 반연하는 것을 말하고 있고, 선도대사는 "관이란 비추는 것이다. 항상 깨끗한 신심의 손으로 지혜의 빛을 갖고 저 아미타불 국토의 의보依報와 정보正報 등을 비춘다"고 한 것은 안으로 청정한 지성심至誠心과 심심深心, 그리고 회향발원심回向發願心 등 세 가지 마음(三心)을 갖추고 극락세계의 의보장엄과 정보장엄을 대상으로 하여 관찰하는 것이라고 하였다. 그리고 선도대사는 "사바세계의 석가모니 부처님은 위제희부인의 청에 의해 정토의 긴요한 문을 널리 열어 보이시고, 안락세계 아미타불께서는 뜻을 달리하여 큰 원을 나타내 보이셨다"라고 한 것은 석가모니불과 아미타불 두 분의 힘과 원력의 가피에 의한 것이기 때문에 자력관이 아닌 타력관으로 보았음을 알 수 있다.

또 선도대사는 "이 관무량수경은 범부들을 위해 설한 것이지 성인을 위한 것이 아니다"라고 하였는데, 이 경은 어디까지나 범부를 위한 사관事觀이지 성인을 위한 이관理觀이 아니라는 것이다. 이렇게 보면 이 경 제목인 "관무량수경"의 "무량수"는 마음을 집중하여 관해야 할 하나의 대상으로 볼 수 있다. 그리고 경 마지막 부분에 "이 경을 관극락국토무량수불관세음보살대세지보살觀極樂國土無量壽佛觀世音菩薩大勢至菩薩이라 이름한다"고 한 것은, 이 경의 근본 목적은 극락세계와 아미타불, 그리고 관세음보살, 대세지보살을 관한다는 것으로 분명히 이관理觀이 아닌 사관事觀임을 알 수 있다.

강량야사(畺良耶舍, Kālayaśas, 383~442): 서역 출신의 역경가로 아비담阿毘曇과 율부律部를 통달하였으며, 특히 선관禪觀에 뛰어났다고 한다. 424년 원가 원년元嘉元年에 사막과 강을 건너 중국의 경사京師에 들어와서 송나라 태조의 두터운 보호를 받았다. 종산鐘山 도림정사道林精舍에 머물며 승려 승함僧含의 청에 의해 『약왕약상관경』과 『관무량수경』을 번역하고 승함은 이를 받아썼다고 한다. 그 후 전국을 유람하다가 원가 19년에는 지금의 사천성으로 유행하면서 법을 설하니 참선을 하는 대중이 모여들었다. 그 후 강릉으로 돌아와 나이 예순에 입적하였다고 『양고승전』 등에 기록되어 있다.

증신서證信序: 말법 시대의 사람들에게 부처님의 교법敎法을 믿게 하기 위해 증명하는 서분. 이는 경은 일반에 두루 통하기 때문에 통서通序라고도 한다.

제2장 발기서發起序

제1절 화전서化前序

一時 佛在王舍城耆闍崛山中 與大比丘衆千二百五十
일시 불재왕사성기사굴산중 여대비구중천이백오십

人俱 菩薩三萬二千 文殊師利法王子而爲上首
인구 보살삼만이천 문수사리법왕자이위상수

어느 때 부처님께서는 왕사성 기사굴산에 계셨는데, 천이백오십 인의 비구들과 삼만 이천의 보살들이 자리를 함께하였으며 문수사리법왕자가 수제자가 되었다.

【해설】

이 단원 가운데 '일시一時(어느 때)'는 시성취時成就요, '재왕사성기사굴산在王舍城耆闍崛山(왕사성기사굴산에 계셨다)'은 처성취處成就며, '불佛(부처님께서)'은 주성취主成就고, '여대비구與大比丘(대비구들과 함께)'부터 '문수사리법왕자이위상수文殊師利法王子而爲上首(문수보살이 상수가 되었다)'까지를 중성취衆成就라 한다. 앞 단원에서 설한 신성취와 문성취, 그리고 이 단원에서 설한 시성취, 주성취, 처성취, 중성취 등을 합해 육성취六成就가 성립되어 부처님의 설법이 여법함을 증명하였다. 이 단원을 발기서의 일곱 가지 인연 가운데 첫 번째인 본격적인 설법이 시작되기 전의 서문으로 화전서化前序라 한다.

발기서發起序: 별서別序라고도 하는데 이 경의 설법이 일어난 직접적인 원인을 서술한 서분序分이다.

왕사성王舍城: 범어 Rājagriha의 번역으로 앞 무량수경 주석 참조.

기사굴산耆闍崛山: 범어 Gridhrakūta의 번역으로 앞 무량수경 주석 참조.

문수사리법왕자文殊師利法王子: 보살들 가운데 지혜가 으뜸인 문수보살을 말한다. 누구나 성불할 때는 마땅히 이 보살의 지혜를 의지하지 않으면 안 된다고 하여 불모佛母라 하며, 문수보살은 석가모니 부처님의 좌보처이고, 보현보살은 우보처이다. 법왕자는 법의 아들로서 머지않아 부처가 되는 보살을 말한다.

제2절 부왕을 감금한 인연

爾時 王舍大城 有一太子 名阿闍世 隨順調達惡友之
이시 왕사대성 유일태자 명아사세 수순조달악우지

教 收執父王頻婆娑羅 幽閉置於七重室內 制諸群臣
교 수집부왕빈바사라 유폐치어칠중실내 제제군신

一不得往 國大夫人 名韋提希 恭敬大王 澡浴清淨 以
일부득왕 국대부인 명위제희 공경대왕 조욕청정 이

酥蜜和麨 用塗其身 諸瓔珞中 盛葡萄漿 密以上王 爾
소밀화초 용도기신 제영락중 성포도장 밀이상왕 이

時大王 食麨飮漿 求水漱口 漱口畢已 合掌恭敬 向耆
시대왕 식초음장 구수수구 수구필이 합장공경 향기

闍崛山 遙禮世尊 而作是言 大目犍連 是吾親友 願興
사굴산 요예세존 이작시언 대목건련 시오친우 원흥

慈悲 授我八戒 時目犍連 如鷹隼飛 疾至王所 日日如
자비 수아팔계 시목건련 여응준비 질지왕소 일일여

是 授王八戒 世尊亦遣尊者富樓那 爲王說法 如是時
시 수왕팔계 세존역견존자부루나 위왕설법 여시시

間 經三七日 王食麨蜜 得聞法故 顏色和悅
간 경삼칠일 왕식초밀 득문법고 안색화열

그때 왕사성에 아사세라고 하는 한 태자가 있었다. 그는 제바달다라는 나쁜 친구의 꼬임에 빠져 부왕인 빈비사라왕을 잡아 일곱 겹으로 된 감옥에 감금하고 신하들에게 명령하여 한 사람도 가지 못하게 했다. 나라의 대부인인 위제희는 대왕을 공경하여 깨끗이 목욕하고 꿀에 밀가루와 우유를 반죽하여 몸에 바르고 영락구슬 속에 포도주를 담아 가지고 남몰래 왕에게 올렸다. 그때 대왕은 꿀 반죽을 먹고 포도주를 마시고 물을 구해 입을 씻고 나서, 합장하고 공경하는 마음으로 기사굴산을 향해 멀리 세존께 예배하고 나서 이렇게 사뢰었다.

"마하 목건련은 저의 친구이옵니다. 원컨대 자비를 베푸셔서 저에게 팔계八戒를 주게 하옵소서."

그때 목건련은 매처럼 날아서 재빨리 왕이 있는 곳에 이르러 매일같이 여덟 가지 계를 주었다. 세존께서도 또 부루나존자를 보내서 왕을 위해 설법하게 하였다. 이와 같은 시간이 삼칠일(21일)이 지났으나, 왕은 꿀 반죽을 먹고 설법을 들은 까닭에 안색이 온화하고 기쁜 얼굴이었다.

【해설】

이 단원은 발기서發起序의 일곱 가지 인연 가운데 두 번째인 부왕을 감금한 인연인 금부연禁父緣을 설한 곳이다. 이 사건은 왕사성에서 일어난 비극의 발단인데, 이로 인해 사바세계의 현실이 고통이라는 것을 증명하면서 이 경의 목적인 청정의 세계를 설하게 된다.

이 단원에 등장한 인물 가운데 아사세阿闍世는 산스크리트 Ajātaśatru의 음역으로 여러 경과 율, 그리고 논에 많이 등장하는 인물이다. 빈비사라왕은 뒤를 이을 자식이 없는 것을 고민하여 많은 신들에게 기도를 드렸지만, 조금도 그 영험을 얻을 수 없었다. 그런데 어떤 점치는 사람이 왕에게 말하기를 "산중에 한 사람의 신선이 있는데, 오래지 않아 죽지만 삼 년 뒤에 다시 태어나 왕의 자식이 될 것입니다"라고 하니, 왕은 이 이야기를 듣고 대단히 기뻐하였지만 "과인은 이미 나이를 먹어 도저히 삼 년을 기다릴 수가 없다"고 하여 심부름꾼을 시켜 신선에게 점술가의 말을 전하게 하고 왕을 위하여 빨리 죽기를 원했다. 그런데 신선은 삼 년이 지나면 죽기 때문에 지금 왕의 명령을 따를 수 없다고 왕의 부탁을 거절했다.

그래서 심부름꾼은 왕궁으로 돌아와 신선의 이야기를 왕에게 아뢰니, 왕은 이를 듣고 노해 "나는 일국의 국왕이다. 나라 안에 있는 것은 전부 나의 것이다. 그런데 지금 예의를 표해 부탁하는데 나의 부탁을 듣지 않는 것은 왕의 명령을 등지는 것이다"고 하여 다시 심부름꾼에게 산으로 가서 거듭 부탁하여도 듣지 않으면 죽이라고 명령했다. 그래서 심부름꾼은 다시 신선이 있는 곳에 가서 왕의 말을 전했지만, 듣지 않았기 때문에 마침내 왕명대로 신선을 죽였다.

신선은 죽음에 임하여 왕을 원망하며 "나는 아직 수명이 남아 있는데 왕 때문에 죽는다. 만약 내가 왕의 자식으로 바꾸어 태어나면 반드시 원수를 갚을 것이다"라고 말하며 숨을 거두었다.

이렇게 하여 신선이 죽자마자 왕후는 임신을 하였고, 왕은 이를 듣고 대단히 기뻐하여 점술가에게 점을 쳐 보았다. 점술가가 말하기를 "이는 남자아이입니다. 그러나 이 아이는 왕을 위해 좋지 않습니다"라고 하였다. 이것을 들은 왕은 기쁘고 또 한편 근심되어 부인과 상의해, 높은 누각 위에서 아이를 낳을 때 아무도 도와주는 사람이 없으면 그 아이는 지상에 떨어져 반드시 죽을 것이고, 그러면 그 아이 때문에 해를 입는 일이 없게 될 것이라고 생각하여 달이 차 아이를 낳기에 이르러 그렇게 했다. 그런데 이상하게도 높은 누각에 태어나 떨어진 아이는 다만 새끼손가락을 조금 다쳤을 뿐, 그 밖의 신체에는 아무런 이상도 없었다. 이런 사연을 갖고 태어났기 때문에 아사세를 미생원未生怨이라 하는 설이 있다. 아사세는 후에 중인도 마가타국의 왕이 되어 부왕을 죽인 것을 참회하고 부처님을 섬겼다고 한다.

다음으로 조달調達은 산스크리트로 Devadatta의 음역으로 제바달다라고 한다. 난타難陀의 동생이고 부처님의 사촌동생이다. 어려서부터 욕심과 질투심이 많았는데 출가하여 부처님의 제자가 되어 교단을 장악하려는 계략을 꾸민 사람이다. 즉 빈비사라왕이 많은 공양물을 가지고 부처님께 공양하는 것을 보고, 나쁜 마음을 일으켜 석가모니 부처님을 대신하여 교단의 주인이 되고자 하였다. 그래서 제바달다는 사리불이 많은 부처님 제자에게 신통력을 가르쳐 준 것을 보고 그 제자들에게 가르쳐 줄 것을 구했지만, 부처님 제자들은 제바달다의 나쁜 마음을 알아차리고 가르쳐 주지 않았다. 그러나 아난은 타심통을 깨닫지 못했기 때문에 그것을 알아차리지 못하고 청하는 대로 신통력을 가르쳐 주었다. 그래서 제바달다는 아사세 태자 앞에서 몸으로부터 불과 물을 내뿜고, 또 큰 몸이 되기도 하고 작은 몸이 되기도 하는 등 신통력을 보였다. 아사세 태자는 이것을 보고 너무 놀라서 제바달다를 존경하여 많은 공양물을 바쳤다.

그리고 제바달다는 부처님께 말하기를 "세존께서는 이미 노경老境에 들어가 계시기 때문에 법을 저에게 부촉하는 것이 어떻겠습니까?"라고 하며 석존의 은퇴를 원했다. 이것을 들은 많은 부처님 제자들은 걱정되고 놀랐지만, 부처님께서는 "사리불과 목련 같은 큰 제자에게조차 아직 법을 부촉하지 않았는데, 너 같이 어리석은 사람에게 어찌 부촉할 수 있겠는가!"라고 말씀하시어 대중들 앞에서 나무라셨다. 이것을 들은 제바달다는 부처님을 원망하고 나쁜 계략을 꾸며서 아사세 태자를 꾀었다. "부처님은 이미 나이를 먹었고, 부왕도 똑 같은 노경에 들어가 있으니, 이 두 노인을 대신하여 나는 새로운 부처가 되고 태자는 새로운 왕이 되어서 나라를 다스리면 즐거운 일이 아니겠는가!"고 하여 부왕을 없애자고 꾀었다. 이를 들은 아사세는 대단히 놀라 망설였지만, 제바달다는 태자의 새끼손가락이 잘려 있는 것을 보고 거짓으로 전생의 인연 이야기를 지어서 태자를 꾀어 부왕을 감금하고 어머니를 감금하게 된 것이다. 제바달다는 여러 사람의 자객을 보내 부처님을 살해하려고 했지만, 자객들이 모두 부처님의 감화를 받아 제자가 되니 화가 나 직접 부처님을 살해하려고 영축산에서 돌을 굴려 부처님 발에 상처를 입혀 피가 나게 하는 오역죄를 지어 산 채로 지옥에 떨어졌다고 한다.

이 단원에서 강조한 것은, 인간의 도리 가운데 가장 중요한 것은 부모를 섬기는 효사상이라는 것이고, 명예에 대한 욕심 때문에 자기를 낳아준 아버지를 감옥에 가두어 굶겨 죽이려는 악행을 저지른 것과 빈비사라왕이 어떤 역경에서라도 부처님에 대한 믿음을 가지고 설법을 듣고 마음의 평정을 찾았다고 한 것은 고통 속에서 구도의 정신을 강조하신 것이라고 본다.

빈비사라頻婆娑羅: 산스크리트 Bimbisāra의 음역으로 부처님이 세상에 계실 때 중인도 마가다국의 왕인데, 부처님께 최초로 귀의한 왕이며 죽림정사를 헌납하고 영축산에 돌계단을 쌓았다고 한다.

위제희韋提希: 산스크리트 Vaidehi의 음역으로 교살라국의 바사익왕의 누이동생이다.

제3절 왕비를 감금한 인연

時阿闍世 問守門者 父王今者猶存在耶 時守門人 白
시아사세 문수문자 부왕금자유존재야 시수문인 백

言 大王 國大夫人 身塗麨蜜 瓔珞盛漿 持用上王 沙
언 대왕 국대부인 신도초밀 영락성장 지용상왕 사

門目連及富樓那 從空而來 爲王說法 不可禁制 時阿
문목련급부루나 종공이래 위왕설법 불가금제 시아

闍世 聞此語已 怒其母曰 我母是賊 與賊爲伴 沙門惡
사세 문차어이 노기모왈 아모시적 여적위반 사문악

人 幻惑呪術 令此惡王多日不死 即執利劍 欲害其母
인 환혹주술 영차악왕다일불사 즉집이검 욕해기모

時有一臣 名曰月光 聰明多智 及與耆婆 爲王作禮 白
시유일신 명왈월광 총명다지 급여기바 위왕작례 백

言大王 臣聞毘陀論經說 劫初已來 有諸惡王 貪國位
언대왕 신문비타론경설 겁초이래 유제악왕 탐국위

故 殺害其父 一萬八千 未曾聞有無道害母 王今爲此
고 살해기부 일만팔천 미증문유무도해모 왕금위차

殺逆之事 汙刹利種 臣不忍聞 是栴陀羅 不宜住此 時
살역지사 오찰리종 신불인문 시전다라 불의주차 시

二大臣 說此語竟 以手按劍 卻行而退 時阿闍世 驚怖
이대신 설차어경 이수안검 각행이퇴 시아사세 경포

惶懼 告耆婆言 汝不爲我耶 耆婆白言 大王 慎莫害母
황구 고기바언 여불위아야 기바백언 대왕 신막해모

王聞此語 懺悔求救 即便捨劍 止不害母 勅語內官 閉
왕문차어 참회구구 즉변사검 지불해모 칙어내관 폐

置深宮 不令復出
치 심 궁 불 령 부 출

어느 때 아사세는 감옥 문을 지키는 사람에게 물었다.

"부왕은 지금 살아 있느냐?"

문지기가 대답하기를,

"대왕이시여, 나라의 대부인이 몸에 꿀 반죽을 바르고 영락구슬 속에 포도주를 넣어 가지고 와 왕에게 드렸으며, 사문인 목련과 부루나는 공중으로부터 와서 법을 설하시니 도저히 막을 수 없나이다."

이 말을 들은 아사세는 화를 내어 자기 어머니에게,

"나의 어머니는 역적이고 원수와 내통하였으며, 또 사문은 악인으로 남을 홀리는 술법을 써서 이 나쁜 왕을 오랫동안 죽지 않게 하였다"라고 하며 곧 칼을 뽑아 어머니를 살해하려 하였다. 그때에 월광이라 하는 한 신하가 있었는데, 총명하고 지혜가 많았다. 이 신하와 기바는 함께 왕에게 예를 올리고 말씀드리기를,

"대왕이시여, 신하인 저희들이 베다 성경(毗陀論經)의 말씀을 듣건대, 오랜 옛날부터 지금까지 여러 악한 왕들이 왕위를 욕심내어 그 아버지를 살해한 것은 만 팔천 명이나 되오나, 아직 무도하게 어머니를 살해하였다는 것을 듣지 못했습니다. 왕이

이제 어머니를 살해하려 하오니 왕족을 더럽히는 일로서 듣고 참을 수 없나이다. 이것은 천한 백정의 짓이오니, 여기 더 머물러 있을 수 없나이다"라고 말을 마치고 두 신하는 손으로 칼을 만지면서 몇 걸음 뒤로 물러서니, 그때 아사세는 놀라고 두려워서 기바에게 말하기를,

"그대는 나를 도와주지 않겠는가?"라고 하니 기바는 여쭈기를,

"대왕이여, 삼가 어머니를 살해하지 마소서."

왕은 이 말을 듣고 참회하고 도움을 구했다. 그리고 칼을 버리고 어머니를 살해하지 않고, 내관內官에게 명령하여 깊은 방에 감금시켜 나오지 못하게 하였다.

【해설】

이 단원은 발기서의 일곱 가지 인연 가운데 세 번째인 어머니를 깊은 골방에 가두는 인연인 금모연禁母緣이다. 욕심에 눈이 먼 사람이 자기를 열 달 동안 뱃속에서 기르면서 여러 가지 고통을 참고 낳아 양육한 어머니마저 살해하려고 한 것이다. 이를 통해 사바세계의 고통을 말씀하신 것이다.

이기심과 자존심, 그리고 시기하고 질투하는 마음은 어디로부터 오는가 하면 탐욕에서 비롯된다. 오늘날 한국 사회에서도 부모가 미국 유학까지 보내 공부시킨 딸이 어머니를 살해한

일 등의 여러 가지 불효가 많이 일어나고 있다. 이는 탐욕이 근본이 된 것으로, 이 탐욕은 세상을 흐리게 하고 내 마음도 흐리게 하여 지혜가 없는 행동을 하게 함으로써 그 결과로 고통만이 존재하게 한다. 인간으로서 가장 먼저 은혜에 감사해야 할 것은 바로 부모가 아닌가 생각한다. 그런데도 아사세는 명예에 대한 탐욕으로 인해 어머니를 죽이려고 하였으니, 이는 가장 나쁜 죄업이다. 이 경에서는 가장 나쁜 죄업을 가지고 이 사바세계의 극단적인 면을 보임으로써 이 세계를 싫어하고 청정한 국토를 흠모하게 하였다고 본다.

기바耆婆: Jivaka의 음역으로 왕사성의 명의이다.

비타毘陀: Veda의 음역으로 바라문교 경전을 말한다.

찰리종刹利種: Kṣatriya의 음역으로 인도 네 가지 계급 가운데 두 번째 왕족을 말한다.

전다라旃陀羅: Caṇḍāra의 음역으로 인도의 네 가지 계급 외에 도살하는 백정으로 최하위다.

제4절 사바세계의 고통을 싫어하는 인연

時韋提希 被幽閉已 愁憂憔悴 遙向耆闍崛山 爲佛作
시위제희 피유폐이 수우초췌 요향기사굴산 위불작

禮 而作是言 如來世尊 在昔之時 恒遣阿難 來慰問我
례 이작시언 여래세존 재석지시 항견아난 내위문아

我今愁憂 世尊威重 無由得見 願遣目連尊者阿難 與
아금수우 세존위중 무유득견 원견목련존자아난 여

我相見 作是語已 悲泣雨淚 遙向佛禮 未擧頭頃 爾時
아상견 작시어이 비읍우루 요향불례 미거두경 이시

世尊 在耆闍崛山 知韋提希心之所念 卽勅大目犍連
세존 재기사굴산 지위제희심지소념 즉칙대목건련

及以阿難 從空而來 佛從耆闍崛山沒 於王宮出 時韋
급이아난 종공이래 불종기사굴산몰 어왕궁출 시위

提希 禮已擧頭 見世尊釋迦牟尼佛 身紫金色 坐百寶
제희 예이거두 견세존석가모니불 신자금색 좌백보

蓮華 目連侍左 阿難在右 釋梵護世諸天 在虛空中 普
련화 목련시좌 아난재우 석범호세제천 재허공중 보

雨天華 持用供養 時韋提希 見佛世尊 自絶瓔珞 擧身
우천화 지용공양 시위제희 견불세존 자절영락 거신

投地 號泣向佛 白言 世尊 我宿何罪生此惡子 世尊復
투지 호읍향불 백언 세존 아숙하죄생차악자 세존부

有何等因緣 與提婆達多 共爲眷屬
유하등인연 여제바달다 공위권속

그때에 위제희 부인은 감금되어 슬픔과 걱정으로 몸이 수척하였

다. 멀리 기사굴산을 향해 부처님께 예배를 올리고 사뢰기를,

"부처님이시여, 지난날 항상 아난존자를 보내시어 저를 위로하여 주셨습니다. 저는 지금 슬프고 괴로울 뿐만 아니라 거룩하신 부처님마저 뵈올 수가 없나이다. 원하옵건대 목련존자와 아난존자를 보내시어 제가 뵐 수 있도록 하여 주시옵소서"라고 말하고 나서 슬픔이 복받쳐 눈물을 비처럼 흘리면서 멀리 부처님을 향하여 예배를 올렸다. 그때 위제희가 머리를 들기도 전에 세존께서 기사굴산에 계시면서 위제희의 생각하는 마음을 아시고, 마하목건련과 아난에게 명령하여 허공으로 날아가도록 하고, 부처님께서도 기사굴산으로부터 자취를 감추시어 왕궁에 나타나셨다. 그때 위제희는 예배를 드리고 머리를 들자, 석가모니불께서 자금색으로 된 백 가지 보배연꽃에 계시고, 목련존자는 왼쪽에서, 아난존자는 오른쪽에서 모시고 제석천과 범천, 사대천왕 등 여러 천인들은 허공에 있어 널리 하늘의 꽃을 뿌리면서 공양 올리며 모셨다.

이때 위제희는 부처님을 뵙자 스스로 영락의 구슬을 끊어버리고 몸을 땅에 대고 울면서 부처님을 향하여 사뢰기를,

"부처님이시여, 저는 옛날에 무슨 죄가 있어 이렇게 나쁜 자식을 낳게 되었고, 부처님께서는 또 무슨 나쁜 인연이 있으시어 제바달다와 함께 권속이 되셨습니까?"

【해설】

이 단원은 발기서의 일곱 가지 인연 가운데 네 번째인 사바세계를 싫어하고 법을 구하는 염고연厭苦緣이다. 즉 위제희가 깊은 뒷방에 감금되어 번민하고 쇠약해져 멀리 기사굴산을 향해 석가모니 부처님께 예배하고 사뢰면서 "왜 저는 옛날 무슨 죄업이 있어 이 아사세와 같은 악역무도惡逆無道한 아들을 낳았고, 부처님도 무슨 나쁜 인연이 있으시어 제바달다와 같은 나쁜 사람과 종형제라는 권속관계를 맺은 것이옵니까?"라고 하면서 이 세계를 싫어하는 면을 설하신 것이다.

위제희 부인이 내면의 자기 자신과 외면의 대상을 깊이 관찰한 것은 우리가 살고 있는 세상은 어떤 환경이고, 내 자신은 과연 어떤 능력을 가지고 있으며 죄업은 없는가를 깊이 관찰하라는 의미가 있다고 본다.

석범호세釋梵護世: 제석천왕과 범천, 그리고 사천왕을 말한다.

『불설관무량수불경佛說觀無量壽佛經』의 관경변상도

(**출처**: 철종哲宗 4년(1853) 내원암內院庵 간행, **소장처**: 왕실도서관 장서각 디지털 아카이브 http://yoksa.aks.ac.kr/ 이하 관경변상도 출처 동일)

제5절 정토를 바라는 인연

唯願世尊 爲我廣說無憂惱處 我當往生 不樂閻浮提
유원세존 위아광설무우뇌처 아당왕생 불요염부제

濁惡世也 此濁惡處 地獄餓鬼畜生盈滿 多不善聚 願
탁악세야 차탁악처 지옥아귀축생영만 다불선취 원

我未來不聞惡聲 不見惡人 今向世尊 五體投地求哀
아미래불문악성 불견악인 금향세존 오체투지구애

懺悔 唯願佛日 教我觀於清淨業處 爾時世尊 放眉間
참회 유원불일 교아관어청정업처 이시세존 방미간

光 其光金色徧照十方無量世界 還住佛頂 化爲金臺
광 기광금색변조시방무량세계 환주불정 화위금대

如須彌山 十方諸佛淨妙國土 皆於中現 或有國土 七
여수미산 시방제불정묘국토 개어중현 혹유국토 칠

寶合成 復有國土 純是蓮花 復有國土 如自在天宮 復
보합성 부유국토 순시연화 부유국토 여자재천궁 부

有國土 如玻瓈鏡 十方國土 皆於中現 有如是等無量
유국토 여파려경 시방국토 개어중현 유여시등무량

諸佛國土 嚴顯可觀 令韋提希見 時韋提希 白佛言 世
제불국토 엄현가관 영위제희견 시위제희 백불언 세

尊 是諸佛土 雖復清淨皆有光明 我今樂生極樂世界
존 시제불토 수부청정개유광명 아금요생극락세계

阿彌陀佛所 唯願世尊 教我思惟 教我正受
아미타불소 유원세존 교아사유 교아정수

“또 원하옵건대 부처님이시여, 저를 위해 널리 근심과 걱정이 없는 곳을 말씀하여 주시옵소서. 저는 마땅히 가서 나겠습니다. 이 염부제와 같은 혼탁하고 악한 세상을 원하지 않사오니, 이 세계는 지옥, 아귀와 축생이 가득 차서 착하지 못한 무리들이 많이 있사옵니다. 원하옵건대 저는 미래에 나쁜 소리를 듣지 않고 악인을 보고 싶지 않사옵니다. 이제 부처님을 향해서 오체를 땅에 대고 참회하옵고 간절히 원하옵니다. 또 원하옵건대 태양과 같은 부처님이시여! 저로 하여금 청정한 업으로 이루어진 곳을 보도록 가르쳐 주시옵소서."

그때 부처님께서는 눈썹 사이에서 광명을 발하셨다. 그 금색의 광명은 널리 시방의 한량없는 세계를 비추고 나서 다시 부처님의 이마에 돌아와 머물러 변해서 황금의 좌대가 되었는데 마치 수미산과 같았다. 시방 여러 부처님의 깨끗하고 묘한 국토가 모두 그 가운데 나타났다. 어떤 국토는 칠보로 이루어져 있고, 어느 국토는 오직 연꽃으로만 되어 있으며, 어느 국토는 타화자재천궁과 같고, 또 어느 국토는 파려의 거울과 같았다. 시방의 국토가 모두 그 가운데 나타나는데 이 수는 헤아릴 수 없는 국토였다. 이 모든 국토를 분명히 바라볼 수 있게 하여 위제희로 하여금 보게 하셨다.

그때 위제희는 부처님께 사뢰어 말하기를,

"부처님이시여, 이러한 모든 불국토는 청정하고 광명이 있지만, 저는 이제 극락세계 아미타불 국토에 태어나기를 원하옵니다. 오직 바라옵건대 부처님이시여, 저에게 사유思惟하는 법과 바른 수행법을 말씀하여 주십시오."

【해설】

이 단원은 발기서의 일곱 가지 인연 가운데 다섯 번째인 오탁으로 흐리고 악한 세상이 아닌 깨끗하고 악행이 없고 선행이 가득하고 법열法悅이 넘치는 세계를 바라는 흔정연欣淨緣이다. 위제희는 석가모니 부처님의 가피력에 의해 여러 청정한 불국토를 본 가운데 유독 아미타불의 정토에 태어나고 싶다고 하여, 극락세계를 집중하여 관하는 방법을 일러주기를 청하여 말씀하신 방법이 바로 '사유정수思惟正受'이다. 이 '사유정수'에 대해 정영사 혜원과 천태 지자대사는 사유思惟를 산선散善의 행이라 하고, 정수正受를 정선定善의 행이라 해석하였다. 이에 대해 선도대사는 사유정수思惟正受가 모두 정선定善의 행인데 사유는 관법觀法의 전방편前方便이고, 정수正受는 바로 관법 그 자체라고 하여 달리 해석하였다. 즉 선도대사에 따르면 '사유'는 정선13관을 수행하는 방법으로 마음을 오로지하여 하나의 대상을 생각하는 것이고, '정수'는 하나의 대상을 관하여 삼매가 현전하는 것으로 본 것이다. 즉 마음으로 헤아려 생각하는 것을 사유思惟라 하고, 삼매가 현전하는 것을 정수正受라 하기 때문에, 선도대사의 해석에 따라 이 문장을 번역하면 "원컨대 부처님이시여, 저에게 극락세계를 마음 집중해 생각하는 방법(思惟)과 관불삼매觀佛三昧를 성취하는 방법(正受)을 가르쳐 주십시오"라고 할 수 있다.

그러면 여기에 등장하는 위제희는 어떤 사람인가를 알아보자. 위제희는 교살라국 바사익왕의 누이동생으로 왕사성의 주인인 빈비사라왕의 왕후이고, 황태자인 아사세의 어머니로 귀한 신분을 가졌지만 나쁜 아들로 인해 남편은 일곱 겹의 감옥에, 자기는 깊은 궁중의 방에 감금된 비극을 안고 있는 사람이다. 이런 비극에 처해 있는 위제희가 부처님에게 "근심과 번민이 없는 세계를 가르쳐 주십시오"라고 청한 것이 이 경이 설해진 동기이다. 이 위제희를 정영사 혜원과 천태 지자대사는 "위제희 부인은 실로 대보살이다. 이 회상에서 곧 무생법인을 얻었기 때문이다"고 하여 대보살로 보았다. 이는 아마도 무생법인이라는 모든 법의 불생불멸한 진리를 깨닫는 보살의 지위로 본 것에서 기인하여 판단한 것이고, 보살이 말법중생을 위해 범부의 몸으로 등장했다고 본 것이 아닌가 생각한다.

이에 비해 선도대사는 경에서 "부처님께서 위제희에게 일러 주시기를, 그대는 범부로서 마음이 열등하여 아직 천안을 얻지 못하고, 멀리 생각하여 관할 수 없다"라는 말씀에 주목하여 "부인은 범부이지 성인은 아니다"라고 단정하였다. 이러한 차이점은 혜원이나 천태는 『관경』의 타력적인 본질을 이해하지 못하였기 때문에 위제희를 성자라고 판단한 것이고, 선도는 『관경』을 석가모니 부처님이 열등하고 나약한 범부를 구원하기 위해 설한 타력적인 것으로 보았기 때문이라고 할 수 있다.

그럼 이 경에서 이야기한 범부상은 어떤 것인가. 범부란 산스크리트 Bālaprthagjana로 보통 다섯 가지 욕심을 좇아가는 사람이고, 교만하고 게으른 사람이며, 아我에 집착하고 법法에 집착하는 사람, 지혜가 얕고 어리석은 사람으로 부처님의 가르침에 어두운 사람이며, 불도 수행을 견디지 못하고, 제도하기 어려운 사람으로 볼 수 있다. 이를 대소승에서는 견도見道 이전으로 올바른 이치를 깨닫지 못한 사람이라 하였다. 이 경에서의 범부상은 위제희가 "스스로 영락을 끊고 땅에 몸을 던져서 큰소리로 울면서 부처님을 향해 말하기를 '부처님이시여, 저는 옛날에 무슨 죄가 있어 이렇게 나쁜 자식을 낳았습니까? …… 지금 부처님께 오체투지하고 자비를 구해 참회하옵니다'"라고 말한 바와 같이 왕궁의 비극을 오직 자신이 낳은 악한 아들 아사세 때문이라고 생각하는 사람이다. 이는 현세의 비극이 자기의 숙세 업으로 비롯되었다고 하는 자기반성과 참회의 범부상이다. 즉 빈비사라왕과 자신이 감금된 것은 아사세 때문이지만, 이 악한 죄를 범한 아사세도 위제희가 낳은 자식이고, 그 자식 때문에 부모가 괴로워하고 있는 것은 오직 나의 전생 업에 의해 일어난 것이고, 또 다른 사람이 범한 악업까지도 전부 자기로부터 일어난 것이라고 책임을 느끼고 깊이 죄악을 참회하는 위제희와 같은 인간상의 범부이다. 이와 같이 깊이 자기의 악한 업을 뉘우치는 위제희를 부처님께서는 '너는 범부이다'고 말씀하셨다. 따라서 여기서 말하는 범부란 현재 자신의 괴로운 과보에 대해서 오직 이것은 자신의 과거세 숙업이라고 자각하고 참회할 뿐만 아니라, 타인의 괴로운 과보인 죄업까지도 모두 자신으로부터 일어난 것으로 생각하며 책임을 느끼고 참회하는 면이 있는 위제희와 같은 사람, 이것이 이 경의 범부상이고, 정토교의 죄악관이며, 이 죄악을 참회하는 것이 정토교의 범부관이라 할 수 있다.

그리고 이 죄악은 단지 사회적이고 율법적인 것뿐만 아니라, 헛되게 육도를 윤회하고, 부처님의 대자비를 우러러보지 않으며, 부처님의 교화를 등지는 죄악인 것이다. 또 죄업에 의해 자기 한 사람만 윤회할 뿐 아니라, 사회 전체가 육도생사의 세계를 윤회하고, 부처님의 자비광명을 존경하여 우러러보지 않는 것에 대해서 자기 한 사람의 책임이라고 느끼는 것이 정토교의 깊은 죄악관이다. 이러한 죄악관을 지닌 사람을 정토교에서는 범부라고 한다고 선도대사는 말하였다.

염부제閻浮提: Jambudvīpa의 번역으로 수미세계의 사주四洲 안 남쪽에 있는 주의 이름. 사주 가운데 제일 탁하고 악한 곳.

탁악濁惡: 오탁五濁과 십악十惡을 말한다.

자재천궁自在天宮: 타화자재천의 궁전. 제6천이라고도 한다.

제6절 산선散善이 왕생의 행임을 나타내는 인연

爾時世尊 卽便微笑 有五色光 從佛口出 一一光 照頻
이시세존 즉변미소 유오색광 종불구출 일일광 조빈

婆娑羅頂 爾時大王 雖在幽閉 心眼無障 遙見世尊 頭
바사라정 이시대왕 수재유폐 심안무장 요견세존 두

面作禮 自然增進 成阿那含 爾時世尊 告韋提希 汝今
면작례 자연증진 성아나함 이시세존 고위제희 여금

知不 阿彌陀佛 去此不遠 汝當繫念諦觀彼國淨業成
지부 아미타불 거차불원 여당계념제관피국정업성

者 我今爲汝 廣說衆譬 亦令未來世一切凡夫欲修淨
자 아금위여 광설중비 역령미래세일체범부욕수정

業者 得生西方極樂國土 欲生彼國者 當修三福 一者
업자 득생서방극락국토 욕생피국자 당수삼복 일자

孝養父母 奉事師長 慈心不殺 修十善業 二者受持三
효양부모 봉사사장 자심불살 수십선업 이자수지삼

歸 具足衆戒 不犯威儀 三者發菩提心 深信因果 讀誦
귀 구족중계 불범위의 삼자발보리심 심신인과 독송

大乘 勸進行者 如此三事名爲淨業 佛告韋提希 汝今
대승 권진행자 여차삼사명위정업 불고위제희 여금

知不 此三種業 過去未來現在三世諸佛淨業正因
지부 차삼종업 과거미래현재삼세제불정업정인

그때 부처님께서 곧 미소를 지으셨는데, 오색광명이 입으로부터 나와 하나하나의 광명이 빈비사라왕의 이마를 비추었다. 이때 대왕은 비록 갇혀 있는 몸이지만 마음의 눈은 걸림이 없어, 멀리 부처님을 뵙고 예배를 드리고 나니 자연히 미혹이 사라져 다시는 생사의 세계에 돌아오지 않는 아나함과를 이루었다.

그때 부처님께서 위제희에게 이르시기를,

"그대는 아는가, 모르는가! 여기서부터 아미타불께서 계신 곳은 멀지 않다. 그대는 마땅히 생각을 모아 밝게 저 국토를 생각하여 관하라. 그리고 깨끗한 업을 지어라. 내가 이제 그대를 위하여 널리 여러 가지 비유를 설해 다음 세상의 모든 범부로 하여금 청정한 업을 닦게 하며, 서방극락국토에 태어날 수 있도록 할 것이다. 저 국토에 태어나고자 하는 사람은 마땅히 세 가지 복을 닦아야 한다. 첫째는 부모에게 효도하고 스승과 어른을 받들어 모시며 자비심으로 살생하지 말고 열 가지 착한 업을 닦으라. 둘째는 삼귀의계를 받아 지니고 여러 가지 계를 지키며 위의를 범하지 말라. 셋째는 보리심을 발해서 깊이 인과를 믿고 대승경전을 독송하며 다른 수행자에게도 전하라. 이와 같은 세 가지 일을 깨끗한 업(淨業)이라 하느니라."

부처님께서 또 위제희에게 이르시기를,

"그대는 지금 아는가, 모르는가! 이 세 가지 업은 과거, 현재, 미래의 삼세三世 모든 부처님들께서 닦으신 깨끗한 업의 바른 인因이 되느니라."

【해설】

이 단원은 발기서의 일곱 가지 인연 가운데 여섯 번째인 삼복三福

인 산선散善으로도 서방정토에 왕생할 수 있다는 산선현행연散善顯行緣이다. 이 대목에서 "아미타불의 국토는 여기서 그리 멀지 않다"고 한 것은 마음으로 관하여 나타나는 것은 시간과 거리를 초월하여 바로 성취할 수 있다는 것이며, 이어서 "그대는 마땅히 생각을 모아 밝게 저 국토를 생각하여 관하라. 그리고 깨끗한 업을 지어라. 내가 이제 그대를 위하여 널리 여러 가지 비유를 설해 다음 세상의 모든 범부로 하여금 청정한 업을 닦게 하며, 서방극락국토에 태어나게 할 것이니라"는 말씀은, 극락세계를 관하는 수행법은 청정한 업을 이루는 것이고, 이 업으로 인해 왕생할 수 있다는 것을 밝히고, 미래세의 범부들이 마땅히 수행해야 할 법임을 강조하심과 동시에 정토사상을 널리 전파하라는 말씀이다.

그런데 위제희가 극락세계를 관하는 방법을 청했는데 부처님께서는 관하는 법인 정선13관을 설하기 전에 계행삼복戒行三福을 설하셨다. 이는 우리에게 주는 의미가 크다고 본다. 참선이나 염불, 주력 등 어떤 수행을 하건 수행자가 기초적으로 갖추어야 할 것은 계행삼복이다. 이 계행삼복을 등한시하고 수행한다면 이는 기초가 단단하지 않는 곳에 집을 짓는 것과 같기 때문에 부처님께서는 위제희가 묻지도 않는 계행삼복을 설하셨다고 본다. 선도대사도 이것을 "정선을 말씀할 인연이 갖추어지지 못했기 때문에 부처님이 근기를 생각해 삼복의 수행을 말씀하셨다"고 했다. 이것은 정선을 가르쳐도 수행할 여건이 구비되지 않아 수행할 수 없기 때문에 먼저 계행삼복이 기초가 된 후 정선을 닦을 수 있다는 입장에서 해석하였다고 본다.

아나함阿那含: 산스크리트 Anāgāmin을 불환과不還果로 번역하는데 이는 욕계의 번뇌를 다 끊고 성자가 되는 지위이며, 색계, 무색계에 태어나서 다시는 욕계에 돌아오지 않는 지위를 말한다.

삼복三福: 세상의 복, 계를 지키는 복, 그리고 수행의 복 세 가지를 말한다.

십선十善: 열 가지 선근을 말하는데 열 가지 악의 반대로 행하는 것이다. 즉 살생하지 않고, 도둑질 하지 않고, 사음하지 않고, 거짓말하지 않고, 한 입으로 두 말 하지 않고, 악한 말 하지 않고, 간사한 말 하지 않고, 탐욕 부리지 않고, 화내지 않고, 어리석지 않는 것이다.

제7절 정선定善이 왕생하는 관임을 보이는 인연

佛告阿難及韋提希 諦聽諦聽 善思念之 如來今者 爲
불고아난급위제희 제청제청 선사념지 여래금자 위

未來世一切衆生 爲煩惱賊之所害者 說淸淨業 善哉
미래세일체중생 위번뇌적지소해자 설청정업 선재

韋提希 快問此事 阿難 汝當受持廣爲多衆宣說佛語
위제희 쾌문차사 아난 여당수지광위다중선설불어

如來今者 敎韋提希及未來世一切衆生 觀於西方極樂
여래금자 교위제희급미래세일체중생 관어서방극락

世界 以佛力故 當得見彼淸淨國土 如執明鏡自見面
세계 이불력고 당득견피청정국토 여집명경자견면

像　見彼國土極妙樂事　心歡喜故　應時卽得無生法忍
상　견피국토극묘락사　심환희고　응시즉득무생법인

佛告韋提希　汝是凡夫　心想羸劣　未得天眼　不能遠觀
불고위제희　여시범부　심상이렬　미득천안　불능원관

諸佛如來　有異方便　令汝得見　時韋提希　白佛言　世尊
제불여래　유이방편　영여득견　시위제희　백불언　세존

如我今者以佛力故　見彼國土　若佛滅後諸衆生等　濁
여아금자이불력고　견피국토　약불멸후제중생등　탁

惡不善五苦所逼　云何當見阿彌陀佛極樂世界
악불선오고소핍　운하당견아미타불극락세계

부처님께서 아난과 위제희에게 말씀하셨다.

"자세히 듣고 이것을 잘 생각하여라. 여래는 이제 미래 세상의 모든 중생이 번뇌로 괴로워하기 때문에 그대들을 위하여 청정한 업을 설하리라. 착하도다, 위제희여. 이 일을 잘 물었다. 아난아, 그대는 마땅히 잘 받아서 널리 많은 중생을 위하여 부처님의 말을 베풀도록 하라. 여래께서 이제 위제희 및 미래 세상의 일체 중생으로 하여금 서방극락세계를 생각하여 관하는 것을 가르쳐 주리라. 부처님의 힘(佛力)으로 마땅히 저 청정한 국토를 보는 것이, 맑은 거울을 들고 자기 얼굴을 보는 것과 같게 하리라. 저 국토의 아주 미묘하고 즐거운 일을 보고 나면 마음이 환희에 차서 무생법인을 얻게 되리라."

부처님께서 다시 위제희에게 말씀하셨다.

"그대는 이제 범부로서 마음의 생각이 여리고 얕아 아직 천안통을 얻지 못해 멀리 볼 수가 없다. 모든 부처님께서는 다른 방편이 있어 그대로 하여금 볼 수 있게 하리라."

그때 위제희가 부처님께 사뢰기를,

"세존이시여, 저와 같은 사람은 부처님의 힘에 의하여 저 국토를 볼 수 있사오나, 만약 부처님께서 입멸하신 후 다른 중생들은 혼탁하고 악하며 착하지 못함으로써 다섯 가지 고통에 시달릴 것이옵니다. 어떻게 해야 그들이 마땅히 아미타불의 극락세계를 볼 수 있겠습니까?"

【해설】

이 단원은 발기서의 일곱 가지 인연 가운데 마지막 일곱 번째 이 경의 본의인 정선관定善觀으로 왕생할 수 있는 정선시관연定善視觀緣이다.

이 경을 16관경이라고 하듯이 이 경은 열여섯 가지의 관법을 설한 경이다. 선도대사는 앞 열세 가지 관법은 마음을 가라앉혀 잡념이 없이 선정에 머물러 하나의 대상에 집중하여 관하는 수행이기 때문에 정선관定善觀이라 하고, 뒤 세 가지 관은 미래 세상에 산란한 마음을 가진 범부들에게 필요한 수행법이기 때문에 산선관散善觀이라 하였다.

그러면 중국의 여러 정토가들은 이 경의 16관을 어떻게 분류하였는가를 도표로 살펴보자.

중국 정토가들의 16관

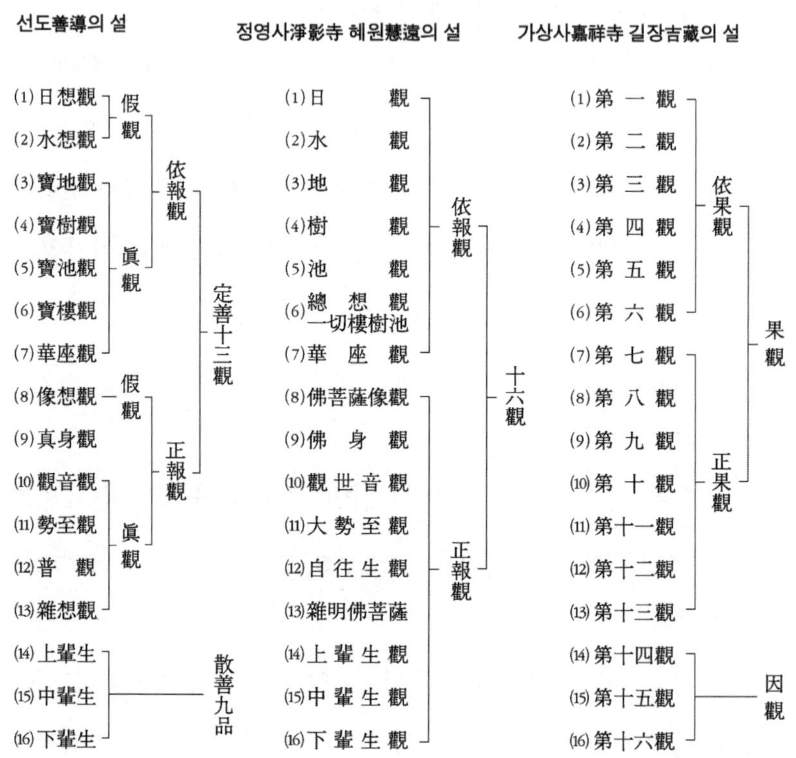

위 도표를 보면 정영사 혜원은 열여섯 가지 가운데 제1 일상관부터 제7 화좌관까지는 의보장엄을 생각하여 관하는 것이고, 제8 상상관부터 제16 하배관까지는 정보장엄을 생각하여 관하는 것이라 하였다. 다음 삼론종의 종주인 길장은 16관 가운데 크게

제1관부터 제13관까지를 결과를 생각하는 과관果觀이라 하였고, 제14관부터 마지막 제16관까지는 인연을 생각하는 인관因觀으로 하였으며, 다시 과관을 두 가지로 나누었는데 제1관부터 제6관까지를 국토의 장엄을 관하는 의과관依果觀, 제7관부터 제13관까지를 아미타불과 보살 및 성중들의 장엄을 관하는 정과관正果觀이라 하였다. 즉 의보장엄과 정보장엄은 아미타불의 본원력에 의해 생긴 결과로 보아 결과를 생각하여 관하는 것이라 하였고, 뒤 구품왕생은 중생들이 수행해야 하는 것이므로 인연을 생각하여 관하는 것으로 본 것이다.

한편 선도대사는 크게 정선定善13관과 산선散善9품관으로 나누고, 다시 정선13관 가운데 제1 일상관부터 제7 화좌관까지는 극락세계의 풀, 나무, 국토, 누각 등 기세간器世間의 장엄을 생각하여 관하는 것이기에 의보관依報觀이라 하고, 제8 상상관부터 제13 잡상관까지는 부처님이나 보살의 장엄을 관하는 것이기에 정보관正報觀이라 하여 크게 둘로 나누었다. 이 의보관 가운데 앞 일상관日想觀과 수상관水想觀은 본격적인 극락정토 장엄을 관하기 이전 이 사바세계의 해가 지는 모습과 얼음이 어는 모습에 생각을 집중하여 관하는 것이기 때문에 가관假觀이라 하고, 제3 보지관寶地觀부터 제7 화좌관華座觀까지는 극락세계 장엄을 관하는 것이기 때문에 진관眞觀이라 하였다. 이는 이 세계에 있는 사물부터 관하여 집중력이 생긴 후 극락세계의 현상을 관하게 하는 점차라고 볼 수 있을 것이다.

다음으로 정보관 가운데 제8 상상관像想觀은 불상을 생각하여 관하는 방법이기 때문에 이것을 준비관이라 하고, 또 가관이라 하였으며, 제9 진신관眞身觀부터 제13 잡상관雜想觀까지는 진관으로 자세하게 분류하였다.

선도대사가 이 경의 종요宗要를 "관불삼매觀佛三昧를 종宗으로 삼고, 또 염불삼매念佛三昧를 종으로 삼는다"고 한 것은 앞 정선13관을 관불삼매를 이루는 것으로 보고, 뒤 산선9품은 염불삼매를 이루는 것으로 본 것이다. 또 선도대사는 앞 정선13관은 위제희가 "저에게 깨끗한 업으로 된 곳을 보도록 가르쳐 주십시오"와 "저에게 사유하는 법을 가르쳐 주시고, 저에게 바르게 지닐 수 있는 법을 가르쳐 주십시오"라고 하는 두 가지 청에 의해 부처님이 설한 것이고, 뒤 산선9품관은 위제희의 청을 기다리지 않고 부처님 스스로 미래 세상에 근기가 열등하고 마음이 산란한 범부들을 위해 설한 것이라고 하였다. 이 경의 본의가 하품하생에 나오는 칭명염불이라고 보면, 이는 나약한 범부들을 위해 설한 것이라 할 수 있다.

무생법인無生法忍: 모든 법이 생기지 않는 공의 실성實性을 깨닫는 지혜.
천안天眼: 육도 중생의 생사윤회를 아는 지혜. 육신통의 하나.
오고五苦: 태어난 것, 늙는 것, 아픈 것, 죽는 것, 사랑하는 사람과 헤어지는 것.

제2편 본론

제1장 정심定心에 머물러서 수행하는 관법

제1절 해가 지는 것을 관하는 법

佛告韋提希　汝及衆生應當專心　繫念一處　想於西方
불고위제희　여급중생응당전심　계념일처　상어서방

云何作想　凡作想者　一切衆生　自非生盲　有目之徒　皆
운하작상　범작상자　일체중생　자비생맹　유목지도　개

見日沒　當起想念　正坐西向　諦觀於日　令心堅住專想
견일몰　당기상념　정좌서향　제관어일　영심견주전상

不移　見日欲沒狀如懸鼓　既見日已　閉目開目　皆令明
불이　견일욕몰상여현고　기견일이　폐목개목　개령명

了　是爲日想　名曰初觀
료　시위일상　명왈초관

부처님께서 위제희에게 말씀하셨다.

"그대와 중생들은 마땅히 마음을 집중하고 생각을 한곳에 모아서 서방을 생각하여라. 어떻게 생각하는가 하면, 모든 중생이 장님이 아니고 눈이 있는 사람들은 다 해가 지는 것을 볼 것이니, 마땅히 생각을 일으켜서 바로 앉아 서쪽을 향해 자세히 해를 생각하여 관할지니라. 마음을 굳게 하고 머물러 생각을 한곳으로 모아 움직이지 않게 하고 해가 지려고 하는 상태를 북이 매달린 것 같이 보아라. 이미 해를 보고 나서도 눈을 감거나 눈을 뜨거나 다 분명하게 할지니라. 이것이 첫 번째 해를 생각(日想)하는 관이라 한다."

【해설】

여기부터 본론(正宗分)이다. 석가모니 부처님께서는 위제희 부인의 청을 받아들여 위제희 및 미래세의 사람들을 위해 정선13관定善十三觀을 말씀하신 것인데, 이 관부터 일곱 번째 화좌관華座觀까지는 극락세계 기세간器世間인 국토장엄을 관하는 것이기 때문에 의보장엄依報莊嚴의 관이다.

첫 번째로 해가 지는 것을 생각하여 관하는 것을 말씀하셨다. 이 세계 어느 곳에서나 태양이 동쪽에서 솟아올라와 서쪽으로 사라지는 것을 누구나 볼 수 있는데, 부처님께서는 태양이 서쪽으로 지는 것을 가지고 하나의 관법으로 하셨다. 태양을 관하는 목적은 서쪽에 있는 극락세계를 관하기 위한 것이기 때문에 서쪽으로 지는 태양을 관하는 것이고, 방법은 먼저 서쪽을 향해 앉아 자세를 바르게 한 다음 마음이 산란되지 않게 고정시켜 고요한 마음으로 태양이 서방으로 질 때 그 형상이 하늘에 북을 단 것처럼 되어 있는 광경을 생각하되, 이 태양이 서쪽으로 진 뒤에도 눈을 감거나 뜨거나 해의 형상이 선명하게 눈앞에 보이도록 하는 것이 일상관日想觀이다.

정심定心: 망상을 끊고 생각을 집중시켜 얻는 마음.

정선定善: 산란하지 않고 고요한 마음(定心)으로 수행하는 선근.

제1 태양을 생각하는 관

제2절 물을 관하는 법

次作水想 見水澂清 亦令明了無分散意 既見水已 當
차작수상 견수징청 역령명료무분산의 기견수이 당
起氷想 見氷映徹 作琉璃想 此想成已 見琉璃地內外
기빙상 견빙영철 작유리상 차상성이 견유리지내외
映徹 下有金剛七寶金幢 擎琉璃地 其幢八方 八楞具
영철 하유금강칠보금당 경유리지 기당팔방 팔릉구
足 一一方面百寶所成 一一寶珠 有千光明 一一光明
족 일일방면백보소성 일일보주 유천광명 일일광명
八萬四千色 映琉璃地 如億千日 不可具見 琉璃地上
팔만사천색 영유리지 여억천일 불가구견 유리지상
以黃金繩 雜廁間錯 以七寶界 分齊分明 一一寶中 有
이황금승 잡측간착 이칠보계 분제분명 일일보중 유
五百色光 其光如花 又似星月 懸處虛空 成光明臺 樓
오백색광 기광여화 우사성월 현처허공 성광명대 누
閣千萬 百寶合成 於臺兩邊 各有百億花幢 無量樂器
각천만 백보합성 어대양변 각유백억화당 무량악기
以爲莊嚴 八種清風 從光明出 鼓此樂器 演說苦空無
이위장엄 팔종청풍 종광명출 고차악기 연설고공무
常無我之音 是爲水想 名第二觀
상무아지음 시위수상 명제이관

"다음은 물을 생각할지니라. 물이 맑고 투명함을 보고, 또 그 영상이 남아 흩어지지 않게 하라. 이미 물을 보고 나면 얼음을 생각하고, 얼음이 투명하게 비침을 보고 난 후 유리를 생각하라.

이 생각이 끝나면 유리의 땅이 안과 밖이 투명하여 비치는 것을 볼지니라. 그리고 그 밑에 금강으로 된 칠보의 당번이 있어 유리 땅을 받치고, 그 당번은 여덟 면과 여덟 각으로 원만하게 이루어져 있고 각각의 면은 백 가지 보배로 꾸며져 있으며, 각각의 보배 구슬에는 천 가지 광명이 있고, 하나하나 광명에는 팔만 사천 가지 빛깔이 있어 유리 땅을 비추는 것이 억천의 해와 같아서 다 볼 수가 없다. 유리 땅 위에는 황금의 줄로 가로 세로 사이를 지어 있고, 칠보로 경계를 분명히 나누었느니라. 하나하나 보배 가운데 오백 가지 빛깔의 광명이 있는데, 그 광명의 화려함은 마치 꽃과 같고, 또는 별과 달과 같이 허공에 걸리어 광명의 좌대가 되어 있다. 천만 개의 누각은 백 가지 보석으로 이루어졌으며, 광명대의 양쪽에는 각각 백억 개의 꽃으로 된 당번과 한량없는 악기로 장엄되어 있다. 여덟 가지 시원한 바람이 광명으로부터 나와 그 악기를 울리면 고苦, 공空, 무상無常, 무아無我의 소리를 연설하게 하느니라. 이것이 두 번째 물을 생각(水想)하는 관이라 한다."

【해설】

이 단원은 두 번째로 물을 관하는 수상관水想觀이다. 처음에는 마음을 명료하게 하여 물을 관하고, 이 관이 역력하면 이어서 얼음의 모습을 연상하고, 또 얼음의 투명함을 관한 후 유리로 된 정토를 관하여 결국에는 극락세계의 유리 대지 위의 황금으로 된 길과 칠보로 된 경계, 광명으로 된 좌대, 광명대의 양 편에 꽃으로 장식된 백억의 당幢과 무량한 악기가 팔방에서 나온 바람이 울리면 모든 법은 고苦, 공空, 무상無常, 무아無我라는 법을 연설하는 것을 관하는 순서를 설하셨다.

내외영철內外映徹: 유리로 된 땅으로, 지상과 지하가 투명하게 빛나는 것을 말한다.

금당金幢: 황금으로 만들어진 당. 당은 깃발에 다는 비단 폭.

팔종청풍八種淸風: 사방과 사우四隅에서 부는 시원한 바람.

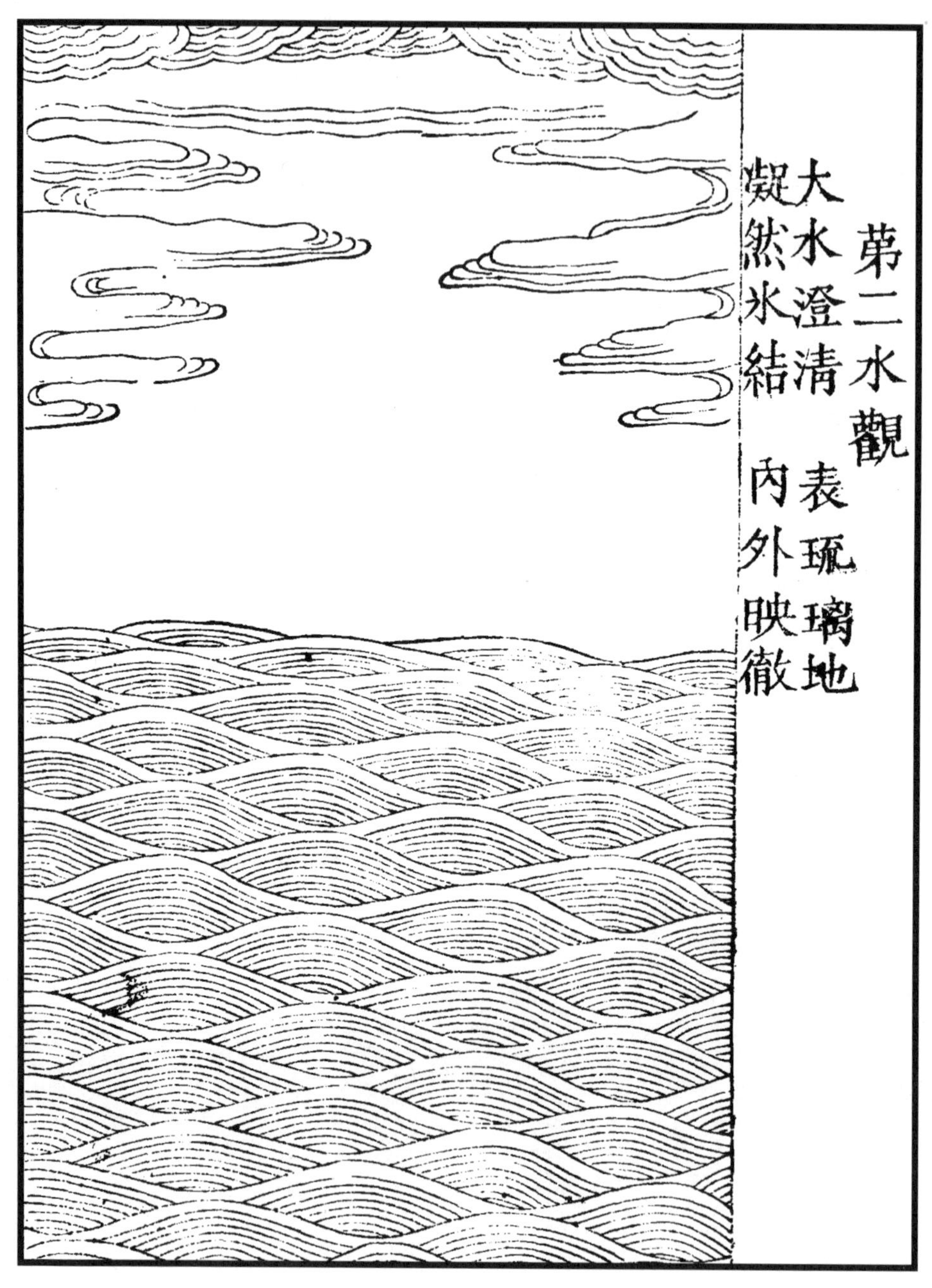

제2 물을 생각하는 관

제3절 보배스런 땅을 관하는 법

此想成時 一一觀之 極令了了 閉目開目 不令散失 唯
차상성시 일일관지 극령요료 폐목개목 불령산실 유

除睡時 恒憶此事 如此想者 名爲粗見極樂國地 若得
제수시 항억차사 여차상자 명위조견극락국지 약득

三昧 見彼國地 了了分明不可具說 是爲地想 名第三
삼매 견피국지 요료분명불가구설 시위지상 명제삼

觀 佛告阿難 汝持佛語 爲未來世一切大衆欲脫苦者
관 불고아난 여지불어 위미래세일체대중욕탈고자

說是觀地法 若觀是地者 除八十億劫生死之罪 捨身
설시관지법 약관시지자 제팔십억겁생사지죄 사신

他世必生淨國 心得無疑 作是觀者 名爲正觀 若他觀
타세필생정국 심득무의 작시관자 명위정관 약타관

者 名爲邪觀
자 명위사관

"이 생각이 이루어질 때에 하나하나 그것을 관해서 더욱 분명하게 하여 눈을 감거나, 눈을 뜨거나, 흩어지지 않게 하며, 또 잠잘 때 외에는 항상 이 일을 생각하라. 이와 같이 생각하면 대강 극락세계의 땅을 보았다고 할 수 있다. 만약 삼매를 얻으면 저 국토의 땅을 분명히 보는 것이다. 이러한 것을 갖추어 다 설할 수 없느니라. 이것이 세 번째 땅을 생각(地想)하는 관이라 한다."

부처님이 아난존자에게 말씀하시기를,

"그대는 나의 말을 가지고 미래 세상의 모든 중생으로서 고통을 벗어나려고 하는 사람을 위해 이 땅을 관하는 법을 말하여 주어라. 만약 이 땅을 관하는 사람은 80억겁 생사의 죄를 제거할 뿐 아니라 몸을 사바세계에 버리고 반드시 정토에 태어날 것이니, 마음으로 의심하지 말라. 이렇게 관하는 것을 바른 관법(正觀)이라 하고, 달리 관하는 것을 그릇된 관법(邪觀)이라 한다."

【해설】

이 단원은 세 번째로 보배스런 땅을 관한다고 하여 한문으로 보지관寶地觀이라고 하고, 또 땅을 관한다고 하여 지상관地想觀이라고도 한다. 이 관법은 앞의 물을 생각하는 관에서 나타난 유리 땅 하나하나에 대해 생각하여 관하는 것으로, 눈을 감거나 뜨거나 상관없이 항상 나타나도록 하는 것이다. 다만 잠을 잘 때 외에는 어떠한 행동, 어떠한 곳에 있든 항상 이를 생각하여 관하는 것을 말한다. 이렇게 관하여 선정삼매禪定三昧의 경지에 들어가면 저 극락정토의 대지를 점점 명료하게 볼 수 있다. 이 관법을 성취한 사람은 숙세 80억겁의 긴 세월 동안 범한 생사윤회 하는 죄의 업장을 제거할 수 있을 뿐만 아니라, 목숨을 마치면 반드시 극락정토에 왕생할 수 있다고 하였다.

타세他世: 정토를 본국이라 하기 때문에 사바세계를 다른 세계라 한다.

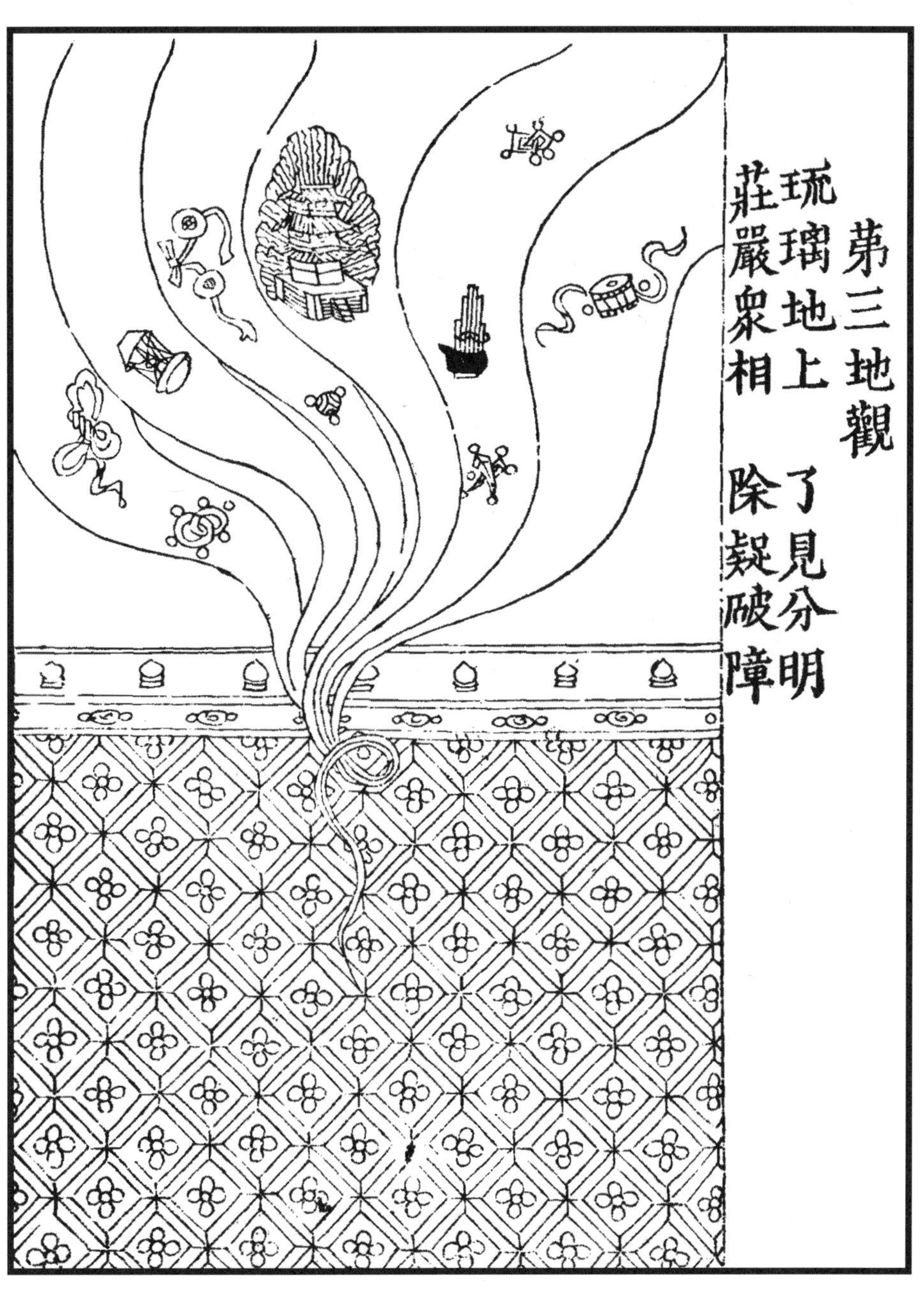

제3 보배로운 땅을 생각하는 관

제4절 보배 나무를 관하는 법

佛告阿難及韋提希 地想成已 次觀寶樹 觀寶樹者 一
불고아난급위제희 지상성이 차관보수 관보수자 일

一觀之 作七重行樹想 一一樹高八千由旬 其諸寶樹
일관지 작칠중항수상 일일수고팔천유순 기제보수

七寶花葉 無不具足 一一華葉 作異寶色 琉璃色中出
칠보화엽 무불구족 일일화엽 작이보색 유리색중출

金色光 玻瓈色中出紅色光 碼碯色中出硨磲光 硨磲
금색광 파려색중출홍색광 마노색중출자거광 자거

色中出綠眞珠光 珊瑚琥珀 一切衆寶 以爲映飾 妙眞
색중출녹진주광 산호호박 일체중보 이위영식 묘진

珠網 彌覆樹上 一一樹上 有七重網 一一網間 有五百
주망 미부수상 일일수상 유칠중망 일일망간 유오백

億妙華宮殿 如梵王宮 諸天童子 自然在中 一一童子
억묘화궁전 여범왕궁 제천동자 자연재중 일일동자

五百億釋迦毘楞伽摩尼寶以爲瓔珞 其摩尼光 照百由
오백억석가비릉가마니보이위영락 기마니광 조백유

旬 猶如和合百億日月 不可具名 衆寶間錯 色中上者
순 유여화합백억일월 불가구명 중보간착 색중상자

此諸寶樹 行行相當 葉葉相次 於衆葉間 生諸妙花 花
차제보수 행행상당 엽엽상차 어중엽간 생제묘화 화

上自然有七寶果 一一樹葉縱廣正等二十五由旬 其葉
상자연유칠보과 일일수엽종광정등이십오유순 기엽

千色有百種畫 如天瓔珞 有衆妙華 作閻浮檀金色 如
천색유백종화 여천영락 유중묘화 작염부단금색 여

旋火輪婉轉葉間 涌生諸果 如帝釋甁 有大光明 化成
선화륜완전엽간 용생제과 여제석병 유대광명 화성

幢旛 無量寶蓋 是寶蓋中 映現三千大千世界一切佛
당번 무량보개 시보개중 영현삼천대천세계일체불

事 十方佛國 亦於中現 見此樹已 亦當次第一一觀之
사 시방불국 역어중현 견차수이 역당차제일일관지

觀見樹莖枝葉華果 皆令分明 是爲樹想 名第四觀
관견수경지엽화과 개령분명 시위수상 명제사관

부처님께서 아난과 위제희에게 말씀하셨다.

"땅을 관한 다음엔 보배 나무를 관할지니라. 보배 나무를 관할 때는 하나하나를 관하여 칠중항수七重行樹를 생각할지니라. 하나하나의 나무 높이는 팔천 유순이고, 그 모든 보배 나무에 칠보의 꽃과 잎이 있어 구족되지 않은 것이 없다. 낱낱의 꽃과 잎은 여러 가지 다른 보배의 색으로 되었는데, 유리색 가운데서는 금색 광명이 나며, 파려색에서 붉은 광명이 나고, 마노색 가운데서는 자거의 광명이 나며, 자거색 가운데서는 푸른 진주 광명이 나고, 산호, 호박 등 여러 가지 보배로 꾸며져 있느니라. 묘한 진주 그물은 보배 나무 위에 두루 덮여 있는데, 낱낱의 나무 위에 일곱 겹의 그물이 있고, 하나하나 그물 사이에는 오백억 가지 아름다운 꽃의 궁전이 있는데 마치 범천왕의 궁전과 같다. 여러 하늘 동자들이 자연히 그 가운데 있고, 하나하나의 동자는 오백억 가지 석가비릉가마니 보배로 영락의 구슬을 걸고 있느니라. 그 마니의 광명은 백 유순을 비치는 것이 마치 백억의 해와 달이 합한 것과 같아 모두 다 설할 수 없다. 온갖 보배가 사이사이에 섞이어 색 가운데 으뜸이 된다. 이 보배 나무는 서로 줄지어 있고, 잎과 잎은 서로 이어져 있으며, 잎 사이마다 여러 가지 묘한 꽃이 피어 있고, 꽃에는 자연히 칠보의 열매가 열려 있다. 낱낱의 나무 잎은 가로 세로가 한결같이 이십오 유순이나 되며, 그 잎은 천 가지 색에 백 가지 무늬가 그려져 있어 마치 하늘의 영락과도 같다. 여러 가지 묘한 꽃은 염부단금의 색으로 되어 있어 선화륜旋火輪처럼 잎 사이를 돌고 있다. 그리고 우뚝 솟아나 있는 모든 열매는 제석천의 보배 병과 같고, 대광명이 변해서 깃발과 보배 일산이 되며, 이 보배 일산 가운데 삼천대천세계의 모든 불사佛事를 비추어 나타내고, 시방의 모든 불국토가 또한 그 가운데 나타난다. 그 나무를 생각하여 관하고 나서는 또 마땅히 차례대로 낱낱이 이를 생각하여 관할지니라. 나무, 줄기, 잎, 꽃, 열매를 보고 관하여 모두 분명하도록 해야 한다. 이것을 나무를 관하는 법(樹觀)이라 하고 네 번째 관이라 한다."

【해설】

이 단원은 극락정토에 있는 칠보의 나무를 생각하여 관한다 하여 이를 네 번째 보수관寶樹觀이라 한다. 앞 관법인 보배 땅에 대한 관법이 되면 이어서 극락세계의 보배 나무를 생각하여 관하는데, 보배 나무의 뿌리, 줄기, 큰 가지, 작은 가지, 잎, 꽃, 과일 등 하나하나를 생각하여 관하고, 이 일곱 종류로 이루어지는 보배 나무가 똑바로 줄지어 있는 모습을 생각한 후 그 하나하나의 보배 나무의 높이와 줄기, 꽃과 잎의 색깔, 열매 등의 순으로 관하는 것이다.

칠중항수七重行樹: 칠보로 생긴 뿌리. 줄기, 큰 가지, 작은 가지, 잎, 꽃, 열매 등 일곱 가지를 갖추어 나란히 있는 나무.

유순由旬: 산스크리트 Yojana의 음역으로 거리를 측량하는 명칭인데, 30리 또는 40리의 거리라 한다.

자거硨磲: 칠보의 하나로, 인도에서 생산된다.

범왕궁梵王宮: 색계 초선천의 왕인 대범천왕의 궁전.

석가비릉가마니보釋迦毗楞伽摩尼寶: 산스크리트 Śakrābhilagna-Mani-ratna의 음역으로 여러 가지로 변하게 하는 여의주.

염부단금閻浮檀金: 산스크리트 Jamabū-nada의 음역으로 염부수閻浮樹 사이를 흐르는 강 속에 있는 사금砂金을 말하는데 자금紫金이라고도 한다.

선화륜旋火輪: 불을 피운 통을 줄로 이어서 돌려 생긴 불꽃이 바퀴처럼 보이는 것. 불 바퀴.

제석병帝釋甁: 제석천왕이 가지고 있는 보배 병. 원하는 대로 무엇이든지 만들 수 있는 불가사의한 병이다.

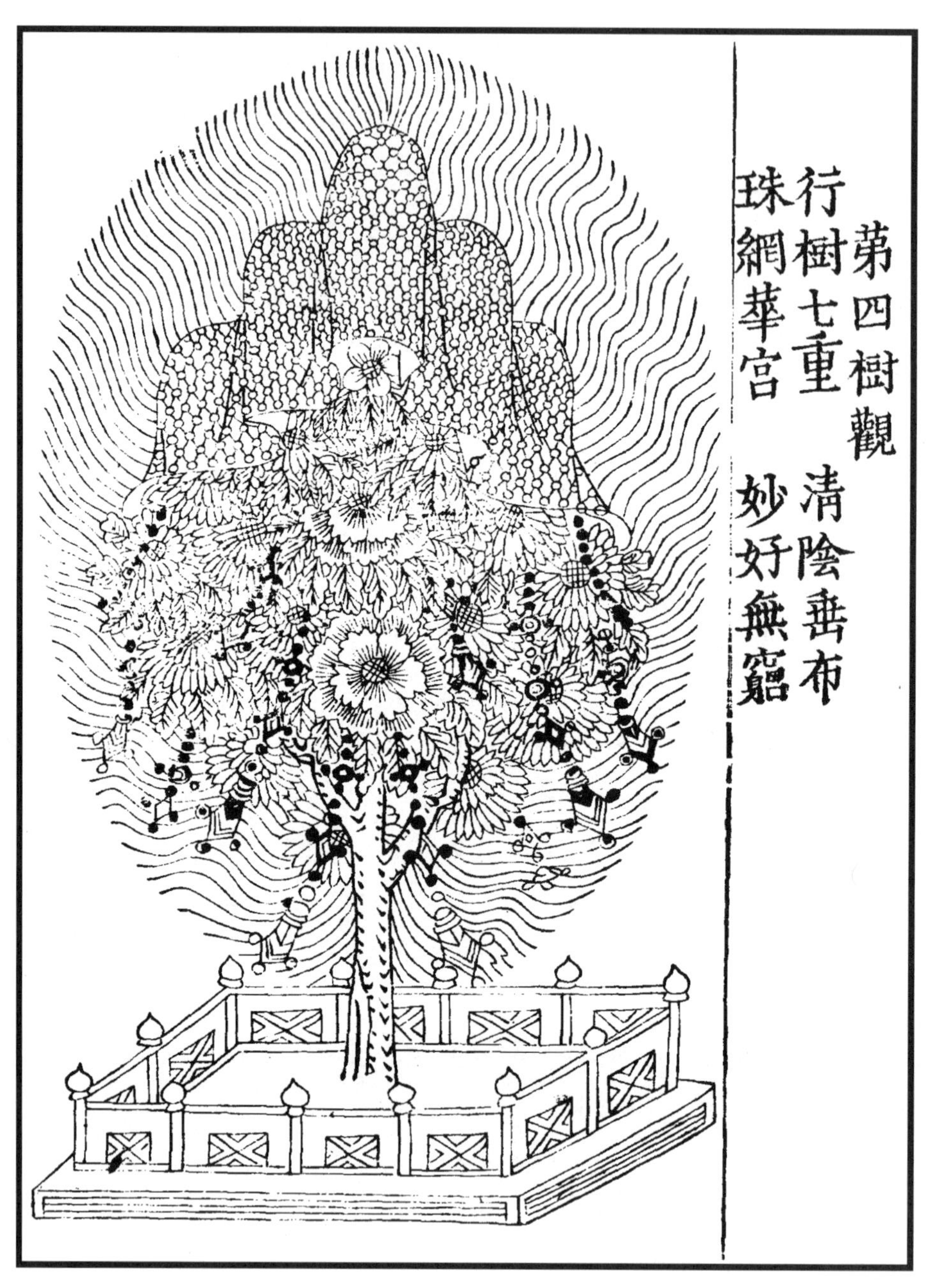

제4 보배로운 나무를 생각하는 관

제5절 보배 연못을 관하는 법

次當想水 想水者 極樂國土 有八池水 一一池水 七寶
차 당 상 수 상 수 자 극 락 국 토 유 팔 지 수 일 일 지 수 칠 보

所成 其寶柔軟 從如意珠王生 分爲十四支 一一支作
소 성 기 보 유 연 종 여 의 주 왕 생 분 위 십 사 지 일 일 지 작

七寶色 黃金爲渠 渠下皆以雜色金剛以爲底沙 一一
칠 보 색 황 금 위 거 거 하 개 이 잡 색 금 강 이 위 저 사 일 일

水中 有六十億七寶蓮花 一一蓮華 團圓正等 十二由
수 중 유 육 십 억 칠 보 련 화 일 일 연 화 단 원 정 등 십 이 유

旬 其摩尼水 流注華間 尋樹上下 其聲微妙 演說苦空
순 기 마 니 수 유 주 화 간 심 수 상 하 기 성 미 묘 연 설 고 공

無常無我諸波羅蜜 復有讚歎諸佛相好者 如意珠王 涌
무 상 무 아 제 바 라 밀 부 유 찬 탄 제 불 상 호 자 여 의 주 왕 용

出金色微妙光明 其光化爲百寶色鳥 和鳴哀雅 常讚
출 금 색 미 묘 광 명 기 광 화 위 백 보 색 조 화 명 애 아 상 찬

念佛念法念僧 是爲八功德水想 名第五觀
염 불 염 법 염 승 시 위 팔 공 덕 수 상 명 제 오 관

"다음에는 보배 연못을 생각하라. 물을 생각한다는 것은 극락국토에 여덟 가지 공덕의 물이 있고, 낱낱 연못의 물은 칠보로 이루어져 있으며, 그 보배 물은 부드럽고 유연하며, 여의주왕으로부터 흘러나왔느니라. 이것이 나뉘어 열네 갈래로 흐르는데, 하나하나 갈래는 칠보의 색으로 된 황금의 개울로 되어 있다. 개울 밑에는 여러 가지 색깔로 된 금강의 모래가 깔리고, 낱낱의

물 가운데에는 육십억 가지 칠보의 연꽃이 있으며, 그 낱낱의 연꽃은 둥글고 탐스러운데 모두 한결같이 십이 유순이나 된다. 그곳 마니의 물은 연꽃 사이로 흐르며 나무를 따라 오르내리고 있는데, 그 소리는 미묘하여 고苦, 공空, 무상無常, 무아無我와 여러 바라밀을 연설하고, 또 모든 부처님의 상호를 찬탄하느니라.

여의주왕으로부터 금색의 미묘한 광명이 솟아나오고, 그 광명이 변하여 백 가지 보배색으로 된 새가 되어 평화롭고 그윽하게 노래하는데, 항상 불·법·승 삼보를 생각하는 공덕을 찬탄하느니라. 이것을 팔공덕수를 생각하는 관법이라 하며 다섯 번째 관이라 한다."

【해설】

이 단원은 다섯 번째로 극락세계의 보배스런 연못에 여덟 가지 공덕이 있는 물을 생각하여 관하는 방법으로 한문으로 보지관寶池觀이라 한다. 이 관법은 극락정토의 여덟 가지 공덕이 있는 물에 일곱 가지 보배스런 색깔이 있으며, 이 연못의 물이 흐르는 개울에는 육십억 가지나 되는 많은 연꽃이 있고, 그 마니摩尼 보배 구슬에서 나온 물은 그 연꽃 사이를 돌면서 흐르고, 또 칠보로 된 가로수 사이를 완만하게 흐르면서 미묘한 음을 내는데 여기에서 고苦, 공空, 무상無常, 무아無我의 가르침을 설하고,

또 육바라밀六波羅蜜과 십바라밀十波羅蜜 등 여러 가지 보살행을 설하는가 하면 모든 부처님의 거룩하신 상호를 찬탄하고 불·법·승 삼보를 찬탄하는 것을 관하는 것이다.

팔지수八池水: 앞 각주에서 언급한 여덟 가지 공덕이 있는 물을 말한다.

여의주왕생如意珠王生: 연못의 한 가운데에 여의주가 있어 그것으로부터 물이 흘러나오는 것.

단원團圓: 둥글고 탐스러운 것.

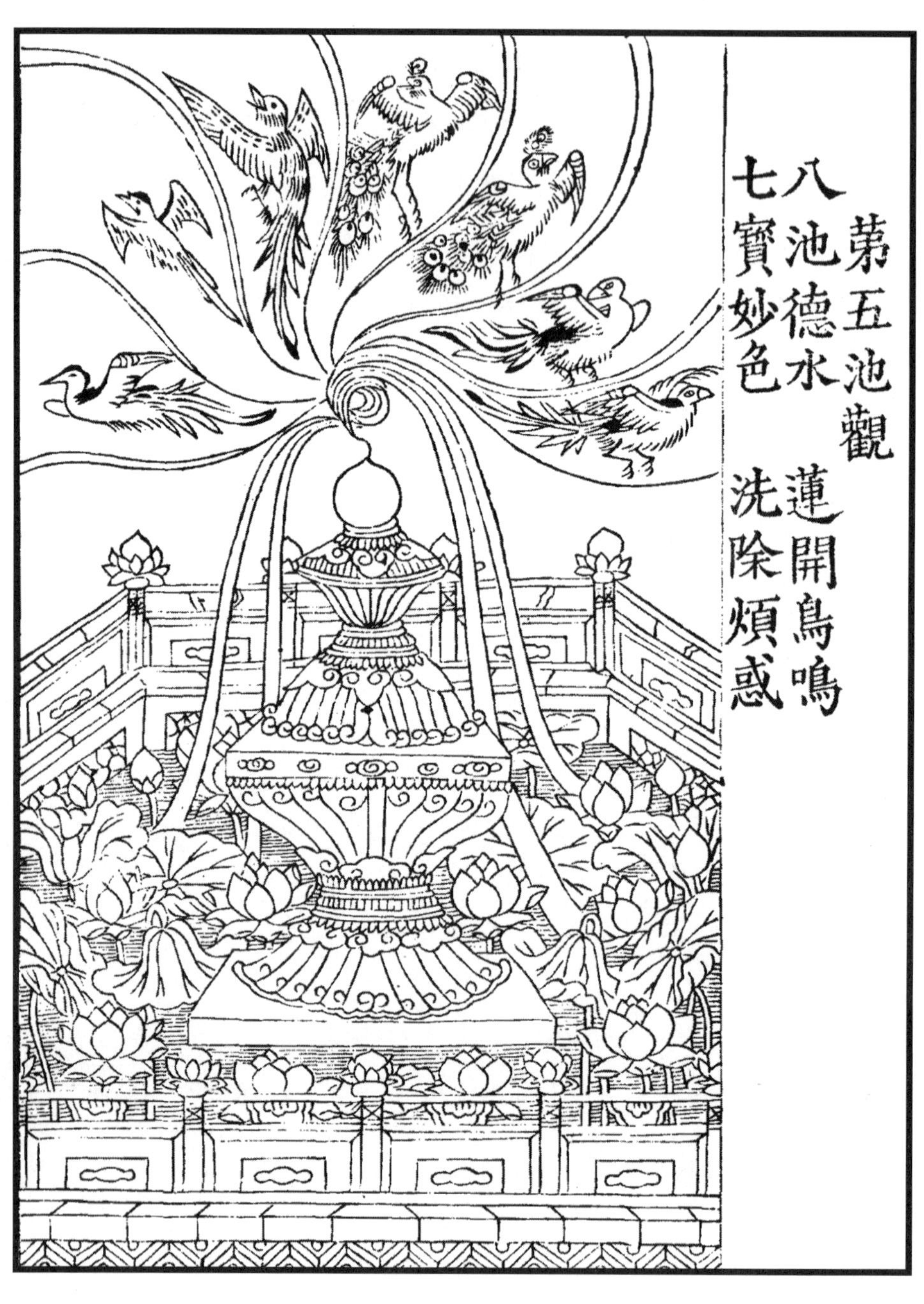

제5 보배로운 연못을 생각하는 관

제6절 보배 누각을 관하는 법

衆寶國土 一一界上 有五百億寶樓閣 其樓閣中 有無
중보국토 일일계상 유오백억보루각 기누각중 유무

量諸天 作天伎樂 又有樂器 懸處虛空 如天寶幢 不鼓
량제천 작천기악 우유악기 현처허공 여천보당 불고

自鳴 此衆音中 皆說念佛念法念比丘僧 此想成已 名
자명 차중음중 개설염불염법염비구승 차상성이 명

爲粗見極樂世界寶樹寶地寶池 是爲總觀想 名第六觀
위조견극락세계보수보지보지 시위총관상 명제육관

若見此者 除無量億劫極重惡業 命終之後 必生彼國
약견차자 제무량억겁극중악업 명종지후 필생피국

作是觀者 名爲正觀 若他觀者 名爲邪觀
작시관자 명위정관 약타관자 명위사관

"여러 보배의 국토에 있는 하나하나의 경계 위에 오백억 개의 보배 누각이 있고, 그 누각 가운데에 무량한 천인들이 천상의 음악을 연주하고 있다. 그 악기들은 허공에 매달려 있는 것이 천국의 보배 당번처럼 두드리지 않아도 저절로 울리는데, 그 여러 가지 소리는 부처님을 생각하고 법을 생각하며 비구승들을 생각할 것을 설하고 있느니라. 이러한 생각이 이루어지면 대략 극락세계의 보배로운 나무와 땅, 그리고 연못을 보았다고 한다. 이것을 모든 것을 관(總觀)하는 법이라 하고 여섯 번째 관이라 한다. 만약 이것을 보는 사람은 무량억겁 동안 지은 아주 무거운 나쁜 업을 제거하고, 목숨을 마친 후에는 반드시 저 국토에 왕생하리라. 이를 생각하여 관하는 것을 바른 관법(正觀)이라 하고 달리 생각하여 관하는 것을 그릇된 관법(邪觀)이라 한다."

【해설】

이 단원은 여섯 번째로 보배 누각을 관하는 법이라 하여 보루관寶樓觀이라 하기도 하고 총관상總觀想이라고도 한다. 이 관법은 보배 땅, 보배 나무, 보배 연못이 있는 극락국토 가운데 경계마다 오백억 개의 보배 누각이 있고, 이 가운데 무량한 천인이 있어 항상 미묘한 하늘의 음악을 연주하고 있으며, 또 천상의 궁전에 있는 보당신寶幢神의 악기가 허공에 걸려 있는데, 치지 않아도 저절로 미묘한 소리를 연주하여 불·법·승 삼보를 생각하게 한 것을 관하는 것이다.

이를 '총관상總觀想'이라고 한 것은 보배로운 땅과 보배 나무 및 보배 연못, 보배 누각 등을 한꺼번에 생각하여 관하는 법이기 때문에 그렇게 부른다. 이 관법을 성취한 사람은 앞 세 번째 보배로운 땅을 관하여 80억겁의 생사윤회 하는 업을 제거하는 것처럼 무량억겁 동안에 범한 악업을 소멸하고 극락세계에 왕생한다고 하였다.

보당寶幢: 도솔천의 큰 다섯 신들에게 있는 것이다. 몸으로부터 칠보를 비처럼 내리고 낱낱의 보배 구슬은 변해서 한량없는 악기가 되어 공중에 걸려 두드리지 않아도 저절로 소리가 난다고 한다.

제6 보배로운 누각을 생각하는 관

제7절 연화대를 관하는 법

佛告阿難及韋提希 諦聽諦聽 善思念之 佛當爲汝分
불고아난급위제희 제청제청 선사념지 불당위여분

別解說除苦惱法 汝等憶持 廣爲大衆 分別解說 說是
별해설제고뇌법 여등억지 광위대중 분별해설 설시

語時 無量壽佛 住立空中 觀世音大勢至 是二大士侍
어시 무량수불 주립공중 관세음대세지 시이대사시

立左右 光明熾盛 不可具見 百千閻浮檀金色 不得爲
립좌우 광명치성 불가구견 백천염부단금색 부득위

比 時韋提希 見無量壽佛已 接足作禮 白佛言 世尊
비 시위제희 견무량수불이 접족작례 백불언 세존

我今因佛力故 得見無量壽佛及二菩薩 未來衆生 當
아금인불력고 득견무량수불급이보살 미래중생 당

云何觀無量壽佛及二菩薩 佛告韋提希 欲觀彼佛者 當
운하관무량수불급이보살 불고위제희 욕관피불자 당

起想念 於七寶地上 作蓮花想 令其蓮花一一葉作百
기상념 어칠보지상 작연화상 영기연화일일엽작백

寶色 有八萬四千脈 猶如天畫 脈有八萬四千光 了了
보색 유팔만사천맥 유여천화 맥유팔만사천광 요료

分明 皆令得見 華葉小者 縱廣二百五十由旬 如是蓮
분명 개령득견 화엽소자 종광이백오십유순 여시연

華有八萬四千大葉 一一葉間各有百億摩尼珠王 以爲
화유팔만사천대엽 일일엽간각유백억마니주왕 이위

映飾 一一摩尼 放千光明 其光如蓋 七寶合成徧覆地
영식 일일마니 방천광명 기광여개 칠보합성변부지

上 釋迦毘楞伽摩尼寶 以爲其臺 此蓮花臺 八萬金剛
상 석가비릉가마니보 이위기대 차연화대 팔만금강

甄叔迦寶梵摩尼寶妙眞珠網 以爲交飾 於其臺上 自
견숙가보범마니보묘진주망 이위교식 어기대상 자

然而有四柱寶幢 一一寶幢 如百千萬億須彌山 幢上
연이유사주보당 일일보당 여백천만억수미산 당상

寶幔 如夜摩天宮 有五百億微妙寶珠 以爲映飾 一一
보만 여야마천궁 유오백억미묘보주 이위영식 일일

寶珠 有八萬四千光 一一光 作八萬四千異種金色 一
보주 유팔만사천광 일일광 작팔만사천이종금색 일

一金色 徧其寶土 處處變化 各作異相 或爲金剛臺 或
일금색 변기보토 처처변화 각작이상 혹위금강대 혹

作眞珠網 或作雜花雲 於十方面 隨意變現 施作佛事
작진주망 혹작잡화운 어시방면 수의변현 시작불사

是爲花座想 名第七觀 佛告阿難 如此妙花 是本 法藏
시위화좌상 명제칠관 불고아난 여차묘화 시본 법장

比丘願力所成 若欲念彼佛者 當先作此妙花座想 作
비구원력소성 약욕염피불자 당선작차묘화좌상 작

此想時 不得雜觀 皆應一一觀之 一一葉 一一珠 一一
차상시 부득잡관 개응일일관지 일일엽 일일주 일일

光 一一臺 一一幢 皆令分明 如於鏡中自見面像 此想
광 일일대 일일당 개령분명 여어경중자견면상 차상

成者滅除五萬劫生死之罪 必定當生極樂世界 作是觀
성자멸제오만겁생사지죄 필정당생극락세계 작시관

者 名爲正觀 若他觀者 名爲邪觀
자 명위정관 약타관자 명위사관

부처님께서 아난과 위제희에게 말씀하셨다.

"자세히 듣고 자세히 들어 이것을 잘 생각하여라. 나는 마땅히 그대들을 위하여 고뇌를 제거하는 법을 분별하여 설명할 것이니, 그대들은 잘 기억하여 널리 여러 중생들을 위해 분별하여 설명해 주어라."

이 말씀을 하실 때에 무량수불은 공중에 머물러 계시고 관세음보살과 대세지보살 두 보살은 좌우에서 모시고 있었다. 그 광명은 눈부시게 빛나 바로 바라볼 수 없었으며, 백천 가지 염부단금의 빛깔로 되어 비교할 수가 없었다. 그때 위제희는 무량수불을 뵙고 그 발아래 예배드리고 나서 부처님께 사뢰었다.

"부처님이시여, 제가 이제 부처님의 힘에 의해 무량수불 및 두 보살을 뵈올 수 있습니다만, 미래의 중생은 참으로 어떻게 하여야 무량수불 및 두 보살을 뵈올 수가 있겠사옵니까?"

부처님께서 위제희에게 말씀하셨다.

"저 부처님을 뵙고자 하는 사람은 마땅히 생각을 일으켜 칠보의 땅 위에 연꽃을 관할지니라. 그 연꽃 하나하나의 잎에는 백 가지 보배의 색이 있고, 팔만 사천 가지 줄기가 있음이 마치 천상의 그림과 같으며, 줄기에는 팔만 사천 가지 광명이 있는 것을 분명하게 보도록 해라. 꽃잎이 작은 것도 가로 세로 이백오십 유순이나 되는데 이와 같은 연꽃에 팔만 사천 개의 잎이 있고, 낱낱의 잎 사이에는 각각 백억 개의 마니주왕으로 장식되어 있다. 하나하나의 마니로부터 천 가지 광명이 발하여 그 광명이 일산과 같으며 칠보로 이루어져 두루 땅 위를 덮고 있느니라. 석가비릉가의 보배로 연화대가 되어 있고, 연화대는 팔만의 금강석과 견숙가보와 범마니보와 묘진주의 그물로 장엄되어 있으며, 그 연화대 위에는 자연히 네 개의 보당寶幢이 있고, 하나하나의 보당은 백천만 개의 수미산과 같으며, 그 보당 위의 보배 휘장은 야마천의 궁중과 같은데 오백억 개의 미묘한 보배 구슬로 장식되어 있다. 낱낱의 보배 구슬에는 팔만 사천 가지 광명이 있고, 낱낱의 광명에는 팔만 사천 가지 색다른 금색을 지니고 있으며, 하나하나의 금색은 그 보배 땅 위에 두루하여 곳곳마다 변화하여 가지가지 다른 모습을 이루었는데 혹은 금강대가 되고, 혹은 진주 그물이 되며, 혹은 여러 가지 꽃구름이 되기도 하여 시방十方의 면에서 뜻에 따라 변하여 나타나 불사佛事를 이루고 있느니라. 이것이 연화대를 생각하는 관법으로 일곱 번째 관이라 한다."

부처님께서 아난존자에게 말씀하셨다.

"이와 같은 묘한 꽃은 본래 법장비구의 원력으로 이루어진 것이다. 그러니 저 부처님을 생각하고자 하면 저 연화대를 생각할지니라. 이 생각을 할 때는 다른 번잡한 관을 하지 말고 하나하나의 잎, 하나하나의 구슬, 하나하나의 광명, 하나하나의 연화대, 하나하나의 당幢을 관하되 분명하게 하여 거울 속에 자기 얼굴을 보는 것처럼 하라. 이 생각을 이루는 사람은 오만 겁 생사의 죄를 제거하여 반드시 극락세계에 태어날 것이니라. 이렇게 생각하여 관하는 것을 바른 관법(正觀)이라 하고 달리 생각하여 관하는 것을 그릇된 관법(邪觀)이라 한다."

【해설】

이 단원까지는 극락세계의 국토장엄을 관하는 것이기 때문에 의보장엄依報莊嚴을 관하는 것이라 한다. 이 의보장엄 가운데 보배 땅, 보배 누각, 보배 연못 등은 극락정토의 부처님과 보살들에게 모두 통하는 의보장엄이기 때문에 통의보通依報라 하고, 연화로 된 좌대는 아미타불께만 한하는 장엄이기 때문에 별의보別依報라 한다.

이 단원은 일곱 번째 꽃으로 된 연화대를 생각하여 관하는 것으로 화좌관華座觀이라 하는데, 이 관도 위제희 부인이 미래세의 중생들을 위해 간절히 청하여 설하신 것이다. 즉 정토의 중심인물인 아미타불이 앉아 계신 연화대를 생각하여 관하는 법이다. 여기서도 앞 단원과 같이 이 관을 성취한 사람은 오만 겁 동안 지은 악업을 소멸하고 극락정토에 왕생할 수 있다고 하였다.

여기에 등장한 아미타불과 양쪽에서 모시고 있는 관세음보살과 대세지보살 등 세 불보살을 설하고 있는 곳은 이 관과 뒤에 나오는 상상관像想觀의 두 관이다. 이 화좌관은 공중에 서 계시는 입상立像인 세 불보살이고, 상상관에서는 나무 아래 앉아 계시는 세 불보살이라는 차이점을 발견할 수 있다. 이 세 분의 불보살을 설한 경전은 여러 가지지만 대표적인 것은 『무량수경』과 『다라니집경』, 그리고 이 경이다. 『무량수경』에서는 관세음보살과 대세지보살은 이 사바세계에서 왕생했던 보살이고, 정토에 있는 성중 가운데 위신력과 광명이 가장 뛰어나며 존귀한 보살이라 하였지만 자세에 대해서는 언급하지 않았다. 그러나 이 경 화좌관에서는 석가모니 부처님이 보수관을 설하시고 나서 아난과 위제희를 위해 "고뇌를 없애는 법을 분별하여 해설할 것이다. 너희들은 잘 기억하여 가지고 널리 중생을 위해 분별하여 해설해야 한다"라고 설하실 때 아미타불께서 관세음과 대세지 두 보살과 함께 공중에 머물러 서 계셨다고 하였다. 선도대사의 해석에 의하면, 이 서 계신 불보살은 오탁과 여덟 가지 고통이 있는 중생이 정념正念에 머물러 극락정토에 태어나기를 원하면 빨리 가서 맞이하기 위해서라고 하였고, 뒤의 상상관像想觀에서 세 불보살이 나무 아래 단정히 앉아 계시는 좌상坐像은 선정 가운데 계신 것으로 우리가 관해야 할 대상의 정적靜的인 불보살이고, 앞 입상立像은 동적動的인 불보살이라고 하였다.

관세음보살은 자비를 상징하며, 대세지보살은 지혜를 상징하는데, 이 관음의 자비와 대세지의 지혜는 아미타불의 덕德으로 부처님 오른손은 지혜의 덕, 왼손은 자비의 덕을 의미한다. 서계신 아미타불의 오른손은 걸림 없는 지혜로 중생을 비추는 모습이고, 왼손은 자비의 손으로 중생을 인도하심을 나타낸 것이다. 이 두 보살은 아미타불의 덕을 하나씩 가져 부처님을 도와 널리 일체 중생을 교화하고 인도하신다. 아미타불에 대해서는 뒤에 나오는 진신관眞身觀, 두 보살에 대해서는 뒤에 나오는 관음관觀音觀과 세지관勢至觀에서 말씀하셨다.

이 단원 가운데 "무량수불은 공중에 머물러 계시고 관세음보살과 대세지보살 두 보살은 좌우에서 모시고 있었다"고 한 것은, 이 관법을 성취하면 반드시 정토에 왕생할 수 있다는 것을 아미타불께서 증명하신 모습이고, 또한 관하는 중생을 맞이하는 자세로 볼 수 있다.

일일엽一一葉: 꽃잎마다.

견숙가보甄叔迦寶: 범어 Kimśuka ratna의 음역으로, 붉은 색의 보배를 말한다.

범마니보梵摩尼寶: 범梵은 청정하다는 뜻이기 때문에 깨끗한 마니의 구슬을 말한다.

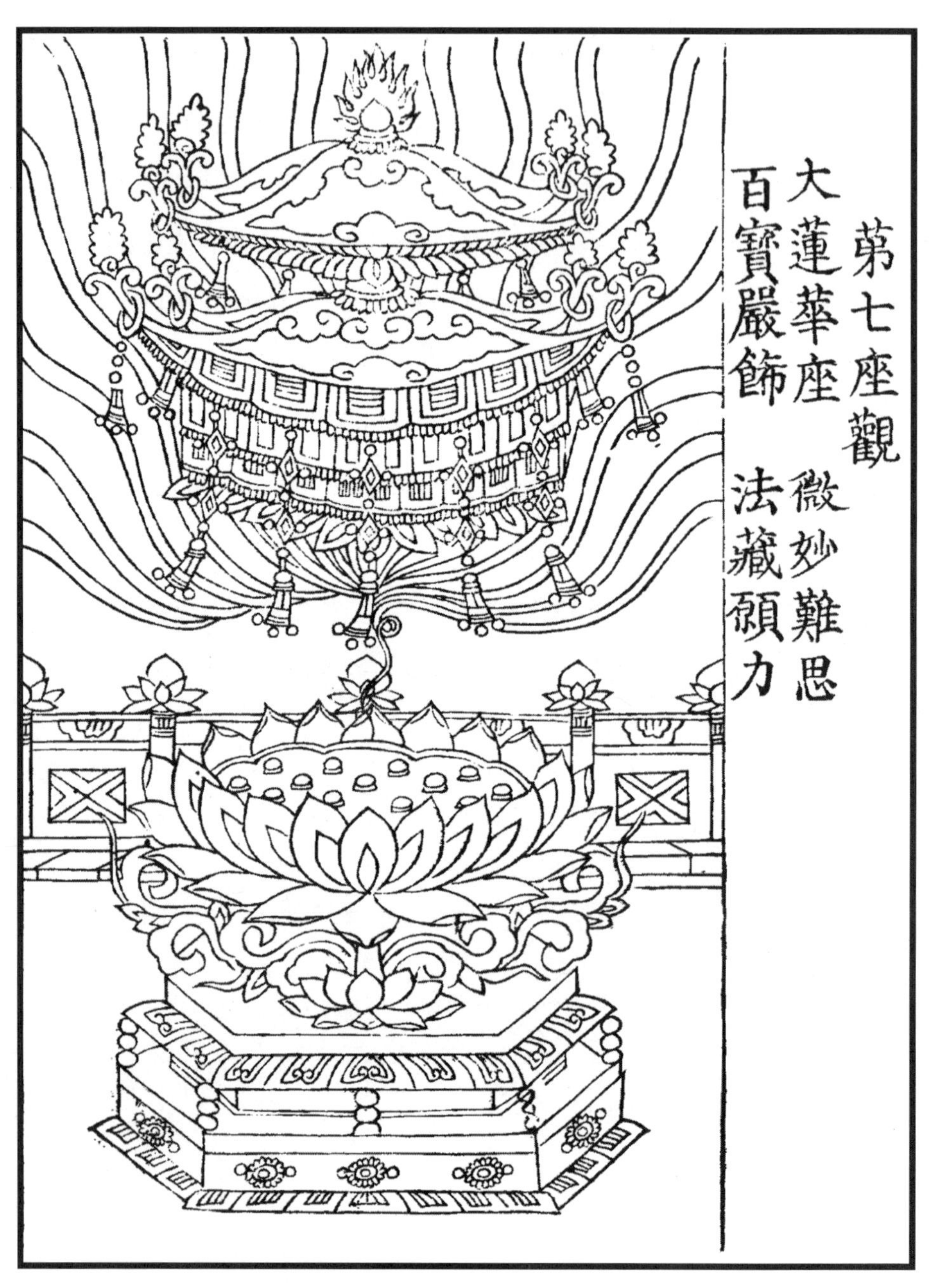

제7 연화대를 생각하는 관

제8절 불상을 관하는 법

佛告阿難及韋提希 見此事已 次當想佛 所以者何 諸
불고아난급위제희 견차사이 차당상불 소이자하 제

佛如來 是法界身 入一切衆生心想中 是故汝等 心想
불여래 시법계신 입일체중생심상중 시고여등 심상

佛時 是心卽是三十二相八十隨形好 是心作佛 是心
불시 시심즉시삼십이상팔십수형호 시심작불 시심

是佛 諸佛正徧知海 從心想生 是故應當一心繫念 諦
시불 제불정변지해 종심상생 시고응당일심계념 제

觀彼佛多陀阿伽度阿羅訶三藐三佛陀 想彼佛者 先當
관피불다타아가도아라하삼먁삼불타 상피불자 선당

想像 閉目開目 見一寶像如閻浮檀金色 坐彼華上 見
상상 폐목개목 견일보상여염부단금색 좌피화상 견

像坐已 心眼得開 了了分明 見極樂國七寶莊嚴寶地
상좌이 심안득개 요료분명 견극락국칠보장엄보지

寶池寶樹行列 諸天寶幔 彌覆其上 衆寶羅網 滿虛空
보지보수항렬 제천보만 미부기상 중보나망 만허공

中 見如此事 極令明了如觀掌中 見此事已 復當更作
중 견여차사 극령명료여관장중 견차사이 부당갱작

一大蓮華在佛左邊 如前蓮華 等無有異 復作一大蓮
일대연화재불좌변 여전연화 등무유이 부작일대연

華 在佛右邊 想一觀世音菩薩像 坐左華座 亦放金光
화 재불우변 상일관세음보살상 좌좌화좌 역방금광

如前無異 想一大勢至菩薩像 坐右華座 此想成時 佛
여전무이 상일대세지보살상 좌우화좌 차상성시 불

菩薩像 皆放光明 其光金色 照諸寶樹 一一樹下 復有
보살상 개방광명 기광금색 조제보수 일일수하 부유

三蓮華 諸蓮華上 各有一佛二菩薩像 徧滿彼國 此想
삼연화 제연화상 각유일불이보살상 변만피국 차상

成時 行者當聞水流光明 及諸寶樹鳧鴈鴛鴦 皆說妙
성시 행자당문수류광명 급제보수부안원앙 개설묘

法 出定入定 恒聞妙法 行者所聞 出定之時 憶持不捨
법 출정입정 항문묘법 행자소문 출정지시 억지불사

令與修多羅合 若不合者 名爲妄想 若有合者 名爲麤
영여수다라합 약불합자 명위망상 약유합자 명위추

想見極樂世界 是爲像想 名第八觀 作是觀者 除無量
상견극락세계 시위상상 명제팔관 작시관자 제무량

億劫生死之罪 於現身中 得念佛三昧
억겁생사지죄 어현신중 득염불삼매

부처님께서 아난존자와 위제희에게 말씀하셨다.

"이 일을 다 보았으면 다음은 부처님을 생각할지니라. 어찌 그런가 하면 모든 부처님은 법계신法界身이시고, 일체 중생의 마음 가운데 들어 계시기 때문에 그대들이 마음으로 부처님을 생각할 때 그 마음이 곧 32상과 80수형호이며, 이 마음으로 부처를 이루고 이 마음이 곧 부처이니라. 모든 부처님의 정변지해正遍智海는 마음으로부터 생기는 것이므로 마땅히 일심으로 생각을 집중시켜 자세히 저 부처님의 다타아가도 아라하 삼먁삼불다(여래·응공·정변지)를 관할지니라. 저 부처님을 생각하는 사람은 먼저 반드시 부처님의 형상을 생각하여 눈을 감거나 눈을 뜨거나 하나의 보배스런 부처님 모습이 염부단금 색과 같이 하여 저 연화대 위에 앉아 계신 것을 보아라. 이와 같이 부처님의 형상을 보고 나면 마음의 눈이 열려서 저 극락세계에 있는 칠보로 장엄된 보배 땅과 보배 연못, 보배 나무가 줄지어 있고, 천상의 보배 휘장이 그 위에 가득 드리워져 있고, 또 여러 가지 보배 그물이 허공 가운데 가득한 것을 분명히 보게 될 것이다.

이와 같은 일을 분명하게 보는 것이 손바닥을 보는 것과 같이 하라. 이 일을 다 보고 나면 다시 하나의 큰 연꽃을 생각하여 부처님의 왼쪽에 있는 것을 생각하여라. 그것은 앞에서 말한 연꽃과 다르지 않다. 그리고 또 한 송이 커다란 연꽃이 부처님의 오른쪽에 있게 생각하여라. 한 분의 관세음보살의 형상이 왼쪽 연화대에 앉아 계신 것을 생각하여 그 형상에서 금색 광명을 발함이 부처님과 다름이 없이 하고, 또 한 분의 대세지보살의 형상이 오른쪽 연화대에 앉아 계시는 것을 생각하여 그 생각이 이루어질 때 부처님과 보살의 형상은 모두 광명을 발하는데, 그 광명이 금색으로 모든 보배 나무를 비추고, 하나하나의 나무 밑에는 세 송이의 연꽃이 있으며, 모든 연꽃 위에는 각각 한 부처님, 두 보살의 형상이 있어 저 국토에 두루 가득 찬다.

이와 같은 생각이 이루어질 때 수행자는 흐르는 물과 광명과 모든 보배 나무, 기러기와 원앙새 등이 미묘한 법을 설하는 것을 들을 것이다. 선정禪定에서 나올 때나 선정에 들었을 때나 항상 미묘한 법을 들을 것이니, 수행자는 들은 바를 선정에서 나왔을 때 잘 기억하여 잊어버리지 말고 경전과 맞추어 보아라. 만약 경전과 맞지 않을 때는 이를 망상이라 하고, 대략 맞으면 극락세계를 보았다고 할 수 있다.

이것이 불상을 생각하는 관법으로 여덟 번째 관이라 한다. 이 관을 하는 사람은 무량억겁 생사의 죄를 제거하고 현재 몸 가운데 염불삼매를 얻을 것이다."

【해설】

이 단원은 여덟 번째로 불상을 생각하여 관하는 법을 설하였다. 앞 해설에서도 언급하였듯이 여기에 등장한 세 분의 불보살은 앉아 있는 상像이며, 수행자가 관해야 할 대상으로 정적靜的인 불보살이라 할 수 있다.

이 단원 가운데 "모든 부처님은 법계신法界身이시고, 일체 중생의 마음 가운데 들어 계시기 때문에 그대들이 마음으로 부처님을 생각할 때 그 마음이 곧 32상과 80수형호이며, 이 마음으로 부처를 이루고, 이 마음이 곧 부처이니라. 모든 부처님의 정변지해正遍智海는 마음으로부터 생기는 것이니"라고 하였다. 이 글에 대해 정영사 혜원, 천태 지자대사, 길장 등은 본 자성이 청정한 마음임을 관한다는 자성청정심관自性淸淨心觀이라 하였는데, 선도는 견해를 달리하고 있다. 즉 정영사 혜원 등은 "모든 부처님은 법계신이다"의 글에 대해서 '모든 부처님'이란 아미타불을 가리킨다고 하는 것은 같지만, '법계신'에 대해서는 빛깔도 없고 형상도 없는(無色無形) 법성법신法性法身이라 보고, 법계에 두루 가득 찬 진여법성이라 하였다. 『화엄경』에서 "마음과 부처, 그리고 중생 등 이 셋은 차별이 없다"고 한 것처럼 부처님과 중생, 그리고 마음을 진여법성의 자리에서 보면 마음이 그대로 법성이고, 부처이며, 모든 현상은 하나의 거품, 구름과 같은 것으로 허상에 지나지 않는다. 천태 지자대사는 "법계신이란 보불報佛의 법성이고 중생의 마음은 깨끗한 것이다. 법신은 자재하기 때문에 중생의 마음속에 들어간다"고 해석하여, 중생의 마음은 본래 청정한 것이기 때문에 청정한 마음의 성품에 부처님 몸이 나타나서 마음과 부처가 하나의 체가 되고 부처님의 32상과 80종호를 갖출 수 있으므로 이 경에서 "이 마음이 곧 32상 80수형호"라고 말한 것이라고 하였다. 다음 '시심작불是心作佛'이란 중생의 심성心性에는 법성의 자질을 구비하고 있기 때문에 이 경에서 말한 관법을 수행하여 삼매를 성취하면 마침내 부처가 될 수 있다는 것이다. 이 마음을 달리하여 부처가 되는 것이 아니고, 부처는 본래 마음속에 존재하기 때문에 "이 마음으로 부처를 이룬다"고 하였다. 또 모든 부처는 이 마음 밖에는 없기 때문에 "모든 부처님의 지혜는 마음의 생각으로부터 나온다"고 해석하였다. 이것은 생각하여 관하는 것이 성취되면 자기 마음 가운데 갖추어진 법신불성이 나타난다는 이관理觀의 입장에서 해석한 것이다.

선도대사는 견해를 달리하여 사관事觀의 입장에서 해석하였다. 즉 선도대사는 "바로 모든 부처님의 대자비가 마음에 따라서 곧 나타나심을 밝힌다"고 하여 대자비심을 가지고 중생을 구원하기 위해 아미타불께서 관법 수행자의 마음속에 나타나신다는 것이다. 또 "법계란 이 교화하는 세계, 즉 중생의 세계다. 중생이 생각을 내어 모든 부처님을 뵙기를 원하면 부처님은 곧 걸림이 없는 지혜로 아시고 능히 그의 생각하는 마음속에 들어가 나타나신다. 모든 수행자가 생각하는 가운데 또는 꿈속에 부처님을 친견하는 것은 곧 이 뜻을 이루는 것이다"라고 하였다. 경에서 "부처님 마음은 대자비다"라고 한 것은 오직 부처님은 대자비로 중생을 섭수하여 구원하시는 마음을 가지고 계신다는 것을 의미한다. 그리고 선도대사는 "모든 부처님은 법계신이다"라는 것을 중생계를 구제하는 부처님으로 보았다. 즉 중생이 부처님을 친견하기 위해 원을 일으켜서 가르침과 같이 수행하면 부처님은 중생의 마음을 아시고 생각하는 마음 가운데 나타나신다는 것이다.

선도대사는 '시심작불是心作佛'에 대해 "스스로 믿는 마음에 의해 모습을 반영하는 것이 지음(作)과 같다"고 하였고, 이 '시심

시불'이란 "마음이 능히 부처님을 생각하면 상相에 의해 부처님 몸이 나타난다. 곧 마음이 부처이고, 이 마음을 떠나 밖에 다른 부처가 없다"고 해석하였다. 이 '시심작불'의 작作이란 지어 만든다는 뜻으로 보아 불상을 조각하는 것처럼 마음으로 부처님을 생각해 지어 이루는 것이다. 조각가가 불상을 조각하듯이 마음으로 능히 부처님을 생각하고 지으면 부처님은 마음속에 나타나고, 마음으로 부처님을 생각하면 이 생각을 떠나 다시 부처님 마음은 존재하지 않으므로 이것을 '시심작불'이라 하였다. 그래서 선도대사는 결론적으로 "부처님인 아미타불께서는 법계의 중생을 구제하시는 몸이므로 모든 중생이 부처님을 친견하려 하면 생각하는 마음속이나 꿈속에 나타난다. 그래서 부처님의 32상 80수형호 하나하나에 대해 관하면 중생의 마음속에 32상 80수형호 하나하나가 나타난다. 또 조각가가 불상을 조각하는 것처럼 깊은 신심으로 부처님을 생각해 지으면 부처님 몸이 나타나고, 중생이 부처님을 생각하여 여의지 않으면 삼매(觀佛三昧)를 얻는 경지에 머무를 수 있다. 그래서 모든 부처님의 지혜도 역시 중생이 생각하여 관하면 눈앞에 나타난다"고 하였다.

이상으로 보면 정영사 혜원이나 천태 지자대사 등은 부처님을 일체에 두루하는 법성진여法性眞如로 보고 이 관은 이관理觀을 성취하는 것으로 본 것인데, 선도대사는 자비의 부처님이 중생을 구제하기 위해 관념의 대상이 되어 육신의 몸을 나타낸다고 하여 사관事觀의 입장에서 보았다.

지금까지 논한 위 문장을 선도대사의 입장에서 해석하면 모든 부처님은 법계의 모든 사람들을 교화하여 이익을 주시는 몸이기 때문에, 만일 사람이 원을 일으켜 모든 부처님을 뵙고 싶다고 원하면 부처님은 무애지無礙智로써 사람들의 마음속을 꿰뚫어보고 계시므로 사람들의 마음속에 들어가시고, 또 꿈속에 나타난다. 이와 같기 때문에 우리들이 부처님을 생각하여 관할 때 부처님을 생각하는 마음 외에 다른 마음이 없이 관하면 부처님이 갖추신 32이상 80수형호가 자연히 마음 위에 나타난다. 그리하여 마음으로 부처님의 상호 하나하나를 생각하여 관하면 부처님 몸은 마음속에 나타나시고, 생각하는 마음을 떠나 따로 부처님 몸이 있는 것이 아니고 생각하는 마음과 부처님이 한 몸이 되는 이것이 삼매를 얻은 경지라고 할 수 있다.

법계신法界身: 선도의 입장에서 보면, 모든 부처님은 법계의 중생을 제도하여 이익을 주는 불신佛身이므로 법계신이라 할 수 있다.

제불정변지諸佛正遍智: 정변지는 등정각等正覺과 같다. 부처님은 두루 바르게 알고 계시기 때문에 정변지라 한다.

다타아가도아라하삼막삼불타多陀阿伽度阿羅訶三藐三佛陀: 산스크리트 Tathāgata-Arhan-Saṁyaksaṁbuddha의 음역으로 여래, 응공, 정변지를 말한다.

제8 불상을 생각하는 관

제9절 부처님의 진실한 몸을 관하는 법

佛告阿難及韋提希 此想成已 次當更觀無量壽佛身相
불고아난급위제희 차상성이 차당갱관무량수불신상

光明 阿難當知 無量壽佛身 如百千萬億夜摩天閻浮
광명 아난당지 무량수불신 여백천만억야마천염부

檀金色 佛身高 六十萬億那由他恒河沙由旬 眉間白
단금색 불신고 육십만억나유타항하사유순 미간백

毫 右旋婉轉 如五須彌山 佛眼如四大海水 清白分明
호 우선완전 여오수미산 불안여사대해수 청백분명

身諸毛孔演出光明 如須彌山 彼佛圓光 如百億三千
신제모공연출광명 여수미산 피불원광 여백억삼천

大千世界 於圓光中 有百萬億那由他恒河沙化佛 一
대천세계 어원광중 유백만억나유타항하사화불 일

一化佛 亦有衆多無數化菩薩 以爲侍者 無量壽佛 有
일화불 역유중다무수화보살 이위시자 무량수불 유

八萬四千相 一一相 各有八萬四千隨形好 一一好 復
팔만사천상 일일상 각유팔만사천수형호 일일호 부

有八萬四千光明 一一光明 徧照十方世界 念佛衆生
유팔만사천광명 일일광명 변조시방세계 염불중생

攝取不捨 其光明相好 及與化佛 不可具說 但當憶想
섭취불사 기광명상호 급여화불 불가구설 단당억상

令心眼見 見此事者 即見十方一切諸佛 以見諸佛故
영심안견 견차사자 즉견시방일체제불 이견제불고

名念佛三昧 作是觀者 名觀一切佛身 以觀佛身故 亦
명염불삼매 작시관자 명관일체불신 이관불신고 역

見佛心 佛心者 大慈悲是 以無緣慈 攝諸衆生 作此觀
견불심 불심자 대자비시 이무연자 섭제중생 작차관

者 捨身他世 生諸佛前 得無生忍 是故智者 應當繫心
자 사신타세 생제불전 득무생인 시고지자 응당계심

諦觀無量壽佛 觀無量壽佛者 從一相好入 但觀眉間
제관무량수불 관무량수불자 종일상호입 단관미간

白毫 極令明了 見眉間白毫者 八萬四千相好 自然當
백호 극령명료 견미간백호자 팔만사천상호 자연당

現 見無量壽佛者 即見十方無量諸佛 得見無量諸佛
현 견무량수불자 즉견시방무량제불 득견무량제불

故 諸佛現前授記 是爲徧觀一切色身想 名第九觀 作
고 제불현전수기 시위변관일체색신상 명제구관 작

此觀者 名爲正觀 若他觀者 名爲邪觀
차관자 명위정관 약타관자 명위사관

부처님께서 아난과 위제희에게 말씀하셨다.

"이러한 생각이 이루어지고 나면 이어서 다음에는 무량수불의 몸의 상호와 광명을 관하라. 아난아, 마땅히 알아라. 무량수불의 몸은 백천만억 야마천의 염부단금 색과 같고, 부처님 몸의 높이는 육십만억 나유타 항하사 유순이고, 양 눈썹 사이의 백호는 오른쪽으로 돌아 있는데 다섯 수미산과 같으며, 부처님 눈은 사대해四大海의 물과 같이 푸르고 흰 것이 분명하다. 몸의 모든 털구멍으로부터 광명이 발하는 것이 수미산과 같고, 저 부처님의 둥근 광명은 백억 삼천대천세계와 같으며, 둥근 광명 가운데

백억 나유타 항하의 모래와 같이 많은 화신불이 계시고, 하나하나의 화신불에 또 여러 무수한 화신보살이 시자로 있다. 무량수불에게는 팔만 사천 상호가 있고, 낱낱의 상호에 각 팔만 사천 가지 수형호隨形好가 있고, 낱낱의 수형호에는 팔만 사천 가지 광명이 있는데 하나하나의 광명이 두루 시방세계를 비추어 염불하는 중생을 섭취하여 버리시지 않느니라. 이 광명과 상호와 화신불은 이루 다 말할 수 없는 것이니, 다만 깊이 생각하여 마음의 눈으로 보도록 하라.

이것을 본 사람은 시방의 모든 부처님을 뵙는 것이며, 모든 부처님을 뵙기 때문에 염불삼매라 한다. 이렇게 생각하여 관하는 것을 모든 부처님의 몸을 관한다고 하고, 부처님 몸을 뵙는 까닭에 부처님 마음을 보는 것이다. 이 부처님 마음이란 대자비이기 때문에 무연無緣의 자비로써 모든 중생을 구제하신다. 이와 같이 관하는 사람은 몸을 다른 세계(사바세계)에 버리고 여러 부처님 앞에 태어나 무생법인을 증득한다. 이러한 까닭에 지혜가 있는 사람은 마음을 집중하여 자세히 무량수불을 생각하여 관하라. 무량수불을 관할 수 있는 사람은 한 가지 상호씩 관해 가야 하는데, 제일 먼저 눈썹 사이의 백호를 관하되 지극히 명료하게 하라. 눈썹 사이의 백호를 뵌 사람은 팔만 사천 가지 상호가 저절로 나타날 것이다. 또 무량수불을 뵌 사람은 시방의 한량없는 부처님을 뵐 것이며, 한량없는 부처님을 뵙는 까닭에

모든 부처님 앞에서 수기를 받게 된다. 이러한 것을 널리 모든 색신色身을 관한다 하고 아홉 번째 관이라 한다. 이렇게 생각하여 관하는 것을 바른 관법(正觀)이라 하고, 달리 생각하여 관하는 것을 그릇된 관법(邪觀)이라 한다."

【해설】

이 단원은 아홉 번째로 극락정토 아미타불의 진신을 생각하여 관하는 진신관眞身觀이다. 지금까지의 관법을 보면 수행자가 처음에는 이 세계의 태양과 물을 관한 후 극락정토의 의보장엄을 관하고, 이어서 부처님이 앉으신 연화대를 관한 후 아미타불과 관세음보살, 그리고 대세지보살 등 불상을 관하고, 이것이 성취되면 아미타불의 몸에서 광명이 나타나 시방세계에 비추는 진신관을 하게 하였다.

여기에서는 아미타불 몸에서 나는 광명과 광명의 역할, 그리고 자비를 말씀하셨다. 이 광명에는 두 가지가 있는데 첫째는 항상 끊임없이 나는 상광常光이 있고, 둘째는 시기에 맞추어 신통력에 의해 나는 신통광神通光이다. 상광은 석가모니 부처님께서 한 길, 혹은 일 유순, 한 불국토, 여러 불국토를 비추는 것과 아미타불께서 팔방, 상하, 헤아릴 수 없는 모든 불국토를 비추는 것을 말한다. 다음 신통광이란 석가모니 부처님이 『법화경』을 설하실 때 동쪽으로 만 팔천 국토를 비추는 것처럼 적당한 시기에 신통력을 나투어 비추는 광명을 말한다.

또 아미타 부처님의 상광에는 색광色光과 심광心光 등 두 종류가 있다. 색광이란 태양의 빛이 분별없이 모든 것을 비추는 것과 같이 부처님의 광명은 모든 유정有情과 비유정非有情, 산하대지 등을 평등하게 비추는 것이다. 이 경전에서 "하나하나의 광명이 두루 시방세계를 비추어"라고 한 것은 색광을 말한다. 심광이란 아미타 부처님께서 특별하게 중생들을 구제하기 위해 대자비심에서 발하는 광명으로 염불하는 중생을 구원하여 왕생케 하는 광명을 말한다. 다시 말하면 "상호광명이 시방세계를 비춘다"고 한 것은 색광이고, "오직 염불하는 사람이 부처님의 광명을 입는다"는 것은 심광이다.

이 단원에서 "염불하는 중생을 섭취하여 버리시지 않느니라"라는 말씀 가운데 '염불하는 중생'에 대해 생각해 보자. 이 진신관의 내용에 의하면 이 염불은 아미타 부처님의 진신을 관하는 염불이기 때문에 생각하여 관하는 관념觀念의 수행자가 선정 가운데 아미타불께서 구제하기 위해 발하는 광명을 친견하고 구제받는 것이 "염불중생 섭취불사念佛衆生 攝取不捨"이다.

그럼 왜 염불하는 중생만을 구제하시는가? 이에 대해 선도대사는 친연親緣과 근연近緣, 그리고 증상연增上緣을 들었고, 본원의 뜻을 들어 피력하였다. 첫째, 친연이란 중생이 행을 일으켜 입으로 항상 부처님 명호를 부르면 부처님은 곧 이를 들으시고,

몸으로 항상 부처님을 생각하면 부처님은 곧 이를 보시며, 중생이 마음으로 항상 부처님을 생각하면 부처님은 곧 이를 아시고 중생을 생각하신다. 이 세 가지 업을 서로 여의어 버리지 않는 것이 친연이다. 또 염불하는 수행자가 부처님 명호를 부르고 예배하며 생각한다면 이 수행자가 닦는 행업行業은 아미타불과 친숙한 인연이 되기 때문에 친연이다.

둘째, 근연이란 중생이 부처님을 뵙기를 원하면 부처님은 곧 생각에 응해 눈앞에 나타나신다. 즉 아미타 부처님께서 여기서 서쪽으로 십만 억 불국토나 되는 먼 곳에 계시지만 염불수행하는 사람이 부처님을 뵙기를 원하면 부처님은 즉시 그 사람 앞에 출현하신다. 이를 부처님과 친근한 인연을 맺기 때문에 근연이라 한다.

셋째, 증상연이란 중생이 부처님의 명호를 부르고 생각하면 다겁생래多劫生來의 죄를 제거하며, 목숨을 마치려 할 때에 아미타 부처님께서 여러 성중들과 함께 와 맞이하시는데, 이때 모든 삿된 업이 방해할 수 없는 것을 말한다. 즉 죄를 없애고 재앙을 제거하는 공덕이 있는 것을 말하고, 염불하는 사람은 이 공덕으로 말미암아 오랜 세월 동안 지은 악업의 장애를 제거할 수 있을 뿐만 아니라 아미타불께서 직접 오시어 맞이하기 때문에 그 어떤 악한 업도 왕생하는 데 장애가 되지 않고 도움을 주기 때문에 증상연이라 한다.

마지막으로 본원의 뜻이란 48원 가운데 제18원에서 "염불하는 중생은 다 섭취한다"고 서원하신 것에서 비롯되었다. 이상의 맥락에서 보면 "하나하나의 광명이 두루 시방세계를 비춘다"는 것은 색광으로 모든 수행하는 사람을 다 비추지만, 대자비심에서 생기는 심광은 염불하는 중생만 비추고 다른 수행을 한 사람은 비추지 않는다고 할 수 있다.

사대해四大海: 수미산을 돌고 있는 사방의 바다.

삼천대천세계三千大千世界: 한 부처님이 교화하여 이익을 주는 세계로, 하나의 수미계須彌界를 천 개 합친 것을 소천세계, 소천세계를 천 개 합친 것을 중천세계, 중천세계 천 개를 합친 것을 대천세계라 한다. 이 대천세계에 소천·중천·대천이 있기 때문에 삼천대천세계라 한다.

견불심見佛心: 부처님 몸의 상호 광명은 거의 중생을 교화하는 대자비심에서 나타난 것으로, 이 대비심에서 나타난 상호를 친견하는 것에 의해 부처님 마음을 엿볼 수 있는 것이라 할 수 있다.

무연자無緣慈: 부처님이 실상實相을 반연해서 일으키는 자비를 말한다. 모든 인연은 실다운 것이 없어 전도되고, 허망함을 아는 까닭에 반연할 것이 없지만, 그러나 반연해서 중생을 구제하시는 자비를 말한다.

제9 부처님의 진신을 생각하는 관

제10절 관세음보살을 관하는 법

佛告阿難及韋提希　見無量壽佛　了了分明已　次復當
불고아난급위제희　견무량수불　요료분명이　차부당

觀觀世音菩薩　此菩薩身長　八十萬億那由他由旬　身
관관세음보살　차보살신장　팔십만억나유타유순　신

紫金色　頂有肉髻　項有圓光　面各百千由旬　其圓光中
자금색　정유육계　항유원광　면각백천유순　기원광중

有五百化佛　如釋迦牟尼　一一化佛　有五百化菩薩　無
유오백화불　여석가모니　일일화불　유오백화보살　무

量諸天　以爲侍者　擧身光中　五道衆生一切色相　皆於
량제천　이위시자　거신광중　오도중생일체색상　개어

中現　頂上毘楞伽摩尼寶　以爲天冠　其天冠中　有一立
중현　정상비릉가마니보　이위천관　기천관중　유일립

化佛　高二十五由旬　觀世音菩薩面如閻浮檀金色　眉
화불　고이십오유순　관세음보살면여염부단금색　미

間毫相　備七寶色　流出八萬四千種光明　一一光明　有
간호상　비칠보색　유출팔만사천종광명　일일광명　유

無量無數百千化佛　一一化佛　無數化菩薩　以爲侍者
무량무수백천화불　일일화불　무수화보살　이위시자

變現自在　滿十方世界　譬如紅蓮花色　有八十億光明
변현자재　만시방세계　비여홍련화색　유팔십억광명

以爲瓔珞　其瓔珞中　普現一切諸莊嚴事　手掌作五百
이위영락　기영락중　보현일체제장엄사　수장작오백

億雜蓮華色　手十指端　一一指端　有八萬四千畫　猶如
억잡연화색　수십지단　일일지단　유팔만사천화　유여

印文 一一畫 有八萬四千色 一一色 有八萬四千光 其
인문 일일화 유팔만사천색 일일색 유팔만사천광 기

光柔軟 普照一切 以此寶手 接引衆生 擧足時 足下有
광유연 보조일체 이차보수 접인중생 거족시 족하유

千輻輪相 自然化成五百億光明臺 下足時 有金剛摩
천복륜상 자연화성오백억광명대 하족시 유금강마

尼花 布散一切 莫不彌滿 其餘身相 衆好具足 如佛無
니화 포산일체 막불미만 기여신상 중호구족 여불무

異 唯頂上肉髻 及無見頂相 不及世尊 是爲觀觀世音
이 유정상육계 급무견정상 불급세존 시위관관세음

菩薩 眞實色身想 名第十觀 佛告阿難 若有欲觀觀世
보살 진실색신상 명제십관 불고아난 약유욕관관세

音菩薩者 當作是觀 作是觀者 不遇諸禍 淨除業障 除
음보살자 당작시관 작시관자 불우제화 정제업장 제

無數劫生死之罪 如此菩薩 但聞其名 獲無量福 何況
무수겁생사지죄 여차보살 단문기명 획무량복 하황

諦觀 若有欲觀觀世音菩薩者 先觀頂上肉髻 次觀天
제관 약유욕관관세음보살자 선관정상육계 차관천

冠 其餘衆相 亦次第觀之 亦令明了如觀掌中 作是觀
관 기여중상 역차제관지 역령명료여관장중 작시관

者 名爲正觀 若他觀者 名爲邪觀
자 명위정관 약타관자 명위사관

부처님께서 아난과 위제희에게 말씀하셨다.

"무량수불을 분명히 뵙고 나서는 이어서 또 관세음보살을 관하라. 이 보살의 신장은 팔십만억 나유타 유순이고, 몸은 자금색으로 머리에 육계肉髻가 있으며 머리에는 둥근 광명이 있는데 지름이 백천 유순이고, 그 둥근 광명 가운데 오백 분의 화신불이 계시는 것이 석가모니불과 같다. 한 분 한 분의 화신불에 오백 분의 화신보살이 계시며, 또 헤아릴 수 없는 모든 천인들이 모시고 있다. 온몸에서 나온 광명 가운데는 오도五道 중생의 모든 현상이 그 가운데 나타난다. 머리 위에는 비릉가마니 보배로 된 천관天冠이 있고, 그 천관 속에 한 분의 화신불이 계시는데 높이가 이십오 유순이다. 관세음보살의 얼굴은 염부단금의 빛깔과 같고, 눈썹 사이의 백호상에는 칠보로 된 색을 갖추어 팔만 사천 가지 광명을 발하느니라. 하나하나의 광명에 무량무수 백천의 화신불이 계시고, 낱낱의 화신불은 무수한 화신보살이 모시고 있다. 이와 같이 변하여 나타냄이 자재하여 시방세계에 가득 차 있는데, 비유하면 붉은 연꽃 색과 같이 팔십억 가지 광명으로 된 영락을 하고 있고, 그 영락 가운데 널리 모든 장엄을 나타낸다. 손바닥에는 오백억이나 되는 여러 가지 연꽃 빛을 띠고, 그 열 손가락 끝마다 팔만 사천 가지 그림이 있는데 마치 인문印文과 같다. 하나하나의 그림에는 팔만 사천 가지 빛깔이 있고, 하나하나의 빛깔에는 팔만 사천 가지 광명이 있는데, 그 광명은 유연하여 널리 모든 것을 비추고, 이 보배 손으로 중생들을 인도하신다.

발을 들 때에는 발밑에 천폭륜千輻輪의 모습이 있어 자연히 변화하여 오백억 개의 광명대가 되고, 발을 내릴 때에는 금강마니 꽃으로 모든 곳에 두루 흩어져 가득히 차고, 그 나머지 다른 몸의 모습은 여러 가지 상호로 구족하여 부처님과 같아 다름이 없다. 단 머리 위의 육계와 무견정상無見頂上만이 세존께 미치지 못한다. 이것을 관세음보살의 진실한 색신色身을 관한다 하고 열 번째 관이라 한다."

부처님께서 아난에게 이르시기를,

"만약 관세음보살을 생각하여 관하고자 하는 사람이 있다면 마땅히 이 관을 하여야 한다. 이 관을 하는 사람은 모든 재앙을 만나지 않고, 업장이 깨끗이 제거되며, 무수한 겁 동안에 지은 생사의 죄를 없애느니라. 이와 같이 이 보살의 이름을 듣는 것만으로 무량한 복을 얻는데 하물며 자세히 관함이랴. 만약 관세음보살을 관하고자 하는 사람이 있으면 먼저 머리 위의 육계상을 관하고 이어 천관天冠을 관하라. 그 나머지 여러 상을 차례로 관하여 분명한 것이 손바닥을 보는 것 같이 할지니라.

이렇게 관하는 것을 바른 관법(正觀)이라 하고, 달리 관하는 것을 그릇된 관법(邪觀)이라 한다."

【해설】

이 단원은 열 번째로 아미타 부처님의 왼쪽에 계시는 관세음보살을 관하는 관음관觀音觀이다. 관세음觀世音은 산스크리트로

Avalokiteśvara인데 이는 구마라집의 번역이고, 축법호는 광세음光世音, 현장은 관자재觀自在라고 번역하였다. 이 밖에 구세보살救世普薩, 연화수보살蓮華手菩薩, 대륜보살, 정취보살, 만월보살, 수월보살, 군다리보살, 시무외자施無畏者, 대비성자大悲聖者, 구세대사求世大士 등 여러 가지로 번역하고 있다. 이 모든 명호에는 자비심으로 중생을 구원한다는 의미가 내포되어 있다. 관세음이란 세간의 음성을 관하여 자비로써 중생을 구제한다는 의미이고, 관자재란 모든 법을 지혜로 관조하여 자재하고 묘한 과보를 얻어 자재하게 중생을 구제한다는 뜻이다. 이 관세음보살에 대해 이 경 외에 『무량수경』, 『법화경』, 『화엄경』, 『능엄경』, 『관세음수기경』과 밀교경전 등 많은 경전에서 언급하고 있다. 『법화경』의 「관세음보살보문품」에서는 무진의보살의 물음에 대해 "만약 헤아릴 수 없이 많은 중생이 갖가지 고뇌를 받고 있을 때 이 관세음보살의 이름을 듣고 한 마음으로 그의 이름을 부르면 곧 그의 음성을 듣고 모두 해탈케 한다"고 하였고, 또 관세음보살은 부처님, 벽지불, 성문, 범천왕, 제석천왕, 거사, 출가자, 장자, 소년과 소녀 등 여러 가지 변화의 몸을 나타내어 중생을 구제한다고 하였다. 그리고 밀교경전에서는 관세음보살을 형상에 따라 육관음六觀音, 성관음聖觀音, 천수관음千手觀音, 마두관음馬頭觀音, 십일면관음十一面觀音, 준제관음準提觀音, 여의륜관음如意輪觀音 등 여섯 가지로 나누었고, 이 밖에 7관음,

15관음, 25관음, 33관음 등으로 나누기도 한다. 이 모든 것은 중생을 구제하는 원력의 모습이라 할 수 있다. 한편 이 경에서는 관세음보살의 모습을 자세히 묘사하였는데 이는 다른 경전에서 찾아보기 힘든 것이다.

이 보살은 아미타불을 좌측에서 모시는 보살로 대자대비로 중생을 제도하는 것을 본원으로 하여 자비문을 맡고 있다. 대자비심으로 이 세계에서 방황하며 고통받는 중생들을 불쌍히 여겨 정토에 왕생할 때 이르러 부처님과 함께 와 왕생하는 사람을 맞이하여 손에 연화대를 가지고 태워 정토로 인도하는 보살이다.

육계肉髻: 부처님 머리 위 가장자리 높은 곳에 있는 것.

면面: 여기서는 직경이나 지름을 의미한다.

거신擧身: 전신의 몸.

천관天冠: 가장 수승한 관, 영락으로 꾸며진 보배관으로 여기서는 관세음보살의 머리에 있는 관을 말한다.

인문印文: 인쇄를 하듯이 똑같이 그려져 있는 것.

천폭륜상千輻輪相: 32상 가운데 하나로, 발바닥에 있는 상서로운 모습.

무견정상無見頂相: 육계상 한가운데에 있어 사람과 천인이 볼 수 없는 꼭대기.

제10 관세음보살을 생각하는 관

제11절 대세지보살을 관하는 법

次復應觀大勢至菩薩 此菩薩身量大小 亦如觀世音 圓
차부응관대세지보살 차보살신량대소 역여관세음 원

光面 各百二十五由旬 照二百五十由旬 擧身光明 照
광면 각백이십오유순 조이백오십유순 거신광명 조

十方國 作紫金色 有緣衆生 皆悉得見 但見此菩薩一
시방국 작자금색 유연중생 개실득견 단견차보살일

毛孔光 即見十方無量諸佛淨妙光明 是故號此菩薩
모공광 즉견시방무량제불정묘광명 시고호차보살

名無邊光 以智慧光 普照一切 令離三塗 得無上力 是
명무변광 이지혜광 보조일체 영리삼도 득무상력 시

故號此菩薩 名大勢至 此菩薩天冠 有五百寶華 一一
고호차보살 명대세지 차보살천관 유오백보화 일일

寶華 有五百寶臺 一一臺中 十方諸佛淨妙國土 廣長
보화 유오백보대 일일대중 시방제불정묘국토 광장

之相 皆於中現 頂上肉髻 如盋頭摩花 於肉髻上 有一
지상 개어중현 정상육계 여발두마화 어육계상 유일

寶瓶 盛諸光明 普現佛事 餘諸身相 如觀世音 等無有
보병 성제광명 보현불사 여제신상 여관세음 등무유

異 此菩薩行時 十方世界 一切震動 當地動處有五百
이 차보살행시 시방세계 일체진동 당지동처유오백

億寶花 一一寶花 莊嚴高顯 如極樂世界 此菩薩坐時
억보화 일일보화 장엄고현 여극락세계 차보살좌시

七寶國土 一時動搖 從下方金光佛刹 乃至上方光明
칠보국토 일시동요 종하방금광불찰 내지상방광명

王佛刹 於其中間 無量塵數分身無量壽佛 分身觀世
왕불찰 어기중간 무량진수분신무량수불 분신관세

音大勢至 皆悉雲集極樂國土 側塞空中 坐蓮華座 演
음대세지 개실운집극락국토 측새공중 좌연화좌 연

說妙法 度苦衆生 作此觀者 名爲正觀 若他觀者 名爲
설묘법 도고중생 작차관자 명위정관 약타관자 명위

邪觀 見大勢至菩薩 是爲觀大勢至色身想 名第十一
사관 견대세지보살 시위관대세지색신상 명제십일

觀 觀此菩薩者 除無數劫阿僧祇生死之罪 作是觀者
관 관차보살자 제무수겁아승지생사지죄 작시관자

不處胞胎 常遊諸佛淨妙國土 此觀成已 名爲具足觀
불처포태 상유제불정묘국토 차관성이 명위구족관

觀世音大勢至
관세음대세지

"다음에는 대세지보살을 관하라. 이 보살의 몸의 크기는 관세음 보살과 같으나 둥근 광명의 직경은 각각 백이십오 유순으로 이백오십 유순을 비춘다. 온몸의 광명은 시방 국토를 자금색으로 비추어 인연 있는 중생은 다 볼 수 있다. 이 보살 몸에 있는 하나의 털구멍에서 나온 광명을 보면 곧 시방에 계신 한량없는 모든 부처님의 깨끗하고 묘한 광명을 볼 수 있다. 그러므로 이 보살을 무변광無邊光이라 이름하며, 또 지혜의 광명으로 널리 모든 것을 비추어 지옥·아귀·축생의 길(三途)을 여의게 하는 위없는 힘(無上力)을 얻기 때문에 이 보살을 대세지라

한다. 이 보살의 천관天冠에 오백 가지 보배 꽃이 있고, 하나하나 보배 꽃에는 보배 받침이 있으며, 하나하나 받침 가운데에는 시방 모든 부처님의 깨끗하고 미묘한 국토의 광대한 모양이 그 가운데 나타나느니라. 머리 위의 육계는 발두마 꽃과 같으며, 그 육계 위에 하나의 보배 병이 있어 온갖 광명이 가득하여 두루 불사佛事를 나타내고 있다. 이 밖에 몸의 여러 상은 관세음 보살과 같고 평등하여 다름이 없다.

이 보살이 다닐 때는 시방세계가 모두 진동하고, 땅이 움직이는 곳에는 오백억 가지 보배 꽃이 있고, 하나하나 보배 꽃의 장엄과 고상함이 극락세계와 같다. 이 보살이 앉을 때에는 칠보로 된 국토가 일시에 진동하는데 하방의 금강불金剛佛 국토로부터 상방의 광명왕불光明王佛 국토에 이르기까지, 그 중간에는 무량무수한 아미타불의 분신分身과 관세음, 대세지보살의 분신들이 다 구름과 같이 극락국토에 모여 공중 가득히 연화대에 앉아 미묘한 법을 연설하여 고해의 중생을 제도하신다. 이렇게 하는 관을 바른 관법(正觀)이라 하고, 달리 관하는 것을 그릇된 관법(邪觀)이라 한다. 대세지보살을 보는 것을 대세지의 색신色身을 관하는 것이라 하고 열한 번째 관이라 한다. 이 보살을 관하는 사람은 무량아승지겁의 생사 죄를 제거하고, 이 관을 하는 사람은 태중胎中에 들지 않고 항상 모든 부처님의 깨끗하고 묘한 국토에 노닐게 되는 것이니, 이 관이 이루어지면 관세음과 대세지를 관했다고 할 수 있다.”

【해설】

이 단원은 열한 번째로 대세지보살의 몸과 광명을 관하는 세지관勢至觀이다. 이 보살은 산스크리트 Mahā-Sthāma-prāpta의 번역으로 지혜의 큰 힘을 얻게 한다고 하여 득대세지得大勢至라 하고, 대정진大精進이라 번역한다. 이 보살에 대해서는 이 경 외에 『아리다라다라니아로력경阿唎多羅陀羅尼阿嚕力經』, 『약사여래본원경』, 『비화경』, 『능엄경』 등 여러 경전에서 설하고 있다.

『대일경소』에는 “나라의 왕과 대신의 위세가 자유자재한 것을 대세大勢라고 하듯이 이 성자도 이와 같은 큰 자비와 자재함의 지위에 이르렀으므로 대세라 한다”고 하여, 대세지보살을 큰 자비와 자재함을 갖추어 중생을 구원하는 보살로 보았다.

『능엄경』에서는 “내(대세지)가 과거를 기억해 보니 항하강의 모래알과 같이 오랜 겁을 되돌아간 시절에 무량광이라는 부처님이 세상에 나셨다. 이후 12여래가 한 겁씩 계승하다가 그 마지막에 초일월광이라는 부처님이 계셨는데, 그 부처님께서 나로 하여금 염불삼매를 실천하게 하셨다”고 하여 대세지보살은 염불을 수행하여 삼매를 성취한 보살이라 하였고, 이어서 “내(대세지법왕자)가 동륜 52보살과 함께 과거 인행 때 초일월광 부처님으로부터 염불삼매를 수행하라는 지도를 받고, 항상 억불憶佛과 염불로 정진하여 마침내 원통을 깨닫고 법왕자의 지위에 올라 아미타불을 모시면서 사바세계의 중생을 극락세계로 이끌어 맞이하는 교화불사를 하고 있다"고 하여 염불법문이 바야흐로 가장 긴요하다고 염불삼매의 중요성을 부각시켰고, 그리고 이 보살은 아미타불을 도와 극락정토에 인도한다고 하였다.

한편 『아리다라다라니아로력경』에서는 아미타불의 협시보살에 대해 "관세음과 대세지의 두 보살은 순금색 백염광을 두르고 오른손에는 흰 지팡이를 잡고 있고, 왼손으로는 연꽃을 잡고 있다"고 하여 이 경의 설과 다르다.

아무튼 대세지보살은 아미타불을 오른쪽에서 모시고 지혜문을 맡고 있으며, 지혜 광명으로 일체 중생을 비추고, 이 광명에 의해 삼악도의 고통을 벗어나게 한다.

삼도三塗: 塗를 途로도 씀. 지옥·아귀·축생을 말한다.

발두마화盋頭摩華: 산스크리트 Padma의 음역으로 홍련화를 말한다.

포태胞胎: 인간으로 태어나는 것인데, 극락정토에는 사생四生이 없고 연꽃에서 태어난다.

제11 대세지보살을 생각하는 관

제12절 자기 왕생을 관하는 법

見此事時 當起自心 生於西方極樂世界 於蓮華中 結
견차사시 당기자심 생어서방극락세계 어연화중 결

跏趺坐 作蓮華合想 作蓮華開想 蓮華開時 有五百色
가부좌 작연화합상 작연화개상 연화개시 유오백색

光 來照身想 眼目開想 見佛菩薩滿虛空中 水鳥樹林
광 내조신상 안목개상 견불보살만허공중 수조수림

及與諸佛所出音聲 皆演妙法 與十二部經合 出定之
급여제불소출음성 개연묘법 여십이부경합 출정지

時 憶持不失 見此事已 名見無量壽佛極樂世界 是爲
시 억지불실 견차사이 명견무량수불극락세계 시위

普觀想 名第十二觀 無量壽佛 化身無數 與觀世音大
보관상 명제십이관 무량수불 화신무수 여관세음대

勢至 常來至此行人之所
세지 상래지차행인지소

"이것을 관할 때는 마땅히 자기 마음을 일으켜서 자기가 서방극락세계에 태어나서 연꽃 가운데에 결가부좌結跏趺坐를 하는데 연꽃이 오므라들어 합하는 생각을 하고, 또 연꽃이 피는 생각을 하라. 연꽃이 필 때에 오백 가지 광명이 나와 자기 몸을 비춘다고 생각하고, 또 자기 마음의 눈이 열린다고 생각하라. 이렇게 하여 모든 부처님과 보살이 허공에 가득하심을 보고, 물과 새와 나무와 모든 부처님의 음성이 모두 미묘하고 심오한 법을 설하는

데 십이부경十二部經과 꼭 맞는 것을 생각하고, 선정에서 나올 때에 잘 기억하여 잊지 말도록 하라. 이 관법이 된다면 무량수불의 극락세계를 볼 수 있다고 하느니라. 이것을 두루 관하는 것이라 하고 열두 번째 관이라 한다. 무량수불의 무수한 화신化身과 관세음, 대세지가 함께 항상 이 수행인의 처소에 오시느니라."

【해설】

이 단원은 열두 번째로 관법을 행하는 본인이 극락세계 연꽃 가운데 왕생하여 부처님과 정토의 장엄들이 미묘한 법을 연설하는 것을 관하기 때문에 자왕생관自往生觀이라고도 하고, 널리 모든 것을 관한다고 하여 보관普觀이라고도 한다. 앞 단원까지는 이 세계의 태양과 물, 극락세계의 의보장엄과 정보장엄을 관하였지만, 이 단원은 수행자 본인이 극락세계에 가서 연꽃 가운데 결가부좌하여 극락세계의 여러 장엄에서 법을 설하는 소리를 듣는 관으로 발전하였다.

십이부경十二部經: 부처님의 교설을 그 경문의 성격과 형식으로 구분하여 열두 가지로 나누는 것을 말한다. ① 계경契經: Sūtra로 산문체로 서술한 것. ② 중송重頌: Geya로 산문체로 된 내용을 다시 운문체로 설한 것. ③ 수기授記: Vyākaraṇa로 경 가운데서 말한 뜻을 문답으로 해석하고, 또는 제자가 다음 세상에 태어날 곳을 예언한 것. ④ 고기송孤起頌:

Gāthā로 운문체로 설한 것. ⑤무문자설無問自說: Udāna로 묻는 사람 없이 부처님 스스로 설한 것. ⑥연기緣起: Nidāna로 부처님을 만나 설법을 듣게 된 인연을 설한 것으로 주로 서품이 여기에 해당된다. ⑦비유譬喩: Avadāna로 비유로써 가르침을 설한 것. ⑧여시어如是語: Itivṛttaka로 부처님 제자들의 과거 인연을 설한 것. ⑨본생本生: Jātaka로 부처님의 과거생의 이야기. ⑩방등方等: Vaipulya로 방대한 진리를 설한 것. ⑪미증유未曾有: Adbhutadharma로 부처님의 불가사의한 신통력을 설한 것. ⑫논의論義: Upadeśa로 교리에 대하여 문답한 것 등이다.

제12 자기 왕생을 생각하는 관

제13절 섞어 생각하여 관하는 법

佛告阿難及韋提希 若欲至心生西方者 先當觀於一丈
불고아난급위제희 약욕지심생서방자 선당관어일장
六像在池水上 如先所說 無量壽佛 身量無邊 非是凡
육상재지수상 여선소설 무량수불 신량무변 비시범
夫心力所及 然彼如來宿願力故 有憶想者 必得成就
부심력소급 연피여래숙원력고 유억상자 필득성취
但想佛像得無量福 何況觀佛具足身相 阿彌陀佛 神
단상불상득무량복 하황관불구족신상 아미타불 신
通如意 於十方國 變現自在 或現大身滿虛空中 或現
통여의 어시방국 변현자재 혹현대신만허공중 혹현
小身丈六八尺 所現之形 皆眞金色 圓光化佛及寶蓮
소신장육팔척 소현지형 개진금색 원광화불급보련
花 如上所說 觀世音菩薩及大勢至 於一切處身同 衆
화 여상소설 관세음보살급대세지 어일체처신동 중
生但觀首相 知是觀世音 知是大勢至 此二菩薩 助阿
생단관수상 지시관세음 지시대세지 차이보살 조아
彌陀佛 普化一切 是爲雜想觀 名第十三觀
미타불 보화일체 시위잡상관 명제십삼관

부처님께서 아난과 위제희에게 말씀하셨다.

“만약 지극한 마음으로 서방에 태어나고자 하면 먼저 마땅히 여섯 길(丈) 되는 불상 한 분이 연못 위에 계신 것을 관하라. 앞에서 말한 바와 같이 무량수불의 몸은 끝이 없어 범부의 마음으로 미칠 바가 못 되지만 저 부처님께서 세운 전세의 원력에 의해 생각하는 사람은 반드시 성취할 수 있다. 단지 불상만을 생각하는 것으로 무량한 복을 얻는데 하물며 부처님이 구족하신 몸의 상호를 관함이랴. 아미타불께서는 신통력과 지혜로써 시방 국토에 나타내시는 것을 자유자재로 하시며 혹은 큰 몸을 나타내시어 허공 가운데 가득 차기도 하고, 혹은 작은 몸을 나타내시어 여섯 길 여덟 자가 되기도 하는데 나타내시는 형상은 모두 진금색이고, 둥근 광명 속의 화신불 및 보배 연꽃은 위에서 설한 바와 같다. 관세음보살 및 대세지보살은 어느 곳에서나 몸은 똑같은데 중생이 단지 머리 모습만 보고도 이 분은 관세음보살, 이 분은 대세지보살임을 아느니라. 이 두 보살은 아미타불을 도와서 두루 모든 사람을 교화하신다. 이것을 섞어 생각하는 관이라 하고 열세 번째 관이라 한다."

【해설】

이 단원은 큰 부처님 몸, 작은 부처님 몸, 진신불, 화신불 및 관세음보살, 대세지보살 등 여러 가지를 함께 섞어 생각하여 관하는 것이기 때문에 잡상관雜想觀이라고 한다. 연꽃 위에 서 계신 아미타 부처님과 상호 등 여러 보살들을 관하는 것으로, 일반 범부들은 친견하는 것이 불가능하지만 정토에 태어나려는 원력을 가진 사람이 이 관을 하면 아미타불께서 법장비구로 있을 때 세운 원력에 의해 친견할 수 있다. 다시 말하면 극락세계의 의보장엄을 관하여 보든가, 정보장엄을 관하여 뵐 수 있는 것은 자기 힘으로 보는 것이 아니고 아미타불께서 법장비구로 계실 때 세운 본원력에 의해 가능한 것이다. 그래서 이 단원에서 "무량수불의 몸은 끝이 없어 범부의 마음으로 미칠 바가 못 되지만 저 부처님께서 세운 전세의 원력에 의해 생각하는 사람은 반드시 성취할 수 있다"고 하였다. 이처럼 정토를 보고 불보살 친견이 가능한 것은 아미타불의 은혜임을 알아야 한다.

숙원력宿願力: 아미타불의 본원력.

수상首相: 관세음보살은 화신불을 머리에 이고 계시며, 대세지보살은 보배 병을 머리에 이고 계신다.

제13 섞어 생각하는 관

제2장 산심散心으로 수행하는 선근善根

제1절 대승의 범부왕생

제1항 대승상선大乘上善의 범부왕생(上品上生)

佛告阿難及韋提希　上品上生者　若有衆生　願生彼國
불고아난급위제희　상품상생자　약유중생　원생피국

者　發三種心　卽便往生　何等爲三　一者至誠心　二者深
자　발삼종심　즉변왕생　하등위삼　일자지성심　이자심

心　三者廻向發願心　具三心者　必生彼國　復有三種衆
심　삼자회향발원심　구삼심자　필생피국　부유삼종중

生　當得往生　何等爲三　一者慈心不殺　具諸戒行　二者
생　당득왕생　하등위삼　일자자심불살　구제계행　이자

讀誦大乘方等經典　三者修行六念　廻向發願願生彼國
독송대승방등경전　삼자수행육념　회향발원원생피국

具此功德 一日乃至七日 即得往生 生彼國時 此人精
구차공덕 일일내지칠일 즉득왕생 생피국시 차인정

進勇猛故 阿彌陀如來 與觀世音大勢至 無數化佛 百
진용맹고 아미타여래 여관세음대세지 무수화불 백

千比丘聲聞大衆 無數諸天 七寶宮殿 觀世音菩薩 執
천비구성문대중 무수제천 칠보궁전 관세음보살 집

金剛臺 與大勢至菩薩 至行者前 阿彌陀佛 放大光明
금강대 여대세지보살 지행자전 아미타불 방대광명

照行者身 與諸菩薩 授手迎接 觀世音大勢至 與無數
조행자신 여제보살 수수영접 관세음대세지 여무수

菩薩 讚歎行者 勸進其心 行者見已 歡喜踊躍 自見其
보살 찬탄행자 권진기심 행자견이 환희용약 자견기

身乘金剛臺 隨從佛後 如彈指頃 往生彼國 生彼國已
신승금강대 수종불후 여탄지경 왕생피국 생피국이

見佛色身衆相具足 見諸菩薩色相具足 光明寶林 演
견불색신중상구족 견제보살색상구족 광명보림 연

說妙法 聞已即悟無生法忍 經須臾間 歷事諸佛 徧十
설묘법 문이즉오무생법인 경수유간 역사제불 변시

方界 於諸佛前 次第授記 還到本國 得無量百千陀羅
방계 어제불전 차제수기 환도본국 득무량백천다라

尼門 是名上品上生者
니문 시명상품상생자

부처님께서 아난과 위제희에게 말씀하셨다.

"상품상생이란, 중생이 저 국토에 태어나고자 원하면 세 가지 마음을 일으켜야 하는데, 그러면 곧 왕생할 것이다. 무엇을 세 가지라 하는가 하면 첫째는 지성심至誠心, 둘째는 심심深心, 셋째는 회향발원심廻向發願心이다. 이 세 가지 마음을 구족한 사람은 반드시 저 국토에 태어나게 된다. 또 세 종류의 중생이 있어 마땅히 왕생할 수 있는데, 무엇이 셋인가 하면 첫째는 사랑하는 마음으로 살생하지 않고 모든 계를 지키는 것이고, 둘째는 대승방등경전을 독송하는 것이며, 셋째는 육념六念을 수행해서 이것을 회향 발원하여 저 국토에 태어나고자 원하는 것이다. 이 공덕을 갖추어서 하루 내지 칠 일 동안 하면 곧 왕생할 수 있고, 저 국토에 태어날 때에 이들은 용맹하게 정진하기 때문에 아미타불, 관세음, 대세지 등 무수한 화신불과 백천의 비구, 성문 대중과 무수한 천인들이 함께하며, 관세음보살은 금강대를 가지고 대세지보살과 함께 수행자 앞에 이르며, 아미타불께서는 대광명을 발하여 수행자의 몸을 비추고 모든 보살과 더불어 손을 내미시어 영접하신다. 그때 관세음, 대세지 등 무수한 보살은 다함께 수행자를 찬탄하고 그 마음을 격려하느니라. 수행자는 이를 보고 나서 뛸 듯이 기뻐하며 스스로 자기 몸을 돌아보면 금강대에 앉아 부처님의 뒤를 따라서 손가락을 한 번 튕기는 사이에 저 국토에 왕생한다. 극락세계에 태어나서 부처님의 몸에 여러 가지 상호가 구족한 것을 뵐 수 있고, 또 여러 보살들의 몸도 상호가 구족한 것을 볼 수 있으며, 광명과 보배 나무에서 미묘한 법을 연설하는 것을 듣고 나서 곧 무생법인을 깨닫게 되느니라. 잠깐 사이에 두루 시방세계를 다니면서 모든 부처님을 섬기고, 모든 부처님 앞에서 수기를 받고 본국에 돌아와서 무량한 백천 다라니를 얻는다. 이것을 상품상생이라 한다."

【해설】

위에서 설한 정선13관定善十三觀은 위제희 부인이 "저에게 사유를 가르쳐 주시고, 정수正受를 가르쳐 주소서"라는 청에 의해 말씀하신 것으로, 이 관념은 선정에 들 수 있는 근기이어야 한다. 이 관법은 산란한 마음을 가진 사람은 관할 수 없어 생사의 세계를 벗어날 수 없다. 그래서 미래의 말법시대에는 오직 산란한 근기를 가진 사람들뿐이므로 부처님께서는 대자비심으로 아난과 위제희 부인이 묻지 않아도 이들을 구제하기 위해 교법을 말씀하신 것이 산선散善구품관九品觀이다. 이 산선은 석가모니 부처님께서 스스로 열어 보이신 묘법이고, 미래 세상에 산란한 마음을 가진 범부를 위한 것이다. 앞 서문의 산선현행연散善顯行緣에서 세 가지 복(세복世福, 계복戒福, 행복行福)으로 바른 인(정인正因)을 열었고, 이 단원부터는 구품의 바른 행(구품정행九品正行)을 말씀하셨다. 이 두 가지는 산란한 마음을 가진 범부를 구제하기 위해 부처님 스스로 자진해 말씀하신 대자비의 가르침이다.

이 단원은 열네 번째 상품 가운데 상품상생으로 대승을 닦는 제일 좋은 선(상선上善)의 범부가 왕생하는 것을 밝혔다. 여기에서 설하신 지성심至誠心·심심深心·회향발원심迴向發願心의 삼심三心은 구품 가운데 여기에만 열거되어 있다. 이것을 안심安心이라 하는데, 선도대사는 이를 총안심總安心과 별안심別安心으로 나누어 설명하였다. 즉 "국토에 태어나길 원한다"는 것은 총안심이고, 이 삼심은 별안심이라 하였다. 총안심은 모든 경전에 통하는 일반적인 것으로 사바세계를 싫어하고 극락정토를 좋아하는 염흔심厭欣心이고, 별안심은 극락정토에 왕생하기 위해 특별히 수행자가 마땅히 일으켜야 하는 세 가지 마음인 삼심이다. 이 별안심인 삼심은 『무량수경』 18원에서 "지극한 마음으로 나의 국토에 태어나기를 원하면"에 내포되어 있어 앞에서 조금 언급한 바 있다.

첫째, 지성심이란 진실한 마음으로 밖으로는 어질고 착한 모습을 나타내고, 안으로는 헛되고 거짓된 마음을 품는 일이 없어야 하고, 몸과 입과 뜻의 삼업으로 수행함에 있어 진실한 마음을 가지고 수행하는 것을 의미한다. 그래서 선도대사는 "지至란 진眞이고 성誠이란 실實이다. 일체 중생이 삼업으로 닦는 바 해행解行은 반드시 진실한 마음으로 지어야 한다. 밖으로 어질고 착한 정진의 모습을 나타내고, 안으로 헛되고 거짓된 것을 품지 말라. 욕심내고 노여워하고 삿된 거짓과 속이는 등 여러 가지를 하면 악한 성품을 그치기 어려우니, 그것은 징그러운 뱀과 같다.

이 삼업을 이름하여 추잡한 악이라 하고, 또 거짓 행을 이름하여 진실한 행이라 하지 않는다"라고 하였다.

둘째, 심심은 깊이 믿는 마음이다. 뿌리가 깊은 나무는 비바람이 몰아쳐도 넘어지지 않는 것처럼 아미타불에 대한 믿음이 깊으면 어떤 유혹에도 흔들리지 않고 염불할 수 있고, 아미타불의 본원을 입을 수 있다. 이 심심을 두 가지로 나누는데 신기信機와 신법信法이다. 신기는 자신의 능력과 시대에 대해 깊이 믿는 것으로 자기는 죄악이 깊고 업장이 무거운 범부이며, 생사윤회에서 벗어날 인연이 없는 범부라는 것을 자각해 부처님의 본원에 의지하지 않으면 안 된다는 마음을 갖는 것이다. 그리고 우리가 살고 있는 이 시대는 오탁악세이며 말법시대임을 깊이 성찰하여 정법시대가 아님을 믿는 것이다. 오탁악세에 대해 우익대사는 『아미타경요해』에서 "우리는 시대가 흐린 세계에 살고 있으므로 분명히 시간의 제약 속에 고통을 받고, 우리는 견해가 흐린 시대에 살고 있으므로 삿된 지식에 걸려 속고 있으며, 우리는 번뇌가 흐린 시대에 살고 있으므로 탐욕에 빠져 악업의 짐을 지고 있고, 우리는 중생이 탁한 시대에 살고 있으므로 악취나 더러움 속에 있는 줄 모르고 만족하는 데 머물러 더 이상 향상하려는 노력도 하지 않고 타락하며, 우리는 수명이 흐린 시대에 살고 있으므로 분명히 무상無常에 먹혀 목숨이 어떻게 해볼 수도 없이 너무 빨리 지나가 버린다"고 하였다. 이는 지금 살고 있는 시대가 말법시대이고 오탁악세임을 분명히 자각하고, 여기서 벗어나 깨달음을 얻을 수 있는 길은 아미타불의 본원임을 깊이 믿으라는 것이다.

신법은 아미타불의 본원으로 구제받을 수 있다는 것을 확고부동하게 깊이 믿는 것이다. 다시 말하면 정토행자가 아무리 산란한 마음으로 염불하더라도 아미타불께서는 대자비심을 가지고 극락세계로 인도하신다는 것을 의심 없이 믿어야 한다. 또 아미타불께서 5겁 동안 사유하시어 세운 48원은 생사하는 윤회에서 자력으로 벗어나기 어려운 범부들을 염려하여 구제하시기 위한 자비심에서 비롯된 것임을 의심 없이 믿는 것이다.

셋째, 회향발원심이란 지나간 과거생이나 금생에 삼업으로 닦은 선근, 세간과 출세간의 선근, 또 다른 사람들이 닦은 선근을 기뻐할 뿐만 아니라 자기와 남이 닦은 선근을 진실한 마음으로 회향하여 극락정토에 태어나기를 원하는 것이다. 이 회향발원심에 대해 담란은 『왕생론주』에서 "회향에는 첫째는 왕상往相이고, 둘째는 환상還相이다. 왕상이란 자기의 공덕을 일체 중생에게 돌려 베풀어서 다함께 저 아미타여래의 안락정토에 왕생하려고 원을 세우는 것이다. 환상이란 저 안락세계에 태어나서 사마타와 비파사나를 수행하여 방편의 힘을 성취하면 생사의 세계에 돌아와 일체 중생을 교화하여 함께 불도를 향하게 하는 것이다. 혹은 왕상회향往相廻向하고, 혹은 환상회향還相廻向하는 것은 모두 중생들을 생사의 바다에서 빼내어 건너게 한다"라고 하여, 자기가 지은 공덕을 회향하는 것은 이타정신으로 해야 한다는 것이 정토행자의 본뜻임을 말하고 있다.(자세한 것은 필자가 쓴 『왕생론주 강설』을 참조할 것.)

이상의 삼심은 정토왕생을 원하여 염불하는 수행자가 반드시 갖추어야 한다. 원래 믿음이란 믿는 것과 믿어지는 것이 있으니 믿는 것은 나이고, 믿어지는 것은 믿음의 대상이다. 앞 심심에서 말한 믿는 것은 신기信機인 나고, 믿음의 대상은 본원을 성취하고 광명을 성취하신 아미타불과 본원인 신법信法이다. 이렇게 보면 나와 아미타불의 관계에 삼심의 믿음이 있어야만 한다. 부처님의 대자대비 광명을 매개로 자기를 안으로 살피어 죄악생사의 범부, 끝없이 윤회를 반복하는 범부임을 자각하고 참회하는 행이 우러나야 하고, 부처님을 우러러 공경하며 아미타불께서 48원으로 중생을 구제하는 것을 추호도 의심하지 않고 믿고 수행하는 행이어야 한다.

다른 한편으로 안심이라 불리는 믿음은 내면적인 마음의 현상이고, 입으로 부처님 명호를 부르는 수행은 외적인 신체적 행위이므로 전자가 추상적인 성격을 갖고 있음에 비해 후자는 구체적인 성질을 갖고 있다. 이 외적인 칭명염불의 행은 내적인 신심인 안심이 구체화된 것이다.

이 상품상생의 사람은 삼심을 갖추어 자비한 마음으로 살생

등의 죄를 범하는 일이 없고, 오계五戒와 팔계八戒, 내지 보살계菩薩戒를 구족하고, 대승의 평등한 진리를 설한 경전을 독송하며, 불·법·승 삼보를 생각하고, 계를 생각하고, 보시를 생각하며, 하늘(天)을 생각하는 등 여섯 가지 생각하는 법을 수행하는 사람이다. 이런 사람은 임종할 때 아미타불과 관세음보살, 그리고 대세지보살 외 많은 보살들이 맞이하여 즉시 극락세계에 왕생하게 한다.

육념六念: 불佛·법法·승僧·계戒·사捨·천天을 생각하는 것.

권도勸道: 사람에게 권하여 불도佛道에 들어가게 하는 것.

수유須臾: 산스크리트 munūrta의 번역으로 시간이 극히 짧은 것을 말한다.

다라니陀羅尼: 산스크리트 dhārani의 음역으로 총지總持라 번역하는데, 여러 가지 착한 법을 지니고 잊지 않는 지혜.

제14 상품상생上品上生

제2항 대승차선大乘次善의 범부왕생(上品中生)

上品中生者 不必受持讀誦方等經典 善解義趣 於第一
상품중생자 불필수지독송방등경전 선해의취 어제일

義心不驚動 深信因果不謗大乘 以此功德 廻向願求生
의심불경동 심신인과불방대승 이차공덕 회향원구생

極樂國 行此行者 命欲終時 阿彌陀佛 與觀世音大勢
극락국 행차행자 명욕종시 아미타불 여관세음대세

至 無量大衆眷屬圍繞 持紫金臺 至行者前 讚言 法子
지 무량대중권속위요 지자금대 지행자전 찬언 법자

汝行大乘 解第一義 是故我今來迎接汝 與千化佛 一
여행대승 해제일의 시고아금내영접여 여천화불 일

時授手 行者自見 坐紫金臺 合掌叉手 讚歎諸佛 如一
시수수 행자자견 좌자금대 합장차수 찬탄제불 여일

念頃 卽生彼國七寶池中 此紫金臺 如大寶花 經宿則
념경 즉생피국칠보지중 차자금대 여대보화 경숙즉

開 行者身作紫磨金色 足下亦有七寶蓮華 佛及菩薩
개 행자신작자마금색 족하역유칠보련화 불급보살

俱時放光明 照行者身 目卽開明 因前宿習 普聞衆聲
구시방광명 조행자신 목즉개명 인전숙습 보문중성

純說甚深第一義諦 卽下金臺 禮佛合掌 讚歎世尊 經
순설심심제일의제 즉하금대 예불합장 찬탄세존 경

於七日 應時卽於阿耨多羅三藐三菩提 得不退轉 應
어칠일 응시즉어아녹다라삼먁삼보리 득불퇴전 응

時卽能飛行 徧至十方 歷事諸佛 於諸佛所 修諸三昧
시즉능비행 변지시방 역사제불 어제불소 수제삼매

經一小劫 得無生法忍 現前授記 是名上品中生者
경일소겁 득무생법인 현전수기 시명상품중생자

“상품중생이란 반드시 방등경전을 받아 지니고 독송하지 않더라도 선의 뜻을 알고 제일 심오한 진리에도 마음이 놀라거나 두려워하지 않고, 깊이 인과의 도리를 믿어 대승을 비방하지 않는 공덕을 회향하여 극락국토에 태어나고자 원한 사람을 말한다. 이 수행을 한 사람은 목숨을 마치려 할 때 아미타불께서는 관세음, 대세지 등 무량한 대중 권속들에게 둘러싸여 자금대를 가지고 수행자 앞에 와서 찬탄해 말씀하시기를 ‘진리의 아들아, 그대는 대승법을 행하고 제일 깊은 진리를 아는 까닭에 내가 이제 그대를 영접하노라’고 하시고 천 분의 화신불과 함께 일시에 손을 내미신다. 수행자가 스스로를 돌아보면 자금대에 앉아 있으며, 합장하여 모든 부처님을 찬탄하고 한 생각 사이에 저 국토의 칠보 연못 가운데 태어난다. 이 자금대는 큰 보배 꽃과 같고 하룻밤을 지나면 곧 피는데 수행자의 몸은 자마금색으로 빛나고 있고, 발밑에는 또 칠보의 연꽃이 있으며, 부처님과 보살들은 광명을 발하여 수행자의 몸을 비추면 바로 눈이 밝게 열린다. 전세의 숙업宿業에 의해서 두루 여러 소리를 듣고는, 그 소리가 심오하고 깊은 제일의 진리임을 아느니라. 수행자는 곧 금강대에서 내려와 부처님께 합장하여 예배하고 세존을 찬탄한다. 칠 일이 지나면 아뇩다라삼막삼보리에 있어 불퇴전의 지위를 얻느니라. 그때에 곧 두루 시방의 모든 부처님 처소에 날아가서 섬기며 모든 삼매를 닦다가 한 소겁(一小劫)을 지나 무생법인을 얻고 현전에서 수기를 받는다. 이것을 상품중생이라 한다."

【해설】

이 단원은 상품중생으로 대승차선大乘次善인 범부의 왕생이다. 이들은 반드시 대승의 평등한 진리를 설하는 경전을 갖고 독송하지는 않더라도 그 뜻의 이치를 잘 이해하고, 제일의제第一義諦인 모든 법이 다 공한 진리를 듣고 조금도 의심하는 마음을 일으키지 않으며, 또 마음이 미혹하여 어지러운 일이 없이 깊게 세간과 출세간의 고통과 즐거움의 인과를 믿고, 대승의 가르침을 공경해 비방하는 일을 하지 않으면서 이 닦은 공덕을 정토로 회향하여 극락국토에 왕생하고 싶다고 원하는 사람이다.

이 사람은 임종할 때 아미타불께서 관세음보살과 대세지보살 및 무수한 정토의 권속을 거느리고 맞이하는데, 자신의 몸을 되돌아보면 이미 연화대에 앉아 있음을 알고 나서 합장하여 모든 부처님을 우러러 찬탄하면 일념 사이에 저 극락세계의 칠보 연못 속에 왕생하는 사람이다.

제일의제第一義諦: 모든 법이 다 공하다는 뜻. 대승의 근본 뜻을 말한다.

법자法子: 부처님 법에 의해서 지혜를 얻기 때문에 법자라고 말한다.

숙습宿習: 전생에 몸에 익힌 습기.

제14 상품중생 上品中生

제3항 대승하선大乘下善의 범부왕생(上品下生)

上品下生者 亦信因果 不謗大乘 但發無上道心 以此
상품하생자 역신인과 불방대승 단발무상도심 이차

功德 迴向願求生極樂國 行者命欲終時 阿彌陀佛及
공덕 회향원구생극락국 행자명욕종시 아미타불급

觀世音大勢至 與諸眷屬 持金蓮華 化作五百化佛 來
관세음대세지 여제권속 지금련화 화작오백화불 내

迎此人 五百化佛 一時授手 讚言 法子 汝今清淨發無
영차인 오백화불 일시수수 찬언 법자 여금청정발무

上道心 我來迎汝 見此事時 即自見身 坐金蓮花 坐已
상도심 아래영여 견차사시 즉자견신 좌금련화 좌이

華合 隨世尊後 即得往生七寶池中 一日一夜 蓮花乃
화합 수세존후 즉득왕생칠보지중 일일일야 연화내

開 七日之中 乃得見佛 雖見佛身 於衆相好心不明了
개 칠일지중 내득견불 수견불신 어중상호심불명료

於三七日後 乃了了見 聞衆音聲 皆演妙法 遊歷十方供
어삼칠일후 내요료견 문중음성 개연묘법 유력시방공

養諸佛 於諸佛前聞甚深法 經三小劫 得百法明門 住歡
양제불 어제불전문심심법 경삼소겁 득백법명문 주환

喜地 是名上品下生者 是名上輩生想 名第十四觀
희지 시명상품하생자 시명상배생상 명제십사관

"상품하생이란 역시 인과를 믿고 대승을 비방하지 않으며, 다만 위없는 도심道心을 일으키고 이러한 공덕을 회향하여 극락국토에 태어나고자 원하는 것이다. 이 수행자가 목숨을 마치려 할 때 아미타불께서는 관세음, 대세지 등 모든 권속과 함께 금련화를 가지고 오백의 화신불로 나투시어 그를 영접하신다. 오백 화신불은 일시에 손을 내밀어 칭찬하여 말씀하시기를 '법의 아들아, 그대는 이제 청정하게 위없는 도를 구하는 마음을 내었기에 내가 그대를 맞이하러 왔노라'고 하시느니라. 수행자가 이러한 일을 뵙고 곧 스스로 자기 몸을 보면 황금의 연꽃에 앉아 있는데 앉고 나면 꽃은 오므라들어 세존의 뒤를 따라서 칠보 연못 가운데 왕생하여 하루 낮 하룻밤을 지나면 연꽃은 활짝 피어나고 칠 일 후에 부처님을 뵈올 수 있다. 부처님 몸은 뵈올 수 있지만 여러 상호는 분명하게 뵈올 수 없고, 21일을 지난 후에야 비로소 분명히 뵈올 수 있으며, 여러 가지 소리가 모두 미묘한 법을 설하는 것을 들을 수 있다. 시방의 모든 부처님이 계신 곳을 다니면서 공양하고, 모든 부처님 앞에서 심오한 법을 듣고, 삼소겁三小劫을 지나서 백법명문百法明門을 얻고 환희지歡喜地에 머물게 된다. 이것을 상품하생이라 하며, 이상이 상품들이 왕생하는 생각(上輩生想)이라 하고 열네 번째 관이라 한다."

【해설】

이 단원은 상품하생으로 대승하선大乘下善인 범부가 왕생함을 밝힌 곳이다. 상품하생의 사람은 대승의 가르침을 비방하지 않고 깊게 인과의 도리를 믿고, 불과佛果인 보리를 구하는 마음을 일으켜 이 공덕을 회향하여 극락국토에 왕생하고 싶다고 원하는 사람이다. 이 사람이 임종할 때 아미타불께서는 관세음보살과 대세지보살 및 그 외 극락의 성중과 함께 황금의 연꽃을 가지고, 또 오백의 화신불을 거느리고 이 사람을 맞으러 오신다. 부처님께서 오심에 예배한 후 수행자가 자신을 되돌아보면 이미 황금의 연화대를 타고 있음을 알고, 연화대에 앉으면 꽃은 닫히고 아미타불의 뒤를 따라 극락국토의 칠보 연못 속에 왕생하여 하루 낮과 밤을 지나면 꽃이 피고, 칠 일을 지나면 부처님 몸을 뵈올 수 있는데 명료하지는 않다. 그러나 21일 후에는 이윽고 마음이 명료하게 되어 부처님의 미묘한 상호를 뵈올 수 있고, 삼소겁을 지나 모든 법문을 깨닫는 지혜(百法明門)를 얻어, 보살의 초지인 환희지에 들어갈 수 있는 사람이다.

무상도심無上道心: 한 생각을 일으켜서 고통을 싫어하고 모든 부처님의 경계에 들어가 최고의 진리를 깨달아서 생사의 세계로 돌아와 중생을 제도하려는 마음이다.

백법명문百法明門: 보살의 초지에서 얻은 지혜이다.

환희지歡喜地: 십지十地보살의 지위 가운데 초지를 말한다.

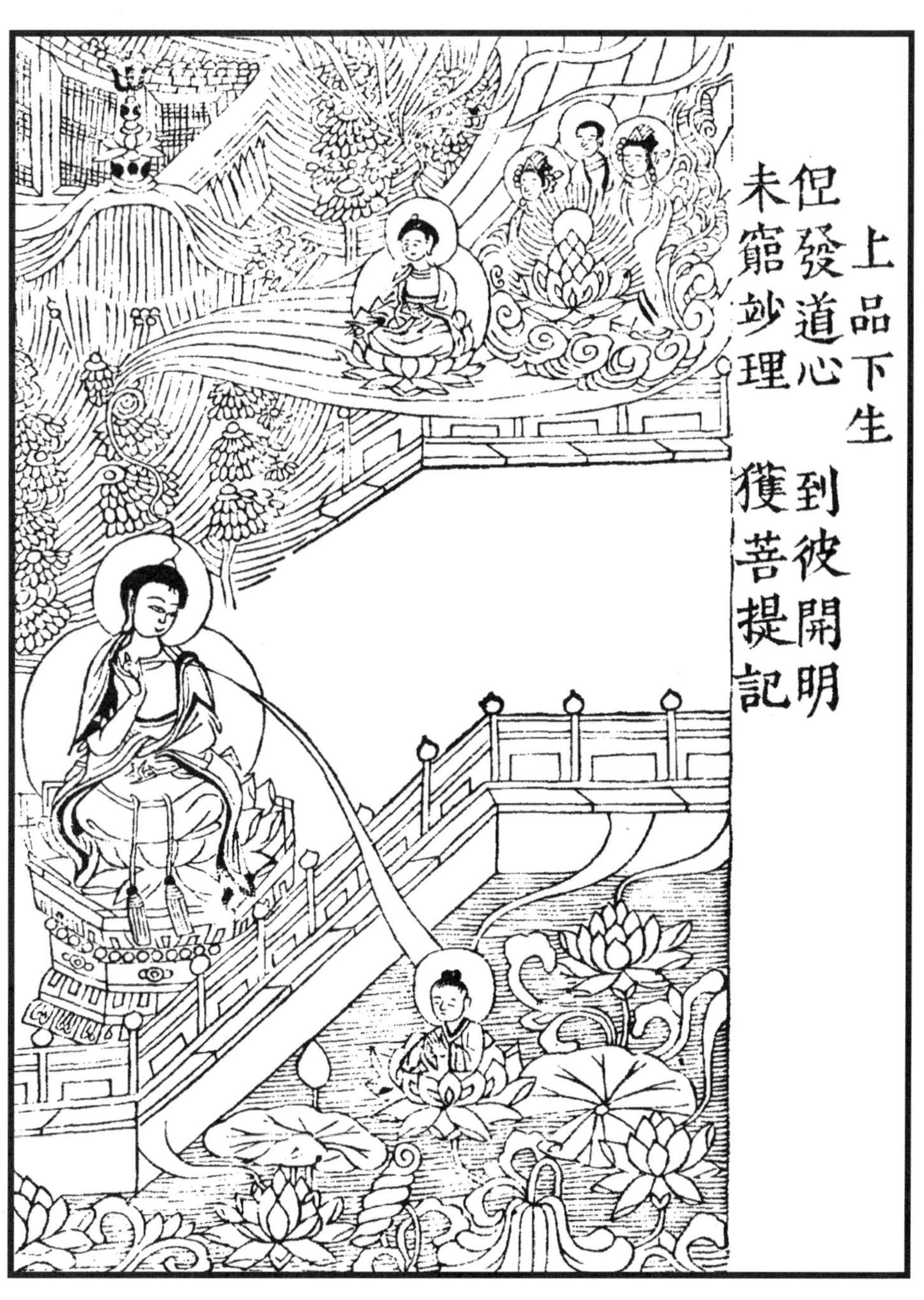

제14 상품하생 上品下生

제2절 소승의 범부왕생

제1항 소승상선小乘上善의 범부왕생(中品上生)

佛告阿難及韋提希 中品上生者 若有衆生 受持五戒
불고아난급위제희 중품상생자 약유중생 수지오계

持八戒齋 修行諸戒不造五逆 無衆過患 以此善根 廻
지팔계재 수행제계부조오역 무중과환 이차선근 회

向願求生於西方極樂世界 臨命終時 阿彌陀佛與諸比
향원구생어서방극락세계 임명종시 아미타불여제비

丘眷屬圍繞放金色光 至其人所 演說苦空無常無我 讚
구권속위요방금색광 지기인소 연설고공무상무아 찬

歎出家得離衆苦 行者見已 心大歡喜 自見己身 坐蓮
탄출가득리중고 행자견이 심대환희 자견기신 좌연

花臺 長跪合掌 爲佛作禮 未擧頭頃 即得往生極樂世
화대 장궤합장 위불작례 미거두경 즉득왕생극락세

界 蓮花尋開 當華敷時聞衆音聲 讚歎四諦 應時即得
계 연화심개 당화부시문중음성 찬탄사제 응시즉득

阿羅漢道 三明六通 具八解脫 是名中品上生者
아라한도 삼명육통 구팔해탈 시명중품상생자

부처님께서 아난과 위제희에게 말씀하셨다.

"중품상생이란 만약 어떤 중생이 오계五戒와 팔계八戒와 모든 계를 받아 지키며 오역죄를 범하지 않고, 아무런 허물이 없는 선근을 회향해서 서방극락세계에 태어나기를 원하는 것이다.

이 사람이 목숨을 마칠 때에 임해 아미타불께서는 모든 비구와 권속들에게 둘러싸여 금색의 광명을 발하여 그 사람의 처소에 오셔서 고苦, 공空, 무상無常, 무아無我를 연설하시고, 출가하여 모든 괴로움을 여읜 것을 찬탄하신다. 수행자는 부처님을 뵙고 나서 마음으로 크게 기뻐하면서 스스로 자기 몸을 되돌아보면 이미 연화대에 앉아 있다. 무릎을 꿇고 합장하여 부처님께 예배하고 아직 머리를 들기도 전에 극락세계에 왕생하며, 그때 연꽃이 피는데, 연꽃이 필 때 모든 소리가 사제四諦를 찬탄하는 것을 들을 수 있느니라. 이때에 수행자는 아라한도를 얻고 삼명三明과 육신통과 팔해탈八解脫을 갖추게 되는데, 이것을 중품상생이라 한다."

【해설】

이 단원부터 중품하생까지는 소승을 닦는 범부가 왕생하는 중배관中輩觀이다. 중품상생이란 소승의 근기인 상선上善 범부가 왕생하는 것인데, 이 사람은 재가신도가 닦는 오계五戒와 팔계재八戒齋와 그 외 계율을 지키고, 오역죄를 범하지 않고, 어쩌다 조그마한 가벼운 죄라도 범하였다면 곧 참회하여 계를 범한 허물을 제거하는 수행을 하는 이들이라고 하여 참회에 중점을 두었다. 이 계법戒法을 받아 지키는 선근공덕을 회향하여 서방극락세계에 왕생하고 싶다고 원하면 임종할 때 아미타불께서는 비구들과 정토의 많은 권속들에게 둘러싸여 금색의 광명을 발하며 그 사람 앞에 나타나 맞이하신다. 수행자는 눈앞에 부처님을 우러러 뵈옵고 법을 들을 수 있음에 기쁜 마음을 일으켜 자신을 되돌아보면 이미 연화대에 앉아 있음을 알고, 무릎을 꿇고 합장하여 부처님께 예배하는데, 아직 예배하는 머리를 들기도 전인 극히 짧은 사이에 극락세계에 왕생하는 사람이다.

오계五戒: 첫째 불살생계로不殺生戒로 살아 있는 모든 유정有情의 생명을 죽이지 않는 것이고, 둘째는 불투도계不偸盜戒로 주지 않는 남의 물건을 갖지 말라는 것으로 도적질하는 것을 금한 것이며, 셋째는 불사음계不邪淫戒로 자기 부인이나 남편이 아니면 성性행위를 하지 않는 것이다. 넷째는 불망어계不妄語戒로 자기의 이익을 위해 남을 속이지 말라는 것으로 거짓말을 하지 말라는 것이고, 다섯째는 불음주계不飮酒戒로 술을 마시지 말라는 것 등이다.

팔계재八戒齋: 재가신도가 만 하루 동안 지키는 팔관재계로 위 오계에다 여섯째로 꽃다발을 쓰거나 향을 바르고 노래하지 말고 가서 구경하지 말라는 것이고, 일곱째로 높고 넓은 평상에 앉지 말라는 것이며, 여덟째로 때 아닌 때 먹지 말라는 것 등이다.

삼명三明: 첫째 숙명명宿命明은 모든 사람들의 전생의 일을 아는 지혜이고, 둘째 천안명天眼明은 모든 사람들의 미래의 일을 아는 지혜이며, 셋째 누진명漏盡明은 현재의 번뇌를 끊는 지혜이다.

제15 중품상생 中品上生

제2항 소승하선小乘下善의 범부왕생(中品中生)

中品中生者 若有衆生 若一日一夜持八戒齋 若一日
중품중생자 약유중생 약일일일야지팔계재 약일일

一夜持沙彌戒 若一日一夜持具足戒 威儀無缺 以此
일야지사미계 약일일일야지구족계 위의무결 이차

功德 廻向願求生極樂國 戒香薰修 如此行者 命欲終
공덕 회향원구생극락국 계향훈수 여차행자 명욕종

時 見阿彌陀佛 與諸眷屬 放金色光 持七寶蓮花 至行
시 견아미타불 여제권속 방금색광 지칠보련화 지행

者前 行者自聞 空中有聲 讚言 善男子 如汝善人 隨
자전 행자자문 공중유성 찬언 선남자 여여선인 수

順三世諸佛敎故 我來迎汝 行者自見 坐蓮花上 蓮花
순삼세제불교고 아래영여 행자자견 좌연화상 연화

即合 生於西方極樂世界 在寶池中 經於七日 蓮花乃
즉합 생어서방극락세계 재보지중 경어칠일 연화내

敷 花既敷已 開目合掌 讚歎世尊 聞法歡喜 得須陀洹
부 화기부이 개목합장 찬탄세존 문법환희 득수다원

經半劫已 成阿羅漢 是名中品中生者
경반겁이 성아라한 시명중품중생자

"중품중생이란 만약 어떤 중생이 하루 밤낮 동안 팔계재八戒齋, 사미계沙彌戒, 구족계具足戒를 지켜서 위의에 조금도 부족함이 없는 이러한 공덕을 회향하여 극락세계에 태어나기를 원하는 것이다. 계를 지키는 공덕이 있기 때문에 이와 같은 수행자는 목숨을 마치려 할 때 아미타불께서 많은 권속들을 거느리시고 금색 광명을 발하여 칠보의 연꽃을 가지고 수행자 앞에 오심을 뵈올 수 있다. 그때 수행자는 스스로 공중으로부터 '선남자여, 그대와 같이 착한 사람은 삼세三世 모든 부처님의 가르침에 순종하고 따랐기에 내가 와서 그대를 맞이하노라'고 칭찬하시는 소리를 듣고, 수행자가 스스로 자기를 되돌아보면 연꽃 위에 앉아 있는데, 연꽃은 곧 오므라들어 서방극락세계 보배 연못 가운데 태어나 칠 일이 지나면 연꽃이 핀다. 그 연꽃이 피면 눈이 열리어 합장하고 세존을 찬탄하며, 법을 듣고 환희하여 수다원과를 얻은 후 반겁半劫이 지나면 아라한과를 이룬다. 이것을 중품중생이라 한다."

【해설】

이 단원은 중품중생으로 소승의 근기인 하선下善 범부의 왕생을 밝힌 곳이다. 즉 재가신도가 수행하는 팔관재계와 출가자인 사미가 지키는 십계十戒, 비구와 비구니가 지니는 구족계를 하루 낮과 밤 동안 지키는 공덕을 회향해 극락국토에 왕생하고 싶다고 원하는 사람이다.

이 사람은 목숨을 마치려 할 때에 아미타불의 화신이 정토의 비구 권속과 함께 금색 광명을 발하고 칠보의 연꽃을 들고 수행자 앞에 맞이하러 오실 때, 하늘에서 찬탄하는 소리를 듣고 자신을 되돌아보면 이미 연화대 위에 앉아 있음을 아는데, 곧 그 연꽃은 오므라들어 수행자를 감싸고, 서방극락세계에 왕생하여 연꽃 속에 태어나 칠 일이 지나면 연꽃이 핀다.

사미계沙彌戒: 출가한 사미, 사미니가 받는 열 가지 계로 첫째, 살생을 하지 말라. 둘째, 훔치지 말라. 셋째, 범행梵行이 아닌 것을 하지 말라. 넷째, 거짓말을 하지 말라. 다섯째, 술을 마시지 말라. 여섯째, 때 아닌 때 먹지 말라. 일곱째, 가무歌舞와 오락 등을 하지도 보지도 말라. 여덟째, 화환·향·화장품 등을 사용하지 말라. 아홉째, 높고 큰 자리를 사용하지 말라. 열째, 금과 은 등 보배를 받지 말라 등이다.

구족계具足戒: 출가한 비구, 비구니가 받는 계로 『사분율』에 의하면 비구는 250계이고 비구니는 348계다.

위의威儀: 대승에는 팔천 가지, 소승에는 삼천 가지 위의가 있다고 한다.

계향훈수戒香薰修: 향의 향기가 사방으로 퍼지는 것처럼 계를 지키는 공덕이 쌓이고 쌓여 큰 공덕이 되는 것.

수다원須陀洹: 산스크리트 srotāpanna로 성문이 얻는 네 가지 과果 가운데 처음의 과인 지위로, 범부의 몸을 버리고 처음 성인의 유流에 들어갔으므로 입류入流라 하고, 무루無漏의 도에 들어갔으므로 예류預流라 한다.

제15 중품중생 中品中生

제3항 세선상복世善上福의 범부왕생(中品下生)

中品下生者 若有善男子善女人 孝養父母 行世仁慈
중품하생자 약유선남자선여인 효양부모 행세인자

此人命欲終時 遇善知識 爲其廣說阿彌陀佛國土樂事
차인명욕종시 우선지식 위기광설아미타불국토낙사

亦說法藏比丘四十八願 聞此事已 尋卽命終 譬如壯
역설법장비구사십팔원 문차사이 심즉명종 비여장

士屈伸臂頃 卽生西方極樂世界 生經七日 遇觀世音
사굴신비경 즉생서방극락세계 생경칠일 우관세음

及大勢至 聞法歡喜 經一小劫 成阿羅漢 是名中品下
급대세지 문법환희 경일소겁 성아라한 시명중품하

生者 是名中輩生想 名第十五觀
생자 시명중배생상 명제십오관

"중품하생이란 선남자 선여인이 부모님께 효도하고 세상의 어진 일과 자비를 행하는 것이다. 이 사람이 목숨을 마치려 할 때 선지식이 그를 위해 널리 아미타불 국토의 즐거운 일을 설하고, 또 법장비구의 사십팔원에 대한 설법을 듣고 나서 목숨을 마치면, 가령 힘센 장사가 팔을 한 번 굽혔다 펴는 사이에 곧 서방극락세계에 태어난다. 태어나서 칠 일이 지나면 관세음보살과 대세지보살을 만나서 법을 듣고 기뻐하며, 한 소겁을 지나 아라한과를 이룬다. 이것을 중품하생이라 하고, 이상이 중품들이 왕생하는 생각(中輩生想)이라 하며 열다섯 번째 관이라 한다."

【해설】

이 단원은 중품하생으로 불교 이외의 일반 세간의 선근 가운데 상선근上善根을 수행하여 왕생을 원하는 사람이다. 즉 세상에서 지키는 윤리도덕 가운데 부모에게 효도하고, 세상 사람들에게 인의仁義와 자비慈悲를 행하는 사람으로 임종할 때 선지식善知識을 만나 극락세계의 장엄과 안락, 그리고 아미타불이 법장보살로 수행하실 때에 마흔여덟 가지 서원을 세우셨던 것 등에 대한 설법을 듣고 목숨을 마치면 이 사람은 법문을 들은 공덕에 의해, 마치 신체가 건강한 사람이 굽힌 팔을 펴는 것처럼 순식간에 왕생하는 사람이다. 이 사람은 극락세계에 왕생하여 칠 일이 지나면 관세음과 대세지 두 보살을 만나서 법을 듣고 마음에 기쁨을 일으킨 후 한 소겁을 경과해서 아라한과를 깨닫는다.

이 단원에서부터 뒤에 나오는 하품하생까지는 임종을 앞둔 사람이 선지식善知識을 만나는 인연이 설해져 있다. 여기서 이야기한 선지식이란 출가자이든 재가자이든 누구를 막론하고 부처님의 진리를 잘 알고 실천하는 수행자를 말하지만, 여기서는 특히 정토사상에 대해 심도 있게 알고 꾸준히 염불하는 수행자를 말한다고 본다. 임종을 앞둔 사람은 이 선지식을 만나 극락정토의 장엄과 여기서 얻게 되는 이익, 그리고 아미타불의 본원력에 대한 법을 듣고 마음속에 안온을 얻고 극락세계에 태어나기를 발원하게 된다. 즉 중품하생 이상은 선지식의 도움 없이 정토사상에 대한 것을 잘 알아 자력의 수행으로 왕생이 가능하지만, 중품하생부터는 자만심으로 일생을 살면서 정토교에 대한 믿음이 없다가 죽음을 앞둔 시점에는 초조하고 불안하여 선지식의 도움 없이는 왕생이 불가능하기 때문에, 선지식의 정토교에 대한 설법을 듣고 마음이 안심되어 왕생을 원하여 왕생하게 되는 것이다.

제15 중품하생中品下生

제3절 악한 인연을 만난 범부왕생

제1항 가벼운 죄의 범부왕생(下品上生)

佛告阿難及韋提希 下品上生者 或有衆生 作衆惡業
불고아난급위제희 하품상생자 혹유중생 작중악업

雖不誹謗方等經典 如此愚人 多造衆惡 無有慚愧 命
수불비방방등경전 여차우인 다조중악 무유참괴 명

欲終時 遇善知識爲讚大乘十二部經首題名字 以聞如
욕종시 우선지식위찬대승십이부경수제명자 이문여

是諸經名故 除却千劫極重惡業 智者復教 合掌叉手
시제경명고 제각천겁극중악업 지자부교 합장차수

稱南無阿彌陀佛 稱佛名故 除五十億劫生死之罪 爾
칭나무아미타불 칭불명고 제오십억겁생사지죄 이

時彼佛 即遣化佛化觀世音化大勢至 至行者前 讚言
시피불 즉견화불화관세음화대세지 지행자전 찬언

善男子 汝稱佛名故 諸罪消滅 我來迎汝 作是語已 行
선남자 여칭불명고 제죄소멸 아래영여 작시어이 행

者即見化佛光明徧滿其室 見已歡喜 即便命終 乘寶
자즉견화불광명변만기실 견이환희 즉변명종 승보

蓮花 隨化佛後 生寶池中 經七七日 蓮花乃敷 當花敷
련화 수화불후 생보지중 경칠칠일 연화내부 당화부

時 大悲觀世音菩薩及大勢至菩薩 放大光明 住其人
시 대비관세음보살급대세지보살 방대광명 주기인

前 爲說甚深十二部經 聞已信解 發無上道心 經十小
전 위설심심십이부경 문이신해 발무상도심 경십소

劫 具百法明門 得入初地 是名下品上生者 得聞佛名
겁 구백법명문 득입초지 시명하품상생자 득문불명

法名 及聞僧名 聞三寶名 即得往生
법명 급문승명 문삼보명 즉득왕생

부처님께서 아난과 위제희에게 말씀하셨다.

"하품상생이란 어떤 중생이 여러 가지 악업을 짓고 방등경전을 비방하지 않는다 하더라도 이와 같은 어리석은 사람은 온갖 많은 악을 지으면서도 뉘우칠 줄 모르지만 이 사람이 목숨을 마치려 할 때 선지식이 그를 위하여 대승 십이부경의 제목만을 찬탄하는 이때, 그는 모든 경의 이름을 듣는 공덕으로 천 겁 동안 지은 아주 무거운 악업이 소멸된다. 또 지혜 있는 사람이 가르치기를 합장하여 나무아미타불의 부처님 명호를 부르게 하여 그 부르는 공덕에 의해 오십억겁 생사의 죄가 제거된다. 그때 저 부처님이 곧 화신불과 화신관세음보살, 화신대세지보살을 그 사람 앞에 가게 하여 칭찬하며 말씀하시기를 '선남자여, 그대는 부처님 명호를 부른 까닭에 여러 가지 죄업이 소멸되어 내가 그대를 맞이하러 왔노라'고 하시느니라. 이 말이 끝나면 수행자는 곧 화신불의 광명이 그 방 안에 가득한 것을 보고 나서 기쁨에 넘쳐 이내 목숨을 마치고, 보배 연꽃을 타고 화신불 뒤를 따라 보배 연못 가운데 태어난 후 49일이 지나면 연꽃이 피는데, 꽃이 필 때에는 대비관세음보살 및 대세지보살이 대광명을 발하여 그 사람 앞에 머물러 심오한 십이부경전을 설하신다. 이것을 다 듣고 나서 믿고 받들며 위없는 도를 구하는 마음을 내어 십 소겁을 지나면 백법명문百法名門을 갖추어 초지初地에 들게 된다. 이것을 하품상생이라 하나니, 부처님의 명호와 법의 이름과 스님 등 삼보의 이름을 듣는 공덕으로 왕생할 수 있느니라."

【해설】

이 단원부터 하품하생까지는 악을 지은 범부가 정토에 왕생하는 것을 세 가지로 구분하여 설한 곳으로, 하품상생은 열 가지 악의 가벼운 죄를 범하는 범부의 왕생을 밝혔다.

이 하품상생은 십악十惡의 가벼운 죄를 범하는 범부가 왕생하는 것으로 대승경전을 비방하지는 않았지만 어리석어 많은 악업을 짓고 조금도 부끄러워하거나 뉘우치거나 참회하지 않고 살다가, 임종할 때 선지식을 만나 대승의 십이부경전의 제목을 칭찬하는 법을 들은 공덕에 의해 천 겁이라는 긴 세월 동안 범한 극히 중한 악업을 제거할 수 있고, 또 선지식의 가르침대로 합장하여 나무아미타불이란 부처님 명호를 부르면 그 공덕에 의해 오십억 겁 동안 범한 생사윤회의 업장을 제거할 수 있는 사람이다. 이 사람이 부처님 명호를 부르는 공덕에 의해 아미타불께서는 화신불, 화신관세음보살, 화신대세지보살 등을 수행자의 앞에 오게 해 맞이하여 왕생케 한다. 즉 칠보의 연꽃 위에 올라 화신불의 뒤를 따라 왕생하여 정토의 칠보 연못 속에 화생化生하여 49일이 지나면 연꽃이 피고, 꽃이 필 때에 이르러 대자비의 관세음보살과 대지혜의 대세지보살이 이 사람에게 심오하고 미묘한 법을 설하면 이 소리를 듣고 보리심을 발하여 십 소겁을 지나 모든 법문을 깨닫는 지혜를 얻고, 보살의 초지인 환희지에 들어간다.

이 단원과 하품하생에서는 입으로 아미타 부처님 명호를 부르는 칭명염불稱名念佛이 언급되어 있다. 그러나 앞에서 본 『무량수경』의 제18원과 삼배단三輩段에서는 마음속으로 아미타불을 염하는 염불念佛만 있고, 뒤에 나오는 『아미타경』에서는 아미타불 명호를 마음속에 간직하라는 집지명호執持名號만 있지 명호를 부르라는 칭명은 명시적으로 없다. 염念이란 전념으로 아미타불을 염하는 것이기 때문에 그리 쉬운 일은 아니지만 입으로 부처님 명호를 부르는 것은 전념이 아닌 산란한 마음으로도 할 수 있어 쉽다고 볼 수 있다. 그래서 이 경전에서는 산란한 마음이 많은 범부를 구제하기 위하여 수행하기 쉬운 칭명염불을 말씀하셨다고 본다. 따라서 『무량수경』의 염불과 『아미타경』의 '집지명호'는 아미타불의 본원의 입장에서 보면 입으로 부처님 명호를 부르는 칭명에 의해 염念이 되고 집지執持가 된다고 보아야 한다.

선도대사는 "부처님께서 정선과 산선 등 두 문의 이익을 말씀했지만, 부처님의 본원으로 보면 뜻은 한결같이 오로지 아미타불의 명호를 부르게 하는 데 있다"고 말해 본원本願과 비본원非本願이라는 범주를 두어 칭명염불은 본원이고 다른 수행은 비본원으로 보았다. 이를 다시 선도대사는 정행正行과 잡행雜行 등 두 가지로 나누고, 이 정행 가운데 칭명염불은 바르게 정해진 업이라 하여 정정업正定業이라 하고, 독송, 관찰, 예배, 찬탄공양은 칭명을 돕는 행이라 하여 조업助業으로 분류하였으며, 이 외의 수행을 잡행이라 하고 이를 제행諸行, 또는 여행餘行이라 하였다. 이 경전에서 칭명염불만 설하지 않고 다른 수행과 섞어 말씀하신 것은, 첫째는 중생의 근기가 다양하기 때문에 여기에 맞추어 설함으로써 다양한 사람을 극락정토로 인도하기 위해서이고, 둘째는 다른 수행은 실천하기 어렵지만 부처님 명호를 부르는 것은 쉽고 우세하다는 것을 보이기 위함이라고 생각한다.

용수보살은 염불의 종류에 대해 부처님의 32상과 80종호를 염하는 색신염불色身念佛, 부처님의 40불공법을 염하는 법신염불法身念佛, 실상實相을 염하는 실상염불을 말하면서 색신염불에서 힘을 얻으면 법신염불을 하고, 법신염불에서 힘을 얻으면 실상염불을 하라고 하였다. 그리고 장애가 많아 부처님을 쉽게 염할 수 없는 사람은 십호염불十號念佛을 해도 삼매를 얻을 수 있다고 하여 염불의 종류를 다양하게 전개하면서 염불의 점차를 언급하였다. 화엄종의 제5조라고 불리고 있는 종밀은 부처님 명호를 부르는 칭명념稱名念, 여래의 모습을 그린 불상을 관하는 관상념觀像念, 부처님 상호를 관하는 관상념觀相念, 일체법의 진실한 자성自性을 관하는 실상념實相念 등 네 가지 염불을 제창하였다. 이 두 분의 설에서도 가장 실천하기 쉬운 것은 부처님 명호를 부르며 염하는 것인데 이는 이 경의 영향을 받은 것이 아닌가 생각한다.(자세한 것은 필자가 저술한 『염불의 원류와 전개사』를 참고할 것)

제16 하품상생 下品上生

제2항 계를 파한 범부왕생(下品中生)

佛告阿難及韋提希 下品中生者 或有衆生 毁犯五戒
불고아난급위제희 하품중생자 혹유중생 훼범오계

八戒及具足戒 如此愚人 偷僧祇物 盜現前僧物 不淨
팔계급구족계 여차우인 투승기물 도현전승물 부정

說法 無有慚愧 以諸惡業 而自莊嚴 如此罪人 以惡業
설법 무유참괴 이제악업 이자장엄 여차죄인 이악업

故 應墮地獄 命欲終時 地獄衆火 一時俱至 遇善知識
고 응타지옥 명욕종시 지옥중화 일시구지 우선지식

以大慈悲 爲說阿彌陀佛十力威德 廣說彼佛光明神力
이대자비 위설아미타불십력위덕 광설피불광명신력

亦讚戒定慧解脫解脫知見 此人聞已 除八十億劫生死
역찬계정혜해탈해탈지견 차인문이 제팔십억겁생사

之罪 地獄猛火 化爲清涼風 吹諸天華 華上皆有化佛
지죄 지옥맹화 화위청량풍 취제천화 화상개유화불

菩薩 迎接此人 如一念頃 即得往生七寶池中蓮花之
보살 영접차인 여일념경 즉득왕생칠보지중연화지

內 經於六劫 蓮花乃敷 當華敷時 觀世音大勢至 以梵
내 경어육겁 연화내부 당화부시 관세음대세지 이범

音聲安慰彼人 爲說大乘甚深經典 聞此法已 應時即
음성안위피인 위설대승심심경전 문차법이 응시즉

發無上道心 是名下品中生者
발무상도심 시명하품중생자

부처님께서 아난과 위제희에게 말씀하셨다.

“하품중생이란 어떤 중생이 오계五戒, 팔계八戒 및 구족계具足戒 등을 범하는 사람이다. 이 어리석은 사람은 승단의 물건을 훔치며, 현재 승려의 물건을 도둑질하고, 부정하게 법을 설하고도 뉘우치고 부끄러워할 줄 모르며, 모든 악한 업으로 스스로를 가리고 있느니라. 이와 같은 죄인은 악업으로 인해 지옥에 떨어지나니. 목숨을 마치려 할 때에 지옥의 맹렬한 불이 일시에 몰려들게 된다.

선지식이 대자비로 이 사람을 위하여 아미타불의 열 가지 위신력을 설하고, 저 부처님의 광명과 신통력을 설하며, 또 계정혜戒定慧·해탈解脫·해탈지견解脫智見 등을 찬탄할 때 이 사람이 듣게 되면 팔십억겁의 생사의 죄가 없어지고 지옥의 맹렬한 불은 시원한 바람으로 변하여 여러 가지 하늘의 꽃이 날리게 된다.

꽃 위에 모든 화신부처님, 화신보살이 계시어 이 사람을 맞이하며, 일념 사이에 바로 왕생하여 칠보 연못 가운데 있는 연꽃 속에서 육 겁劫을 지나면 연꽃이 핀다. 꽃이 필 때에 관세음보살, 대세지보살이 청정한 음성으로 저 사람을 편안하게 위로하고, 그를 위하여 대승의 심오한 경전을 설하시면 이 법을 듣고 나서 곧 위없는 도를 구하려는 마음을 내느니라. 이것을 하품중생이라 한다.”

【해설】

이 단원은 하품중생으로 계를 파해 죄가 있는 범부의 왕생이다. 오계와 팔계와 구족계를 파하고, 또 교단의 대중인 비구·비구니의 공유물을 훔치고(偸僧祇物), 또한 정사 내의 비구·비구니의 공동 소유물을 훔치며(盜現前僧物), 자기의 명예와 이익을 위해 부처님의 가르침을 파는 등 부정하게 법을 설하고도 마음에 조금도 부끄러워함이 없을 뿐 아니라, 이와 같은 악업을 범하고도 자신은 잘못한 줄 모르고 잘한 것처럼 뽐내는 것인데, 오늘날 한국불교계에도 이런 사람이 적지 않다. 이런 사람은 그가 범한 죄업에 의해 당연히 지옥에 떨어져야 할 사람이지만, 임종할 때 선지식이 있어 이 사람을 불쌍히 여겨 대자비심을 일으켜 아미타불의 열 가지 힘의 위덕과 광명의 불가사의한 공덕을 설하여 주고, 또 부처님의 오분법신五分法身에 대한 이야기를 듣는 공덕에 의해 팔십억겁 긴 세월 동안에 범한 생사윤회의 죄를 제거할 수 있다. 이 사람을 화신불, 화신보살이 정토로 인도하는데 일념 사이에 극락정토의 칠보 연꽃 속에 화생化生한 후 육 겁의 시간을 경과하여 연꽃이 피고, 이 꽃이 필 때에 이르러 관세음보살과 대세지보살은 이 사람을 위해 청정한 소리로 대승의 심오하고 미묘한 교법을 설하시면 이 법을 듣고 나서 곧 위없는 도를 구하려는 마음을 낸다.

승지물僧祇物: 교단의 대중인 비구, 비구니의 공동 소유물.

현전승물現前僧物: 한 사찰 내에 있는 현재 승려들의 물건.

부정설법不淨說法: 명예와 이익을 위해 부처님의 법을 설하는 것.

해탈지견解脫知見: 오분법신五分法身 가운데 마지막으로 자기가 해탈하였음을 확인하는 지혜를 말한다. 부처님은 이 공덕에 의해서 불신佛身을 이루기 때문에 오분법신이라 한다. 여기서 말한 오분법신이란 지계持戒로부터 선정禪定이 생기고, 선정에 의하여 지혜를 얻으며, 지혜로써 해탈에 도달하고, 해탈에 의하여 해탈지견을 얻게 되는 것을 말한다.

제16 하품중생下品中生

제3항 오역중죄五逆重罪의 범부왕생(下品下生)

佛告阿難及韋提希 下品下生者 或有衆生 作不善業
불고아난급위제희 하품하생자 혹유중생 작불선업

五逆十惡 具諸不善 如此愚人 以惡業故 應墮惡道 經
오역십악 구제불선 여차우인 이악업고 응타악도 경

歷多劫 受苦無窮 如此愚人 臨命終時 遇善知識種種
력다겁 수고무궁 여차우인 임명종시 우선지식종종

安慰爲說妙法教令念佛 此人苦逼 不遑念佛 善友告
안위위설묘법교령염불 차인고핍 불황염불 선우고

言 汝若不能念者 應稱無量壽佛 如是至心令聲不絕
언 여약불능염자 응칭무량수불 여시지심령성부절

具足十念稱南無阿彌陀佛 稱佛名故 於念念中除八十
구족십념칭나무아미타불 칭불명고 어염념중제팔십

億劫生死之罪 命終之時 見金蓮花 猶如日輪 住其人
억겁생사지죄 명종지시 견금련화 유여일륜 주기인

前 如一念頃 即得往生極樂世界 於蓮花中 滿十二大
전 여일념경 즉득왕생극락세계 어연화중 만십이대

劫 蓮花方開 觀世音大勢至 以大悲音聲 爲其廣說諸
겁 연화방개 관세음대세지 이대비음성 위기광설제

法實相除滅罪法 聞已歡喜 應時即發菩提之心 是名
법실상제멸죄법 문이환희 응시즉발보리지심 시명

下品下生者 是名下輩生想 名第十六觀
하품하생자 시명하배생상 명제십육관

부처님께서 아난과 위제희에게 말씀하셨다.

"하품하생이란 어떤 중생이 착하지 못한 업인 오역죄와 열 가지 악과 가지가지 착하지 못한 악업을 지은 사람이다. 이와 같은 어리석은 사람은 악업 때문에 마땅히 악도惡道에 떨어져서 많은 세월을 지나면서 한없는 괴로움을 받을 것이다. 이 어리석은 사람은 목숨을 마칠 때에 선지식이 여러 가지로 편안하게 위로하고 그를 위하여 미묘한 법을 설하여 가르쳐서 부처님을 생각하도록 권함을 받았으나 이 사람은 고통에 시달려 부처님을 생각할 틈이 없다.

그래서 선지식은 다시 말씀하시기를 '그대가 만약 부처님을 생각할 수 없으면 무량수불을 불러라'고 하였다. 이와 같이 지극한 마음으로 소리가 끊어지지 않게 하여 십념十念을 구족하여 나무아미타불을 부르면 부처님의 명호를 부르는 까닭에 생각 생각 가운데 팔십억겁 생사의 죄가 제거된다. 그리고 목숨을 마칠 때는 태양과 같은 황금의 연꽃이 그 사람 앞에 머물러 있는 것을 보고, 곧 한 생각 사이에 극락세계에 왕생한다. 그 연꽃 속에서 12대겁十二大劫을 지나서 연꽃이 피는데 관세음보살, 대세지보살이 대자비의 음성으로 그를 위하여 널리 모든 법의 실상實相과 죄를 없애는 법을 설하는 소리를 듣고 나서 기쁨에 넘쳐 곧 보리심을 내느니라. 이것을 하품하생이라 하며, 위의 삼생三生을 하품들이 왕생하는 생각(下輩生想)이라 하고 열여섯 번째 관이라 한다."

【해설】

이 단원은 구품 가운데 마지막 하품하생으로 죄 중에 가장 무거운 오역죄를 지은 범부의 왕생이다. 가장 큰 악업인 오역죄와 십악업十惡業 등 착하지 못한 많은 업을 범한 어리석은 사람은 당연히 지옥, 아귀, 축생에 떨어져 오랫동안 한없는 괴로움을 받아야 하지만, 다행히 이 어리석은 사람이 목숨을 마칠 때에 선지식을 만나 대승의 미묘한 법문의 가르침을 받으며, 또 부처님을 생각하라는 권유를 받았다. 그러나 악한 과보로 괴로움에 핍박받아 부처님을 생각할 여유가 조금도 없으므로 선지식이 말하기를 "그대가 만일 괴로움에 핍박받아, 부처님을 생각할 여유가 없다면 아미타불의 이름을 부르라"고 하여 진실한 마음으로 나무아미타불을 열 번 소리 내어 부르면, 부처님의 명호를 부른 공덕에 의해 한 소리 한 소리 속에 팔십억겁 동안에 지은 생사의 죄업이 소멸되고, 목숨을 마치려 할 때에 태양과 같이 빛나는 연화대를 보고, 곧 그 연화대에 올라 극락세계에 왕생한다.

이 하품하생에서는 칭명염불이 왜 필요한지를 여실하게 말씀하셨다. 이 칭명염불은 가장 나약한 범부이고 죄업을 많이 지어 구제가 가능하지 않는 범부, 일반적인 수행조차 할 수 없는 범부를 구제하기 위한 것임을 알 수 있다. 우리가 살고 있는 말법시대에 나태하고 잘못된 생각으로 많은 죄업을 지었더라도 아미타 부처님께 귀의하여 명호를 부르면 많은 세월 동안 지은 죄업이 소멸되어 금생에는 바른 삶을 영위할 수 있고, 임종한 후에는 극락정토에 왕생하여 불자의 최상의 목표인 무생법인을 증득하여 부처가 될 수 있다는 것을 명심해야 한다.

이상 산선散善인 구품왕생을 정리하면 몇 가지로 요약할 수 있다.

첫째, 구품의 근기에 차별이 있음을 알 수 있는데 이것을 정토교에서는 종성種性이란 말로 표현하고 있다. 이에 대해 도표를 만들어 보면 다음과 같다.

九品	淨影의 설	天台의 설	迦才의 설	善導의 설
上品上生	四·五·六地順忍菩薩	道種性菩薩	十解初心	
上品中生	初·二·信三地忍菩薩	性種性菩薩	十信初心	大乘凡夫
上品下生	種性解行伏忍菩薩	習種性菩薩	十信前一切趣善凡夫	
中品上生	前三果의 人	外凡十信의 人	四善根位	
中品中生	見道以前의 內外凡夫		五停心等三賢位	小乘凡夫
中品下生	見道以前世俗의 凡夫		五停心以前一切趣善凡夫	
下品上生	大乘初學의 人, 罪過의	今時悠悠의 凡夫	一切起惡凡夫	
下品中生	輕重에 따라서 나누어			遇惡凡夫
下品下生	三品이라 한다.			

도표에서 본 바와 같이 구품의 종성에 대해 정영사 혜원, 천태지자, 가재, 선도대사 등은 각기 보는 견해가 다름을 알 수 있다. 이는 구품을 보는 관점의 차이에서 오는 것으로 선도대사 외 다른 사람은 이 경을 부처님을 생각하여 관하는 것에 근본을

둔 것으로 보았고, 선도대사는 이 경을 관불삼매와 염불삼매 등 두 가지에 근본을 두고 본 것이다. 즉 선도대사는 16관 가운데 앞 정선인 13관은 관불삼매를 성취하게 하는 데 근본을 두었고, 뒤 산선인 3관은 미래 세상에 산란한 마음을 가진 범부를 위해 염불삼매를 성취하게 하는 데 근본을 두었기 때문에 구품 모두를 범부라 하였다. 이 네 분의 설에 대해 간단히 살펴보면, 순수정토를 지향한 선도대사는 부처님이 세상에서 열반에 드신 후 오탁의 범부가 인연을 만나는 것이 각기 다르므로 구품의 차별을 둔 것이라고 하면서, 상품의 삼생을 대승을 만나는 범부, 중생의 삼생을 소승을 만나는 범부, 하품의 삼생을 악을 만나는 범부로 보았다. 그리고 구체적으로 상품의 삼생 가운데 상품상생은 대승의 사람이 상선(大乘上善)을 행하는 범부이고, 상품중생은 대승의 사람이 상선 다음가는 차선(大乘次善)을 행하는 범부며, 상품하생은 대승의 사람이 하선(大乘下善)을 행하는 범부라 하였다. 이들은 인연이 깊고 두터움으로써 대승의 교법을 만나 극락정토에 왕생하려 하여 탐하고 성내는 번뇌를 끊는 상행상근上行上根의 범부라고 하였다. 다음 중품의 삼생 가운데 중품상생은 소승의 근기를 가진 사람이 상선(小乘根性上善)을 행하는 범부고, 중품중생은 소승의 근기를 가진 사람이 하선(小乘根性下善)을 행하는 범부며, 중품하생은 세속의 가장 좋은 복(世善上福)을 닦는 범부다. 이들은 소승인으로서 모든 선 및 세상의 선근을 만나 이것을 회향해 정토에 왕생하는 중행중근中行中根의 사람이라고 하였다. 다음으로 하품의 삼생에 대해 하품상생은 열 가지 가벼운 죄(十惡輕罪)를 짓는 범부고, 하품중생은 계를 파하는 죄(破戒次罪)가 있는 범부며, 하품하생은 다섯 가지 무거운 역죄(五逆重罪)를 지은 범부다. 이들은 악업을 범한 것에 의해 임종 시 지옥의 맹렬한 불속으로 떨어질 것을 괴로워하고 번민할 때 선지식의 가르침을 만나 부처님 명호를 부른 그 공덕에 의해 왕생을 이루는 하행하근下行下根의 범부로 보았다.

이에 대해 정영사 혜원과 천태 지자대사 등은 이것을 성자로 보고 있다. 즉 정영사 혜원은 상품상생에서 "법문을 듣자마자 곧 무생법인을 얻는다"라는 내용에 주목하여 사지四地 이상 칠지七地까지의 성자로 보고, 상품중생은 "일 소겁을 지나서 무생법인을 얻는다"라고 한 내용에 의해 초지初地부터 삼지三地에 이르는 보살로 보았으며, 상품하생은 "삼 소겁을 지나서 백 가지 진리를 통하는 지혜를 얻어 환희의 경지에 머무른다"라고 한 내용에 의해 종성해행복인種性解行伏忍보살이라 하였다. 그리고 중품상생은 "응할 때 곧 아라한 도를 얻는다"고 한 내용에 의해 삼과三果의 사람이라 하며, 중품중생은 "7일 지나서 …… 법을 듣고 환희하며 수다원과를 얻고 반 겁을 지나 아라한을 이룬다"라는 내용에 의해 도를 보는 이전의 내범內凡이라 하고, 중품하생은 "일 소겁을 지나서 아라한을 이룬다"라는 내용에 의해 도를 보는 이전의 세속의 범부라 했다. 하품의 삼생은 대승을 처음 배우는 사람으로 모두 허물이 가볍고 무거움에 따라 세 가지로 구분했다.

다음으로 천태 지자는 상품삼생을 습종성習種性에서 해행解行 보살에 이르기까지의 사람이라 하고, 중품삼생은 외범십신外凡十信의 지위인 사람, 하품삼생은 지금 어떤 지위에 올라가기 어려운 유유悠悠한 범부라 했다. 중국의 가재는 상품상생을 십해十解의 초심, 상품중생을 십신十信의 초심으로서 모두 성자라 하고, 상품하생은 십신 이전의 모든 선을 취하는(一切趣善) 범부라 하였다. 중품상생은 사선근四善根의 지위, 중품중생은 오정심五停心 등의 삼현三賢의 위치인 사람으로 보았고, 중품하생은 오정심 이전의 일체취선 범부라 하고, 하품삼생은 모든 악을 일으키는 범부라 판단하였다. 즉 가재는 상품상생과 상품중생은 성자로 보고 그 외는 모두 범부로 보고 있다.

이와 같은 차이는 이 경을 보는 관점의 차이에서 비롯된 것이다. 선도대사는 이 경전이 관불觀佛과 염불을 근본으로 하여 설해진 것이라 보았다. 즉 선도대사는 관불은 정선13관으로 보고, 염불은 미래 세상에 산란한 마음을 가진 나약한 범부를 인도하기 위한 가르침으로 산선의 구품관으로 보았다. 선도대사는 이 구품관은 칭명염불을 근본으로 하여 범부들이 수행하기 쉽게 하기 위한 것에 목적을 두고 부처님이 설하였다고 본 것이고, 다른 정토가들은 구품 각 생生을 중생의 근기와 증득하는 과보에 의해 판단하였고, 전체적으로는 부처님을 생각하는 관에다 근본을 두고 본 것이라 할 수 있다.

이를 결론적으로 말하면, 이 구품왕생관은 이 세상에서 왕생을 발원하여 수행하는 사람의 근기에 대해 분류한 것이지 극락정토에 아홉 가지 차별이 있다는 것은 아니다. 왜냐하면 극락정토는 아미타불의 원만하고 무루無漏의 선근에 의해 이루어진 곳이고, 여기에 태어난 사람은 누구나 불퇴전의 지위에 오르기 때문이다. 사람의 근기에 상하와 선악이 있고, 수행에 깊고 낮음, 많고 적음이 있어 저 국토에 왕생하여 보는 장엄을 보는 것도 자기의 능력에 따라 보기 때문에 차별이 있게 본다고 할 수 있다. 이에 대해 가재迦才는 『정토론』에서 "중생의 기행起行에는 천 가지가 있어 왕생해서 국토를 보는 것도 천 가지로 다르게 본다. 그러나 국토를 취해 말할 때는 곧 구품이 있지 않지만 근기를 취하여 말하면 곧 배품輩品의 다름이 없는 것은 아니다. …… 구품왕생은 능히 태어난 사람의 근기가 각기 다르기 때문에 견해에 의해 차별이 있을 뿐 태어날 국토는 오직 하나의 청정한 불국토다"라고 하여 정토에는 차별이 없다고 하였다.

아미타불의 정토는 오승五乘이 함께 들어가는 국토로 청정한 하나의 세계이고, 저 국토에는 상하의 차별은 존재하지 않지만 정토왕생을 원하는 사람의 근기에 차별이 있으므로 구품정토의 차별이 있는 것이다. 이는 연꽃이 피고 짐에 빠르고 느림에 의한 차별이고, 정토는 아직 미혹을 끊지 못한 범부가 그대로 왕생하는 국토이므로 그 땅의 연꽃 속에서 번뇌를 다 끊는 데 꽃이 피는 시간에 느리고 빠름이 생기는 것이다. 연꽃이 피고 지는 데 빠르고 느린 차별에 대해서 상품상생은 곧 피고, 상품중생은 하룻밤을 지나 피며, 상품하생은 만 하루를 지나 피고, 중품상생은 곧 피고, 중품중생은 7일을 지나서 피며, 하품중생은 6겁을 지나서 피고, 하품하생은 12대겁을 지나서 핀다는 차별이 있어 여기에 구품의 차별이 생기는 것이지, 연꽃이 피어 정토의 성중과 합류하면 차별이 없이 모두 불퇴전의 사람인 것이다.

둘째, 구품의 사람이 수행하는 것이 각기 다름을 알 수 있다. 즉 극락세계에 왕생하려고 원을 세워 수행하는 것을 기행起行이라고 하는데 이에 대해 정리하면 다음과 같다.

상품상생 上品上生	사랑하는 마음으로 살생하지 않고 모든 계를 지키고, 대승방등경전을 독송하고, 육념을 닦는 사람(慈心不殺具諸戒行 讀誦大乘方等經典 修行六念).
상품중생 上品中生	선의 뜻을 알고 제일 심오한 진리에도 마음이 놀라거나 두려워하지 않고 깊이 인과의 도리를 믿어 대승을 비방하지 않는 사람(善解義趣於第一義 心不驚動 深信因果 不謗大乘).
상품하생 上品下生	역시 인과를 믿고 대승을 비방하지 않으며, 다만 위없는 도심道心을 일으킨 사람(亦信因果 不謗大乘 但發無上道心).
중품상생 中品上生	오계와 팔계와 모든 계를 받아 지키며 오역죄를 범하지 않고, 아무런 허물이 없는 사람(受持五戒 持八戒齋 修行諸戒 不造五逆 無重過患).
중품중생 中品中生	하루 밤낮 동안 팔계재, 사미계, 구족계를 지켜서 위의에 조금도 부족함이 없는 사람(若一日一夜 受持八戒齋 若一日一夜 持沙彌戒 若一日一夜 持具足戒 威儀無缺).

중품하생 中品下生	부모님께 효도하고 세상의 어진 일과 자비를 행하며 …… 선지식이 그를 위해 널리 아미타불 국토의 즐거운 일을 설하고, 또 법장비구의 사십팔원에 대한 설법을 들은 사람(孝養父母 行世仁慈 …… 遇善知識 爲其廣說阿彌陀佛國土樂事 亦說法藏比丘 四十八願).
하품상생 下品上生	선지식이 그를 위하여 대승 십이부경의 제목만을 찬탄하는 이때 그는 모든 경의 이름을 듣고 …… 지혜 있는 사람이 가르치기를, 합장하여 나무아미타불을 부르게 함을 듣는 사람(遇善知識 爲讚大乘十二部經首題名字 …… 知者復教合掌叉手稱南無阿彌陀佛).
하품중생 下品中生	선지식이 대자비로 이 사람을 위하여 아미타불의 열 가지 위신력을 설하고, 저 부처님의 광명과 신통력을 설하며, 또 계정혜·해탈·해탈지견 등을 찬탄하는 것을 듣는 사람(遇善知識 以大慈悲 爲說阿彌陀佛十力威德 廣說彼佛光明神力 亦讚戒定慧解脫解脫知見).
하품하생 下品下生	선지식이 …… 소리가 끊어지지 않게 하여 십념을 구족하여 나무아미타불을 부르게 함을 듣는 사람(遇善知識 …… 令聲不絕 具足十念稱南無阿彌陀佛).

이 상품상생부터 중품중생까지는 자기 스스로 계를 지키고 대승경전을 독송하며 대승경전을 비방하지 않고 깊이 인과를 믿고 수행하는 사람이고, 중품하생부터 하품하생까지는 계를 지키지 못한 범부다. 이 사람은 자기 스스로 수행하는 것이 가능하지 못해 선지식을 만나 아미타불과 극락세계에 대한 가르침을 듣고 수행하게 하였다. 즉 이 사람은 범부 중에 가장 나약하고 죄업이 많아 지옥으로 향할 사람인데, 이런 사람에게 수행하기 쉬운 칭명염불을 권하여 구원한 것이다.

셋째, 극락세계로 맞이하는 내영來迎에 대해 보면 상품의 삼생과 중품의 삼생은 진신불眞身佛이 와서 맞이하고, 하품상생과 하품중생은 화신불化身佛이 와서 맞이하며, 하품하생은 금련화

金蓮花만이 와서 맞이한다. 그리고 수행자가 타는 연꽃도 상품상생은 금강대이고, 상품중생은 자금대, 상품하생은 금련화이며, 중품상생과 중품중생은 연화좌이고, 하품상생은 보련화, 하품하생은 금련화를 타고 왕생한다. 중품하생과 하품중생에는 이에 대해 언급되어 있지 않는데 경을 편찬할 때 누락된 것이 아닌가 생각된다. 삼부경 가운데 이 경만이 산스크리트 본이 없어 이에 대해 알 수 없는 것이 아쉬움으로 남는다. 이와 같이 목숨을 마치려 할 때 극락세계의 성중이 와서 맞이하는 차이와 왕생이 빠르고 느린 것은 앞에서 언급한 바와 같이 수행을 잘하고 못하는 차이, 또 수행력이 높고 낮은 차이에서 오는 결과다.

성중들이 와서 맞이하는 내영은 『무량수경』의 제19원과 삼배왕생에도 설해져 있고 『아미타경』에도 설해져 있으며, 『문수사리발원경』과 『화엄경』의 보현행원품 등에 설해져 있는데 이것은 임종 시가 중요하다는 것을 의미한다. 왜냐하면 임종할 때 한순간이 다음 생을 결정하는 데 중요한 역할을 하기 때문이다. 본인이 아무리 좋은 곳으로 가고 싶어도 업력의 장애로 말미암아 갈 수 없기 때문에 성중들이 직접 와서 맞이하여 인도하는 것이다. 우리 불자들은 생사의 윤회로부터 벗어나려는 원을 누구나 가지고 있지만 자기가 다겁 동안 지은 업력에 이끌려 나쁜 곳으로 간다. 그래서 부처님과 성중들의 영접이 없다면 윤회를 벗어나기 어렵기 때문에 직접 와 맞이하여 윤회가 끊어진 세계로 인도하는 것이다.

넷째, 관불觀佛, 문법聞法, 칭명稱名 등의 공덕에 의해 죄가 소멸되는 것도 각기 다르다. 정선관定善觀에서는 "80억겁 생사의 죄를 제거한다"고 하고, "무량억겁의 극중한 악업을 제거한다"고 하였으며, "무량억겁 생사의 죄를 제거한다"고 설하였다. 또 산선관散善觀 하품의 삼생에서는 "부처님의 명호를 부르기 때문에 50억겁 생사의 죄를 제거한다"고 하였고, "이 사람은 듣고 나서 80억겁 생사의 죄를 제거해 지옥의 맹렬한 불이 변하여 시원한 바람이 된다"고 하였으며, "부처님 명호를 부르기 때문에 생각 속에 80억겁 생사의 죄를 제거한다"고 말씀하셨다.

이 죄에 대해 생각해 보자. 죄는 사회적으로 도덕적이고 윤리적인 것과 법률적인 것을 위반하였을 때, 또는 양심의 소리에 귀를 기울이지 않아 생긴 것이라 본다. 따라서 이 죄악을 규정하는 것은 법률과 관습, 양심이다. 불교에는 기독교에서 말하는 원죄관原罪觀이 없으며, 인간에게 있어서 악의 근원이라 할 수 있는 것은 무명이다. 기독교에서 원죄를 범한 사람은 인간의 시조라고 하는 아담과 이브인데, 아담과 이브는 사단의 꼬임에 의해 생명과를 먹어 원죄를 짓게 되는 것으로 나의 의지와는 상관없이 죄를 안고 산다. 신의 창조물인 아담과 이브의 원죄에 의해 죄는 세상에 남아 있게 되고, 또 죽음도 세상에 있게 되었다.

그래서 모든 사람은 자기의 생각과는 관계없이 이 원죄에 의해 당연히 죽어야 할 운명에 처해졌다. 그런데 죄를 사면받으려면 신의 은총이 필요하다고 하는 것은 좀 아이러니하지만, 아무튼 신이 죄를 용서하는 관용을 베풀지 않으면 죄의 사면은 불가능하다. 이에 비해 불교는 근본무명에 의해 많은 죄를 지어 생사를 윤회한다. 여기에서 존재로 생각되는 인간은 윤회에서 벗어나기 어려운 업고業苦의 인간이다. 그래서 무명에 의한 번뇌를 끊는 문제가 수행의 중심이고, 구하는 것은 무루無漏의 지혜이다.

이 근본무명에 대해 가장 본질적이라 생각되는 것은 무명을 무명이라 알지 못하는 무명이다. 이것을 무시무명無始無明이라 하고, 자각되지 않는 무명이라 한다. 이와 반대로 『대승기신론』에서 "홀연히 생각을 일으킴을 무명이라 이름한다"고 한 것은 무시무명이 아니고 자각된 무명인 유시무명有時無明이다. 자각된 무명에서 수행의 필요성을 느끼고 번뇌를 끊기 위해 수행한다. 그러나 많은 중생들은 세상의 욕락欲樂에 빠져 이 무명을 무명이라 알지 못하기 때문에 생사의 세계를 윤회한다. 이 생사의 세계에서 윤회하고 있는 것을 정토교에서는 죄악이라 말한다.

이런 죄악을 소멸하는 수행법으로 정토교에서는 부처님을 염하는 염불, 부처님을 관하는 관불觀佛, 부처님의 명호를 부르는 칭명稱名, 부처님의 법을 듣는 문법聞法 등이 있다. 이 수행에 의해 자기가 근본무명에 의해 생사를 윤회하고, 그동안 부처님의 가르침을 따르지 않았으며, 지금도 윤회를 되풀이하고 있는 것을 깊이 뉘우치고 부처님께 참회하면 이 참회가 환희로 전환되는 것이다. 죄악이 깊다고 생각하여 심한 고통 속에 번민하는 사람은 그대로 부처님의 구제를 기뻐하는 사람이다. 다시 말하면 죄악으로 생사를 되풀이하는 범부를 구제하시려는 부처님의 자비광명을 신앙하고, 구제되지 못한 내가 구제되는 자기임을 믿고, 환희의 마음이 있는 곳에 죄악이 제거된다. 이것을 임종할 때 부처님의 영접을 받아 "마음에서 큰 환희심이 생긴다"라고 설하신 것이다.

많은 세월 동안 지은 죄악을 한꺼번에 소멸시키는 것은 마치 천 년 동안 어두운 동굴에 밝은 빛이 들어가면 일시에 밝아지는 것과 같은 것이고, 백 년 동안 쌓아 둔 섶에 조그마한 불씨가 잠깐 동안에 태워 없애는 것과 같은 것이다. 이렇게 참회하고 염불함으로서 부처님의 자비광명을 입어 다겁생래의 죄악이 일시에 소멸되는 것이 정토교에서 말하는 죄악을 소멸시키는 것이다.

결론적으로 구품왕생을 정리하면, 구품정행九品正行은 넓게 말하면 여러 가지 수행을 말한 것으로, 이 수행을 회향하면 모두 정토에 왕생하는 원인이 된다고 볼 수 있다. 그러나 아미타불의 본원으로 보면 상품과 중품은 부처님께서 선택해 버리는 행이므로 이것을 잡행雜行이라 하고, 하품에서 강조한 칭명염불의 한 행만이 부처님 본원으로 서원한 행이며, 석가모니·아미타 두 부처님의 본의에 들어맞는 행이므로 정토교에서는 이를 정정업正定業이라 한다. 왜냐하면 산란한 범부는 입으로 부처님의 명호를 부르는 것이 마음으로 관념하는 것보다 쉽기 때문에 칭명염불이 아미타불의 본원이 된다. 이것이 이 경전의 목적이고, 순수 정토교에서 지향하는 범부 구제론이다.

구족십념具足十念: 『무량수경』의 내지일념乃至十念과 같다.

제법실상諸法實相: 모든 것(존재)의 있는 그대로의 모습이 진실한 모습임을 말함.

제16 하품하생 下品下生

제3편 이익분利益分

說是語時 韋提希 與五百侍女 聞佛所說 應時卽見極
설시어시 위제희 여오백시녀 문불소설 응시즉견극

樂世界廣長之相 得見佛身及二菩薩 心生歡喜 歎未
락세계광장지상 득견불신급이보살 심생환희 탄미

曾有 廓然大悟 得無生忍 五百侍女 發阿耨多羅三藐
증유 확연대오 득무생인 오백시녀 발아뇩다라삼먁

三菩提心 願生彼國 世尊悉記 皆當往生 生彼國已 得
삼보리심 원생피국 세존실기 개당왕생 생피국이 득

諸佛現前三昧 無量諸天 發無上道心
제불현전삼매 무량제천 발무상도심

이 말씀을 하실 때에 위제희는 오백 시녀들과 함께 부처님의 설법을 듣고 바로 극락세계의 광대하고 장엄한 모습을 보았다. 그리고 부처님과 두 보살을 뵈옵고 마음에 환희심이 넘쳐 일찍이 없었던 일이라 찬탄하며, 확연히 크게 깨달아서 무생법인을 얻었다. 또 오백 시녀들도 아뇩다라삼먁삼보리의 마음을 내어 저 국토에 태어나고자 원하였다. 세존께서는 "그대들 모두 다 왕생할 것이며, 저 국토에 태어나면 모든 부처님이 앞에 나타나는 삼매(諸佛現前三昧)를 얻게 될 것이다"라고 수기하셨다. 이때 헤아릴 수 없는 모든 천인들은 위없는 도를 구하는 마음을 내었다.

【해설】

이 단원은 석가모니 부처님께서 정선定善13관과 산선散善3관인 구품왕생 등 두 가지 선을 말씀하신 것을 들은 사람이 얻는 이익을 밝혀 놓았다. 즉 위제희 부인을 비롯한 오백인의 시녀들은 극락세계의 드넓은 장엄을 볼 수 있었고, 또 아미타불의 진실한 몸과 관세음보살과 대세지보살을 뵈올 수 있어 마음속에 기쁨이 한없이 넘쳤을 뿐만 아니라, 모든 법이 생기지도 않으며 없어지지도 않는 진리를 아는 지혜(無生法忍)를 증득하는 이익을 얻었다. 그리고 석가모니 부처님께서는 모든 사람들에게 모두가 다 왕생할 수가 있고, 저 극락세계에 태어나면 정토에 와 계신 모든 부처님을 눈앞에 우러러 뵐 수 있고, 성불의 수기를 받는 삼매(諸佛現前三昧)를 얻을 것이라고 하셨다.

수기授記는 부처님의 예언으로 "장차 너는 성불하여 명호를 무엇 무엇이라 할 것이다"라고 하여 희망과 꿈을 주는 것이다. 농사를 짓는 농부에게 가을에 알찬 곡식을 수확하는 꿈이 없다면 봄에 씨앗을 뿌리지 않을 것이다. 그렇듯이 염불행자에게도 극락세계 왕생의 꿈이 없다면 열심히 아미타불의 명호를 부르지 않을 것이다. 이 수기는 중생이 무생법인을 증득하여 성불하는 꿈을 심어준다고 볼 수 있다.

광장지상廣長之相: 정토의 가로 세로가 광대한 모양.

제불현전삼매諸佛現前三昧: 모든 부처님이 눈앞에 나타나 친견할 수 있는 삼매.

제4편 맺는 글

爾時阿難 即從座起 前白佛言 世尊 當何名此經 此法
이시아난 즉종좌기 전백불언 세존 당하명차경 차법

之要 當云何受持 佛告阿難 此經名 觀極樂國土無量
지요 당운하수지 불고아난 차경명 관극락국토무량

壽佛觀世音菩薩大勢至菩薩 亦名 淨除業障生諸佛前
수불관세음보살대세지보살 역명 정제업장생제불전

汝等受持無令忘失 行此三昧者 現身得見無量壽佛及
여등수지무령망실 행차삼매자 현신득견무량수불급

二大士 若善男子善女人 但聞佛名二菩薩名 除無量
이대사 약선남자선여인 단문불명이보살명 제무량

劫生死之罪 何況憶念 若念佛者 當知 此人是人中分
겁생사지죄 하황억념 약염불자 당지 차인시인중분

陀利花 觀世音菩薩大勢至菩薩 爲其勝友 當坐道場
다리화 관세음보살대세지보살 위기승우 당좌도량

生諸佛家 佛告阿難 汝好持是語 持是語者 即是持無
생제불가 불고아난 여호지시어 지시어자 즉시지무

量壽佛名 佛說此語時 尊者目犍連阿難及韋提希等 聞
량수불명 불설차어시 존자목건련아난급위제희등 문

佛所說 皆大歡喜
불소설 개대환희

그때 아난은 곧 자리에서 일어나 나아가서 부처님께 사뢰었다.

"세존이시여, 이 경을 무엇이라 이름하오며, 법문의 요긴한 뜻을 어떻게 받아 지녀야 하겠습니까?"

부처님께서 아난에게 말씀하시기를,

"이 경을 『극락국토, 무량수불, 관세음보살, 대세지보살을 관하는 경』이라 이름하고, 또 『깨끗하게 업장을 제거하고 모든 부처님 앞에 태어나는 경』이라 이름할지니라. 그대는 마땅히 받아 지니어 잃어버리지 않도록 노력하라. 이 삼매를 닦는 사람은 현재의 몸으로 무량수불 및 두 보살을 뵈올 수 있으며, 만약 선남자 선여인이 다만 부처님의 명호와 두 보살의 명호를 들어도 헤아릴 수 없는 겁 동안 지은 생사의 죄를 없애는데, 하물며 기억하여 생각하는 것이랴. 염불하는 사람은 마땅히 알라. 이 사람은 사람들 가운데 분다리꽃이니라. 관세음보살과 대세지보살은 그의 좋은 친구가 되며, 마땅히 수도하는 도량에 앉아 모든 부처님의 집에 태어난다"라고 하셨다.

부처님께서 아난에게 거듭 말씀하시기를,

"그대는 이 말을 잘 간직하여라. 이 말을 지니는 것은 곧 무량수불의 명호를 간직하는 일이니라"라고 하셨다.

부처님께서 이 말씀을 하실 때 목련존자, 아난존자, 위제희 등은 부처님의 법문을 듣고 모두 크게 기뻐하였다.

【해설】

이 단원은 이 경을 끝맺는 글이다. 여기에서 경의 제목을 두 가지로 말씀하신 것이 이 경전의 목적임을 알 수 있다. 즉 이 경 이름을 『극락국토, 무량수불, 관세음보살, 대세지보살을 생각하여 관하는 경』이라 하신 것은 극락세계의 정보장엄과 의보장엄을 관하는 것에 주안점을 둔 것이고, 또 『깨끗하게 업장을 제거하여 모든 부처님 앞에 태어나는 경』이라 하신 것은 정선13관이나 산선3관의 수행법은 한없는 세월 동안 지은 업장을 소멸하고 극락정토에 태어날 수 있는 공덕이 있다는 데 주안점을 두었다.

다음 부처님께서는 아난존자에게 말씀하시기를 "그대 아난아. 이 말을 잘 간직하여 잊지 않도록 하여라. 이 말을 간직함은 곧 아미타불의 명호를 간직하는 것이니라"라고 하셨다. 이는 석가모니 부처님께서는 교법을 전하는 시자인 아난존자에게 부처님 명호를 부촉하여 말법시대에 유통하게 하신 것이다.

이에 대해 선도대사는 "위에서 정선과 산선 등 두 가지 이익을 설했지만 부처님 본원에서 보면 중생으로 하여금 한결같은 마음으로 오로지 아미타불의 명호를 부르게 하는 데 있다"라고 하여 칭명염불에 귀결시킴과 동시에 이런 수행법은 말법시대에 꼭 필요하다는 것을 강조한 것이라고 하였다.

차삼매此三昧: 총 십육관법十六觀法을 가리키지만 따로 정선定善인 13관을 말한다.

분다리화分陀利華: 산스크리트 Pundarīka의 음역으로 백련화白蓮華를 말한다.

제불가諸佛家: 극락세계를 모든 부처님의 집이라 한다.

제5편 기사굴산에서 다시 설함

爾時世尊 足步虛空 還耆闍崛山 爾時阿難 廣爲大衆
이시세존 족보허공 환기사굴산 이시아난 광위대중

說如上事 無量諸天及龍夜叉 聞佛所說 皆大歡喜 禮
설여상사 무량제천급용야차 문불소설 개대환희 예

佛而退
불이퇴

그때 세존께서는 발로 허공을 걸으시어 기사굴산으로 돌아오셨다. 그때 아난은 두루 대중을 위하여 위와 같은 일을 설하니, 한량없는 모든 천인과 용과 야차들이 부처님의 법문을 듣고 모두 크게 환희하여 부처님께 예배하고 물러갔다.

【강설】

이 단원 앞까지는 석가모니 부처님의 왕궁 설법이고, 여기서는 아난존자가 왕궁에서 들은 법을 기사굴산에서 못 들은 많은 대중을 위하여 다시 설하는 것으로 이를 기사분耆闍分이라 한다. 그래서 이 경은 왕궁에서 부처님이 한 번 설하시고, 기사굴산에서 아난존자가 들은 대로 다시 설하였기 때문에 두 번 설한 경이라 한다.

야차夜叉: 산스크리트 Yakśa의 음역으로 팔부신중八部神衆의 하나이다. 이를 나찰이라고도 하는데, 곧 사람을 잡아먹는 귀신이다.

아미타삼존도 (고려불화)

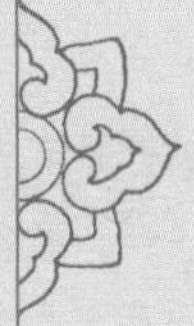

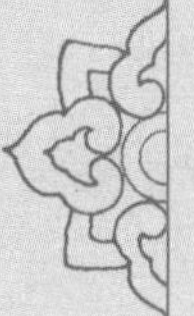

불설아미타경
佛說阿彌陀經

한문: 요진 삼장법사 구마라집 역
姚秦 三藏法師 鳩摩羅什 譯

우리말 번역 및 해설: 서주 태원

아미타경 분과표

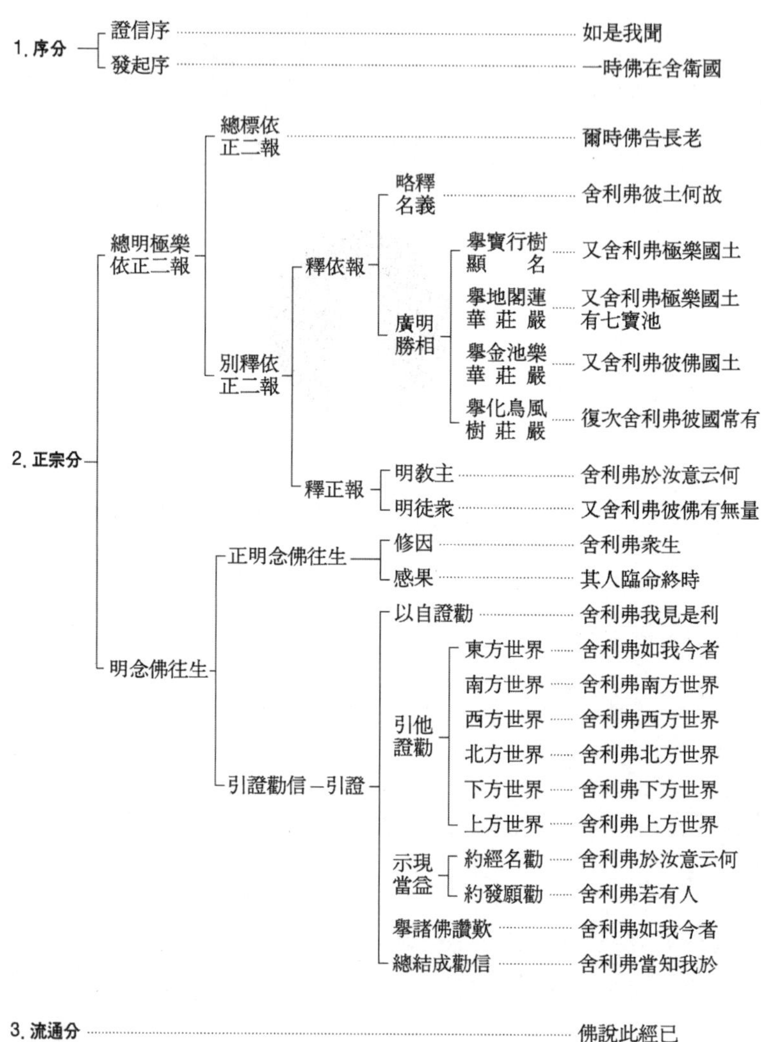

1. 序分
證信序
如是我聞
發起序
一時佛在舍衛國
2. 正宗分
總明極樂依正二報
總標依正二報
爾時佛告長老
別釋依正二報
釋依報
略釋名義
舍利弗彼土何故
廣明勝相
擧寶行樹顯名
又舍利弗極樂國土
擧地閣蓮華莊嚴
又舍利弗極樂國土有七寶池
擧金池樂華莊嚴
又舍利弗彼佛國土
擧化鳥風樹莊嚴
復次舍利弗彼國常有
釋正報
明教主
舍利弗於汝意云何
明徒衆
又舍利弗彼佛有無量
明念佛往生
正明念佛往生
修因
舍利弗衆生
感果
其人臨命終時
引證勸信
引證
以自證勸
舍利弗我見是利
引他證勸
東方世界
舍利弗如我今者
南方世界
舍利弗南方世界
西方世界
舍利弗西方世界
北方世界
舍利弗北方世界
下方世界
舍利弗下方世界
上方世界
舍利弗上方世界
示現當益
約經名勸
舍利弗於汝意云何
約發願勸
舍利弗若有人
擧諸佛讚歎
舍利弗如我今者
總結成勸信
舍利弗當知我於
3. 流通分
佛說此經已

제1편 서분

제1장 증신서證信序

如是我聞
여 시 아 문

이와 같이 나는 들었다.

【해설】

이 글 가운데 '여시如是'는 신성취信成就이고, '아문我聞'은 문성취聞成就다. 육성취六成就 가운데 두 가지 성취의 글이다. 자세한 것은 앞의 『무량수경』과 『관무량수경』에서 언급하였다.

제2장 발기서發起書

一時 佛在舍衛國 祇樹給孤獨園 與大比丘僧 千二百
일시 불재사위국 기수급고독원 여대비구승 천이백

五十人俱 皆是大阿羅漢 衆所知識 長老舍利弗 摩訶
오십인구 개시대아라한 중소지식 장로사리불 마하

目犍連 摩訶迦葉 摩訶迦栴延 摩訶俱絺羅 離婆多 周
목건련 마하가섭 마하가전연 마하구치라 이바다 주

梨槃陀伽 難陀 阿難陀 羅睺羅 憍梵波提 賓頭盧頗羅
리반타가 난타 아난타 라후라 교범바제 빈두로파라

墮 迦留陀夷 摩訶劫賓那 薄拘羅 阿㝹樓馱 如是等諸
타 가류타이 마하겁빈나 박구라 아누루타 여시등제

大弟子 幷諸菩薩摩訶薩 文殊師利法王子 阿逸多菩
대제자 병제보살마하살 문수사리법왕자 아일다보

薩 乾陀訶提菩薩 常精進菩薩 與如是等諸大菩薩 及
살 건타하제보살 상정진보살 여여시등제대보살 급

釋提桓因等 無量諸天大衆俱
석 제 환 인 등 무 량 제 천 대 중 구

어느 때 부처님께서 천이백오십 인이나 되는 많은 비구들과 함께 사위국 기원정사에 계시었다. 그들은 모두 덕이 높은 큰 아라한으로 여러 사람들이 잘 아는 이들이었다. 즉 장로 사리불, 마하목건련, 마하가섭, 마하가전연, 마하구치라, 리바다, 주리반타가, 난다, 아난다, 라후라, 교범바제, 빈두로파라타, 가류타이, 마하겁빈나, 박구라, 아누루타와 같은 큰 제자들이었다. 이 밖에 법의 왕자인 문수사리를 비롯하여 아일다보살, 건타하제보살, 상정진보살 등 큰 보살과 석제환인 등 수많은 천인들도 자리를 함께 하였다.

【해설】

이 단원은 육성취 가운데 '어느 때'는 시성취時成就고 '부처님께서'는 주성취主成就며, '천이백 오십인' 등은 중성취衆成就고, '사위국 기원정사'는 처성취處成就로 네 가지 성취다.

부처님의 상수제자常隨弟子인 천이백오십 인의 비구들과 문수보살 이하 대보살들, 그리고 제석천과 무수한 하늘 신들이 교살라국 사위성 남쪽에 있는 기원정사에 모인 가운데서 이 경을 설하셨다. 여기서 이야기한 사위국이란 장소는 실라벌실지Śrāvasti로 중인도 가비라위국의 서남쪽에 있고, 남방 안지다성Sāketa과 함께 교살라국의 도성 중 하나라고 전하고 있다. 현재는 곤다Gondā주의 세트 마헤트Set Mahet다. 기원정사는 급고독장자라고 하는 수달다장자가 기타태자의 소유인 토지를 희사 받아 건립한 사원이다.

이 경에서는 기원정사에 모인 비구 가운데 중심인물인 사리불 등 16인을 열거하고 있다. 이 인물들을 간단히 살펴보겠다.

첫째, 사리불Śāriputra은 마승馬勝비구의 위의가 단정함을 보고 250인의 제자를 데리고 친구 목건련과 함께 귀의한 사람으로 십대제자 중 지혜제일이다.

둘째, 마하목건련Mahā-maudgalyāyana은 구율타라는 나무 신에게 기도하여 얻은 자식이기 때문에 구율타라고 하고, 십대제자 중 신통제일이며, 7월 15일 자자일自恣日에 어머니를 천도시킨 우란분재의 중심인물이다.

셋째, 마하가섭Mahā-Kāśyapa은 대가섭이라고 한다. 가정의 직업이 살생을 업으로 하였기 때문에 싫어하여 출가해서 부처님의 제자가 되었으며 십대제자 가운데 두타제일이다. 부처님이 열반에 드신 후 상수가 되어 제일결집을 주도하고 부처님 법을 널리 전파했다.

넷째, 마하가전연Mahā-Katyāyana은 나라타라고도 하는데, 아사다 선인의 권유로 부처님 제자가 되었으며 십대제자 가운데 논의제일이다.

다섯째, 마하구치라Mahā-Kausthīla는 장과범지長瓜梵志라고도 하는데, 사리불의 숙부로 사리불이 아라한과를 얻었다는 소식을 듣고 부처님 제자가 되어 오온개공五蘊皆空의 이치를 깨달아 아라한과를 얻었다.

여섯째, 리바다Revetā는 사리불의 동생으로 추운 타바국으로 여행하면서 가죽신을 신지 않아 다리에 동상이 걸린 것을 본 부처님이 적은 것으로 만족할 줄 아는(소욕지족少欲知足) 것을 칭찬하시고 추운 나라에서는 가죽신을 신어도 된다고 허락하셨다.

일곱째, 주리반타가Suddhipanthaka는 어리석고 둔한 비구로 알려져 있다. 성품이 우둔하여 무엇 하나도 기억하고 이해할 수 없었는데, 부처님께서 그를 불쌍히 여겨 비를 주어 마당을 쓸게 하고, 이를 생각하게 하여 마음 가운데 번뇌의 때를 제거한 유명한 비구다.

여덟째, 난다Nanda는 부처님의 배다른 동생이고, 마야부인의 동생 파사파제의 아들이다. 석존께서 출가한 후 가비라성의 황태자가 됐지만 뒤에 출가하였다. 키가 한 길 다섯 자이고 상호가 부처님과 비슷하지만 부처님의 32상 가운데 두 가지 상이 빠져 30상을 갖추었다고 한다.

아홉째, 아난다Ānanda는 십대제자 가운데 다문제일이라 불린다. 석가모니 부처님의 종형제이고, 항상 부처님을 모시면서 설법을 가장 많이 듣고 기억하였기 때문에 부처님 열반 후 제1결집을 할 때 경전을 송출하였다.

열째, 라후라Rāhula는 십대제자 가운데 밀행제일로 부처님의 친자식이며, 아홉 살 때에 출가하여 사리불을 스승으로 모셨다. 부처님 제자 가운데 가장 나이가 적지만 인욕, 지계를 잘 지키는 사람으로 존경받았다.

열한째, 교범바제(Gavāmpati)는 사리불을 스승으로 섬겼다. 과거세의 죄업에 의해 오백 생 동안 소의 몸을 받고 현세 인간으로 태어나서도 나머지 업이 남아 식후에 되새김질을 한다 하여 우상牛相, 즉 소의 모습을 가지고 있다고 한다. 부처님의 입멸을 듣고 스스로 몸을 태워 입적했다.

열두째, 빈두로바라타Piṇḍola Bharadvāja는 십육 아라한의 우두머리이고, 부처님이 세상에 계실 때에 신통으로 장난했기 때문에 남인도의 마리산에 머물게 하여 입멸하지 않고 부처님 열반 후 중생에게 이익을 주게 했다. 그래서 세상에 머무는 아라한이라고도 한다.

열셋째, 가루타이Kālodayin는 얼굴이 검어 흑신黑神 비구라 불린다. 날이 저물어서 어디를 가는데 임신한 부인이 보고 검은 귀신이 왔다고 놀라 낙태했다. 그래서 부처님은 비구가 저녁밥을 먹지 못하게 저녁걸식을 금했다고 한다. 부처님 제자 가운데서 나쁜 행동을 많이 저질렀기 때문에 이로 인해 부처님은 수많은 계법을 제정하였다. 앞 반생은 물들고 탁한 생활을 많이 했지만, 뒤 반생은 참회하는 사람이 되어 아라한과를 얻었다.

열넷째, 마하겁빈나Maha-kapphina는 교살라국 사람으로 십대제자 가운데 천문학에 뛰어나 지숙성知宿星 제일이라 불린다.

열다섯째, 박구라Vakkula는 어릴 때 계모 때문에 다섯 번 살해되려다 구제된 후 출가해 백이십 살의 장수를 누려 장수제일이라 불리었다. 항상 대중을 피해 혼자 있는 것을 즐기고, 적은 것으로 만족할 줄 알아 끝내 아라한과를 얻었다.

열여섯째, 아누루타Anirudha는 부처님의 종형제로 십대제자 중에 천안제일이라 불린다. 어느 날 부처님 앞에서 앉아 졸다가 부처님께 꾸중을 듣고 잘못을 깨달아 밤새 잠을 자지 않았기 때문에 실명했으나 마침내 마음의 눈(心眼)을 얻었다.

다음으로 보살 대중 가운데 첫째, 문수사리 법왕자(Mañjuśrī-kumārabhūta)는 보살 가운데 지혜제일로 성불할 때는 이 보살의 지혜에 의지한다고 하여 불모佛母라 한다. 반야대승의 교의를 선양한 보살이다.

둘째, 아일다보살(Ajita bodhisattva)은 56억 7천만 년 후에 세상에 나와 성불한다고 하는 미륵보살과 혼용되고 있다. 현장의 번역에는 무능승無能勝보살이라 번역되어 있고, 범어에는 마이트레아가 아니고 아지타로 되어 있지만 일반적으로 미륵보살의 각기 다른 이름이다.

셋째, 건타하제보살(Gandhahastin bodhisattva)은 향상香象 보살이라고도 한다. 아촉불의 처소에서 보살도를 수행하여 항상 반야바라밀을 여의지 않았으며, 그 국토에서는 제일 존귀한 분이라 한다.

넷째, 상정진보살(Nityodyukta bodhisattva)은 『법화경』 법사 공덕품과 『대승심지관경』 아란야품 등에 부처님이 이 보살을 대상으로 하여 법을 설하였다.

아라한阿羅漢: 산스크리트 Arhan의 음역으로 무학無學이라 번역하며, 성문聲聞의 네 가지 과(四果) 가운데 하나로 삼계의 번뇌를 끊고 무생지無生智를 얻은 성자다.

석제환인釋提桓因: 제석천을 말한다.

제2편 본론

제1장 극락정토의 의보정보依報正報

제1절 총설

爾時 佛告長老舍利弗 從是西方過十萬億佛土 有世
이시 불고장로사리불 종시서방과십만억불토 유세

界名曰極樂 其土有佛 號阿彌陀 今現在說法
계명왈극락 기토유불 호아미타 금현재설법

그때 부처님께서 장로 사리불에게 말씀하셨다.

"여기서부터 서쪽으로 십만 억 불국토를 지나간 곳에 극락이라 하는 세계가 있다. 거기에 아미타불께서 계시어 지금도 법을 설하신다.

【해설】

이 단원부터는 경의 본론으로 석가모니 부처님께서는 천이백오십 인의 비구들 가운데 대표자인 사리불을 설법 상대로 하여 먼저 정토의 소재와 이름의 뜻과 그곳의 법왕인 주불主佛을 말씀하셨다.

여기에 나오는 정토의 위치에 대해 생각해 보자. 기독교에서는 신의 나라가 어느 위치에 있는지, 어떻게 꾸며져 있는지, 꾸며져 있는 것은 어떤 역할을 하는지에 대해 어떤 교파와 신학에서도 명확하게 규정지은 것을 아직까지 발견하지 못했다. 그렇지만 불교 가운데 정토교에서는 아미타불 나라의 이름은 극락세계며, 여기에서 서쪽으로 십만 억 불국토를 지나 있고, 그곳이 어떻게 장엄되어 있으며, 이 장엄은 어떤 역할을 하여 우리들에게 무슨 이익을 준다고 명확히 밝히고 있는데, 이것이 기독교와의 차이점이다. 기독교는 막연하고 추상적인 천당이고, 불교는 구체적이고 논리적인 극락세계다. 이 구체적인 극락정토의 장엄과 장엄의 역할에 대해서는 앞 『무량수경』에서 자세히 언급했기 때문에 여기서는 생략한다.

정토의 위치에 대해서는 대승불교 경전에 많이 언급되고 있다. 특히 『화엄경』에서는 시방에 정토가 있음을 설하고 있으며, 『유마경』에서는 마음이 깨끗하면 모든 것이 정토라고 하여 깨닫는 세계에서 보면 다 정토라고 하였다. 이러한 사상은 한국불교

선가禪家에서 많은 사람들이 인용하고 있다. 그런데 『무량수경』에서는 "법장보살이 이미 성불하여 지금 실제로 서방에 계신다. 여기서부터 십만 억 불국토를 지나 그 부처님의 세계가 있는데 이름을 안락이라 한다"고 하였고, 『관무량수경』의 일상관에서 서쪽을 향하여 부처님을 생각하여 관하라고 한 것은 서방에 극락세계가 존재한다는 것이며, 이 대목에서도 서쪽의 극락정토를 설하였다. 이에 대해 두 가지 측면에서 바라보면 어떨까 생각한다.

첫째는 현상적인 면이다. 이 지구는 현상적으로 존재하고 있고, 이밖에 우리는 육안과 전자망원경을 통해 태양계, 은하계 등 무수한 별들의 차별적인 세계를 볼 수 있으며 인지하고 있다. 불교적으로 보면 욕계, 색계, 무색계의 세계가 있으며, 수미산을 중심으로 많은 세계가 펼쳐져 있다. 이러한 현상적인 맥락에서 보면 무한한 우주 가운데 극락정토가 서쪽에 있다고 하는 것은 무리가 아니라고 보아야 할 것이다. 사실 우주가 얼마나 큰지, 우주의 끝은 있는지 없는지 부처님의 무루지혜가 아니면 알 수 없다. 그래서 부처님의 불가사의한 원력의 힘으로 극락세계를 삼계 밖에 건설하였다는 것이 하나의 현상적인 면으로, 우리는 이에 대해 확고한 믿음을 가져야 한다.

둘째는 선교방편善巧方便적인 면이다. 중생들이 아무 대상도 없는 실상實相의 자리를 궁구하는 것은 보통의 근기로는 가능하지 않기 때문에, 하나의 방향과 대상을 설정하여 수행한다면 집중하여 수행하기가 용이할 것이다. 그렇기 때문에 각 사찰에는 법당이 있고, 법당 안에는 불상이 있으며 이 불상을 향하여 기도한다. 이에 대해 선도대사는 "지금 이 생각하여 관하는 문門들은 오직 방향을 가리켜 모습을 세워서 마음을 머물게 하여 경계를 취하게 하였다. …… 부처님은 미래를 아시기에 말법시대 죄악이 많은 범부를 위하여 모습을 세워 마음을 머물게 하였는데도 불구하고 바로하지 못하는데, 어찌 하물며 모습(相)을 여의고 일(事)을 구함이랴. 이는 마치 신통이 없는 사람이 허공에다 집을 세우는 것과 같다"라고 하였다. 즉 실상의 자리나 모든 법이 모양이 없는(諸法無相) 것을 관하고, 부처님의 몸이 한량없고 끝이 없는 법신을 관하는 것은 범부가 할 수 없다는 것이다. 그래서 사물에 집착하는 관념을 가진 범부들을 위하여 방편으로 서방과 극락정토를 말씀하시어 쉽게 집중하여 관념하게 하였다고 본다.

다음은 십만 억이라는 거리다. 이에 대해 의산의 『수문강록』에서는 "현재 우리가 살고 있는 사회를 단적으로 말한 것이 아니고, 미혹한 중생, 곧 범부가 집착하여 머무르면서 허망하게 분별하는 세간을 말한다"고 하였다. 이는 미혹한 세계와 깨달음의 세계, 범부와 부처와의 사이를 둔 무한한 거리를 말한 것이다. 이 땅에 집착하는 사람에 있어서 정토는 항상 십만 억 서쪽에 있는 세계고, 부처님의 자비광명을 우러러보고 본원력을 입은 사람에게는 눈앞에 있는 가까운 세계다. 이에 대해 앞『관무량수경』의 '산선이 왕생의 행임을 나타내는 인연' 가운데 "그대는 지금 아는가, 모르는가? 아미타불께서 계신 곳이 여기에서 멀지않다"고 하였다. 극락정토는 십만 억 불국토라는 거리를 둔 먼 세계지만 부처님의 지혜광명을 입은 사람에게는 멀지 않은 아주 가까운 눈앞의 세계다. 이 멀고 멀지 않다는 관계는 깨달은 부처와 미혹한 범부로 십만 억 거리를 둔 것이고, 멀다는 생각은 상대적 차별의 생각으로 범부의 입장에서 바라본 설이다. 부처님과 범부, 정토와 예토의 대립을 초월하였을 때는 부처와 범부가 일여一如한 하나의 세계로 여기에는 멀고 가까움이 있을 수 없다.

그러나 신앙적인 면에서는 부처님이 십만 억 불국토를 지나 먼 곳에 극락세계가 있고 거기에 아미타불께서 계신다고 우러러 보는 것에 의해 공경하는 마음이 생긴다. 이 극락정토를 동경하고, 부처님에 대해 공경하는 마음이 깊고 깊을수록 부처님의 본원력인 지혜광명을 입어 가장 부처님과 가까운 사람이 될 수 있다. 그래서 부처와 같이 깨닫지 못한 범부는 서쪽이라는 한 방향을 설정하고 십만 억의 먼 거리에 계신 아미타불을 대상으로 하여 지성심과 심심, 회향발원심 등 세 가지 마음을 갖추어 수행해야만 극락정토가 멀지 않고 부처와 가까워진다.

십만억十萬億: 범어본에서는 십만구저十萬俱底라 했다. 일구저一俱底는 일천만이기 때문에 일만 억이 된다.

제2절 의보

제1항 극락이라는 이름의 뜻

舍利弗 彼土何故 名爲極樂 其國衆生 無有衆苦 但受
사리불 피토하고 명위극락 기국중생 무유중고 단수

諸樂 故名極樂
제락 고명극락

사리불이여, 저 세계를 어째서 극락이라 하는 줄 아는가? 거기에 있는 중생들은 아무런 괴로움이 없이 즐거운 일만 있으므로 극락이라 하는 것이다.

【해설】

이 단원은 서방의 국토를 극락이라 부르는 이유를 설하였다. 이 세상에 사는 사람들은 고하를 막론하고 정신적으로나 육체적으로 적든 많든 고통을 받지 않는 사람은 없기에, 아미타 부처님은 48원을 세워 극락세계를 건설하시어 고통이 없고 즐거움만 있는 곳으로 중생들을 인도하신다. 극락極樂은 산스크리트 Sukhāvati로 장엄의 작용이 즐거움을 준다고 하여 낙토樂土,

안락安樂, 묘락妙樂, 일체락一切樂이라 하고, 국토의 본질이 청정하다고 청정淸淨이라고도 하며, 국토의 세 가지 장엄(부처님장엄, 보살장엄, 국토장엄)이 여기에 태어난 사람들에게 진리를 깨닫게 하고, 무생법인을 증득하게 하기 때문에 안양安養, 선해善解라 하기도 한다. 즐거움이 있다는 것은 사고팔고四苦八苦의 고통 등 여러 가지 장애가 하나도 없을 뿐만 아니라 생사하는 윤회와 그 어떤 어려움도 영원히 끊어져 어떠한 고통도 받지 않고, 항상 진리를 깨닫는 즐거움만 누린다는 뜻이다.

이 사바세계는 삼유三有, 사생四生, 오도五道, 육취六趣 등 그 무엇 하나 즐거운 것은 없고, 고통의 과보가 가득 차 있는 세계다. 이에 비해 극락정토는 이와 같은 고통의 과보가 하나도 없는 세계다. 경전에서 정토의 안락을 사바세계의 과보를 대상으로 해 설하고 있는 것은 미혹한 중생을 정토로 인도하기 위함이다. 사실 정토는 사바의 고통과 즐거움을 초월한 절대적인 즐거움이 있는 곳이며, 청정한 즐거움이 있는 세계다. 이 즐거움은 사바세계에서 말하는 것처럼 즐거움이 있는 곳에 고통이 따르지 않으며, 고통과 즐거움을 상대로 한 즐거움이 아니다. 이 사바세계의 즐거움은 상대적인 즐거움이고, 그 즐거움에는 괴로움을 동반하고, 괴로움에는 즐거움을 동반하고 있다고 봐도 과언이 아니다. 극락정토의 즐거움은 이러한 고통과 즐거움을 넘어선 절대적인 즐거움으로 불고불락不苦不樂의 즐거움이다. 그런데 이 불고불락의 즐거움인 절대적인 즐거움의 경지는 부처님만의 경지로 범부의 언어와 생각이 끊어진 경계이기 때문에 설하려고 해도 설할 수 없다. 그러나 설하지 않으면 범부를 구제할 수 없으므로 모습이 아닌(非相) 것에 모습(相)을 나타내어 설해진 것이 이 정토삼부경의 장엄의 즐거움이다. 따라서 정토삼부경에 설해진 장엄은 절대의 경계, 즉 부처님의 경계를 상징한 것으로 그 상징을 이 세계에서 최고의 가치가 있는 것이라 생각되는 일곱 가지 보배 등으로 표현하였다. 그래서 이 상징은 범부를 구제하기 위한 선교방편이고, 차별에 집착하는 범부의 세간에 모습이 있는 즐거움을 설하여 보인 것이다. 그러기에 우리가 한 가지 명심해야 할 것은 극락정토의 즐거움은 우리가 과거에 느끼는 즐거움이 아니고, 또 현재 우리가 받고 느끼는 즐거움이 아닌 영원성이 있는 즐거움이라는 사실이다.

제2항 정토의 수승한 모습

ㄱ. 일곱 가지 보배스런 가로수

又舍利弗 極樂國土 七重欄楯 七重羅網 七重行樹 皆
우 사 리 불 극 락 국 토 칠 중 난 순 칠 중 나 망 칠 중 항 수 개

是四寶 周匝圍繞 是故彼國 名爲極樂
시 사 보 주 잡 위 요 시 고 피 국 명 위 극 락

그리고 사리불이여, 극락세계에는 일곱 겹으로 된 난간과 일곱 겹의 나망과 일곱 겹의 가로수가 있는데, 금·은·청옥·수정의 네 가지 보석으로 눈부시게 둘러 장식되어 있으므로 저 국토를 극락이라 한다.

【해설】

이 단원은 정토의 뛰어난 장엄의 모습을 간단히 밝혔다. 즉 극락세계에는 일곱 가지 보배로 된 가로수와 위로는 일곱 겹의 구슬 그물이 나무를 덮고 있는데, 그 칠중七重의 나무는 뿌리, 줄기, 큰 가지, 작은 가지, 잎, 꽃, 열매를 갖추고 있으며, 이 나무는 뒤섞이지 않고 질서정연하게 늘어서 있다. 이들은 모두 금, 은, 유리, 파려 등 네 가지 보배로 만들어져 있고, 그 나라에 잘 우거져 궁전과 보배 연못을 둘러싸고 있다고 하였다.

난순欄楯: 난간.

나망羅網: 주옥으로 꾸며져 있는 그물.

칠중항수七重行樹: 항수行樹는 줄지어 있는 나무. 칠중(일곱 겹)이란 뿌리, 줄기, 큰 가지, 작은 가지, 잎, 꽃, 열매 등 일곱 가지를 갖춘 나무를 말한다.

주잡위요周帀圍繞: 널리 두루한 것.

ㄴ. 연못, 누각, 연꽃의 장엄

又舍利弗 極樂國土 有七寶池 八功德水 充滿其中 池
우 사 리 불 극 락 국 토 유 칠 보 지 팔 공 덕 수 충 만 기 중 지

底純以金沙布地四邊階道 金銀琉璃玻瓈合成 上有樓
저 순 이 금 사 포 지 사 변 계 도 금 은 유 리 파 려 합 성 상 유 누

閣 亦以金銀琉璃玻瓈硨磲赤珠碼碯 而嚴飾之 池中
각 역 이 금 은 유 리 파 려 자 거 적 주 마 노 이 엄 식 지 지 중

蓮花 大如車輪 青色青光 黃色黃光 赤色赤光 白色白
연 화 대 여 거 륜 청 색 청 광 황 색 황 광 적 색 적 광 백 색 백

光 微妙香潔 舍利弗 極樂國土 成就如是功德莊嚴
광 미 묘 향 결 사 리 불 극 락 국 토 성 취 여 시 공 덕 장 엄

또 사리불이여, 극락국토에는 또 칠보로 된 연못이 있고, 그 연못에는 여덟 가지 공덕이 있는 물로 가득 찼으며, 연못 바닥은 순수한 금모래가 땅에 깔려 있다. 연못 둘레에는 금·은·청옥·수정의 네 가지 보석으로 된 네 개의 층계가 있고, 그 위에는 누각이 있는데 금·은·청옥·수정·진주·마노·호박으로 찬란하게 꾸며져 있다. 그리고 연못 속에는 수레바퀴만 한 연꽃이 피어 푸른 꽃에서는 푸른 광채가 나고, 누런 꽃에서는 누런 광채가 나며, 붉은 꽃에서는 붉은 광채가 나고, 흰 꽃에서는 흰 광채가 나는데 참으로 아름답고 향기롭고 정결하다. 사리불이여, 극락세계는 이와 같은 공덕장엄으로 이루어져 있느니라.

【해설】

이 단원은 정토의 보배 연못, 누각, 연꽃 등의 장엄을 간단히 설한 것으로 이에 대한 것은 앞 『무량수경』에서 언급하였다. 여기서 "극락세계는 이와 같은 공덕장엄으로 이루어져 있느니라" 라고 한 것은, 앞에 누누이 말한 것처럼 극락세계는 아미타불의 서원과 수행의 결과로 이루어진 것을 말하고, 다른 한편으로는 우리의 본성이 청정하고 깨끗한 것을 의미한다고 볼 수 있다.

칠보七寶: 금, 은, 유리, 파려, 자거, 산호, 마노.

팔공덕수八功德水: 깨끗하고, 시원하며, 감미롭고, 부드러우며, 윤택이 있고, 병환을 제하고, 영양이 있는 물.

계도階道: 연못 언덕에 있는 계단.

ㄷ. 황금의 땅, 음악, 꽃의 장엄

又舍利弗 彼佛國土 常作天樂 黃金爲地 晝夜六時 雨
우사리불 피불국토 상작천악 황금위지 주야육시 우

天曼陀羅華 其土衆生 常以淸旦 各以衣裓 盛衆妙華
천만타라화 기토중생 상이청단 각이의극 성중묘화

供養他方十萬億佛 即以食時 還到本國 飯食經行 舍
공양타방십만억불 즉이식시 환도본국 반사경행 사

利弗 極樂國土 成就如是功德莊嚴
리불 극락국토 성취여시공덕장엄

또 사리불이여, 저 국토에는 항상 천상의 음악이 연주되고, 대지는 황금색으로 빛나고 있다. 그리고 밤낮으로 천상의 만다라 꽃비가 내린다. 그 불국토의 중생들은 이른 아침마다 바구니에 여러 가지 아름다운 꽃을 담아 가지고 다른 세계로 다니면서 십만 억 부처님께 공양하고, 조반 전에 돌아와 식사를 마치고 산책한다. 사리불이여, 극락세계는 이와 같은 공덕장엄으로 이루어졌느니라.

【해설】

이 단원은 천상에서 연주되는 음악과 보배 연못, 보배 꽃의 장엄을 간단히 설한 것으로 이것도 앞 『무량수경』에서 언급하였다.

천악天樂: 천天이란 묘한 것을 나타낸 것으로, 하늘에는 두드리지 않아도 스스로 울리는 악기가 있어 묘한 음악을 연주한다. 이것을 예로 들어 정토의 음악에 비교했다.

주야육시晝夜六時: 밤과 낮 하루를 말한 것으로, 육시六時란 해질 무렵, 초저녁, 한밤중, 새벽녘, 아침, 낮을 말한다.

ㄹ. 화신의 새, 바람, 나무의 장엄

復次舍利弗 彼國常有 種種奇妙雜色之鳥 白鶴 孔雀
부 차 사 리 불 피 국 상 유 종 종 기 묘 잡 색 지 조 백 학 공 작

鸚鵡 舍利 迦陵頻伽 共命之鳥 是諸衆鳥 晝夜六時
앵무 사리 가릉빈가 공명지조 시제중조 주야육시

出和雅音 其音演暢五根 五力 七菩提分 八聖道分 如
출화아음 기음연창오근 오력 칠보리분 팔성도분 여

是等法 其土衆生 聞是音已 皆悉念佛 念法 念僧 舍
시등법 기토중생 문시음이 개실염불 염법 염승 사

利弗 汝勿謂此鳥 實是罪報所生 所以者何 彼佛國土
리불 여물위차조 실시죄보소생 소이자하 피불국토

無三惡道 舍利弗 其佛國土 尙無惡道之名 何況有實
무삼악도 사리불 기불국토 상무악도지명 하황유실

是諸衆鳥 皆是阿彌陀佛 欲令法音宣流 變化所作 舍
시제중조 개시아미타불 욕령법음선류 변화소작 사

利弗 彼佛國土 微風吹動 諸寶行樹 及寶羅網 出微妙
리불 피불국토 미풍취동 제보항수 급보라망 출미묘

音 譬如百千種樂 同時俱作 聞是音者 自然皆生念佛
음 비여백천종악 동시구작 문시음자 자연개생염불

念法 念僧之心 舍利弗 其佛國土成就如是功德莊嚴
염법 염승지심 사리불 기불국토성취여시공덕장엄

또 사리불이여, 그 불국토에는 아름답고 기묘한 여러 빛깔을 가진 백학·공작·앵무새·사리새·가릉빈가·공명조 등이 밤낮을 가리지 않고 항상 화평하고 맑은 소리로 노래한다. 그들이 노래하면 오근五根과 오력五力과 칠보리분七菩提分과 팔정도분八正道分을 설하는 소리가 흘러나온다. 그 나라의 중생들이 그 소리를 들으면 부처님을 생각하고, 법문을 생각하며, 스님들을 생각하게 된다. 사리불이여, 그대는 이 새들이 죄업으로 생긴 것이라고 생각하지 말라. 왜냐하면 그 불국토에는 지옥·아귀·축생 등 삼악도가 없기 때문이다. 거기에는 삼악도라는 이름도 없는데, 어떻게 실지로 그런 것이 있겠는가!

이와 같은 새들은 법문을 설하기 위해 모두 아미타불께서 화현으로 만든 것이다. 그 불국토에 미풍이 불면 보석으로 장식된 가로수와 나망에서 아름다운 소리가 나는데, 그것은 마치 백천 가지 악기가 합주하는 듯하다. 이 소리를 듣는 사람은 부처님을 생각하고 법문을 생각하며 스님들을 생각할 마음이 저절로 우러난다. 사리불이여, 극락세계는 이와 같은 공덕장엄으로 이루어졌느니라.

【해설】

이 단원은 화신의 새와 바람, 나무 등이 하루에 여섯 번 맑은 음성을 내어 극락세계에 있는 사람들이 부처가 되는 길을 수행하게 하며, 이 새들은 아미타불께서 화현으로 만든 것이라 하였다. 이 새들을 만드신 것은 일반적으로 사람들이 새와 새의 소리를 좋아하기 때문이 아닌가 생각한다.

지금까지가 극락정토의 의보장엄을 설하신 것이다. 이 정토의 진실한 모습은 우리들의 언어와 생각이 끊어진 경계이고, 범부가 말로 표현할 수 있는 한계를 초월한 절대의 세계이며, 법신의 세계, 실상의 세계다. 그렇다고 정토의 장엄을 말과 언어로 표현하지 않는다면 우매한 범부를 구제할 길이 없다. 이 범부들을 구제하기 위해 어느 대상을 설정하여 상징적으로 설하여야만 이에 대한 관심을 갖게 되고, 관심을 갖고 긍정하게 되면 성취하려는 마음이 일어나 노력하게 되는 것이 일반적이다. 그렇다고 보면 극락정토도 언어와 말로 표현하여야만 범부가 관심을 갖게 되고, 이 관심에 의해 내세관이 확립되며 정토수행을 하게 된다고 본다. 그렇기 때문에 이 경에서 설한 극락세계의 장엄은 언어와 문자를 초월한 것이지만 범부들에게 이 세계에서 최고의 가치로 인정하고 있는 대상을 가지고 언어와 문자로 설명한 것이다. 마치 이것은 손가락으로 달을 가리켜 달을 보게 하는 것과 같은 방편이라고 볼 수 있다. 이것은 모두 범부들을 교화하기 위하여 부처님이 정토의 세계를 상징적으로 설한 것으로 하나의 선교방편善巧方便이다.

가릉빈가迦陵頻伽: 일설에는 히말라야 산에 사는 새로 부화하기 전부터 매우 아름다운 소리를 낸다고 한다. 이 새는 정토만다라 가운데 사람의 머리에 새의 몸으로 묘사되고 있다.

공명조共命鳥: 하나의 몸통에 두 개의 머리를 가진 새를 뜻한다. 두 개의 머리는 마음과 지각을 의미하지 않나 생각한다.

오근五根: 신信, 정진精進, 염念, 정定, 혜慧를 말한다.

오력五力: 오근의 수행을 닦아 악을 없애는 힘을 말한다.

칠보리분七菩提分: 택법擇法, 정진精進, 경안輕安, 염念, 사捨, 정定, 희喜를 말한다.

팔성도분(八聖道分, 八正道): 정견正見, 정사유正思惟, 정어正語, 정업正業, 정명正命, 정정진正精進, 정념正念, 정정正定을 말한다.

제3절 정보正報

제1항 정토의 교주

舍利弗 於汝意云何 彼佛何故號阿彌陀 舍利弗 彼佛
사리불 어여의운하 피불하고호아미타 사리불 피불

光明無量 照十方國無所障礙 是故號爲阿彌陀 又舍
광명무량 조십방국무소장애 시고호위아미타 우사

利弗 彼佛壽命 及其人民 無量無邊阿僧祇劫 故名阿
리불 피불수명 급기인민 무량무변아승기겁 고명아

彌陀 舍利弗 阿彌陀佛 成佛已來 於今十劫
미타 사리불 아미타불 성불이래 어금십겁

사리불이여, 그 부처님을 어째서 아미타불이라 하는 줄 아는가? 그 부처님의 광명이 한량없어 시방세계를 두루 비추어도 조금도 걸림이 없기 때문에 아미타불이라 한다. 사리불이여, 또 그 부처님의 수명과 그 나라 인민의 수명이 한량없고 끝이 없는 아승지겁이므로 아미타불이라 한다. 아미타불께서 부처가 된 지는 열 겁이 지났느니라.

【해설】

이 단원은 정보장엄 가운데 아미타불에 대한 장엄이다.

여기서 말씀한 아미타불의 광명무량과 수명무량은 48원 가운데 제12 광명무량원과 제13 수명무량원을 성취한 것으로 아미타불의 광명이 공간에 충만하고, 아미타불의 수명이 시간에 충만하다는 것을 의미한다. 그렇기 때문에 아미타 부처님의 본원력을 입은 범부는 시간과 공간에 충만한 진리의 세계로 들어갈 수 있다. 이에 대한 것은 앞 『무량수경』에서 자세히 언급하였다.

다음 십 겁 전의 성불도 앞 『무량수경』 정보장엄 가운데 '십 겁 전의 성불'이라는 단원에서 자세히 언급했기 때문에 간단히 두 가지로 말하면, 첫째는 법성법신法性法身의 아미타불로 구원의 아주 오래 전에 성불한 부처님으로 볼 수 있고, 둘째는 방편법신方便法身의 아미타불로 십 겁 전에 성불한 부처님으로 볼 수 있다.

우익대사는 『아미타경요해』에서 무량광과 무량수에 대해 "마음의 참된 성품은 각성으로 빛나고 있으나 항상 고요하다. 따라서 그것은 생명이다. 여기서 뜻하는 바는 아미타불께서 마음의 무한한 본체를 꿰뚫어 그 수명이 무한하다는 것이다"고 하면서 "우리는 '무한한 빛'과 '무한한 수명'이라는 이름이 모두 중생에게 본래 있는 동등한 잠재력에 뿌리를 두고 있음을 알아야 한다. 중생과 부처는 본래 같으므로 아미타불의 명호를 부르는 사람은 광명이나 수명에서 그분과 다르지 않게 된다"고 하여 천태종의 입장에서 해석하였다. 이는 본래 아미타불의 본성과 우리의 본성에는 차이가 없다는 것으로 깨달은 사람의 경지이지, 깨닫지 못한 죄업이 많은 범부들은 아미타불의 본원력을 입어 극락정토에 태어나 수행하지 않으면 이 경지에 도달할 수 없다.

아승기阿僧祇: 산스크리트 Asaṅkhyeya의 음역으로 헤아릴 수 없는 것을 나타낸 숫자다.

겁劫: 산스크리트 Kalpa의 번역으로 통상적인 셈으로 헤아릴 수 없는 긴 시간을 말한다.

제2항 정토의 성중聖衆

又舍利弗 彼佛有無量無邊聲聞弟子 皆阿羅漢 非是
우사리불 피불유무량무변성문제자 개아라한 비시

算數之所能知 諸菩薩衆 亦復如是 舍利弗 彼佛國土
산수지소능지 제보살중 역부여시 사리불 피불국토

成就如是功德莊嚴 又舍利弗 極樂國土 衆生生者 皆
성취여시공덕장엄 우사리불 극락국토 중생생자 개

是阿鞞跋致 其中多有一生補處 其數甚多 非是算數
시아비발치 기중다유일생보처 기수심다 비시산수

所能知之 但可以無量無邊阿僧祇說
소능지지 단가이무량무변아승기설

또 사리불이여, 저 부처님께는 헤아릴 수 없이 많은 성문 제자들이 있는데 모두 아라한들이다. 이들은 어떠한 산수로도 그 수효를 헤아릴 수 없고, 보살 대중의 수도 또한 그렇다. 사리불이여, 극락세계는 이와 같은 공덕장엄으로 이루어졌느니라.

또 사리불이여, 극락세계에 태어나는 중생들은 다 보리심에서 물러나지 않는 이들이며, 그 가운데는 일생보처一生補處에 오른 이들이 수없이 많아 숫자와 비유로도 헤아릴 수 없고, 오직 무량무변 아승지로 표현할 수밖에 없느니라.

【해설】

이 단원은 정토의 대중들의 지위와 보살들의 지위를 밝혔다. 여기서 말한 아라한은 극락세계에 아라한이 있는 것이 아니고 사바세계에서 아라한과를 얻은 사람이 왕생하였기 때문에 이 사바세계의 이름을 인용해 부른 것이다. 왜냐하면 극락세계에는 소승의 과를 얻은 사람은 없고 평등하게 불퇴전의 지위에 오른 사람만 있기 때문이다.

여기에서 말한 아비발치阿鞞跋致는 산스크리트 Avinivarta-nīya의 음역으로 아유월치라고도 하는데 이를 불퇴전不退轉라고도 번역한다. 부처님이 되는 것이 정해진 보살의 지위로부터 다시 범부의 세계에 떨어지지 않는 자리를 말하지만, 다른 각도에서 보면 성스러운 자리에 들어섰으므로 다시는 천상이나 인간의 세계에 떨어지지 않는다든가 수행에서 물러나지 않고 지속적으로 정진하는 것이고, 아미타불을 염하는 생각에서 물러나지 않고 염을 지속하여 뒤로 퇴보하지 않는 것이 아비발치다.

일생보처一生補處: 일생을 지나면 부처님의 경지를 보충한다는 등각의 지위를 말하는데, 이에 대해서는 48원 가운데 제22원에서 언급하였다.

제2장 염불 왕생

舍利弗 衆生聞者 應當發願 願生彼國 所以者何 得與
사리불 중생문자 응당발원 원생피국 소이자하 득여

如是諸上善人 俱會一處 舍利弗 不可以少善根福德
여시제상선인 구회일처 사리불 불가이소선근복덕

因緣 得生彼國 舍利弗 若有善男子 善女人 聞說阿彌
인연 득생피국 사리불 약유선남자 선여인 문설아미

陀佛 執持名號 若一日 若二日 若三日 若四日 若五
타불 집지명호 약일일 약이일 약삼일 약사일 약오

日 若六日 若七日 一心不亂 其人臨命終時 阿彌陀佛
일 약육일 약칠일 일심불란 기인임명종시 아미타불

與諸聖衆 現在其前 是人終時 心不顚倒 卽得往生阿
여제성중 현재기전 시인종시 심부전도 즉득왕생아

彌陀佛極樂國土
미타불극락국토

사리불이여, 이 말을 들은 중생들은 마땅히 서원을 세워 저 세계에 가서 나기를 원해야 할 것이다. 왜냐하면, 거기 가면 그와 같이 으뜸가는 사람들과 함께 모여 살 수 있기 때문이다. 사리불이여, 조그마한 선근이나 복덕의 인연으로는 저 세계에 가서 날 수 없느니라. 선남자 선여인이 아미타불에 대한 이야기를 듣고 하루나 이틀, 혹은 사흘·나흘·닷새·엿새·이레 동안 한결같은 마음으로 아미타불의 이름을 외우되 조금도 마음이 흐트러지지 않으면 그가 임종할 때에 아미타불께서 여러 거룩한 분들과 함께 그 사람 앞에 나타날 것이다. 그가 목숨을 마칠 때에 생각이 뒤바뀌지 않고 아미타불의 극락세계에 왕생하게 될 것이다.

【해설】

이 단원은 누구나 염불하면 왕생한다는 것을 밝혔다. 앞에서는 의보장엄의 역할과 정보장엄의 역할을 말해 극락세계가 왜 좋은지를 설했기 때문에 이러한 설법을 듣는 사람은 극락정토에 태어나기를 발원할 마음이 일어날 것이다. 발원만 하고 공덕을 짓지 않으면 왕생할 수 없기 때문에 공덕을 지어야 하는데, 조그마한 선근의 공덕으로는 갈 수 없고, 큰 공덕을 지어야만 갈 수 있다고 하셨다. 경제적으로 많은 것을 들여 불사를 한다든가 남에게 많은 도움을 베푸는 것은 조그마한 선근의 공덕이며,

큰 공덕은 아미타불의 명호를 집지(執持名號)하는 것이다. 이 집지명호는 산스크리트 Namodheyammanukarisyati로 '마음에 지니다', '기억하여 생각하다', '생각하여 관하다'라는 의미로 『무량수경』 삼배단에서 '일향전념무량수불一向專念無量壽佛'과 같다. 이 집지執持는 앞 『무량수경』 제18원에서 본 바와 같이 염念의 원어인 smṛti(억념), anusmṛti(작의作意), citta(상념想念)와 같은 것으로 이 집지명호는 부처님의 명호를 생각하며 간직하고 지어 간다는 의미다.

선도대사는 염念을 칭稱으로 보기 때문에 집지는 간절히 부처님의 명호를 부르면서 마음속에 간직하는 것으로 보아야 한다. 그래서 이 단원의 뜻은 악을 지은 범부가 좋은 도반을 만나 아미타불과 극락정토에 대한 이야기를 듣고 적게는 하루나 내지 7일, 많게는 평생 동안 산란하지 않고 일심으로 아미타불의 명호를 부르는 것을 말한다. 이렇게 명호를 부르는 사람은 아미타불께서 여러 성중들과 함께 그 사람 앞에 나타나서 보호해 주심을 받게 되고, 이 사람이 위험에 처해 있을 때 곧 구제해 주시며, 임종할 때는 조금도 동요함이 없이 평온하게 아미타불과 성중들의 인도를 받아 왕생하게 한다.

이 단원에서 1일에서 7일의 염불을 말한 것은 날짜를 정해 놓고 하는 기일염불期日念佛이다. 사실 염불은 정토사상을 알고 나서 실천하는 행위이므로 임종할 때까지 평생 하는 심상염불尋

常念佛이어야 한다. 그러나 우리가 평생 동안 염불하려고 하여도 정진하는 중에 나태한 마음이 일어나기도 하고, 이를 실천하지 말까 하는 생각도 일어나는 것이 상례이다. 이때는 마음을 가다듬고 날짜를 7일, 21일, 100일, 또는 천일 등을 정해 놓고 하면 염불이 업이 되어 평생염불이 될 수 있다. 그래서 이 경에서 말한 1일에서 7일은 날짜를 정해 놓고 하는 별시염불別時念佛의 기원이 아닌가 생각된다.

진실하게 하는 염불은 아미타불과 극락정토에 대해 깊은 믿음이 수반되어야 한다. 즉 이런 깊은 믿음으로 부처님을 우러러보는 것에 의해 진실한 염불이 되는 것이며, 이 경에서 이야기한 '한결같은 마음으로(일심불란一心不亂)' 하는 염불이다. 부처님을 믿지 않는 진정한 염불행은 있을 수 없기 때문에 아미타불과 극락정토에 대해 의심하는 것은 진실한 염불에 역행되어 아무런 도움이 되지 않는다. 처음부터 진실하고 깊은 신심으로 하는 염불이 되지 않는 사람은 항상 정토의 교법을 생각하고 궁구하여 긍정의 마음으로 돌려 신심이 우러나게 해야 한다. 이렇게 하여야만 긍정의 마음이 있게 되어 깊은 믿음이 생기고, 이 깊은 믿음에 의해 진실한 염불행이 된다.

우익대사는 "상근기의 사람은 하루만 부처님 명호를 불러도 일심을 이룰 수 있고, 둔한 근기를 가진 사람은 7일 동안 부처님 명호를 불러야 일심을 이룰 수 있으며, 중간 근기를 가진 사람이 일심염불에 이르는 것은 2일에서 6일까지 해야 한다"고 하였다. 그리고 이 일심에 대해 "모든 번뇌를 누르고, 견혹見惑과 사혹思惑을 다할 때까지 명호를 부르는 것이 일심이고, 또 마음이 열려 자기의 본래 부처를 볼 때까지 명호를 부르는 것이 일심이다"고 하였으나 이렇게 되는 것은 수승한 근기를 가진 사람이 할 수 있는 정심염불定心念佛이고, 죄업이 많은 범부가 할 수 있는 것은 아니다. 아미타불의 본원은 죄악이 많은 범부를 구원하기 위한 타력적인 염불이기 때문에 여기서의 일심은 다른 잡념이 없이 한결같이 부처님 명호를 부르는 것을 말한다고 생각된다.

이 단원의 '일심불란一心不亂' 다음에 21자(專持名號 以稱名故 諸罪消滅 卽是多善根 福德因緣: 오로지 명호를 지니고 명호를 부르는 까닭에 모든 죄가 소멸된다. 곧 이것이 많은 선근의 복덕을 이룬 인연으로)가, 대만에서 발간된 『대경해大經解』에서 육조 때 양양의 석경에 근거하여 보충했다고 하여 연지해회에서 번역하여 발간된 것을 보았다. 그러나 이 21자의 내용은 산스크리트 본에는 없는 것으로, 누군가가 정토수행자들을 위해 아미타 부처님의 명호를 부르는 것이 다선근多善根이라는 것을 강조하기 위하여 삽입하였다고 본다.

소선근少善根: 염불 이외의 다른 선을 가리킴.

집지명호執持名號: 부처님의 이름을 계속하여 부르는 것.

제3장 증명을 들어 믿음을 권함

제1절 자기의 증명으로 믿음을 권함

舍利弗 我見是利 故說此言 若有衆生 聞是說者 應當
사리불 아견시리 고설차언 약유중생 문시설자 응당

發願 生彼國土
발원 생피국토

사리불이여, 나는 이러한 도리를 알고 그와 같은 말을 하나니, 어떤 중생이든지 이 말을 들으면 마땅히 저 국토에 가서 나기를 원하라.

【해설】

이 단원부터는 염불왕생에 대해 의혹을 품고 믿지 않는 사람이 나올까 우려하여 석가모니 부처님을 비롯하여 동방, 남방, 서방, 북방, 하방, 상방 등 여섯 방위의 항하사 모래수와 같이 많은 부처님들이 이 경뿐만 아니라 앞 『무량수경』과 『관무량수경』의 내용이 추호도 거짓이 없고 진실한 것이라고 증명하시어 염불왕생을 권하는 대목이다.

석가모니 부처님의 본의는 훌륭하게 장엄된 정토에 가려면 이행문易行門인 닦기 쉽고 실천하기 쉬울 뿐만 아니라 간단한 칭명염불稱名念佛을 하여 빨리 왕생할 수 있는 이익을 얻으라고 강조하는 데 있다. 그렇기 때문에 "명호를 하루, 또는 이틀 내지 한평생 동안 불러라"고 권하시는가 하면 "이 법을 듣게 되는 사람은 모두 저 정토에 왕생하고 싶다고 발원하여 염불을 하라"고 하셨다.

아견시리我見是利: 여기서 '아'는 아미타불과 정토의 장엄을 설하고 계신 석가모니불 자신을 말하고, '나무아미타불'을 염불하면 속히 서방정토에 왕생할 수 있는 이익이 있는데, 이는 석가모니 부처님께서 직접 이러한 이익이 있음을 증명한다는 뜻이다.

제2절 다른 부처님 증명으로 믿음을 권함

ㄱ. 동방의 모든 부처님

舍利弗 如我今者 讚歎阿彌陀佛 不可思議功德之利
사리불 여아금자 찬탄아미타불 불가사의공덕지리

東方亦有阿閦鞞佛 須彌相佛 大須彌佛 須彌光佛 妙
동방역유아축비불 수미상불 대수미불 수미광불 묘

音佛 如是等恒河沙數諸佛 各於其國 出廣長舌相 遍
음불 여시등항하사수제불 각어기국 출광장설상 변

覆三千大千世界 說誠實言 汝等衆生 當信是稱讚不
부삼천대천세계 설성실언 여등중생 당신시칭찬불

可思議功德 一切諸佛所護念經
가사의공덕 일체제불소호념경

사리불이여, 내가 지금 아미타불의 한량없는 공덕을 칭찬하는 것처럼 동방에도 아촉비불, 수미상불, 대수미불, 수미광불, 묘음불 등이 계시느니라. 이러한 항하사수의 모든 부처님들이 각기 그 세계에서 넓고 긴 혀를 내어 삼천대천세계를 덮으시고 진실한 말씀으로 이르시기를 '너희 중생들은 마땅히 불가사의한 공덕을 칭찬하고, 모든 부처님이 한결같이 보호하는 이 경을 믿으라'고 설법하시느니라.

【해설】

이 단원부터는 육방 세계에 계신 모든 부처님께서 증명하심을 설하여 깊이 믿을 것을 권한 것으로 먼저 동방 세계를 예로 들었다.

만약 어떤 선각자가 어떻게 살아야 할지 몰라 방황하는 사람에게 좋은 길을 알려주어도 믿지 않고 행하지 않는다든가, 또 의사가 환자에게 좋은 약을 처방해주어도 의심하여 복용하지 않는다면 이 사람들에게는 아무런 도움이 되지 않아 인생을 방황하게 되고 병은 쾌차하지 않을 것이다. 그렇듯이 아무리 좋은 진리라도 의심하여 믿지 않으면 구제할 길이 없기 때문에, 육방의 수많은 부처님들이 증명하신 것은 이런 사람들에게 깊은 믿음을 갖게 하기 위한 것이다. 다시 말하면 염불하여 왕생하는 것에 대한 의혹을 제거하기 위해 모든 부처님이 지금 석가모니 부처님의 설이 진실하여 거짓이 아님을 증명하신 것이다.

정토의 가르침에 대한 의심을 좀 살펴보면, 첫째는 서방에 극락정토가 있을까 하는 것이고, 둘째는 오역죄五逆罪와 십악十惡과 계를 파한 범부, 즉 죄업이 많은 범부가 감히 왕생할 수 있을까 하는 의심이다. 그리고 셋째는 과연 극락정토의 장엄이, 칠보로 이루어진 깨끗한 나라가 있을까 하는 의심이 있을 수 있고, 넷째는 아미타불의 명호만 불러도 왕생할 수 있을까 하는 의심이 있을 수 있다. 이상의 의심은 아미타불의 본원을 의심하는 것으로 이런 사람은 진실한 염불을 할 수 없다. 아미타불의 48원을 보면 원마다 마지막에 '불취정각不取正覺'이란 말이 있는

데 이는 법장비구가 이 원처럼 되지 않으면 성불하지 않겠다는 것이다. 그런데 법장비구는 이미 성불하여 아미타불이 되었기 때문에 48원 모두 성취된 것으로 보아야 하며, 서방의 극락정토와 장엄, 그리고 죄업이 많은 범부가 아미타불의 명호를 부르기만 해도 왕생한다는 것을 의심하지 말고 깊이 믿어야 한다. 이런 진실을 강조하기 위해 석가모니 부처님을 비롯하여 수많은 부처님들이 증명하신 것이다. 이 경을 설하신 분은 석가모니 부처님으로서 두 가지 이야기를 하는 양설兩舌의 업을 짓는 분이 아니기 때문에 경에서 말씀하신 내용을 의심해서는 안 된다.

여기서 이야기한 '광장설상廣長舌相'이란 부처님의 32상 가운데 하나로 매우 넓고 긴 혀를 말한다. 이 혀로 삼천대천세계를 덮는다는 뜻은 정토삼부경의 내용이 거짓이 아니고 진실하다는 것을 강조한 것이다. 석가모니 부처님의 혀는 그 얼굴을 덮을 정도로 크고 길다. 이는 고대 인도인들은 혀가 코를 덮으면 그 말이 거짓이 아니라고 믿는 사고방식이 있어 여기에서 유래한 것이다.

자은慈恩대사는 『아미타경소』에서 "여래는 작은 일을 증명하기 위해 단지 혀를 내밀어 얼굴을 덮거나, 혹은 머리까지 덮는다. 만약 큰일을 증명하시려 하면 곧 혀를 내밀어 삼천대천세계를 덮는다. 지금은 작은 인연의 결과에 집착하여 사람이 믿으려 하지 않음을 우려하신다. …… 이것은 더욱이 열반에 오르는 지름길이고, 가볍게 여길 일이 아니며, 이 증명은 마땅히 큰일이기 때문에 삼천대천세계를 덮는다"라고 했다. 부처님들께서 얼마나 우매한 중생을 위해 이런 방편을 사용하셨는지를 생각하면 고개가 저절로 숙여진다. 그렇기 때문에 선도대사도 『관념법문』에서 "이 증명에 의해 정토에 왕생할 수 없다면, 육방의 모든 부처님들이 혀를 한 번 밖으로 내민 후 끝내 입으로 되돌아오지 않고 자연히 파괴되어 문드러지고 말았을 것이다"라고 하였다.

이 단원에 나오는 '불가사의不可思議'란 부처님의 도道가 현묘玄妙하고 이치가 미묘微妙하며 작용이 신기神奇하여 우리 마음으로 생각할 수 없고 말로 형용할 수 없는 것을 말하지만, 이 경에서는 아미타불의 본원이 죄업 많은 범부들로 하여금 극락정토에 왕생하면 한꺼번에 미혹을 끊으며 삼계를 초월하여 생사의 벗어나게 할 뿐만 아니라 52위의 점차를 밟지 않고 단번에 불퇴전의 지위에 오르게 하기 때문에 불가사의라고 한 것이다.

다음으로 이 대목에 나오는 '호념護念'에 대해 생각해 보자. 호념이란 모든 부처님이나 보살로부터 보호를 받는 것을 말한다. 즉 정토행인 염불 및 정토삼부경을 지극한 마음으로 외우고 독송하는 사람은 육방의 모든 부처님이 호념하기 때문에 모든 악과 귀신들로부터 재앙을 받지 않고, 또 재앙과 나쁜 액난에 빠지지 않게 된다. 그리고 아미타불과 관세음보살, 대세지보살 등 모든 부처님과 보살들이 좋은 벗이 되어 그림자처럼 따라다니며 옹호하시며, 임종할 때는 극락정토로 인도하시는데, 이것이 호념이다.

항하사수恒河沙數: 항하는 인도의 갠지스 강을 말한다. 셀 수 없을 정도로 매우 많은 숫자를 항하에 깔린 모래의 수에 비유하였다.

호념護念: 생각하고 보호하는 것을 말한다.

ㄴ. 남방의 모든 부처님

舍利弗 南方世界有日月燈佛 名聞光佛 大焰肩佛 須
사리불 남방세계유일월등불 명문광불 대염견불 수

彌燈佛 無量精進佛 如是等恒河沙數諸佛 各於其國
미등불 무량정진불 여시등항하사수제불 각어기국

出廣長舌相 遍覆三千大千世界 說誠實言 汝等衆生
출광장설상 변부삼천대천세계 설성실언 여등중생

當信是稱讚不可思議功德 一切諸佛所護念經
당신시칭찬불가사의공덕 일체제불소호념경

사리불이여, 남방 세계에도 일월등불, 명문광불, 대염견불, 수미등불, 무량정진불 등이 계시느니라. 이러한 항하사수의 모든 부처님들이 각기 그 세계에서 넓고 긴 혀를 내어 삼천대천세계를 덮으시고 진실한 말씀으로 이르시기를 '너희 중생들은 마땅히 불가사의한 공덕을 칭찬하고, 모든 부처님이 한결같이 보호하는 이 경을 믿으라'고 설법하시느니라.

【해설】

이 단원은 남방의 모든 부처님이 증명하신 곳이다.

ㄷ. 서방의 모든 부처님

舍利弗 西方世界有無量壽佛 無量相佛 無量幢佛 大
사리불 서방세계유무량수불 무량상불 무량당불 대

光佛 大明佛 寶相佛 淨光佛 如是等恒河沙數諸佛 各
광불 대명불 보상불 정광불 여시등항하사수제불 각

於其國 出廣長舌相 遍覆三千大千世界 說誠實言 汝
어기국 출광장설상 변부삼천대천세계 설성실언 여

等衆生 當信是稱讚不可思議功德 一切諸佛所護念經
등중생 당신시칭찬불가사의공덕 일체제불소호념경

사리불이여, 서방 세계에도 무량수불, 무량상불, 무량당불, 대광불, 대명불, 보상불, 정광불 등이 계시느니라. 이러한 항하사수의 모든 부처님들이 각기 그 세계에서 넓고 긴 혀를 내어 삼천대천세계를 덮으시고 진실한 말씀으로 이르시기를 '너희 중생들은 마땅히 불가사의한 공덕을 칭찬하고, 모든 부처님이 한결같이 보호하는 이 경을 믿으라'고 설법하시느니라.

【해설】

이 단원은 서방의 모든 부처님이 증명하심을 밝힌 곳이다.

ㄹ. 북방의 모든 부처님

舍利弗 北方世界有焰肩佛 最勝音佛 難沮佛 日生佛
사리불 북방세계유염견불 최승음불 난저불 일생불

網明佛 如是等恒河沙數諸佛 各於其國 出廣長舌相
망명불 여시등항하사수제불 각어기국 출광장설상

遍覆三千大千世界 說誠實言 汝等衆生 當信是稱讚
변부삼천대천세계 설성실언 여등중생 당신시칭찬

不可思議功德 一切諸佛所護念經
불가사의공덕 일체제불소호념경

사리불이여, 북방 세계에도 염견불, 최승음불, 난저불, 일생불, 망명불 등이 계시느니라. 이러한 항하사수의 모든 부처님들이 각기 그 세계에서 넓고 긴 혀를 내어 삼천대천세계를 덮으시고 진실한 말씀으로 이르시기를 '너희 중생들은 마땅히 불가사의한 공덕을 칭찬하고, 모든 부처님이 한결같이 보호하는 이 경을 믿으라'고 설법하시느니라.

【해설】

이 단원은 북방의 모든 부처님이 증명하신 곳이다.

ㅁ. 하방의 모든 부처님

舍利弗 下方世界有師子佛 名聞佛 名光佛 達摩佛 法
사리불 하방세계유사자불 명문불 명광불 달마불 법

幢佛 持法佛 如是等恒河沙數諸佛 各於其國 出廣長
당불 지법불 여시등항하사수제불 각어기국 출광장

舌相 遍覆三千大千世界 說誠實言 汝等衆生 當信是
설상 변부삼천대천세계 설성실언 여등중생 당신시

稱讚不可思議功德 一切諸佛所護念經
칭찬불가사의공덕 일체제불소호념경

사리불이여, 하방 세계에도 사자불, 명문불, 명광불, 달마불, 법당불, 지법불 등이 계시느니라. 이러한 항하사수의 모든 부처님들이 각기 그 세계에서 넓고 긴 혀를 내어 삼천대천세계를 덮으시고 진실한 말씀으로 이르시기를 '너희 중생들은 마땅히 불가사의한 공덕을 칭찬하고, 모든 부처님이 한결같이 보호하는 이 경을 믿으라'고 설법하시느니라.

【해설】

이 단원은 하방의 모든 부처님이 증명하신 곳이다.

ㅂ. 상방의 모든 부처님

舍利弗 上方世界有梵音佛 宿王佛 香上佛 香光佛 大
사리불 상방세계유범음불 수왕불 향상불 향광불 대

焰肩佛 雜色寶華嚴身佛 娑羅樹王佛 寶華德佛 見一
염견불 잡색보화엄신불 사라수왕불 보화덕불 견일

切義佛 如須彌山佛 如是等恒河沙數諸佛 各於其國
체의불 여수미산불 여시등항하사수제불 각어기국

出廣長舌相 遍覆三千大千世界 說誠實言 汝等衆生
출광장설상 변부삼천대천세계 설성실언 여등중생

當信是稱讚不可思議功德 一切諸佛所護念經
당신시칭찬불가사의공덕 일체제불소호념경

사리불이여, 상방 세계에도 범음불, 수왕불, 향상불, 향광불, 대염견불, 잡색보화엄신불, 사라수왕불, 보화덕불, 견일체의불, 여수미산불이 계시느니라. 이러한 항하사수의 모든 부처님들이 각기 그 세계에서 넓고 긴 혀를 내어 삼천대천세계를 덮으시고 진실한 말씀으로 이르시기를 '너희 중생들은 마땅히 불가사의한 공덕을 칭찬하시고, 모든 부처님이 한결같이 보호하는 이 경을 믿으라'고 설법하시느니라.

【해설】

이 단원은 상방 세계에 계시는 모든 부처님이 증명하신 곳이다.

제3절 현세와 내세의 이익을 밝힘

舍利弗 於汝意云何 何故名爲 一切諸佛所護念經 舍
사리불 어여의운하 하고명위 일체제불소호념경 사

利弗 若有善男子 善女人 聞是經受持者 及聞諸佛名
리불 약유선남자 선여인 문시경수지자 급문제불명

者 是諸善男子 善女人 皆爲一切諸佛之所護念 皆得
자 시제선남자 선여인 개위일체제불지소호념 개득

不退轉於阿耨多羅三藐三菩提 是故舍利弗 汝等皆當
불 퇴 전 어 아 뇩 다 라 삼 먁 삼 보 리 시 고 사 리 불 여 등 개 당

信受我語 及諸佛所說
신 수 아 어 급 제 불 소 설

사리불이여, 그대의 생각은 어떠한가? 이 경을 가리켜 어째서 모든 부처님들이 한결같이 보호하는 경이라 하는 줄 아는가? 선남자 선여인들이 이 설법을 듣고 받아 지니거나 부처님의 이름을 들으면 모든 부처님의 보호를 받아 모두 아뇩다라삼먁삼보리에서 물러나지 않기 때문이다. 그러므로 그대들은 마땅히 나의 말과 모든 부처님의 말씀을 잘 믿으라.

【해설】

이 단원은 이 경을 가지고 실천하는 사람은 현세에는 모든 부처님이 생각하고 보호(호념護念)하시고, 다음 세상에는 정토에 왕생하는 이익을 밝혀 칭명염불稱名念佛을 권하시는 대목이다. 아미타 부처님의 명호를 부르고 억념하는 수행자는 현세에서는 일체 모든 부처님의 수호하심을 받아 항상 나쁜 곳에 빠지지 않고 액난과 비명횡사 등 모든 재앙을 만나는 일이 없이 행복을 누리고, 다음 생에는 극락정토에 왕생하여 위없는 '깨달음'에 이르는 아뇩다라삼먁삼보리에서 물러나지 않는 지위를 증득할 수 있다. 이 경은 현세호념現世護念과 내세왕생來世往生의 이익이 있기

때문에 우리들은 진실하게 석가모니 부처님의 가르침과 모든 부처님이 찬탄하시는 정토 교법을 굳건히 믿고 실천해야 한다.

여기서 주의해야 할 것은, 정토경전에서 말씀하시는 염불의 궁극적인 목적은 극락세계에 왕생하는 것이지 현세 가정의 행복을 이루고 재앙을 제거하는 것이 아니라는 점이다. 그렇지만 현세의 이익은 자연히 부수적으로 따라오는 이익이다. 즉 염불행자의 목적은 탁한 사바세계를 싫어하고 정토를 구하는 것이고, 예토인 사바세계를 벗어나서 부처님의 경계인 피안의 세계에 가서 무생법인을 증득하여 이 사바세계에 돌아와 고통 속에 헤매는 중생을 구제하는 것이다. 죄가 많아 생사를 윤회하는 구제받기 어려운 범부가 부처님의 본원력에 의해 구제받는 가르침이 염불이다. 이런 염불을 하는 사람을 모든 부처님들께서는 호념하신다.

舍利弗 若有人 已發願 今發願 當發願 欲生阿彌陀佛
사리불 약유인 이발원 금발원 당발원 욕생아미타불

國者 是諸人等 皆得不退轉於阿耨多羅三藐三菩提 於
국자 시제인등 개득불퇴전어아뇩다라삼먁삼보리 어

彼國土 若已生 若今生 若當生 是故舍利弗 諸善男子
피국토 약이생 약금생 약당생 시고사리불 제선남자

善女人 若有信者 應當發願 生彼國土
선여인 약유신자 응당발원 생피국토

사리불이여, 어떤 사람이 아미타불의 세계에 가서 나기를 이미 발원하였거나, 지금 발원하거나, 혹은 장차 발원한다면 그들은 모두 아뇩다라삼먁삼보리에서 물러나지 않는 지위를 얻어 그 세계에 벌써 태어났거나, 지금 태어나거나, 장차 태어날 것이다. 그러므로 사리불이여, 신심이 있는 선남자 선여인은 마땅히 극락세계에 가서 나기를 발원해야 할 것이니라.

【해설】

이 단원은 극락정토에 왕생을 발원하는 이익을 설하였다. 극락정토에 왕생하기를 발원하는 사람도 앞 단원에서와 같이 반드시 위없는 '깨달음'에 이르는 불퇴전의 지위를 증득할 수 있으니, 이 경전을 믿는 사람은 왕생을 원하고 염불하는 것이 근본이다. 다시 말하면 진실한 믿음으로 낸 서원은 반드시 왕생이 실현됨을 증명하신 것이다. 믿음이 없이는 발원할 수 없고, 믿음과 발원이 없이는 왕생이 불가능하다. 그래서 "신심이 있는 선남자 선여인은 마땅히 극락세계에 가서 나기를 발원해야 할 것이니라"고 하신 것이다. 염불행자는 '신행원信行願'을 갖추는 것이 기본이다. 즉 아미타불의 본원에 대한 진실한 믿음과 염불을 실천하는 행行, 그리고 지금까지 지어온 공덕을 회향하여 왕생하는 발원을 하지 않으면 안 된다.

정토삼부경의 설은 수승한 극락정토에 왕생함이 목적이고,

여기에 왕생하기 위해서는 염불의 수행이 있어야 하는데 이는 믿음이 없이는 안 된다. 그러기에 왕생을 원하는 마음에서 믿음과 염불수행을 해야 한다.

제4절 모든 부처님의 찬탄

舍利弗　如我今者　稱讚諸佛不可思議功德　彼諸佛等
사 리 불　여 아 금 자　칭 찬 제 불 불 가 사 의 공 덕　피 제 불 등

亦稱說我不可思議功德　而作是言　釋迦牟尼佛　能爲
역 칭 설 아 불 가 사 의 공 덕　이 작 시 언　석 가 모 니 불　능 위

甚難希有之事　能於娑婆國土　五濁惡世　劫濁　見濁　煩
심 난 희 유 지 사　능 어 사 바 국 토　오 탁 악 세　겁 탁　견 탁　번

惱濁　衆生濁　命濁中　得阿耨多羅三藐三菩提　爲諸衆
뇌 탁　중 생 탁　명 탁 중　득 아 뇩 다 라 삼 먁 삼 보 리　위 제 중

生　說是一切世間難信之法　舍利弗　當知我於五濁惡
생　설 시 일 체 세 간 난 신 지 법　사 리 불　당 지 아 어 오 탁 악

世　行此難事　得阿耨多羅三藐三菩提　爲一切世間說
세　행 차 난 사　득 아 뇩 다 라 삼 먁 삼 보 리　위 일 체 세 간 설

此難信之法　是爲甚難
차 난 신 지 법　시 위 심 난

사리불이여, 내가 지금 여러 부처님의 불가사의한 공덕을 칭찬하듯이 저 부처님들도 또한 '석가모니 부처님이 참으로 어렵고 희유한 일을 하시었다. 시대가 흐리고, 견해가 흐리고, 번뇌가

흐리고, 중생이 흐리고, 생명이 흐린 사바세계의 오탁악세에서 아뇩다라삼막삼보리를 얻고 중생들을 위해 세상에서 믿기 어려운 법을 설한다'고 나의 불가사의한 공덕을 칭찬하시느니라.

사리불이여, 내가 이 오탁악세에서 갖은 고행 끝에 아뇩다라삼먁삼보리를 얻고, 모든 세상을 위해 믿기 어려운 법을 설하는 것은 결코 쉬운 일이 아님을 알아라."

【해설】

이 단원은 모든 부처님과 석가모니불께서 서로 찬탄함으로써 믿음을 권하여 한 단원을 맺는 대목이다.

여기에서 이야기한 오탁악세란 객관적인 세계나 시대가 흐린 것도 있지만, 결국 이것은 자신의 마음이 탁한 것으로 이 탁한 마음에 의해 세상일에 집착하게 되어 진실한 믿음이 우러나오지 않는다. 이런 범부들을 위해 석가모니 부처님께서 위없는 깨달음의 법을 설하는 것은 쉬운 일이 아니다. 그렇지만 이들을 구제하기 위하여 믿기 어려운 법을 설하신 것에 대해 감사하는 마음을 갖고 굳게 믿고 염불행을 실천해야 한다. 이에 대해 앞 『무량수경』에서도 "이 경을 듣고 믿어 즐거이 받아 지니는 것은 어려움 가운데 어려움이고 이보다 더 어려운 것은 없다"고 하였다. 이 믿기 어려운 것에 대해 의산의 『수문강록』에서는 두 가지로 말했다. 첫째는 지혜가 없는 범부로 일찍이 선의 근본이 없으며,

전세의 업을 아직 없애지 못하고 중생을 섭취하시는 아미타불의 원력이 헤아릴 수 없이 많다는 것을 알지 못하기 때문에 믿지 않는 사람이라고 했다. 이 사람은 전세의 업장 때문에 생사의 세계를 헤매고, 아직 부처님의 원력이 불가사의함을 모르는 범부로서 자기의 무지를 모르며, 전세의 업이 깊고 무거운 줄도 모르는 사람으로 이른바 불법을 만나지 못했거나, 혹 불법을 만나더라도 정토에 대한 가르침을 만나지 못한 인연 없는 중생이다.

둘째는 지혜가 있어 알고 수행하는 사람으로 자기가 알고 수행하는 데 집착하여 생사를 두려워하지 않고 저 세상의 정토를 가볍게 보며, 부처님의 본원력을 믿지 않는 사람이다. 이 사람은 자기가 알고 수행하는 것만 믿기 때문에 정토에 태어나려고 하는 믿음이 약하다. 이 사람은 자기의 힘을 믿는 데 도가 지나쳐 부처님의 원력을 우러러보지 않고 자력에 집착하는 사람으로, 자기의 힘만으로는 의지처가 될 수 없는 것을 알지 못하고 헛되게 자기만을 의지하는 것을 말한다. 이상 두 부류의 사람들은 타력염불의 가르침을 정말로 믿기 어려울 것이다.

원래 믿음 없이 수행함은 있을 수 없다. 믿음이 없는 수행은 기계적인 수행이지 진정한 수행이 아니다. 믿음이 수행의 출발점을 이루고 있고, 이 내면적인 신심이 밖으로 나타날 때에 비로소 왕생을 발원하게 되고, 염불을 실천하게 된다. 즉 내적인 신심이 확립되는 염불수행이 쉬운 것처럼 보여도 실로 어려운 것이다. 그래서 이 단원에서 '모든 세상을 위해 믿기 어려운 법을 설하는 것은 결코 쉬운 일이 아님을 알아라'고 하셨다. 이 믿음이 있는 수행자는 극락정토가 멀리 있지 않고 가까이 있다. 다시 말하면 죄악의 업으로 가득한 범부가 부처님의 자비를 받들어 염불하는 것은 기쁨이 넘치는 환희의 경지며, 그대로가 피안에 머무는 경지다. 정토는 이 사바세계에 집착하는 사람에게는 먼 피안의 세계지만 믿음을 갖고 염불하는 사람에게는 항상 느끼는 세계다. 그래서 우리는 먼저 정토의 세계를 이해하고 긍정하여야만 믿음이 우러나기 때문에 열심히 정토경전을 읽고 외우면서 이해하려고 정진해야 한다.

일반적으로 왕생하는 데 장애가 되는 것은 의심이고, 게으름이며, 자기의 힘만 믿는 것이고, 아만심이 높은 사람이다. 이와 반대로 왕생할 수 있는 것은 깊이 믿고, 열심히 정진하며, 타력을 의지하고 자기는 죄가 많다고 생각하는 사람이다. 다시 말하면 자기 힘만 믿어 아만이 높아 부처님의 본원력을 의심하며 정진하지 않는 사람은 왕생할 수 없다. 이것에 비해 부처님의 타력을 우러러보고, 신심으로써 죄의 업장을 간절히 참회하고, 염불수행으로 정진하는 사람에게는 부처님의 자비광명이 비춘다. 즉 정말로 자기가 무력하다는 것을 스스로 깨닫고, 또 죄의 업장이 깊고 무거운 것을 스스로 성찰하고 반성하여 참회하는 사람에게

만 부처님이 우러러보이고 깊은 믿음이 생긴다. 이렇기 때문에 선도대사는 『왕생예찬』에서 "스스로 믿고 남에게 가르쳐 믿게 함은 어렵고도 어려운 일이다"고 하였는지 모른다. 필자의 노스님인 자운대율사 스님이 항상 스스로를 '참괴사문慚愧沙門'이라 하신 것은 참회가 수행의 근본임을 말씀하신 것이다. 이 세상에 존재하는 모든 사람은 죄업이 많고 적음이 다를 뿐이지, 다 죄업을 가지고 있기 때문에 자기 내면을 깊이 성찰하여 참회하는 마음으로 살아야 한다.

이 단원에 나오는 오탁악세五濁惡世란 다섯 가지 혼탁한 것이 나타나 악한 일이 번창하는 세상을 말한다. 첫째, 겁탁劫濁이란 세월이 흐려서 사람들의 수명이 삼십 세까지 감하고 전쟁과 자연재해 등 여러 가지 나쁜 일이 일어나는 세계이다. 오늘날 이슬람 국가(IS)라는 것을 만들어 무자비하게 아무 관계없는 사람을 죽이고, 어느 곳이 전쟁터인지 모르고 공포에 시달리는 사람이 많은데 이것이 겁탁이다.

둘째, 견탁見濁은 중생의 견해가 흐려지고 삿된 견해가 증대하여 성해짐을 의미한다. 예를 들면 우리의 육체를 내 것이라 하고 실체라고 믿는가 하면 영원히 존재할 것이라 착각하는 견해, 하나의 권력을 영원히 누리려고 하는 견해, 자기가 소유하고 있는 것은 없어지지 않고 영원히 존재할 것이라는 견해를 말하다.

셋째, 번뇌탁煩惱濁이란 탐욕, 진애, 무지 등 삼독번뇌와 오만과 의심에 의한 충동과 혼란이 점차 증대하여 분쟁과 혼란이 일어남을 말한다. 이와 같은 번뇌가 치성하여 오염된 환경 속에서 윤리와 도덕을 무시하고 자기만을 위해 독선적인 행동을 하며, 내 마음이 부처임을 모르는가 하면 정토법문을 믿지 않게 된다.

넷째, 중생탁衆生濁이란 지금의 나는 견해가 흐리고 번뇌가 흐린 탓으로 색수상행식色受想行識인 오온五蘊이 조잡하고 추하게 섞이어 있기 때문에 중생이 흐리다고 한다. 이 중생들은 인심이 박하고 몸이 약하며, 복덕이 적어 주위환경이 흐리며, 괴로움이 수시로 생긴다. 그래서 정토교는 이러한 세계를 싫어하고 정토에 왕생하는 수행을 해야 한다고 하였다.

다섯째, 명탁命濁이란 우리가 지은 원인과 그로 인한 결과가 모두 용렬하여 수명이 점점 짧아져 백 년에도 이르지 못하기 때문에 수명이 흐리다고 한다. 수명이 짧아지면 죽음이 빨리 닥치어 윤회의 괴로움이 많게 된다. 그래서 정토법문은 죽음이 없고 윤회가 없는 세계를 제시하여 오래 무량한 수명을 누리게 한 것이다.

아미타불의 본원에 의한 오탁의 변화에 대해 우익대사는 "아미타불의 명호를 부르면 시대가 흐린 것이 청정한 것들의 모임으로 변하고, 견해가 흐린 것이 무한한 빛으로 변하며, 견해가 흐린 것이 무한한 빛으로 변하고, 번뇌가 흐린 것이 영원히 고요한 빛으로 변하며, 중생이 흐린 것이 정토의 연꽃으로 피어나는 화신으로 변하고, 수명이 흐린 것이 무한한 생명으로 변한다"고 하여 염불의 공덕을 강조하였다.

제3편 맺는 글

佛說此經已 舍利弗 及諸比丘 一切世間天人 阿修羅
불설차경이 사리불 급제비구 일체세간천인 아수라

等 聞佛所說 歡喜信受 作禮而去
등 문불소설 환희신수 작례이거

부처님께서 이 경을 말씀하시니, 사리불과 비구들과 모든 천인, 아수라들도 부처님의 말씀을 듣고 즐거이 믿어 받아서 예배하고 물러갔다.

【해설】

이 단원은 이 경전 설하시기를 마치시고 끝을 맺는 글이다. 여기서 '즐거이'란 석가모니 부처님의 설법을 들은 대중들과 이 시대에서 정토경전을 보거나 법을 들은 사람들이 무한한 즐거움을 느꼈다는 것이고, '믿어'란 앞 『관무량수경』 해설에서 언급한 신기信機와 신법信法으로 아미타불의 본원에 대해 추호도 의심이 없이 믿는 진실한 믿음이며, '받아서'란 석가모니 부처님이 말씀한 정토법문을 마음속 깊이 간직하고 실천하겠다는 다짐으로 볼 수 있다.

이 『아미타경』은 정토삼부경 가운데 제일 간단하지만 앞 『무량수경』의 내용이 함축되어 있을 뿐만 아니라, 육방의 모든 부처님이 석가모니 부처님께서 말씀하신 것을 믿게 하기 위해 증명한 것은 다른 경에서 볼 수 없는 것으로 신심을 강조하는 경이라 할 수 있다. 그리고 왕생발원을 근본으로 염불하면 불퇴전의 지위에 오르는 것을 강조하는 경이다.

서주 태원西舟太元

해인사 강원 대교과 및 동국대학교 불교대학을 졸업하고, 일본 교토(京都) 불교(佛教)대학 대학원에서 석사학위와 문학박사를 취득하였다. 해인사에서 득도(은사 李智冠)한 후 재단법인 대한불교 조계종 대각회 감사와 사단법인 국일법장 감사, 중앙승가대학교 교수와 총장, 복지법인 승가원 이사장, 불교방송 이사를 역임하였다. 현재는 재단법인 대한불교 조계종 대각회 이사, 보국사 회주, 해인사 염불암 회주로 있다. 저서로 『念佛의 源流와 展開史』, 『초기불교 교단생활』, 『왕생론주 강설』, 『정토의 본질과 교학발전』이 있고, 역서로 『정토삼부경개설』, 『중국정토교리사』, 『염불-정토에 왕생하는 길』 등이 있으며, 이외 다수의 논문이 있다.

정토삼부경 역해

초판 1쇄 인쇄 2016년 3월 16일 | **초판 1쇄 발행** 2016년 3월 24일
번역 및 해설 서주 태원 | **펴낸이** 김시열
펴낸곳 도서출판 운주사
(02832) 서울시 성북구 동소문로 67-1 성심빌딩 3층
전화 (02) 926-8361 | **팩스** 0505-115-8361
ISBN 978-89-5746-454-0 03220 값 30,000원
http://cafe.daum.net/unjubooks 〈다음카페: 도서출판 운주사〉